高等院校电子商务系列教材

数字经济时代的电子商务

主编 郭海玲

副主编 杜晓静 韩 倩 马红雨

科学出版社

北 京

内 容 简 介

　　当前新一轮科技革命和产业变革加速演进，数字经济正逐步成为全球经济发展的引擎和各国竞争的焦点。数字经济的背后，凸显的是发展理念的创新，是技术的进步，也是思维方式、商业模式、消费模式的革新。电子商务作为数字经济的突出代表，在驱动消费增长、传统产业转型升级、带动社会就业方面发挥着不可低估的作用。本书在内容上共分 9 章，包括电子商务基础知识、关键技术、商业模式、关键业务流程、电子商务安全、电子商务法律法规、发展业态专题等内容，对网络营销、电子商务支付、物流与供应链管理等关键环节做了概括介绍，并在最后对跨境电子商务、农村电子商务、移动电子商务、社交电子商务及新零售等电商业态进行了专题介绍。本书各章节在理论阐述的同时，辅以丰富案例，做到了理论与实践并举，帮助读者深化理解所学知识。

　　本书可以作为高等院校电子商务、市场营销、工商管理、物流管理、国际贸易等经济管理类专业相关课程的教材，也可以供从事电子商务行业的相关人员学习参考。

图书在版编目（CIP）数据

数字经济时代的电子商务 / 郭海玲主编. —北京：科学出版社，2023.2
高等院校电子商务系列教材
ISBN 978-7-03-069266-5

Ⅰ. ①数… Ⅱ. ①郭… Ⅲ. ①电子商务-高等学校-教材
Ⅳ. ①F713.36

中国版本图书馆 CIP 数据核字（2021）第 121688 号

责任编辑：方小丽 / 责任校对：贾娜娜
责任印制：张　伟 / 封面设计：蓝正设计

科 学 出 版 社 出版
北京东黄城根北街 16 号
邮政编码：100717
http://www.sciencep.com

北京盛通数码印刷有限公司 印刷
科学出版社发行　各地新华书店经销
*
2023 年 2 月第 一 版　开本：787×1 092　1/16
2024 年 1 月第二次印刷　印张：20 1/4
字数：470 000

定价：48.00 元
（如有印装质量问题，我社负责调换）

前　　言

党的二十大报告指出："我们要坚持教育优先发展、科技自立自强、人才引领驱动，加快建设教育强国、科技强国、人才强国，坚持为党育人、为国育才，全面提高人才自主培养质量，着力造就拔尖创新人才，聚天下英才而用之。"教材是教学内容的主要载体，是教学的重要依据、培养人才的重要保障。在优秀教材的编写道路上，我们一直在努力。

世界经济正在向数字化转型，大力发展数字经济已经成为全球共识，数字经济已成为全球竞争的新领域及制高点。电子商务作为数字经济的重要组成部分，具有开放性、全球性、低成本、高效率等特征，是当前释放数字经济潜力的关键领域，是推动社会、经济、生活和文化发展的重要力量。

自 1995 年萌芽至今，电子商务高速发展并逐渐走向成熟。在电子商务发展历程中，不同的国际组织和国家纷纷制定了电子商务发展战略与政策法规，许多企业也在积极推进和实施电子商务，享受电子商务发展带来的便捷，许多与电子商务发展密切相关的新型机构、产业也在迅速兴起和发展。电子商务早已不是简单的在线交易，而是以商务领航来实现产业链的聚合延伸。近年来，伴随着新技术、新模式、新环境的不断演进，电子商务的广度和深度也在不断拓展，社交电子商务、跨境电子商务、新零售等电子商务新业态不断创新，这对电子商务人才的培养工作提出了更高的要求。

为了跟踪本学科动态，适应社会、经济、科技发展需要，本书全面系统地介绍了电子商务的整体框架及其涵盖的主要内容，使阅读者能对电子商务基础理论、技术和应用有一个全面清晰的认知与了解。考虑到电子商务具有多学科交叉融合的特点，涉及计算机科学、商务管理、信息经济、法律等多方面知识，本书在结构安排上首先概述电子商务的基础知识，介绍电子商务的技术基础及商业模式，接下来介绍支撑电子商务活动的业务流程，分别为网络营销、安全管理、电子商务支付、物流与供应链管理、法律法规等，最后跟踪电子商务行业动态，关注电子商务发展的时效性，分别介绍跨境电子商务、农村电子商务、移动电子商务、社交电子商务及新零售，采用循序渐进的逻辑刻画了数字经济时代电子商务发展的全场景。

本书在撰写过程中参阅并引用了有关著作和文献资料，在此向相关作者表示崇高的敬意和诚挚的感谢。为了配合教学需要，本书还配有丰富的案例资料、章节习题。由于电子商务的许多特性和规律还在不断发展与完善，许多问题有待进一步探索，在此竭诚希望广大读者不吝赐教，我们会不断对本书进行完善改进。

郭海玲

2023 年 11 月于保定

目　　录

第1章　电子商务概述

数字经济早在 20 世纪 80 年代便被提出来，到 90 年代欧美国家开始使用，美国商务部在 1998 年发布《浮现中的数字经济》的系列报告，此后"数字经济"一词传入我国。早期阶段，互联网进入中国之初，数字经济相关政策主要集中在信息化建设方面。随着互联网产业的蓬勃发展，信息化建设进入新阶段，2005 年《国务院办公厅关于加快电子商务发展的若干意见》的发布，标志着以电子商务为代表的数字经济发展成为国家战略的重要组成部分。2017 年"数字经济"一词首次出现在《政府工作报告》中，至今已经连续多年出现在《政府工作报告》中。数字经济是新兴技术和先进生产力的代表，把握数字经济发展大势，以信息化培育新动能，用新动能推动新发展已经成为普遍共识。

近年来，作为数字经济最活跃、最集中的表现形式之一，电子商务得到了持续快速发展，其在增强数字经济发展活力、提高数字资源配置效率、推动传统产业转型升级、开辟就业创业渠道等方面发挥了重要作用。同时，大数据、云计算、人工智能（artificial intelligence，AI）、虚拟现实等数字经济时代催生的新兴技术为电子商务创造了丰富的应用场景，不断催生出新的营销模式和商业业态，成为进一步激发电子商务发展的新动力。美国微软公司联合创始人比尔·盖茨曾经说过"21 世纪要么电子商务，要么无商可务"，进入数字经济时代，电子商务已成为商务活动的主流形态，引领着全球经济的发展。

1.1　电子商务基本概念

全球电子商务销售额持续上升，西方发达国家市场已经开始饱和，但新兴国家继续推动着电子商务的增长，这得益于不断增长的互联网普及率和更高效的配送网络。中国国际电子商务中心研究院发布的《2017 年世界电子商务报告》指出，中国是全球规模最大、最具活力的电子商务市场。eMarketer 发布的《2019 全球电子商务报告》显示，2019 年中国电子商务交易额约占全球电子商务份额的 54.7%。受国内消费水平增长的推动，中国电子商务经济每年仍以较高的速度增长。

随着信息技术的突飞猛进，基于网络的电子商务向社会各行各业快速渗透，这种运营模式在网络开放的环境下对社会生产产生了巨大的影响，已经走进了我们生活的各个领域。电子商务正在撬动着我们所能想象的所有商业的边界。

1.1.1　电子商务的定义

如今，电子商务虽然已经不是新鲜事物，但是至今并没有一个较为全面的能被大多数人认可的定义。人们对电子商务的认识一直随着电子商务的发展而改变：有人认为在网上建个网站，进行网上交易，就是电子商务；有人认为实现销售各环节的信息化、自动化就是电子商务。那么到底什么才是电子商务呢？不同的国际组织、政府部门、行业组织从不同的角度，对电子商务形成了不同的认识。下面将选取一些较为系统和代表性的定义进行汇集，比较这些定义，有助于全面理解和认识电子商务。

1. 电子商务的概念

1）专家学者的定义

夏威夷大学的埃弗雷姆·特班（Efrain Turban）在《电子商务》（*Electronic Commerce*）中定义电子商务是通过包括互联网在内的计算机网络来实现商品、服务或信息的购买、销售与交换的过程。埃弗雷姆·特班指出广义的电子商务（electronic business）不仅包括线上交易活动，还包括所有线上的商业活动，如客户服务、商业伙伴合作、组织学习及机构内的电子交易活动，广义的电子商务反映的是一种更为广泛的商业关系，由此连带出了一些关联产业，如配套产业有金融支付，电商服务产业有店铺装修，生活服务产业有餐饮，生活制造类行业也开始建立独立的电子商务体系。

美国学者瑞维·卡拉科塔（Ravi Kalakota）和安德鲁·B. 惠斯顿（Andrew B. Whinston）在《电子商务的前沿》中的定义：电子商务是一种现代商业方法，这种方法通过改善产品和服务质量、提高服务传递速度，满足政府组织、厂商和消费者的降低成本的要求。

肯尼斯·C. 劳顿（Kenneth C. Laudon）和卡罗尔·圭尔乔·特拉弗（Carol Guercio Traver）认为电子商务是利用互联网、万维网（World Wide Web，WWW，简称 Web）和移动应用程序进行的商务交易，是在组织和个人之间以数字化方式进行的商务交易。

2）信息技术行业对电子商务的定义

信息技术（information technology，IT）行业是电子商务的直接设计者和设备的直接制造者，其根据自身的技术特点给出了电子商务的定义。

国际商业机器公司（International Business Machines Corporation，IBM）将 E-Business 定义为电子商务，E-Business = IT + Web + Business，它是在 Internet 的广泛联系和传统信息技术系统的丰富资源相互结合的背景下，应运而生的一种相互关联的动态商务活动。电子商务强调系统的硬件、软件，参加交易的买方、卖方、金融机构、厂商、企业和所有合作伙伴，都要在 Internet、Intranet 和 Extranet 集成环境中密切结合，共同从事在网络计算环境下的商业电子化应用，而不仅仅是商业交易。

惠普（Hewlett-Packard，HP）公司提出电子商务以现代扩展企业为信息技术基础结构，是跨时域、跨地域的电子化世界。HP 公司指出电子商务的范畴按定义包括所有可能的贸易伙伴、用户、商品和服务的供应商、承运商、银行、保险公司以及所有其他外部信息源的受益人。它从售前服务到售后支持的整个商务过程都实现电子化、自动化以完成产品和服务的等价交换。

联想公司指出电子商务不仅仅是一种管理手段，还触及企业组织架构工作流程的重组乃至社会管理思想的变革。

3）国际社会对电子商务的定义

经济合作与发展组织（Organisation for Economic Co-operation and Development，OECD）是较早对电子商务进行系统研究的机构，它将电子商务定义为：利用电子化手段从事的商业活动，它基于电子数据处理和信息技术，如文本、声音和图像等数据传输。电子商务是发生在开放网络上的包含企业之间、企业与消费者之间的商业交易。电子商务交易是通过计算机网络进行的商品和服务的买卖，只要求以电子方式发出或接受订单，在线的支付和投递则并非必须。

国际商会（International Chamber of Commerce，ICC）将电子商务定义为整个贸易活动的电子化。电子商务从涵盖范围来看，是交易各方以电子交易方式，而不是通过当面交换或直接面谈方式进行的任何形式的商业交易；从技术方面来看，电子商务是一种多技术的集合体，包括数据交换、数据获取和数据自动捕获等。从商务内容方面来看，其包括信息交换、售前及售后服务、销售、电子支付、运输、组建虚拟企业和贸易伙伴可以共同拥有及运营共享的商业方法等。

全球信息基础设施委员会（Global Information Infrastructure Committee，GIIC）对电子商务的定义如下：电子商务是运用电子通信作为手段的经济活动，通过这种方式用户可以对带有经济价值的产品和服务进行宣传、购买和结算。这种交易的方式不受地理位置、资金或零售渠道的所有权影响，公有私有企业、公司、政府组织、各种社会团体、一般公民、企业家都能自由地参加广泛的经济活动，其中包括农业、林业、渔业、工业、私营和政府的服务业。电子商务能使产品在世界范围内交易并向消费者提供多种多样的选择。

世界贸易组织（World Trade Organization，WTO）在电子商务专题报告中给出的定义：电子商务就是通过电子手段进行的商品和服务的生产、营销、销售和流通活动，它不仅指基于 Internet 上的交易，还指所有利用电子信息技术来解决问题、降低成本、增加价值和创造商机的商务活动，包括通过网络实现从原材料查询、采购、产品展示、订购到出品、储运以及电子支付等一系列的贸易活动。

美国政府在其《全球电子商务纲要》中比较笼统地指出：电子商务是通过互联网进行的各项商务活动，包括广告、交易、支付、服务等活动，电子商务将涉及全球范围。

欧洲议会给出的定义：电子商务是通过电子方式进行的商务活动。它通过电子方式处理和传递数据，包括文本、声音和图像。它涉及许多方面的活动，包括货物电子贸易和服务、在线数据传递、电子资金划拨、电子证券交易、电子货运单证、商业拍卖、合作设计和工程、在线资料、公共产品获得。交易对象既包括消费品、专用设备等有形产品，也包括信息、金融和法律等服务，既包括健身、教育等传统活动，也包括虚拟购物、虚拟训练等新型活动。

《中华人民共和国电子商务法》（简称《电子商务法》）将电子商务定义为：通过互联网等信息网络销售商品或者提供服务的经营活动。

2. 关于电子商务定义的探讨

1）已有电子商务定义的异同点

（1）相同点。纵览上述概念可以看出，这些定义都采用或者源于同一术语，即电子商务；涵盖的内容包括两点：第一，都强调电子商务的手段——电子工具，即强调在现代信息社会利用多种多样的电子信息工具，其中都包括互联网技术；第二，工具作用的基本对象都为商业活动，而且都包含交易活动。也就是通过"电子"解决了怎么做的问题，"商务"解决了做什么的问题。

（2）不同点。上述概念审视电子商务的角度和侧重点有差异：首先，有的强调过程，有的强调服务或应用，有的强调企业经营；其次，对电子商务中的技术，即电子手段的外延界定不同，有的强调互联网，有的则认为电子方式涵盖所有的电子技术或者信息技术，如电话、电视等；最后，对电子商务中的商务外延界定的范围不同，有的仅仅为商业交易或者商业方法，有的则界定为电子方式的所有商务活动，更广泛的除了商业活动，还包括一切管理和服务领域，如生产、管理、财务等业务领域的活动；由于对"商务"外延界定的范围不同，因而采用的英文表达词语也不同。例如，HP 公司用的是 Electronic Service（E-Service），IBM 采用 Electronic Business（E-Business），而政府、学术团体和其他组织则大多采用 Electronic Commerce（E-Commerce）来表述电子商务。这实际上反映了在电子商务理念上的差别。但总体来看，E-Business 要比 E-Commerce 囊括的范围宽广得多，因为 E-Commerce 仅指简单的商务交易应用，即单指在网络上做买卖。而 E-Business 则是存在于企业与企业之间、企业与客户之间、企业内部的一种联系网络，它贯穿于企业行为的全过程。

2）传统电子商务与现代电子商务

（1）传统电子商务。严格来讲，电子商务并非新兴事物。人类在电报发明以后，就开始应用这一电子手段进行商务活动。早期的电子数据处理（electronic data processing，EDP）技术在商务统计中的应用、标准化商务单证电子数据交换（electronic data interchange，EDI）技术为基础的应用、银行间的电子资金转账（electronic funds transfer，EFT）技术的应用、自动柜员机（asynchronous transfer mode，ATM）、零售业销售终端系统（point of sale，POS）等都属于传统的电子商务方式。

（2）现代电子商务。电子商务作为一种概念在 1996 年才被正式提出。现代电子商务是伴随着以互联网技术、多媒体技术、智能信息处理技术为核心的现代信息技术的迅速发展而得到广泛应用的。

3）微观与宏观角度的电子商务

（1）微观角度的电子商务。电子商务是各种具有商业活动能力的实体利用网络和数字化传媒技术进行的各项商业贸易活动。其实施主体涵盖企业、金融机构、政府机构、社会团体或组织以及个人消费者等。微观的电子商务强调两个方面：其一是活动要有商业背景；其二是网络化和数字化。

（2）宏观角度的电子商务。电子商务是计算机网络引起的又一次信息革命，旨在通过电子手段建立一种新的经济秩序。它不仅涉及电子技术和商业交易本身，还涉及诸如金融、税务、教育、法律等社会的其他层面；它是充分应用高新技术而引发革命性的商务实践，对各方面带来了广泛而深刻的影响，包括商务理念和方式、经济政策、管理体制、社会生活等。

通过上述相关概念的介绍，我们可以从不同的视角进一步理解电子商务：①从通信角度看，电子商务是在信息网络上传递信息、产品或服务，或者进行支付；②从服务角度看，电子商务是一种工具，它能满足企业、管理者、消费者的愿望——在提高产品质量和加快产品或服务交付速度的同时，降低服务的成本；③从过程角度看，电子商务是在计算机与通信网络的基础上，利用电子工具实现商业交换和行政作业的全过程；④从应用角度看，电子商务是电子工具在商务过程中的应用，应用的前提和基础是完善的现代通信网络与人们思想意识的提高及管理体制的转变；⑤从商务服务流程角度看，电子商务是物流与资金流的分离、信息流作用的日益突出，是一种新的商业模式和生产方式；⑥从信息管理原理的角度看，电子商务是把需要的信息在需要的时刻送到需要的地点，消除时间的浪费。

参考上述各种定义，本书认同从广义和狭义两个角度对电子商务进行概念界定。其中，狭义的电子商务，即 E-Commerce，是指基于互联网开展的各类商务活动。广义的电子商务，即 E-Business，是指利用信息技术使整个商务活动实现电子化、数字化的所有相关活动。其中信息技术涵盖互联网、内联网、外联网等不同形式的网络。换句话说，广义的电子商务不仅包括通过互联网进行的商务活动，还包括企业间基于虚拟专用网（virtual private network，VPN）等技术开展的商务活动以及面向企业内部的业务活动，如管理信息系统、企业资源计划、供应链管理、客户关系管理、人力资源管理、生产管理、财务管理等。

1.1.2　电子商务的内涵

根据电子商务的定义，可以归结出电子商务的内涵包括五个方面：信息技术特别是互联网技术的产生和发展是电子商务开展的前提条件，掌握现代信息技术和商务理论与实务的人是电子商务活动的核心，利用信息技术实现商业模式的变革与创新是电子商务的本质，系列化、系统化的电子工具是电子商务活动的基础，以商品交换为中心的各种经济事务活动是电子商务活动的对象。

1）电子商务的前提条件——信息技术

电子商务自诞生以来，就与信息技术紧密相连。以计算机为代表的信息技术的发明创造和使用，主要是针对人的知识获取、智力延伸，对自然界信息、人类社会信息进行采集、存储、加工、处理、传输等的工具。

信息技术的广泛应用已经渗透到人类社会、经济的各个领域，从传统的电子数据交换、电子订货系统到管理信息系统、决策支持系统等的实现，促使各种商务活动逐渐电子化、自动化。以信息技术为工具来开发和利用信息资源是实现电子商务的前提条件。事实上，掌握先进信息技术的企业，可以大幅提高效率、改善流程；也可以创造新市场，开辟新市场或服务，重构商务模式。

2）电子商务的核心——人的知识和技能

首先，电子商务是一个社会系统，既然是社会系统，它的中心必然是人；其次，电子商务系统实际上是由围绕商务活动的各利益主体所组成的关系网；再次，在电子商务活动中，虽然强调信息技术的作用，但实际上掌握这些信息技术发展走向的依然是人。所以，必须强调人在电子商务中的决定性作用。因为人在电子商务中的特殊地位，所以对电子商务人才的培养、选拔就显得尤为重要。一个国家、一个地区能否培养出大批符合电子商务要求的复合型人才，就成为其电子商务发展的关键因素。

3）电子商务的本质——利用信息技术实现商业模式的变革与创新

创造性地运用信息技术建立新的商业关系是电子商务的本质。电子商务的应用总是离不开商业模式的设计，因此电子商务商业模式的正确选择是十分重要的。此外，商务技术是基于信息技术的商务支持技术，创立一种商务技术来支持商业关系创新的理念和模式也是很重要的。

4）电子商务活动的基础——系列化、系统化的电子工具

从系列化的角度来看，一系列多元化的电子工具可应用于从商品需求咨询、订货、交易、结算、配送到售后服务的全过程，以保障电子商务交易过程的顺利完成。从系统化的角度来看，局域网、城域网、广域网等纵横相连，构成了支持微观、中观、宏观活动的安全可靠、灵活方便的系统。

5）电子商务活动的对象——以商品交换为中心的各种经济事务活动

商务活动是电子商务永恒的主体。商品的生产与消费之间存在着社会间隔，即商品的生产者与消费者不同，通过商品交易活动可消除这种社会间隔。商品交易一般会涉及四个方面：商品所有权的转移，货币的支付，有关信息的获取与应用，商品本身的转交。电子商务的本质是商务，而商务的核心内容是商品的交易活动。

1.1.3　电子商务的分类

按照不同的划分依据，电子商务可以分为不同的类型，如表 1-1 所示，分类依据有交易主体、交易对象的性质、商务活动内容、使用网络类型、交易地域范围、应用服务领域、业务流程的实现程度、交易管理对象、终端用户接入方式、电子商务成熟度和发展趋势。本书将重点介绍几种代表性的分类。

表 1-1　电子商务类型划分表

分类依据	类型
交易主体	B2B、B2C、C2C
交易对象的性质	以卖方为主体、以买方为主体、以第三方为主体
商务活动内容	间接电子商务、直接电子商务
使用网络类型	基于 EDI 的电子商务、基于互联网的电子商务、基于移动网络的电子商务
交易地域范围	本地电子商务、境内电子商务、全球电子商务
应用服务领域	行业电子商务、企业电子商务、电子政务
业务流程的实现程度	完全电子商务、不完全电子商务
交易管理对象	企业内部电子商务、企业外部电子商务
终端用户接入方式	移动电子商务、固定电子商务
电子商务成熟度和发展趋势	静态电子商务、动态电子商务

注：B2B 为企业对企业（business to business）；B2C 为企业对消费者（business to consumer）；C2C 为消费者对消费者（consumer to consumer）

1. 按交易主体划分

按交易主体，常见的电子商务类型包括 B2B、B2C 及 C2C 电子商务模式。

（1）B2B 的电子商务，是目前业务规模最大的一种电子商务类型。B2B 电子商务模式又可以细分为在线交易市场和会员专用网络。其中在线交易市场包括电子采购市场、电子分销市场、电子交易市场和行业协会等。目前，虽然 B2B 之间交易额占全球电子商务交易总额比重较大，但是全球范围内的 B2B 电子商务平台仍然较少，交易频率相对较低，与各种线上和线下渠道的企业间贸易总额相比，占比仍然较低，这也就意味着 B2B 电子商务仍然蕴涵着巨大的发展潜力。

（2）B2C 的电子商务，是以互联网为主要服务提供手段，实现公众消费和提供服务，并保证与其相关的付款方式电子化的一种模式。它是随着万维网的出现而迅速发展的，可以看作一种电子化的零售。尽管 B2C 电子商务的规模相对较小，但其自 1995 年发展至今一直呈指数级增长，是个体消费者参与最多的电子商务类型。我们平时所说的 B2C 实际涵盖了 B2C、B2P2C（business to platform to consumer）和 P2C（platform to consumer）三种典型的电子商务模式。其中 P 是指电子商务平台，一旦将电子商务平台（P）作为最为核心的主体，电子商务的其他参与主体就自然分为借助电子商务平台交易的企业（B）和消费者（C）。

①B2C 电子商务模式，是生产者通过网络对消费者直接进行网上销售。这种模式中，企业也是生产者，只经营自家品牌的商品，实际是网络直销，如微软、戴尔、苹果公司的官方网站。虽然也会有一些其他品牌的商品销售，但是都与生产厂商的产品有着紧密的配售关系。否则，如果其主要角色是销售，或者同时销售自家品牌之外的各类商品，就要划归为 P2C 的自营电商模式。

②B2P2C 电子商务模式，是指销售者通过网络服务提供者搭建的网络交易平台与消费者进行网上交易。无论经过工商注册的企业还是未经过工商注册的个人卖家，皆包含在此处的企业（B）范围之内。典型的如淘宝和天猫，美国的易贝（eBay）。由于平台自身不直接销售商品或服务，销售商品和服务的是入住平台的站内商户，也就是俗称的"网店"，因此可以将 B2P2C 模式称为"网店模式"。

③P2C 电子商务模式，是指销售者通过自身的网络交易平台，以自营的方式和消费者进行网上交易。此时，B2P2C 模式中的卖家（B）和平台（P）合二为一。如苏宁易购、网易严选、亚马逊、京东等。与"网店模式"相对，P2C 模式可以称为"自营模式"。

实践中许多电子商务模式是混合型的。例如，京东商城就是 P2C（自营）和 B2P2C（网店）两种模式并存的电子商务平台。

（3）C2C 的电子商务，其本质上是 C2P2C（consumer to platform to consumer）的电子商务模式，网络交易平台为消费者提供了一种互相销售产品的途径，消费者将待拍卖或出售的产品放到网络平台，然后通过平台进行产品展示，并借助平台的交易清算功能来完成支付活动。如电子公告板系统（bulletin board system，BBS）中的"跳蚤市场"版块，闲鱼、转转等二手商品交易平台以及共享企业爱彼迎（Airbnb）、优步（Uber）等。

2. 按照业务流程的实现程度划分

商品交易过程以产品形成起点，以产品交付或实施服务为终点，按照交易过程在网络上的完成程度，即业务流程的实现程度，电子商务可以分为完全电子商务和不完全电子商务两种类型。

完全电子商务是指产品或服务可以完全通过电子商务方式实现和完成整个交易过程的电子商务。一些数字化的无形产品和服务如软件、音乐、远程教育等，供需双方直接在网络上完成订货或申请服务、网上支付与结算、实施服务或产品使用权的转移，无须借助线下物流配送等手段实现。完全电子商务在理论上是电子商务的最高境界，但交易对象的特性仅限于无形产品和网上信息服务，不能涵盖所有商品和服务。

不完全电子商务是指商品交易的全过程无法完全依靠电子商务方式实现的电子商务。从下单、支付到传送，其中的某一个环节或某几个环节不是在互联网上进行的，都属于不完全电子商务。一些物质和非数字化的商品无法在网络上供货和送货，需要依靠一些外部要素，如运输系统、邮政系统等来完成货物的运输和配送。

3. 按照使用网络类型划分

按照使用网络类型的不同，电子商务可以分为基于 EDI 的电子商务、基于互联网的电子商务、基于移动网络的电子商务。

1）基于 EDI 的电子商务

EDI 最早是在贸易伙伴之间建立专用网，是按照商定的协议，将商业文件标准化和格式化，并通过计算机网络，在贸易伙伴的计算机网络系统之间进行数据交换和自动处理。它是企业之间传输订单等作业的一种电子手段，通过计算机网络系统将运输、保险、银行、贸易等行业信息，用一种国际公认的标准格式，实现各有关部门和企业之间的数据交换及处理，并完成以贸易为中心的全部过程。相对于传统的贸易方式，EDI 大大节约了时间和费用，同时因为采用专用网络所以也较好地解决了网络安全保障问题。

2）基于互联网的电子商务

随着互联网的出现和全球化普及，买卖双方在任何可以连接网络的地点均可进行各种商务活动。基于互联网的电子商务是以电子为手段，以商务为主体，将传统的购物、销售、渠道移到互联网上来，打破了国家与地区、有形与无形的壁垒，使生产企业达到全球化、网络化、无形化、个性化。由于互联网是国际的开放性网络，费用低廉，覆盖面广，同时互联网可以全面支持不同类型的用户实现不同层次的商务目标，其功能更全面，使用更灵活。

3）基于移动网络的电子商务

移动电子商务是在移动通信网络和互联网技术的基础上发展起来的，主要通过智能手机、平板电脑和其他的移动终端智能设备来进行的商务活动，它可以实现随时随地、线上线下的购物与交易、在线电子支付及各种交易活动、金融活动及相关的综合服务活动。

4. 按照交易地域范围划分

按照交易的地域范围，电子商务可以分为本地电子商务、境内电子商务、全球电子商务。

（1）本地电子商务。本地电子商务是指在本地区范围内开展的电子商务，是开展境内电子商务和全球电子商务的基础，与其他两种电子商务类型相比，本地电子商务由于涉及的地理范围较小，货物的物流配送速度更快捷，中途出问题的概率较低，因此更容易弥补物流短板。在有些国家，本地电子商务还会受到本区域政策、法规的影响与支配。此外，本地电子商务系统还可以整合本地资源，在境内电子商务和全球电子商务应用中发挥本地整体资源优势，对本地资源的推广发挥着重要作用。线上线下结合（online to offline, O2O）模式是目前本地电子商务常采用的一种商业模式，将电子商务的优势发挥到本地消费中，为本地生活服务的发展提供了有效支持。

（2）境内电子商务。境内电子商务是指在本国范围内开展的电子交易活动，参与商务活动的各方分处在国内的不同地区。境内电子商务系统在构成要素和连接网络上与本地电子商务没有本质区别，只是其交易的地域范围更大了，因此对软硬件和技术要求较高，要求在全国范围内实现商业电子化、自动化及金融的电子化。

（3）全球电子商务。全球电子商务是指在全世界范围开展的电子商务活动，交易各方分别处在不同的国家或地区。全球电子商务系统的构成要素在前两种电子商务系统的基础上，增加了进出口电子业务系统，如海关系统、税务系统、跨境物流系统、保险系统等。全球电子商务业务内容更加繁杂，数据来往频繁，其相关的协调工作和法律惯例规范都是全球性的，要求具有严格、准确、安全、可靠的电子商务系统，并制定全球统一的电子商务标准和电子商务贸易协议。

1.2 电子商务的产生与发展

1.2.1 电子商务的起源与发展

1. 电子商务的起源——电子交易

早在 20 世纪 70 年代末，电子交易就以不同的形式存在了，如美国航空运输业的机票预订系统（美国 AA 公司的计算机联网订票系统 SABRE），金融领域采用的 EFT 系统、早期的家庭银行，以及 EDI。其中，B2B 电子商务的早期雏形是一家名为 Baxter Healthcare 的制药企业采用电话调制解调器来向医院预售商品。在 B2C 领域，第一个被广泛使用的是诞生于法国的 Minitel 系统，是一个视频与文字结合的数字化交易系统，主要为用户提供票务代理、旅游服务、产品零售等服务。

2. 电子商务的发展——EDI 的标准化阶段

EDI 是将组织内部及贸易伙伴之间的商业文档和信息，以直接读取的结构化的信息形式通过专用网络在计算机之间传输。标准化是实现 EDI 的关键环节，早期的 EDI 标准，只是由贸易双方自行约定的。随着使用范围的扩大，出现了行业标准和国家标准。美国在 1979 年开始开发建立跨行业的 EDI 国家标准——ANSI X.12，1985 年国际通用标准逐步形成，1992 年产生了国际统一标准——UN/EDIFACT。随着 EDI 各项国际标准的推出及开放式 EDI 概念模型的逐渐成熟，EDI 不仅只应用于国际贸易领域，还广泛应用在行政管理、医疗、建筑、环境保护等各个领域，企业范围不断扩展，囊括了制造业、零售业等多种类型的企业，旅游预订系统、股票交易系统等相继出现并得到广泛应用。

EDI 支持的电子商务已经具备了当今基于互联网的 B2B 电子商务的主要特征，但 EDI 在商业领域内的应用进展远比当初设想的进度要慢得多。阻碍 EDI 发展的主要原因包括 EDI 的标准太复杂，使用专用增值网络的费用比较高，对相关的设备、人员的要求也较高等，因此，EDI 电子商务仅局限在先进国家和地区的大型企业内使用，大多数的中小企业难以应用。

3. 现代电子商务概念的产生

20 世纪 90 年代，互联网在全球范围得到了迅速普及和发展。互联网费用低廉、覆盖面广、功能更全面，克服了 EDI 的不足，满足了中小企业对电子数据交换的需要，为在所有企业中普及商务活动的电子化提供了可能。因此，从 1991 年美国允许利用互联网从事商务活动以来，到 1993 年万维网出现，商业网站的数目很快就超过了其他类型网站。1995 年网上的商务信息量首次超过科学教育信息量，基于互联网的电子商务得到了广泛认可。1996 年，联合国国际贸易法委员会通过了《电子商务示范法》，标志着真正的电子商务阶段的开始，电子商务活动逐步成为互联网上的主导活动。

1.2.2　电子商务发展的基础

1. 电子商务发展的社会基础

1）信息化建设受到世界各国政府高度重视

当今世界，信息技术创新日新月异，谁在信息化上占据制高点，谁就能够掌握先机、赢得优势、赢得安全、赢得未来。没有信息化就没有现代化，因此信息化建设受到了世界各国政府的高度重视。1993 年，美国就开始实施国家信息基础设施计划（National Information Infrastructure，NII），明确提出了在推行信息高速公路建设方面应遵循的原则和目标，这项计划实际上就是建设一个高速光纤通信网络，该网络是连接各种局域性网络和各种系统的小网络的"网中之网"，其末端能深入每一个家庭，从而构成一个能处理图、文、声、像等各种信息的四通八达的信息"交通网"。1995 年 2 月，在 NII 计划的基础上，美国政府又进一步推行全球信息基础结构计划（Global Information Infrastructure，GII），要点是通过卫星通信和电信光缆联通全球信息网络，形成信息共享的竞争机制，全面推动世界经济的持续发展。1997 年 7 月 1 日，美国克林顿政府发布了《全球电子商务纲要》，它是全球第一份官方正式发表的关于电子商务立场的文件，提出了电子商务发展的一系列原则，系统阐述了一系列政策，旨在为电子商务的国际讨论与签订国际协议建立框架。由于美国在网络发展的主导地位与其强大的经济实力，《全球电子商务纲要》已成为主导电子商务发展的宪章性文件。

在亚洲，日本是最早发起信息革命的国家。早在 20 世纪 60 年代中期，日本就开始建立全国的电话通信网。从 20 世纪 80 年代初期开始，日本政府大力推行全国高级信息网系统的计划，在全国建成了计算机、电话、传真及电视等集成统一的数字通信网络。

新加坡和韩国在信息革命中异军突起。由于政府的重视，这两个国家在信息技术和电子商务方面也都走在亚洲其他各国前面。1998 年 6 月，新加坡国会通过了新加坡电子商业政策委员会制定的《电子交易法》，从而使新加坡成为世界上率先在电子商务领域进行立法的国家之一。韩国电子商务的基础设施在国际社会被公认为是世界级水平，宽带普及率在世界上也是最高的。1999 年，韩国颁布了《电子商务框架条例》，主旨是通过澄清法律的利害关系、保证电子交易的安全与可靠来促进全国的经济发展，并建立便利的电子交易框架。

我国政府对于信息化建设也给予了极大重视，信息化建设突飞猛进。2001 年 3 月我国政府正式公布了《中华人民共和国国民经济和社会发展第十个五年计划纲要》。这一纲要全面分析了国际环境的客观变化和国内信息化建设的新形势，分析了我国信息化建设存在的问题，从战略高度提出了信息化的发展方针、发展目标、主要任务及政策措施。明确提出"以信息化带动工业化"，"加快电子认证体系、现代支付系统和信息制度建设，大力发展电子商务"，"通过电子商务特别是企业间电子商务的应用，推动营销、运输和服务方式的变革，降低成本，扩大工业品市场规模"等举措。2004 年 8 月 28 日，第十届全国人大常委会第十一次会议通过了《中华人民共和国电子签名法》(以下简称《电子签名法》)，为电子签名在电子商务中的应用铺平了道路。为了贯彻落实党的十六届三中全会关于加快发展电子商务的要求，2005 年 1 月，国务院发布了《国务院办公厅关于加快电子商务发展的若干意见》，该意见在阐明发展电子商务的重要作用和指导思想的基础上，提出了电子商务的政策法律环境建设并提出具体建议，包括加强统筹规划和协调配合，推动电子商务法律法规建设，研究制定电子商务发展的财税政策，完善电子商务投融资机制；加快信用、认证、标准、支付和现代物流建设，形成有利于电子商务发展的支撑体系等。2016 年中共中央办公厅、国务院办公厅印发《国家信息化发展战略纲要》，要求将信息化贯穿我国现代化进程始终，加快释放信息化发展的巨大潜能，以信息化驱动现代化，加快建设网络强国。《国家信息化发展战略纲要》是规范和指导未来十年国家信息化发展的纲领性文件。

2）计算机及移动设备的普及应用

当前电子商务基础设施价格大幅下降，曾经短缺的通信容量已经变得富余。特别是从计算机问世至今，计算机的运行速度越来越快，处理能力越来越强，价格越来越低，应用越来越简单，计算机作为一种工作生活必需品大量进入普通家庭和中小企业。特别是，作为互联网技术时代的产物，智能手机、平板电脑等移动终端设备的出现及普及，网民上网设备进一步向移动端集中，为电子商务市场带来了可观的发展机遇。

3）互联网用户的快速增长

互联网已经逐渐成为全球通信与交易的媒体，全球上网用户呈几何级数增长趋势，网络快捷、安全、低成本的特点为电子商务的发展提供了应用条件。以蜂窝网络和无线局域网(wireless fidelity，Wi-Fi)为代表的无线通信技术更是改变了用户上网的时间、地点和方式。

We Are Social 联合 Hootsuite 发布的 2019 全球数字报告显示，全球使用互联网的用户数量已经超过 43.9 亿人，而同期的全球人口数量大约为 76.76 亿人。同时，得益于近十几年移动网络与智能设备的发展，在这 43.9 亿网民中，有 32.6 亿人使用移动设备上网，移动互联网应用向用户各类生活需求深入渗透，促进手机上网使用率增长。如此众多的互联网使用者，为电子商务的广泛应用奠定了良好的用户基础。

4）新的经济消费观逐渐形成

新的服务通过新的消费方式带来新的消费体验。新消费的"新"是在消费升级背景下相对于过去旧有的消费行为的"新"。随着市场由卖方垄断向买方垄断转化，消费者主导的时代已经来临，面对更为丰富的商品选择，消费者心理与以往相比呈现出新的特点和发展趋势，如追求文化品位、个性化、自主独立、避免干扰、表现自我、方便快捷、物美价廉等的消费心理，而电子商务的出现与发展恰恰能满足消费者的这一需求变化。此外，网络电子支付安全问题的解决，物流支撑体系的日趋完善，打消了消费者选择电子商务进行交易的顾虑，以上配套服务设施的完善为电子商务的推广铺平了道路。

2. 电子商务发展的技术基础

电子商务发展的技术基础是技术对商务活动支持能力的不断提高。

1）信息基础设施建设进展迅速

世界各国投入了大量资金用于建设固定电话网、移动电话网、多媒体通信网、有线电视网、Internet、Intranet 和 Extranet 等信息基础设施，作为电子商务发展的技术基础。除了新建一批具有先进、高技术、功能更完善的信息基础设施，还需要对现有网络进行改造，以适应不断出现的新的业务应用的需要。

2）网络技术与通信水平的提高

计算机网络通信技术离不开网络接入技术的支持，目前许多类型的接入技术被应用，如光纤接入技术、无线接入技术与同轴电缆接入技术等多种方式的出现，加快了信息的传递。目前网络通信中城域网的大规模建设促进了光纤通信的应用范围，网络运营商不断推进技术革新，加快了光纤通信的传输效率。此外，移动通信技术不断完善，随着科技的发展，4G 通信网络的应用越来越广泛，5G 通信网络技术的成功同样为移动电子商务的发展提供了良好的发展环境。

3）电子元器件开发技术的迅速发展

高精密度、高容量、高速处理的集成电路技术（integrated circuit，IC）。集成电路、操作系统等基础通用技术加速追赶，人工智能、大数据、云计算、物联网等前沿技术研究加快，量子通信、高性能计算等取得重大突破，这些均为电子商务发展提供了良好的应用条件。

4）电子商务应用技术的基本成熟

为了实现电子商务的实际应用，各国在电子商务技术的研究和开发方面做了大量工作，提供了相对成熟的电子商务应用技术，其中包括：Web 技术和 Java 语言等应用开发技术；基于网络的电子数据交换技术；数据与信息可快速传递的高速网、宽带网、广域网和支持互联的集成计算机网络系统；电子邮件安全传输技术以及实现电子公告牌服务的信息发布技术；通过网络进行电子资金转账以及共享网络数据库的技术；网络流媒体技术。

　　5）安全保障技术进入实用阶段

　　计算机和网络安全技术的发展为电子商务的开展提供了安全保障，这些技术包括加密技术、防火墙技术和数字签名技术等。除此之外，安全电子交易（secure electronic transaction，SET）协议标准和规范也在逐步完善。为了在互联网上进行在线交易时保证信用卡支付的安全，1996 年美国 VISA 和 MasterCard 等国际组织联合发起制定了 SET 协议，它的对象包括消费者、商家、发卡银行、收单银行、支付网关、认证中心，这是一个对消费者与商家都有利的安全协议。随着信息技术的发展，不少更有效的安全交易标准不断推出，主要有安全超文本传输协议（secure hyper text transfer protocol，S-HTTP）和安全套接层（secure socket layer，SSL）协议。其中，SSL 协议是由网景（Netscape）公司推出的一种安全通信协议，是对计算机之间整个会话进行加密的协议，提供了加密、认证服务和报文完整性，能够对信用卡和个人信息提供较强的保护。这些都为网络上开展电子商务提供了安全保障。

　　3. 电子商务发展的经济基础

　　电子商务发展的经济基础是经济活动范围的逐渐扩大。

　　1）经济全球化促使交易量上升

　　信息技术的发展使计算机及通信网络不断更新换代，通信、交通手段的革新使得生产逐渐趋向社会化、国际化，加速了国际贸易的发展，跨国公司不断涌现。这些跨国公司为了获得最佳的经济效益，必然要在全球范围内合理安排原料进货、加工、装配及销售等，而所有这些活动都要求有极高的效率和准确性。企业开始在订单、原材料采购、及时销售、降低库存及有效管理等各个环节，以及它们的有效协同配合中获取降低成本的新途径。另外，全球贸易额的上升带来了各种贸易单证、文件数量的增多。因此，提高商业文件传递速度、处理速度、空间跨度及准确性，实现贸易"无纸化"成了贸易链中所有成员共同的愿望。

　　2）交易行为的增加促进了交易规范化

　　电子商务的特征在于交易规范化、标准化。交易规范化、标准化的发展使得企业之间无须采用人员接触的方式，而只要通过网络传递一些格式化的数据就可以达成交易。交易的规范化、标准化使交易行为必然增加，工业革命形成了大批量生产的体制，大批量生产必然需要大量销售作为支撑。由于在大量销售中存在着很多的重复劳动，因此大量销售同样需要规范化、标准化的交易程序，这都是人类行为经济性的必然产物。标准化的交易为电子商务的发展奠定了重要的基础。此外，早期的电子交易手段，只是两个商家之间依靠计算机的直接通信来传递具有特定内容的商业文件。随着掌握电子交易手段的商家不断扩大，一些行业性的工作小组开始致力于发展行业性数据传输标准并建立行业性的电子交易系统。

1.2.3　电子商务发展历程

　　随着 Internet 的快速发展、计算机和网络应用在全球范围内的普及，以及全球经济一体化的趋势，电子商务的生命力逐渐旺盛，特别是进入 21 世纪后，随着信息技术的不断更新，电子商务已经成为信息时代的标志性产物，同时，电子商务市场也逐步演变成未来商业环境下企业竞争的主战场。总的来说，电子商务的发展主要包括四个阶段：1995～2000年，电子商务的变革期；2001～2006年，电子商务的巩固期；2007～2015年，电子商务的再定义期；2016年至今，电子商务的引领期。

1. 电子商务的变革期（1995～2000年）

电子商务最早始于1995年，企业开始广泛在网上发布产品广告，由于带宽的限制，这一阶段应用电子商务的企业或个人把电子商务作为一个优化业务活动或者商业流程的工具，在互联网上只是销售一些简单的产品，而无法进行复杂产品的交易。企业的网络营销也只能依赖简单的静态广告与功能并不强大的搜索引擎。很多大型企业的网络策略即构建起提供品牌简介的静态网站，提高其市场知名度。这一阶段电子商务发展的推动力是对新技术可能带来的超额利润的愿景，资金来源多是风险投资资金。在这一阶段，大多数的传统企业因为过于僵化和官僚化，且节奏较慢，被旧的商业模式所束缚，无法在电子商务的竞争中立足，因此，年轻的新兴企业成为早期电子商务应用实践的主要驱动力，并且获得了巨额的风险投资资金。但随着2000年互联网泡沫的破灭，成千上万家企业消失在这次金融危机中。总而言之，这一阶段电子商务的主要特征是实验性、资本化及过度竞争。其发展的重点体现在传统分销渠道的瓦解、直销商业模式的发展以及纯互联网企业不可撼动的先发优势。虽然早期的电子商务发展受整个经济的影响，不少企业纷纷倒闭，但是这段时间的经历为后续电子商务的发展营造了良好的社会舆论环境。

2. 电子商务的巩固期（2001～2006年）

这一阶段电子商务的发展获得了难得的历史机遇，支撑电子商务发展的一些基础设施和政策得以发展起来，如宽带网络的广泛使用，计算机功能的不断完善，价格的不断下降，第三方支付工具的出现，鼓励电子商务发展相关政策的颁布实施，这些支撑性环境的改善铸成了电子商务发展的里程碑。这一阶段电子商务的重点是：①"技术导向"向"商务导向"转变，强调业务驱动；②企业更关注盈利模式和利润，而不仅仅是强调收入的增长；③巩固和延伸现有品牌比创建新品牌更重要；④风险投资有意避开新兴行业使得资金收紧；⑤在规范化和管控方面，政府对网络和电子商务的监管力度有所加强。

与电子商务变革期相比，电子商务巩固期的变化体现在：商家不仅销售零售产品，还开始销售一些更为复杂的产品和服务。同时，无论大型企业还是中小型企业，不仅要建立自己的网站，树立形象，还要利用电子邮件、搜索引擎等工具进行广告推广，并建立了在线社区与用户进行对话，以提升用户参与度。

3. 电子商务的再定义期（2007～2015年）

再定义期的典型特征是适者生存、互联网人口红利得到充分释放。这一阶段，网民规模快速增长，电子商务的竞争在深度、广度和强度上持续升级，电商领域的资本、技术迎来全面创新，创新成为电子商务发展的重要决定性因素和典型特征。电子商务模式创新不断丰富，广度不断扩展，在B2B、B2C、信息团购类领域的渗透日益增多。此外，由电商交易服务、在线支付、物流等支撑服务业与衍生服务业构成了日益完善的电子商务生态系统。

4. 电子商务的引领期（2016 年至今）

引领期的电子商务发展以内容和社交为主导，在这一阶段，社交网络发展迅速，智能手机、平板电脑等移动终端设备逐渐成为重要的信息终端，并逐步演变升级为服务终端；电子商务市场向细分领域发力，移动电子商务、社会化电子商务、本地化电商、跨境电子商务等相继涌现并先后进入快速发展期。在这一阶段，体现社会化、个性化的服务或应用模式的"社会化电子商务"涌现并快速发展，如微博、云服务、微信等应用发展迅速。同时，在海量信息时代，大数据理念为我们看世界提供了一种全新的方法，大数据分析不仅成为组织经营管理体现或实现价值的智能化工具，还成为日益重要的发展战略。为了充分利用大数据，企业开始使用复杂的商务分析软件，以迅速确定消费者的购买模式和购买意向，使得真正的个性化营销成为可能；这一阶段，电子商务无论是技术还是商业模式，进一步向纵深发展，开始出现了"实体经济虚拟化"与"虚拟经济实体化"相互渗透、相互融合的趋势，电子商务系统平台向更高动态性、集成化和智能化的体系结构发展。

1.3 电子商务的基础结构

1.3.1 电子商务的概念模型

电子商务的概念模型是对现实世界中电子商务活动的抽象描述，由电子商务交易主体、电子市场、交易事务、电子商务流等基本要素构成，图 1-1 为电子商务的概念模型。

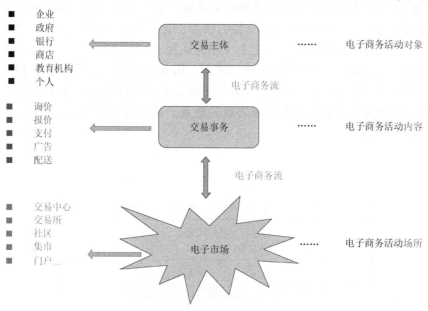

图 1-1　电子商务的概念模型

（1）电子商务交易主体。在电子商务概念模型中，电子商务交易主体是指能够从事电子商务活动的客观对象，可以是企业、政府、金融机构和个人等实体。

（2）电子市场。电子市场是指电子商务实体从事商品和服务交换的场所，它是商务活动参与者，利用各种通信设备，通过网络连接成一个统一的经济整体，如交易中心、社区、门户等。

（3）交易事务。交易事务是指电子商务实体之间开展的具体的商务活动的内容，如询价、报价、支付、广告、配送等。

（4）电子商务流。电子商务的任何一笔交易，都包含四种基本的"流"，即资金流、商流、信息流和物流。资金流主要是指资金的转移过程，包括付款、转账、结算和兑换等过程。商流是指商品在购销方之间进行交易及商品所有权转移的运动过程，具体指商品交易的一系列活动。物流主要是指物质实体的流动过程，一般包括运输、储存、装卸搬运、包装、流通加工、物流信息管理等各种活动。对于大多数实体商品来说，物流一般需要经由线下渠道来完成，然而对于部分商品和服务来说，则可以直接通过网络传输的方式来完成，如数字化产品。信息流贯穿于电子商务交易的整个过程，是指业务信息的流动和管理，既包括商品信息的提供、促销营销、技术支持、售后服务等内容，也包括询价单、报价单、付款通知单等商业贸易单证信息；还包括交易方的支付能力、支付信誉、中介信誉等信息。

上述四流的关系可以表示为：通过商流实现商品所有权的转移，通过资金流实现商品的价值，通过物流实现商品的使用价值，而信息流作为连接的纽带贯穿于电子商务交易的整个过程中，并起着串联和监控的作用。

1.3.2　电子商务系统的运作框架

美国佐治亚大学的 Kalakota 和美国得克萨斯大学奥斯汀分校 Whinston 提出了电子商务的运作体系框架，如图 1-2 所示。他们认为，电子商务的各类应用建立在两大支柱和四个互相关联的层次性基础设施之上。①体系层次。自下而上，从最基础的技术层到电子商务的应用层依次分为网络基础设施层、信息发布与传输层、电子商务服务支持层和电子商务应用层。四个层次依次代表电子商务设施的各级技术及应用层次。②两个支柱。它是各种技术标准体系和国家宏观的政策、法律等社会人文环境，是电子商务顺利应用的坚实基础。

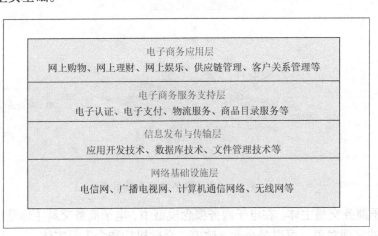

图 1-2　电子商务系统的运作框架

1. 体系层次组成

1）网络基础设施层

网络基础设施层是实现电子商务最底层的基础设施，主要包括电信网、广播电视网、计算机通信网络、无线网等。它是信息传输系统，信息的传输介质既可以是物理信道，如电话线、光缆，也可以通过无线电磁波（如微波）的方式进行传递。通过网络层，任何一台联网的设备均能够随时同世界连为一体，网络基础设施层是实现电子商务的基本保证。

2）信息发布与传输层

信息发布与传输层决定和解决了电子商务系统信息的传输与管理问题。通过网络基础设施层提供的信息传输路线，可以进行文本、数据、声音、图像和视频等信息的传输。从技术角度上来看，该层次主要包括应用开发技术、数据库技术和文件管理技术。其中应用开发技术包括后端开发和前端开发，后端开发主要关注如何实现功能、数据的存取、平台的稳定性与性能等，可以用到的技术有 Java 服务器端页面（Java server pages，JSP）技术、超文本预处理器（hypertext preprocessor，PHP）技术、动态服务器网页（active server pages，ASP）技术等，前端开发则考虑的是 Web 页面的结构、外观视觉表现、页面的交互实现等，涉及的技术包括超文本标记语言（hyper text markup language，HTML）、可扩展标记语言（extensible markup language，XML）、层叠样式表（cascading style sheets，CSS）和 JavaScript 等。

这个层次中的信息传输工具主要提供两种交流方式：①非格式化的数据交流，如 E-mail 和 Fax 等，主要面向人，其中，超文本传输协议（hyper text transfer protocol，HTTP）是互联网上通用的信息传输工具，以统一的显示方式，在多种环境下显示非格式化的多媒体信息，是在互联网上进行信息传输时使用最广泛的一种通信协议；②格式化的数据交流，如 EDI，传递和处理过程是自动化的，无须人的干预，主要面向计算机系统，适用于商贸活动中标准化程度较高的订单、发票、装运单等。

3）电子商务服务支持层

目前的信息传播工具是否适合电子商务的业务要求，需要确保安全和提供认证，使得传递的消息是可靠的、不可篡改、不可否认的。同时，实体商品生产和交换的全过程，也需要物流服务的支持。因此，电子商务服务支持层是为电子商务应用提供支持的服务活动。该层包括电子认证、电子支付、物流服务、商品目录服务等。其中，电子认证保证了电子商务交易活动的安全，通过给电子商务参与交易者签发数字证书，来确认电子商务交易各方的身份，然后通过加密和解密的方法实现安全的网络信息交换与交易。电子支付是电子商务活动的关键环节和重要组成部分，是电子商务能够顺利发展的基本条件，没有良好的网上支付环境，消费者只能采用网上订货、网下结算付款的方式，难以发挥电子商务高效率的优越性。物流服务是有形商品网上交易活动顺利进行和发展的一个关键要素，没有高效、合理、畅通的物流体系，电子商务也难以得到较好的发展。

4）电子商务应用层

在上述各种基础之上，可以建立各种各样实际的电子商务应用。电子商务所涉及的对象不仅包括供应商、分销商、零售商、消费者，还包括合作伙伴，如银行、物流公司、保险公司等，他们共同组成了一个完整的供应链，因此电子商务应用层除了包括个人用户的电子商务应用如网上购物、网上理财、网上娱乐等，还包括企业开展的供应链管理、客户关系管理等具体的应用。

2. 电子商务系统的两大支柱

整个电子商务系统的运作框架还包括两个支柱，分别是社会人文支柱和自然科技支柱。

1) 社会人文支柱

社会人文支柱是指社会人文性的政策与法律法规，是为了保障电子商务交易的真实性和安全性，因此主要是围绕安全管理的一些公共政策。成熟、统一的法律法规能够为电子商务活动提供稳定的环境，对买卖双方的贸易纠纷提供解决办法，对违反规定的行为予以制裁，保障电子商务交易活动有序稳定地开展。电子商务的相关政策与法令主要包括电子商务的税收制度、隐私权的保护、电子签章法律和信息定价等。

2) 自然科技支柱

自然科技支柱是指自然科技性的技术标准体系，包括各种技术标准、安全及网络协议。各类标准和协议定义了用户接口、传输协议、信息发布标准、安全协议等技术细节。这些技术标准是信息发布、传递的基础，是网络上信息一致性的保证。就整个网络环境而言，技术标准对于保证兼容性和通用性是十分重要的。由于电子商务的全球化、非国际化的技术标准必将带来严重的问题，所以许多国际组织已经意识到技术标准的重要性，也正在致力于联合开发统一的国际技术标准，如 EDI 标准、SET 协议、传输控制协议/网际协议（transmission control protocol/Internet protocol，TCP/IP）、XML 标准、HTTP 等技术标准和协议的制定。

1.4　电子商务的社会经济影响

电子商务是 Internet 爆炸式发展的直接产物，是网络技术应用的全新发展方向。Internet本身所具有的开放性、全球性、低成本、高效率的特点，也成为电子商务的内在特征，并使得电子商务大大超越了作为一种新的贸易形式所具有的价值，它不仅改变了企业本身的生产、经营、管理活动，还影响了整个社会的经济运行与结构。作为一种新的商务模式，电子商务正以前所未有的力量冲击着传统商务活动的观念和方式。

1.4.1　电子商务对消费者的影响

1. 消费不受时空限制

传统的商务是以固定不变的销售地点和固定不变的销售时间为特征的店铺式销售。互联网上的销售通过以信息库为特征的网上商店进行，所以它的销售空间随网络体系的延伸而延伸，因此，在电子商务环境下，消费者的购买行为一般不受时间和空间的限制，相对于传统商务有着时间上的任意性和足不出户的便利。特别是对于一些特殊产品，如数字产品完成支付后可以立即下载，还可以在网络中方便地寻找全球范围内的一些稀缺物品。

2. 实现货比三家

电子商务网站无奇不有，存货丰富，网络信息更加全面，消费者能在更大范围内"货比三家"，通过大量的信息浏览和查阅以规避网络购物中的不安全信息，最终在众多的商家、产品、款式中选择，以求所购买的商品价格更低、质量更优。

3. 改变了支付方式

在线支付是电子商务的关键环节。网上银行、支付宝、微信钱包、手机银行等多种支付方式的出现和普及，改变了消费者的支付方式，无须携带现金和银行卡，只需携带一部智能手机，就可以购物、乘坐交通工具，完成生活服务费如水、电、气费的交纳。

4. 个性化定制

由于互联网可实现商家与消费者的实时互动式沟通，因此消费者更易表达出自己对产品及服务的评价，当市场中的产品不能有效地满足消费者需求时，他们会主动向商家表达自身想法，抑或主动参与到企业的新产品研发中，商家在深入了解消费者的内在需求后，为其提供个性化定制的产品和服务，提升消费者的满意度。

1.4.2 电子商务对企业的影响

1. 对竞争机制的影响

电子商务的核心和本质是利用信息技术实现商业模式的变革与创新，企业可以利用创新的商业模式提升竞争优势，特别是对于中小企业而言，可以以独特的商业模式与大企业展开竞争。

在电子商务环境下，企业的竞争机制需要符合网络环境下的竞争定律，如马太效应反映了网络经济环境下企业竞争的一个重要因素——主流化，它反映的是一种"强者越强，弱者越弱"的现象；长尾理论是网络时代兴起的一种新理论，在网络时代，由于关注的成本大大降低，人们有可能以很低的成本关注正态分布曲线的"尾部"，并且关注"尾部"所产生的总体效益甚至会超过"头部"，因此商家即使选择狭窄的经营范围，依然能够盈利；摩尔定律揭示了信息技术进步的速度，其影响了互联网企业的技术竞争策略、市场策略、价格策略等；梅特卡夫法则指出网络具有极强的外部性和正反馈性，为了提高网络用户的价值，互联网企业往往通过产品标准竞争或免费策略来增加用户网络的规模以获取竞争优势。

2. 对企业组织架构的影响

电子商务的经营模式对传统的封闭式、直线型、金字塔式的组织结构产生了动摇，会使其向着虚拟化、扁平化、分权制的组织结构过渡。由于电子商务的推行，企业的经营活动打破了时空限制，出现了一种完全新型的企业组织形式——虚拟企业。在电子商务条件下，企业组织单元间的传统边界被打破，组织形式重新整合，开始建立一种直接服务消费者的工作组，组织能力变得柔性化，反应更加灵敏。同时，电子商务模式使企业的信息传递方式由单向的"一对多"向双向的"多对多"转换,实现了组织结构的扁平化。最后,电子商务的发展,使企业过去高度集中的决策中心逐渐转变为适当分散的多中心决策组织,管理责权形式逐渐由集权制向分权制转变。

3. 对采购环节的影响

企业传统的采购方式一般是通过订货会、供销会、招投标等实现原材料购买,采购过程烦琐,耗时费力。电子商务充分利用了网络的信息优势,可以在全球范围内寻找优质供应商,采购效率更高,采购成本更低。借助网络平台,企业与供应商、合作伙伴之间实现了信息的互联互通,降低了信息处理、存储及传递的成本,最大限度地提高了采购运作效率。

4. 对生产环节的影响

传统商务模式下,由于企业与消费者之间不能零距离接触和及时交流,因而企业采用推动式的生产方式,这种生产方式使企业库存压力巨大,资金回笼缓慢,生产周期长而不能灵活应对市场变化。电子商务利用网络优势打破了传统的信息交流方式,通过加强与消费者的联络与沟通,及时了解消费者的意见、期望和需求,企业可以根据消费者的需求再组织资源生产,采用拉动式的生产方式进行产品研发与设计,满足消费者的个性化需求,为其提供更加优质的服务。在电子商务环境下,利用现代通信技术及办公自动化技术,能够快速响应消费者的需求,通过加快信息和资金的转移速度,提高生产效率,缩短产品的研发周期和生产周期。同时因为企业可以省去传统的中间环节,直接与终端消费者对接,根据消费者的需求来采购原材料和组织生产,因此大大减少了库存积压,使"零库存"成为可能。

5. 对营销环节的影响

在网络环境下,电子商务企业的营销环境变为全国乃至全球范围,信息传播更加及时,更具针对性,信息交流呈现双向或多向的特点,因此营销手段和营销观念也要随之进行转变。首先,互联网和电子商务构建了新的营销平台,企业网络广告的方式更加灵活多样,企业的各种促销信息也都可以在第一时间发布,传播的范围更加广泛,同时对企业的品牌塑造也更为有利。其次,在电子商务环境下,企业可以轻松获取消费者的基本信息和购物信息,通过建立数据库,采用数据挖掘技术来分析消费者的购买偏好及意向,进而提供精准化的营销策略,提升消费者的满意度和忠诚度。

1.4.3　电子商务对政府职能的影响

政府承担着大量社会、经济、文化等管理和服务功能,具有指导作用。在电子商务时代,企业应用电子商务进行生产经营,消费者应用电子商务实现网上消费,这对政府管理行为提出了新的要求。电子政府或网上政府,将随着电子商务发展成为一个重要社会角色。政府顺应网络经济时代需求,增强服务功能,完善管理体制,为推进电子商务深入发展提供了良好的政策环境,以充分发挥企业在电子商务发展中的主体地位,建立政府与企业间的良性互动机制,促进电子商务与电子政务的协调发展。

1.5　电子商务发展现状与趋势

1.5.1　全球电子商务发展基本状况

全球电子商务的发展始于 20 世纪 90 年代中期，1995 年亚马逊和 eBay 在美国成立。此后，这种以互联网为依托进行商品和服务交易的新兴经济活动在全世界范围内迅速扩展。新一轮科技革命和产业变革交汇孕育的电子商务，极大地提高了经济运行的质量和效率，改变了人类的生产及生活方式，成为经济全球化的助推器。目前，电子商务的应用已经成为决定企业国际竞争力的重要因素，它正在引领着世界服务业的发展，并影响着未来商业发展的模式。当前，全球电子商务呈现出以下几个特点。

1. 市场规模不断扩大

2020 年 4 月 27 日，联合国贸易与发展会议发布的《2018 年全球电子商务评估报告》称：2018 年，全球电子商务销售总额达到 25.6 万亿美元，成为世界经济的亮点和新增长点。这一销售额涵盖 B2B 和 B2C 销售在内，相当于当年全球国内生产总值的 30%。2018 年，全球 B2B 电子商务销售额为 21 万亿美元，占所有电子商务的 83%，包括在线市场平台的销售和电子数据交换交易；B2C 电子商务销售额 4.4 万亿美元，较 2017 年增长 16%；B2C 跨境电子商务销售额达 4040 亿美元，较 2017 年增长 7%。可见，B2B 电子商务市场仍占主导地位，B2C 也呈现出迅猛的发展态势。

根据国际知名调查公司 eMarketer 的数据，2020 年受新冠疫情影响，在零售业全面低迷的情况下，电子商务是最大的亮点。在增速逐年放缓的同时，电子商务在零售总额中的占比仍持续提高，一些国家/地区零售电子商务的增长预期也有所调高。未来五年，随着全球智能手机保有量的不断提升、互联网使用率持续提高、新兴市场快速崛起，全球网络零售仍将保持增长。

2. 地区差距逐渐缩小

从整体情况来看，以美国为主的发达国家仍然是电子商务的主力军，中国等发展中国家电子商务异军突起，逐渐成为国际电子商务市场中的中坚力量。值得关注的是，发达国家的先发优势正在逐步削弱，区域之间电子商务发展的差距正在逐渐缩小。

欧美地区电子商务起步早、应用广。根据美国商务部的数据，2019 年美国电子商务零售额达 6020 亿美元，约占社会零售总额的 11%。《2020 年欧洲电子商务区域报告》显示，到 2020 年底，欧洲电子商务总额达到 7170 亿欧元。其中，大多数电子商务营业额集中在西欧，其占欧洲电子商务总额的 70%。

亚太地区电子商务体量大、发展快。电子商务起源于欧美，但兴盛于亚洲。eMarketer 统计数据显示，2024 年，亚太地区电子商务零售额将超过 4 万亿美元，届时将占全球市场的 65.9%。得益于良好的电子商务生态，亚太地区在电子商务用户数量、增长率、渗透率、销售总额、移动电商销售和社交电商等方面均处于或接近全球领先。除中国外，亚太地区还有其他三个国家/地区也进入了全球电子商务零售额前十，其中日本第四，韩国第五，印度第八。值得一提的是，中国网络零售交易额自 2013 年起至 2019 年，已经连续七年保持全球最大的网络零售市场地位。全球十大电商企业,中国占4席、日本占1席。其中,阿里巴巴以26.6%的市场份额排名全球第一,京东商城名列亚马逊、eBay之后,位居第四,小米和苏宁也入围前十。印度电子商务市场在过去几年保持约35%的高速增长。中印两国网民人数占到全球网民人数的28%,每年还将新增1亿人,巨大的网民红利将继续支持亚洲市场发展。

拉丁美洲、中东及北非地区电子商务规模小、潜力大。拉丁美洲是全球B2C电子商务发展最快的区域之一,近几年交易额均保持两位数增长。网民增长红利、互联网普及度提升、本土技术创新等是拉丁美洲电子商务市场被看好的主要原因。非洲地域广阔,人口分布不均,实体店数量少,居民购物不便,电子商务发展存在刚性需求。近年来,非洲各国更加重视电子商务发展,加大了电子商务基础设施建设力度。研究机构预算,2025年非洲主要国家的电子商务交易额将占其零售总额的10%。

3. 马太效应更加明显

互联网经济具有天然的规模效应,随着竞争加剧以及投资人的撮合,竞争对手有动力、有条件进行合并,市场集中度不断提高。如阿里巴巴集团于2016年在印度投资了电商公司Snapdeal之后,于2017年6月进一步收购印度第二大在线票务平台TicketNew的大部分股权,于2018年2月向印度美食搜索与配送服务企业Zomato投资了1.5亿美元。在东南亚地区,阿里巴巴于2016年入股当时东南亚最大的电子商务平台Lazada,2017年8月向Tokopedia注资11亿美元,2019年9月6日,阿里巴巴集团宣布以20亿美元全资收购网易旗下跨境电子商务平台考拉。腾讯以86亿美元收购芬兰移动游戏开发商84.3%股权,后又入资了东南亚的社交购物平台Shopee的母公司SEA。2016年京东以98亿元并购沃尔玛控股的1号店等,上述每一项市场并购都对电商行业发展产生了重要影响。

目前,全球领军互联网企业都已构建以平台为核心的生态体系。亚马逊、阿里巴巴等以电商交易平台为核心,向上下游产业延伸,构建云服务体系。谷歌(Google)、百度等以搜索平台为核心,做强互联网广告业务,发展人工智能。脸书(Facebook)、腾讯等以社交平台为核心,推广数字产品,发展在线生活服务。苹果(Apple)、小米等以智能手机为核心,开拓手机应用软件市场,开展近场支付业务。以平台为核心的生态体系不断完善,吸引更多用户,积累更多数据,为平台企业跨界融合、不断扩张创造条件。互联网领域"强者恒强"的趋势更加明显。

4. 共享经济异军突起

共享经济伴随着移动互联网的发展而迅速崛起,共享领域不断拓展。从最初的汽车、房屋共享发展到金融、餐饮、空间、物流、教育、医疗、基础设施等多个领域,并向农业、能源、生产甚至城市建设扩张。共享经济让全球数十亿人既是消费者,也是经营者,最大限度地提升了资源利用效率,带来了就业方式的变革,但同时也带来一些新问题,对监管提出了新的挑战。

据CB Insights最新数据,截至2019年8月底,全球估值超过100亿美元的共享经济企业有五家,分别是共享出行平台滴滴出行、共享办公平台WeWork、住宿共享平台AirBnb、共享出行平台Grab、采用众包配送模式的餐饮平台DoorDash。可见共享经济虽然在商业模式和盈利能力方面仍然存在着不少质疑的声音,但该领域仍保持了惊人的吸金能力。

1.5.2　全球电子商务制度建设现状

电子商务治理是全球课题,国际组织和世界各国在促进及规范电子商务发展方面的实践与经验值得借鉴。

在营造电子商务基础发展环境方面,美国政府从基础设施、税收政策等方面为电子商务早期快速成长创造了宽松有利环境。1993 年,美国政府将互联网发展提升为国家战略,实施了 NII 计划。1996 年成立了电子商务跨部门工作组,制定了电子商务发展政策,积极推进电子商务全球自由贸易,通过互联网开辟国际贸易自由区和免税区,将信息科技的优势转化为商贸优势,以电子商务发展推动全美经济持续增长。日本在内阁设立信息技术推进战略本部,负责制订实施有关信息技术促进计划。欧盟制订了《单一数字市场战略规划》,英国、法国、德国等也加强了信息基础设施建设,积极创造电子商务发展的基础环境。

在保障电子商务各方合法权益方面,目前已有 30 多个国家和地区制订了电子商务相关法律法规,从信息安全、知识产权、隐私保护等方面保障企业和消费者权益,防范和打击不法行为。美国制订了《互联网税收不歧视法案》《网络安全法案》;加拿大制订了《反网络诈骗法》;欧盟制订了《电子商务指令》《电子通信领域个人数据处理和隐私保护指令》《消费者纠纷网上解决机制条例》《一般数据保护条例》;英国制订了《电子商务条例》。

同时,为推动实体经济和虚拟经济深度融合发展,维护市场公平竞争,各国政府开始在政策和立法层面努力保持线上线下一致,针对电子商务的特殊性问题,提出新的政策措施,并做好与现有法律的衔接。美国参议院于 2013 年、2015 年两次通过《市场公平法案》,该法案将电子商务税收从个别征收扩展至普遍要求。根据法案,电子商务企业向消费者收取消费税,企业所在州政府向企业收取销售税,从而避免电子商务免税政策带来的不公平竞争和税收流失问题。

自 2016 年开始,欧洲各国就发起了"税务合规化"行动。增值税(value added tax,VAT)是以商品与服务在流转过程中产生的增值额作为计税依据而征收的一种流转税。被视为在欧盟内的所有交易都需要考虑增值税的影响,标准税率为 15%~27%,欧盟提供统一框架,但各个国家单独征收。新电子商务增值税方案的实行,将填补进口增值税税金流失的漏洞,增加线上市场的增值税收入,确保欧盟企业的公平竞争,促进电子商务跨境销售,并打击增值税欺诈,来确保欧盟企业与非欧盟企业的公平竞争。受新冠疫情影响,2020 年 5 月 8 日欧盟委员会召开工作会议,会议一致通过决定根据《行政合作指令》(*Directive on Administrative Cooperation*,*DAC*),将欧盟电商增值税大改革的实施日期延后到 2021 年 7 月 1 日。

对于金融、媒体和通信等有市场准入限制的行业,各国政府对互联网及电子商务企业和传统企业也是一视同仁,均要求遵守现行法规。例如,美国将网络借贷、众筹等互联网金融纳入传统金融监管框架,美国证监会要求对网络借贷公司实行注册制。新西兰规定,所有允许传统经营方式进入的领域必须无差别地向互联网和电子商务开放。

　　国际组织积极构建多边法律框架。在电子商务税收、数字化服务市场准入、跨境数据流动、信息安全等领域积极开展研究，探索建立适应网络经济发展的国际规则体系，为各国电子商务立法衔接与规则统一提供框架体系。如联合国国际贸易法委员会（United Nations Commission on International Trade Law，UNCITRAL）1996 年通过了《电子商务示范法》，2001 年通过了《电子签名示范法》，2005 年通过了《电子合同公约》，2016 年通过了《关于网上争议解决的技术指引》，2017 年通过了《电子可转让记录示范法》。世界贸易组织成员自 1998 年开始讨论电子传输及数字化产品的世贸规则如何适用等问题，目前就通过电子方式传输临时性免征关税达成一致。经济合作与发展组织 1998 年发布了《关于电子商务中消费者保护指南》和《电子商务税收政策框架条件》。亚洲太平洋经济合作组织（Asia-Pacific Economic Cooperation，APEC，简称亚太经合组织）1998 年发布《APEC 电子商务行动蓝图》，并设立电子商务工作指导组，其成员经济体于 2004 年签署了《APEC 隐私保护框架》。

　　各国对电子商务议题关注度高，但从保护本国市场和相关产业国际竞争优势出发，国家之间谈判立场和原则存在分歧，各方基于产业利益展开博弈。美国在数字产品及服务领域占据优势，在国际场合大力倡导其提出的数字贸易规则。具体包括：主张自由开放的互联网、禁止对数字产品征收关税、促进跨境数据流动、保护关键源代码、反对服务器本地化、推广创新型加密产品等。上述内容特别是跨境数据流动、数字产品市场准入、服务器本地化等敏感问题，在国际上存在较大分歧和争议。欧盟在互联网市场并不占据优势，主要关注个人数据保护等内容。德国还针对微软、苹果、亚马逊、谷歌和脸书等美国互联网企业展开反垄断调查。发展中国家则主要关注改善电信、物流等基础设施，以及加强合作和能力建设等。

1.5.3　中国电子商务发展基本状况

　　从 1997 年至今，中国电子商务行业也走过了 20 多年的风雨征程，从国内首家垂直 B2B 商业网站"中国化工网"诞生开始，到 8848、阿里巴巴、易趣网和当当网等电子商务平台先后涌现，拉开了电子商务发展的序幕，20 多年间中国电子商务蓬勃发展，电子商务应用深入扩展至生活服务、医疗、娱乐、社交和金融等诸多领域，其竞争结构也由网站为王、服务为王转移至内容为王的时代。国内电子商务也从消费互联网向产业互联网迈进，电子商务作为数字经济的突出代表，在促消费、保增长、调结构和促转型等方面展现出前所未有的发展潜力，也为大众创业万众创新提供了广阔的发展空间，成为我国应对经济下行趋势、驱动经济与社会创新发展的重要动力。

　　纵观电子商务的发展历程，我国电子商务呈现以下几个特点。

　　（1）电子商务仍然保持快速增长的态势。自从 2007 年我国第一个电子商务五年发展规划发布以来，经过多年快速发展，我国电子商务已从高速增长进入高质量发展的全新阶段。近年来，我国电子商务交易额一直保持快速增长的势头。特别是从 2016～2020 年，网络购物用户人数从 4.67 亿人增长至 7.10 亿人；2019 年，全国电子商务交易额达 34.81 万亿元，其中网络零售额达 10.63 万亿元，占社会消费品零售总额的 20.7%，提前一年完成了"十三五"设定的 10 万亿元的目标，电子商务已经成为我国居民消费的主要渠道。近年来，电子商务与实体经济融合发展加速，带动了更多人从事电子商务相关工作，2019 年我国电子商务行业从业人员达 5125.65 万人。

（2）《电子商务法》推动网购市场走向规范。《电子商务法》作为我国电子商务领域首部综合性法律，将对电子商务发展产生重要影响。《电子商务法》强化电子商务平台责任，规范电商经营者行为，加强消费者权益保护，对于刷单、删差评、"大数据杀熟"、"平台二选一"等不正当市场行为予以明令禁止，有利于保障电子商务各方主体的合法权益，维护市场秩序，促进电子商务持续健康发展。《电子商务法》的正式实施标志着电子商务进一步走向规范发展。

（3）初步形成功能完善的电子商务业态体系。网络基础条件逐步改善，企业入网率不断提升，电子商务服务业得到快速发展。根据商务部发布的《中国电子商务报告 2020》的数据，2014~2020 年，我国电子商务服务行业营业规模保持持续增长。2020 年中国电子商务服务行业的营业收入达到 5.45 万亿元，同比增长 21.9%。从服务类型的占比来看，2020 年我国电子商务衍生服务业（如电子商务代运营服务、电子商务品牌服务、电子商务咨询服务、电子商务教育培训服务、电子商务安全服务等）的营业收入达到 2.21 万亿元，仍居于首位；其次是支撑服务中的电子支付、信息技术服务、电商物流等业务得到快速发展，促进该板块的营业收入高速增长，达到 2.09 万亿元，直逼衍生服务营业收入。

（4）服务业电商快速发展。第 49 次《中国互联网络发展状况统计报告》数据显示，从消费群体看，截至 2021 年 12 月，我国网上外卖用户规模达到 5.44 亿人，占网民整体的 52.7%。网络约车用户规模达 3.65 亿人，占网民整体的 36.9%，在线旅游预订用户规模达 3.42 亿人，占网民整体的 34.6%。服务业电子商务得到快速发展。

（5）线上线下融合步伐加快。《国务院办公厅关于深入实施"互联网＋流通"行动计划的意见》进一步提振了流通企业线上线下融合发展的信心。一方面，线上企业加速布局线下。阿里巴巴收购银泰、三江购物，和苏宁交叉持股，与上海百联开展战略合作。京东、当当、聚美优品等纷纷开设实体店。另一方面，线下企业主动拥抱互联网。永辉超市、徐工集团、宝钢等通过与线上企业合作或自身发展电子商务，探索商业模式转型升级。线上线下正从渠道、供应链、数据、场景等多方面逐步打通，为消费者提供全方位、不间断、跨时空的服务，打造零售新生态。

（6）新业态新模式层出不穷。各类流量应用程序（application，APP）产品的电商化转型以及社交电商、内容电商、直播等电商新业态的发展，形成多元化消费场景，满足更多层次消费者需求，移动端网络零售额占比将进一步提升，大数据应用更加智能化。社区电商发展激活传统社区店铺，典型商业模式将在资本助力下实现快速复制推广，推动各社区电商企业规模扩张，少数社区电商企业将在此轮竞争中扩大优势，领头社区电商企业逐步显现。

（7）农村电商蒸蒸日上。随着电商扶贫的深入推进，政策支持和资源倾斜推动农村地区基础设施进一步完善。智能手机在县域（农村）的普及应用和社交拼购等电商新模式的蓬勃发展进一步激发县域（农村）电商消费市场，电子商务在县域（农村）渗透率进一步提升。2015 年，《国务院办公厅关于促进农村电子商务加快发展的指导意见》全面部署指导农村电子商务健康快速发展。2020 年 6 月 1 日，财政部办公厅、商务部办公厅、国务院扶贫办综合司发布《关于做好 2020 年电子商务进农村综合示范工作的通知》，明确中央财政资金重点支持以下方向：县乡村三级物流配送体系、农村电商公共服务体系、农村现代流通服务体系、农村电子商务培训体系，为建设完善的农村电子商务运营网络提供了政策支持。农村电子商务已经成为推进城乡协同发展，加快城乡市场一体化步伐，促进农业特别是县域经济转型升级的重要途径。

（8）跨境电商如火如荼。自 2015 年开始，截至 2022 年 1 月，国务院在全国范围内分六批设立了 132 个跨境电子商务综合试验区，覆盖了 30 个省区市。商务部数据显示，2019 年，我国跨境电商零售进出口额达到了 1862.1 亿元，是 2015 年的 5 倍，年均增速 49.5%，综合试验区在外贸发展中的作用日益凸显。2013 年 9 月和 10 月由中国国家主席习近平分别提出建设"新丝绸之路经济带"和"21 世纪海上丝绸之路"的合作倡议，商务部会同国家发展改革委、外交部等围绕"一带一路"倡议，加强与沿线国家合作，深入推进多层次合作和规则制定，推动跨境电商发展，服务跨境电商企业开拓新市场。

跨境电商新业态在市场驱动和政府支持下继续保持快速发展。随着系列跨境电商支持政策的陆续出台，跨境电商发展步入"快车道"。国际物流通道搭建，跨境电商人才引进培育，传统企业跨境电商业务孵化，跨境电商大平台、服务商引入等将进一步优化跨境电商发展环境，跨境电商进出口额实现规模发展。跨境电商已成为加快外贸转型升级，推进内外贸协同发展，实现国际国内市场一体化的重要举措，为促进外贸回稳向好做出了重要贡献。

（9）B2B 电商迎来新机遇。国家推动供给侧结构性改革给 B2B 电商发展提供了重要发展契机。近年来，国内钢铁、石油化工、煤炭、有色金属等 B2B 电商发展迅速，相关平台总数超过 1100 家。一呼百应等综合 B2B 电商，将原材料的供应商与采购商通过平台直接对接，提高了交易效率，降低了下游采购商的成本。找钢网将传统的钢铁交易环节缩短，大幅提升了供应链效率。B2B 电商正发挥互联网高效连接的功能，实现了上下游供需的高效对接，帮助企业化解产能过剩、流通成本高、有效供给不足等问题。发展 B2B 电子商务已成为传统工业企业转型的重要途径之一。

综上，电子商务是 21 世纪商业创新的主要动力，已在促进消费与结构调整方面展现出强大的动力，成为驱动国民经济与社会发展的新要素，也为技术进步与创新创造提供了平台。

1.5.4 中国电子商务的发展趋势

随着"互联网＋"和数字经济的深入推进，我国电子商务持续多年保持高速发展态势，网络购物已成为重要的消费方式，互联网支付改变了传统支付习惯，渗透到消费者购物、出行、就餐、就医等应用场景，催生出新零售、农村电商、社交电商、跨境电商等多种电商新模式，总体来看，我国电子商务将呈现服务化、多元化、国际化、规范化的发展趋势。

（1）电子商务的服务属性将更加明显。电商数据、电商信用、电商物流、电商金融、电商人才等电子商务领域的资源将在服务传统产业发展中发挥越来越重要的作用，成为新经济的生产要素和基础设施。以信息技术为支撑、以数据资源为驱动、以精准化服务为特征的新农业、新工业、新服务业将加快形成。

（2）新零售打造电子商务新模式。随着人民生活水平的提升和新一代消费群体成长为社会主要消费人群，消费者将从追求价格低廉向追求产品安全、品质保障、个性需求及购物体验转变，消费者的需求越来越多样，对商品和消费的匹配度也提出了更高的要求。与此同时，互联网用户红利正逐渐消退，线上获客成本激增，倒逼新零售业态出现。各类市场主体纷纷探索新零售模式下的转型之路：一是实体小店推出零售无人化，丰富消费场景；二是电商企业打造智慧供应链，拓展便民增值服务；三是百货商场拥抱数字化转型，积极探索零售新物种。

（3）前沿技术助力传统产业实现新突破。近年来，人工智能、区块链、大数据、生物识别等前沿技术在电子商务领域应用推广，引爆发展热潮，机器人、无人机以及自动驾驶等应用，将引发商品物流、消费体验和产品制造等领域产生重大变革，助力传统产业在各个方向上实现新的突破，成为电子商务未来发展的动力源泉。

（4）跨境电商发展引领国际贸易新规则。我国跨境电子商务近年来迅速发展，跨境电商在促进我国出口贸易增长、带动传统产业转型升级、满足人民消费需求等方面发挥的作用日益明显。"一带一路"倡议的提出进一步促进了沿线国家的政策沟通、设施联通、贸易畅通、资金融通、民心相通，为电子商务企业拓展海外业务创造了更好的环境和发展空间。与此同时，我国也积极参与电子商务领域国际规则的制定，在政府和相关企业的积极推动下，已经成为跨境电商相关国际规则制定的引领者之一。

（5）电子商务的治理环境将日益完善。在电商立法、监管制度、市场秩序维护、平台治理等方面与时俱进，为电子商务的健康发展提供了良好的政策环境支持。2019 年实施的《电子商务法》使电子商务行业的发展有法可依，确定了国家要促进和鼓励电子商务发展的基调，进一步在法律层面明确了电子商务行业与实体经济之间的公平竞争关系，对当前社会关注的电子商务行业发展过程当中存在的诸如销售假冒伪劣产品、平台滥用主导地位、侵害消费者权益等问题予以规范，对市场各类主体产生了深远影响。国家发展改革委、中央网信办、商务部等 32 个部门建立了电子商务发展部际综合协调工作组，为加强电子商务治理提供了组织保障。电子商务企业成立"反炒信"联盟等自律组织，不断强化内部管理，促进电子商务生态规范可持续发展。

课后练习题

（一）选择题

1. 狭义的电子商务的英文表达是（　　）。
    A. Electronic Commerce
    B. Electronic Business
    C. Electronic Government
    D. Electronic Banking
2. 电子商务是利用现代信息技术在互联网上进行的（　　）。
    A. 客户服务活动
    B. 营销活动
    C. 交易活动
    D. 互动交流活动
3. 电子商务按交易的主体来分类可以分为多种，其中 B2B 是指（　　）。
    A. 企业对企业
    B. 企业对个人
    C. 个人对个人
    D. 企业对政府

4. EDI 的中文翻译是（　　　　）。
   A. 企业数据传输　　　　　　　　　　B. 电子数据交换
   C. 企业资源计划　　　　　　　　　　D. 电子资金转账

5. 网络购物属于电子商务结构中的（　　　　）。
   A. 信息发布与传输层　　　　　　　　B. 电子商务应用层
   C. 网络基础设施层　　　　　　　　　D. 电子商务服务支持层

6. 关于 EDI 和电子商务的说法不正确的是（　　　　）。
   A. 电子商务是基于 Internet 这个大平台上的，而传统的 EDI 是基于各种增值网 VAN
   B. 电子商务具有开放性好、覆盖面广、用户众多，因而使用成本较 EDI 高
   C. EDI 依托的 VAN 具有大型机系统的长处，具有封闭、可靠及安全等优点
   D. EDI 多被看作一种电子文件的交换技术和手段，是实现电子商务的一种高效的
      工作方式

7. 电子商务系统框架结构中，象征着电子商务社会环境的是（　　　　）。
   A. 电子商务各应用系统
   B. 信息发布平台
   C. 电子商务平台
   D. 公共政策、法律法规以及安全协议、技术标准

8. 完全电子商务是按照（　　　　）标准分类的结果。
   A. 使用的网络类型　　　　　　　　　B. 主体所属关境
   C. 主体的性质　　　　　　　　　　　D. 业务流程的实现程度

9. 下列说法不正确的是（　　　　）。
   A. 对企业来说，电子商务的优势是可以为企业增加销售额并降低成本
   B. 易腐食品的购销只适合采用传统商务
   C. 在数字商品销售领域，电子商务的优势要大于传统商务
   D. 企业电子商务投资，其成本与收益是可以核算的

10. 电子商务发展对人类社会产生了重要影响，以下说法最正确的是（　　　　）。
    A. 改变了人们的社会地位　　　　　　B. 改变了人们的经济条件
    C. 改变了人们的兴趣爱好　　　　　　D. 改变了人们的生活方式

（二）复习与思考题

1. 电子商务的基本概念及内涵是什么？
2. 简述电子商务的运作体系框架。
3. 简述电子商务发展的社会基础包括的内容。
4. 电子商务系统概念模型中有哪些基本要素？每个要素的功能是什么？
5. 简述中国电子商务发展的主要特点。

第2章　电子商务技术基础

　　互联网及其基本技术在历史长河中并不是一成不变的,而是随着时间的推移不断发展的,计算机已经与移动设备服务相融合,台式机、笔记本、智能手机的无线宽带接入技术正在飞速发展,网络服务、云计算等软件技术也正在革新着商业使用互联网的方式。电子商务是基于计算机的软硬件和网络通信等技术来开展的经济活动。近几年,数字经济时代催生的新兴技术,如大数据、人工智能、增强现实(augmented reality, AR)/虚拟现实(virtual reality, VR)等技术日益融合,也使得电子商务的商业场景越来越丰富,成为进一步激发电子商务的新动力。

　　基于上述分析,本章将重点介绍网络通信技术、平台开发技术、数据管理技术以及新型的人工智能技术、增强现实技术、虚拟现实技术、物联网技术等,通过介绍电子商务相关技术,了解技术背后的原理及最底层的东西,有助于更好地运用相关技术来创新和发展电子商务。此外,为了保证章节内容的完整性,针对电子商务业务流程中的支付技术、物流技术、交易安全技术等,将分别在后续对应的章节做具体介绍。

2.1　网络通信技术

　　电子商务系统中最基础的技术是互联网。互联网一词是由"互联网络"（Internetwork）衍生而来的,本意是指将两个或者更多的网络连接起来,是一个由数百万台计算机组成的,将企业、教育机构、政府机构、个人等连接在一起的互联网络。互联网不受某个组织控制,也不归属某一个人,它是为全世界的商务活动、学术研究和文化交流传递信息的基础设施。

　　互联网的发展历程可以划分为三个阶段。第一阶段是创新阶段（1961～1974 年）,最基础的理念和技术形成雏形,互联网基础模块理论以及实现它的硬件、软件都已经出现。第二阶段是机构化阶段（1975～1995 年）,互联网理论和技术得以转变为现实,美国国防部和国家科学基金会提供资金支持,为互联网的进一步发展扫清各种法律障碍。第三阶段（1995 年至今）是商业化阶段,互联网的使用范围已经远远超过了军事设施和科研院校的使用范围,私人企业开始接管并扩展互联网的主干网络和各种面向普通大众的网络服务。

2.1.1　互联网通信协议

　　互联网协议主要有 TCP/IP 协议、HTTP、简单邮件传输协议（simple mail transfer protocol，SMTP）、邮局协议版本 3（post office protocol 3，POP3）、交互式邮件存取协议

（internet mail access protocol，IMAP）、文件传输协议（file transfer protocol，FTP）等，下面分别对这些协议进行详细介绍。

1. TCP/IP 协议

互联网本质上就是一个使用 IP 地址方案、支持 TCP 协议并向用户提供服务的巨大网络。TCP/IP 协议已经成为互联网的核心通信协议，也是目前最完整、最被普遍接受的通信协议。TCP/IP 是一种双层程序，包括网络上的计算机用来建立和断开连接的规则。TCP 建立了网络计算机中发送和接收的连接，确保由一台计算机传送的数据包能够被另一台计算机以同样的次序接收，并且不会产生任何数据包的遗漏，IP 协议提供了互联网地址编制方案，负责数据包的实际传输。

TCP/IP 定义了电子设备进入互联网的方式，以及数据在设备之间传输的标准。TCP/IP 采用了层级结构，如图 2-1 所示，包括应用层、传输层、网络层和网络接口层，每一层都负责不同方面的通信问题，每一层都通过呼叫其下一层所提供的协议来完成自身需求。

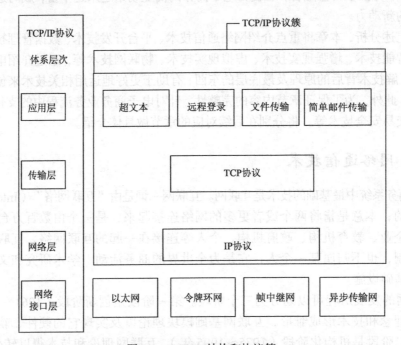

图 2-1　TCP/IP 结构和协议簇

网络接口层负责放置数据包及从网络媒介接收数据包，包括以太网、令牌环网、帧中继网、异步传输网。网络层负责互联网信息的寻址、打包、网间路由等工作。传输层负责同具体的网络应用进行双向沟通，完成数据包的确认和排序，再通过应用程序进行传输。应用层负责实现不同的网络应用与低层服务之间的相互衔接，这些应用程序包括 HTTP、FTP、SMTP 等。

2. HTTP

HTTP 是专门用于传输网页的互联网协议，位于 TCP/IP 协议中的应用层。HTTP 是由万维网联盟（World Wide Web Consortium，W3C）和互联网工程任务组研发出来的。一个完整的 HTTP 事务的过程如下：当客户端浏览器向远程网络服务器发出资源请求时，一个 HTTP 会话正式开始，随后，服务器响应请求，将网页发送给客户端，请求该网页的 HTTP 会话随之结束。

HTTP 是基于客户/服务器模式，且面向连接的。客户与服务器之间的 HTTP 连接是一种一次性连接，它限制每次连接只处理一个请求，当服务器返回本次请求的应答后便立即关闭连接，下次请求再重新建立连接。这种一次性连接主要考虑到 WWW 服务器面向的是互联网中成千上万个用户，且只能提供有限个连接，故服务器不会让一个连接处于等待状态，及时地释放连接可以大大提高服务器的执行效率。HTTP 是一种无状态协议，即服务器不保留与客户交易时的任何状态。这就大大减轻了服务器记忆负担，从而保持较快的响应速度。HTTP 是一种面向对象的协议，允许传送任意类型的数据对象。它通过数据类型和长度来标识所传送的数据内容和大小，并允许对数据进行压缩传送。当用户在一个 HTML 文档中定义了一个超文本链接时，浏览器将通过 TCP/IP 协议与指定的服务器建立连接。

3. SMTP、POP3 和 IMAP

SMTP 是专门负责向服务器发送电子邮件的互联网协议，是相对简单的基于文本的协议。SMTP 的目标是向用户提供高效、可靠的邮件传输服务。与大多数应用层协议一样，SMTP 也存在客户端和服务器端，其工作方式包括两种：一是电子邮件从客户端传输到服务器端；二是电子邮件从一个服务器端传输到另一个服务器端。

为了从服务器中收取电子邮件，客户机则需要使用邮局协议（post office protocol，POP）或 IMAP。POP 是 TCP/IP 协议簇中的一员，POP 发展到目前已经是第三版了，即 POP3，POP 允许本地计算机上的用户代理程序连接到邮件服务器，将用户的邮件取回到本地，这样用户就能在本地阅读邮件了。本协议主要用于支持使用客户端远程管理在服务器上的电子邮件。

IMAP 是一个比较新的电子邮件协议，可以从邮件服务器上获取邮件的信息，下载邮件等。但不同于 POP，POP 允许电子邮件客户端下载服务器上的邮件，但在电子邮件客户端的操作并不会反馈到服务器上，而 IMAP 电子邮件客户端的操作都会反馈到服务器上，服务器上的邮件也会做出相应的响应。受所有浏览器和大部分服务器以及互联网服务提供商支持，IMAP 允许用户在服务器下载邮件之前先搜索、组织并过滤邮件。

4. FTP

FTP 是最早出现的互联网服务之一，位于 TCP/IP 的应用层，允许用户从服务器到客户机传输文件，文件可以是普通文档、应用程序或者大型数据库文件。

与大多数互联网服务一样，FTP 也是一个客户机/服务器系统。用户通过一个支持 FTP 协议的客户机程序，连接到在远程主机上的 FTP 服务器程序。用户通过客户机程序向服务器程序发出命令，服务器程序执行用户所发出的命令，并将执行的结果返回到客户机。例如，用户发出一条命令，要求服务器向用户传送某一个文件的一份副本，服务器会响应这条命令，将指定文件传送至用户的机器上。客户机程序代表用户接收这个文件，将其存放在用户目录中。

2.1.2　IP 地址与域名

IP 地址寻址方案解决了"怎样才能使成千上万的计算机连接到互联网并与其他计算机进行通信"的问题。在互联网上连接的所有计算机，从大型机到微型计算机都是以独立的身份出现的，并成为主机。为了实现各主机间的通信，每台计算机都必须有唯一的网络地址，作为其接入互联网的计算机地址编码，也就是 IP 地址。现行的 IP 地址有两个版本：互联网协议第 4 版（Internet Protocol Version 4，IPv4）和互联网协议第 6 版（Internet Protocol Version 6，IPv6）。其中 IPv4 是由 32 位二进制数字构成的，通常表现为用点分的 4 个独立的"8 位二进制数"数字组成，如 255.255.255.1。每个数字的范围都是从 0 到 255，按照点分 4 组的编制方案可以提供 2^{32} 个，即 40 多亿个地址。IP 地址由两部分组成：一部分是网络地址，另一部分是主机地址。其中网络地址用来标识连入互联网的网络，主机地址用来标识该网络上的主机。许多大型企业和政府部门已经占据了数百万个 IP 地址，并且所有新建网络和新上市的互联网设备又需要唯一的 IP 地址才能接入互联网。

随着互联网及物联网的发展，已有协议 IPv4 规定的 IP 地址已经不能满足用户的需求。2019 年 11 月 25 日，全球五大区域互联网注册管理机构之一的欧洲 IP 资源网络协调中心（Réseaux IP Européens Network Coordination Center，RIPE NCC）宣布 IPv4 地址已全部用完，该机构负责欧洲、中东和部分中亚的 IP 地址分配与注册。为了解决地址短缺问题，IPv6 应运而生，其由 128 位二进制数字构成，可以提供 2^{128} 个地址，同时 IPv6 的出现还解决了 IPv4 中存在的一些其他问题，如端到端 IP 连接、服务质量、安全性、移动性、即插即用等，IPv6 不仅可以实现计算机之间的联网，还可以实现硬件设备与互联网的链接，如传感器、家用电器、汽车等。

数字形式的 IP 地址难以记忆，因此互联网中的地址系统分为两套，分别是 IP 地址系统和域名地址系统，这两种地址系统其实是一一对应的关系。也就是一个 IP 地址可以由一种称为域名的更加贴近自然语言表述的方式所代表。域名地址采用层次结构，按照地理域或机构域进行分层，由几个英文单词组成，并采用圆点将各层次隔开。每一级的子域名都由英文字母和数字组成（不超过 63 个字符，并且不区分大、小写字母），级别最低的子域名写在最左边，级别最高的顶级子域名写在最右边。一个完整的域名不超过 255 个字符，其子域级数一般不予限制。

域名注册是互联网中用于解决地址对应问题的一种方法。根据《中国互联网络域名管理办法》，域名注册服务机构及域名注册管理机构需对申请人提出的域名是否违反了第三方的权利和申请人的真实身份进行核验。每一个相同顶级域名中的二级域名注册都是独一无二的，不可重复的，但不同顶级域名中的二级域名可以是相同的，例如，baidu 这个二级域名曾可以在.com 中注册，也可以在.cn 中注册。在网络上域名是一种相对有限的资源，它的价值随着注册企业和个人用户的增多而逐步为人们所重视。

与传统的知识产权领域相比，域名是一个全新的客体，有其自身的特点。例如，域名的使用是全球性的，没有传统严格的区域限制。从时间上看，域名一经获得就可以永久使用，但需要定期续费。域名在网络上是唯一的，一旦注册，其他人就不能注册和使用同一个域名，因此其专有性也是绝对的。此外，域名非经法定机构注册不允许使用，这与传统的专利和商标等客体不同。

在访问一个站点时，可以输入 IP 地址，也可以输入域名地址，这里存在一个域名地址和对应 IP 地址相转换的问题，这些信息实际上是存放在互联网服务提供商中称为域名服务器的计算机上，当用户输入一个域名地址时，域名服务器就会搜索其对应的 IP 地址，然后访问到该地址所表示的站点。

2.1.3 互联网的接入技术

从信息资源的角度，互联网是一个集各部门、各领域的信息资源为一体的，供网络用户共享的信息资源网。家庭用户或企业用户要接入互联网，可通过某种通信线路连接到互联网服务提供商（Internet service provider，ISP），由 ISP 提供互联网的入网连接和信息服务。互联网接入是通过特定的信息采集与共享的传输通道，利用相关传输技术完成用户与 IP 广域网的高带宽、高速度的物理连接。

互联网接入技术有很多，根据使用媒体分类，互联网接入技术可以分为有线接入方式和无线接入方式两大类。有线接入方式主要有普通电话拨号上网、非对称数字用户线路（asymmetric digital subscriber line，ADSL）上网、综合业务数字（integrated services digital network，ISDN）上网、数字数据（digital data network，DDN）上网、局域网共享上网、有线电视电缆上网、光纤上网等。无线接入方式包括全球移动通信系统（global system for mobile communications，GSM）接入、码分多址（code division multiple access，CDMA）接入、通用分组无线接入技术（general packet radio service，GPRS）接入、蜂窝数字分组数据（cellular digital packet data，CDPD）接入、无线局域网、蓝牙技术接入等。不同的接入方式都有各自的优缺点，不同用户可以根据自身实际需求合理地选择。

2.1.4 移动通信相关技术

在电子商务中使用智能手机、iPad 或其他平板电脑及笔记本电脑等移动设备接入互联网的现象呈现出爆炸式的增长，这意味着电子商务生产和服务的主要平台正在转向移动终端，许多企业也正在迅速增加对移动电子商务技术的投资。

移动互联网的应用和无线数据通信技术的发展，为移动电子商务的发展提供了坚实的基础，推动移动电子商务发展的技术不断涌现。相关应用和通信技术主要包括无线应用协议（wireless application protocol，WAP）、移动 IP 技术、蓝牙技术（bluetooth）、GPRS、移动定位系统（mobile positioning system，MPS）、近场通信技术（near-field communication，NFC）。

1. 移动通信技术

随着智能手机、平板电脑、掌上电脑（personal digital assistant，PDA）等移动通信终端的发展，用户对通信的需求日益迫切，人们越来越希望在任何时间、任何地点与任何人都能够及时、可靠地交换任何信息。显然，实现这一目标，除了大力发展固定通信外，还需要积极发展移动通信。移动通信是指通信双方至少有一方在移动中进行信息交换的通信方式。

　　移动通信系统包括卫星通信系统、蜂窝通信系统和无线通信系统。这些通信技术都具有很好的应用前景，它们彼此互补，既在局部会有部分竞争、融合，又不可互相替代。

　　如图 2-2 所示，卫星通信系统是地球上两个或多个地球站利用空中人造通信卫星作为中继站转发或反射无线电波，在地球站之间进行的通信。卫星通信的主要目的是实现对地面的"无缝隙"覆盖。它由空间端、地面端和用户端组成。空间端在空中起中继站的作用，即把地面站发上来的电磁波放大后再返送回另一地面站。地面端则是卫星系统与地面公众网的接口，地面用户也可以通过地面站出入卫星系统形成链路，地面站还包括地面卫星控制中心及其跟踪、遥测和指令站。用户端即是各种用户终端。

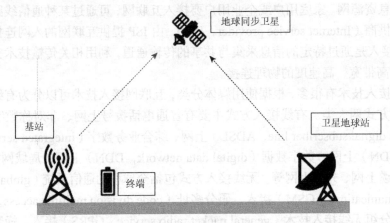

图 2-2　卫星通信系统

　　蜂窝移动通信技术使得数字信息摆脱了电线、光缆等实体网络的限制，通过无线网络实现随时随地的传播。发展至今，移动通信技术实现了从 1G 到 5G 的变迁（如图 2-3 所示），区别主要在于速率、业务类型、传输时延以及所遵循的通信协议。

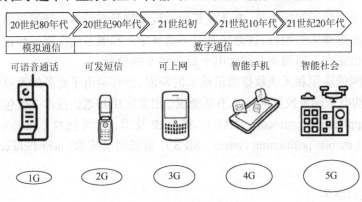

图 2-3　蜂窝移动通信技术

　　20 世纪 80 年代为 1G 移动通信时代，即模拟通信系统时代，手机的全部功能就是可移动的通信工具，满足了用户无线通话需求，但因当时世界上的三种制式（美国的高级移动电话系统（advanced mobile phone system，AMPS）、英国的总访问通信系统（total access communications system，TACS）、Nordic 移动电话（Nordic mobile telephone，NMT））之间不能兼容，给手机漫游带来了很多不便，它只能作为一种区域性的移动通信系统。

20 世纪 90 年代初期，随着数字技术和微型电子芯片技术的发展及移动通信终端硬件和软件的进一步数字化，移动通信系统实现了语音、短消息、彩信、互联网接入、移动商务等服务，进入了第二代移动通信技术（2G）时代。2G 时代，移动通信技术实现了模拟到数字的转变，在语言业务基础上，扩展支持低速数据业务。为了解决第一代移动通信中遇到的问题，欧洲邮电主管部门会议成员一致赞同采用统一的制式，因此成立了一个新的标准化组织——移动通信特别小组（Group Special Mobile，GSM）。1990 年，GSM 第一期规范确定，GSM 系统开始试运行，1992 年，GSM 系统重新命名为全球移动通信系统（global system for mobile communication）。相比第一代模拟蜂窝移动通信技术，第二代通信技术以数字技术为主体，具有更高的网络容量、语音质量、保密性和漫游功能。在中国，第二代移动通信主要包括中国移动的 GSM 和中国联通的 CDMA。

第三代移动通信技术（3G）是将无线通信与国际互联网等多媒体通信相结合的移动通信系统，它是高速 IP 数据网络时代。从这一代开始，互联网技术被广泛使用，各种数据如音频、视频、多媒体文件等通过移动互联网高速传输，传统手机和计算机实现了有机融合，手机成为新的个人通信终端。3G 的出现使移动通信技术得到了快速发展，但数据传输速度只接近普通拨号接入的水平。

第四代移动通信技术（4G）在技术和应用上有了质的飞跃，是目前正在广泛应用的一代。与 3G 相比，4G 网络容量更大，在宽带上网、视频通话和网络购物等方面为消费者带来了更好的体验。4G 可以集成不同模式的无线通信，移动用户可以自由地从一个标准漫游到另一个标准，4G 网络数据传输速度比 3G 更快，基于高速数据传输的应用越来越多。4G 技术让商家利用视频、游戏、语音、图片等多媒体手段，更直观、全面地将信息传递给目标用户群，4G 手机成为可以提供多媒体信息服务的综合性信息接发终端。

目前，第五代移动通信技术（5G）与其他无线移动通信技术密切结合，构成了新一代无所不在的移动信息网络。与 2G、3G、4G 不同，5G 不是一种独立的全新无线接入技术，而是现有无线接入技术的延伸，以及在整合一些新增加的弥补无线接入后构成的综合性技术。国际组织将 5G 应用场景分为移动互联网和物联网两大类。它的主要特点是低时延、低功耗、高可靠，满足了增强现实、虚拟现实、物联网应用的海量需求，并与工业、交通、医疗等行业深度融合，催生了工业互联网、车联网等新业态，大幅提升了移动互联网用户的业务体验。2019 年 6 月 6 日，工业和信息化部已经向四家企业发放了 5G 商用牌照，标志着我国进入 5G 商用发展的新阶段，接下来 5G 应用将逐步在全国推进。

2. 无线应用协议

WAP 是一个全球性的开放协议，有一套统一开放的技术平台，把目前互联网上 HTML 语言的信息转换成用无线标记语言（wireless markup language，WML）描述的信息，用户可以通过移动终端设备访问和获取互联网或企业内部网各种服务和信息，其作为开展移动电子商务的核心技术，能够真正实现不受时间和地域限制的移动电子商务。

同时，WAP 还是目前大多数移动通信终端和设备制造商及部分无线通信服务商、基础设施提供商普遍采用的统一标准。通过 WAP 提供的开放、统一的技术平台，用户使用移动设备很容易访问和获取以统一的内容格式表示的互联网或企业内部网信息及各种服务。它定义了一套软硬件的接口，可以使用户像使用计算机一样使用移动终端收发电子邮件及浏览互联网。此外，WAP 提供了一种应用开发和运行环境，能够支持当前最流行的嵌入式操作系统。

3. GPRS

GPRS 是通用分组无线业务，它将分组交换模式引入 GSM 网络中，用户可以接入更多带宽，实现数据与话音的同步处理，获得稳定连接，这样突破了 GSM 网只能提供电路交换的思维定式，同时适用于频繁传送小数据量业务或非频繁传送大数据量业务。GPRS 技术较完美地结合了移动通信技术和数据通信技术，尤其是互联网技术，它正是这两种技术的结晶，是 GSM 网络和数据通信发展融合的必然结果。

GPRS 既可以使运营商直接提供丰富多彩的业务，也可以给第三方业务提供商提供方便的接入方式，这样便于将网络服务与业务有效地分开。此外，GPRS 能够显著地提高 GSM 系统的无线资源利用率，它在保证话音业务质量的同时，利用空闲的无线信道资源提供分组数据业务，并可对之采用灵活的业务调度策略，大大提高了 GSM 网络的资源利用率。

4. Wi-Fi

Wi-Fi 是电气电子工程师学会（Institute of Electrical and Electronics Engineers，IEEE）定义的一个无线网络通信的工业标准，在无线局域网的范畴内是指"无线相容性认证"，同时也是一种可以将个人计算机、手持设备（如 PDA、手机）等终端以无线方式互相连接的技术。Wi-Fi 技术与蓝牙技术一样，同属于在办公室和家庭中使用的短距离无线技术。目前使用 Wi-Fi 技术配置的网络常常与现有的有线网络相互协调，共同运行。Wi-Fi 一边可以通过无线电波与无线网络相连，另一边可以通过无线网关连接到无遮蔽双绞线（unshield twisted pair，UTP）电缆。未来随着 Wi-Fi 技术的不断发展，Wi-Fi 信号覆盖的范围将更宽。

5. 移动 IP 技术

互联网的互联协议、IP 的地址结构和路由算法限制了移动主机在移动互联网中的灵活操作。如何让人们随时随地访问互联网，是移动电子商务必须解决的问题。移动 IP 技术使得无处不在的多媒体全球网络连接成为可能，移动 IP 技术在不改变 IP 地址和不中断正在进行的通信的情况下，将节点从一条链路切换到另一条链路上。移动 IP 是移动通信和 IP 的深层融合，可以实现移动计算机在互联网中的无缝漫游，是对现有移动通信方式的深刻变革。

随着移动通信的发展，IPv4 地址枯竭问题严重制约我国互联网尤其是移动互联网的发展。IPv6 以其巨大的地址空间，有力支撑起人工智能、物联网、移动互联网、5G 等前沿技术的发展，普遍被认为是产业发展的必然趋势。为了在全球范围内使用移动 IPv6，在基于 IPv6 网络上增加了安全层，对网络来说增加了一层可靠性。总之，移动 IPv6 迎合了 IP 协议更新换代的时机，也满足了移动信息社会的需求，将为人们带来无时无地不在的网络通信。

6. 蓝牙技术

蓝牙是一种替代线缆的支持设备短距离通信的无线电技术，它使特定的移动电话、便携式计算机等通信设备能够相互在 10 米左右的距离内共享资源。蓝牙技术能够简化设备与互联网之间的通信，还能成功地简化移动通信终端设备之间的通信，从而拓宽无线通信的道路，使得数据传输变得更加迅速和高效。蓝牙不仅是一项简单的技术，还作为一种概念推动着手机乃至信息技术行业的发展。

7. 近场通信技术

NFC 技术可以提供短距离无线连接，实现电子设备间的双向交互通信。NFC 技术由射频识别（radio frequency identification，RFID）技术演变而来，但 NFC 有特定的标准集，确保具有 NFC 功能的设备的互操作性。

NFC 采用电磁耦合感应技术，电磁场频率是 13.56MHz，该载波频段是全球无需许可证的波段。发起设备用 13.56MHz 信号激励天线，产生磁场。通过近场耦合，将能量传递给目标。目标对磁场进行调制，将数据返回给发起设备完成通信。

NFC 技术目前应用广泛，其中在金融支付方面应用最为突出。目前招商、浦发、广发等银行纷纷推广自家的手机钱包，此外苹果、小米等手机也推出自家的支付钱包，让人产生 NFC 只应用在支付领域的错觉。NFC 已经颠覆了传统的金融支付行业，人们使用 NFC 与支付软件进行日常支付，推动了无现金的发展。

此外，在交通、电子产品、零售商超、娱乐、医疗、身份识别等众多领域，NFC 技术都有着广泛的应用。车辆在通过 NFC 设备触碰闸机口的读卡区域后可以自动打开闸道，实现快速通行；NFC 具有人机交互、机器间交互等功能，可以应用在消费电子领域，实现人对电子产品的便捷操控，目前支持 NFC 的笔记本、NFC 智能电视等不断兴起，促进了物联网的繁荣；NFC 可以促进医疗行业对于数据的管理，实现药品追踪管理、医护工作人员管理等；NFC 所具有的安全性可以成为身份识别的重要手段。目前已经成功应用在门禁、考勤、访客、会议签到、巡更等领域。

2.2　电子商务系统平台开发技术

电子商务系统平台是指电子商务系统运行所依赖的软件。系统平台的开发设计是要根据系统目标，在各种技术手段和实施方法中权衡利弊，合理利用各种资源，选择适当的软硬件，以满足系统逻辑模型的需要和技术需要。

电子商务系统平台有两大类型：一是基于传统互联网的 Web 开发技术；二是基于移动互联网的移动开发技术。

2.2.1　电子商务应用系统基本结构

在设计电子商务应用系统之前，先要确定系统的体系结构，常见的体系结构包括 C/S、B/S 两种模式。其中 C/S 结构，即客户端（client）和服务器（server）结构，如图 2-4 所示。它是软件系统体系结构，通过它可以充分利用两端硬件环境的优势，将任务合理分配到客户端和服务器端来实现，降低了系统的通信成本。

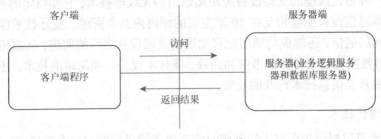

图 2-4 C/S 系统结构

B/S 结构是一种基于 Web 的软件体系结构，即浏览器（browser）和服务器（server）结构。它是随着互联网技术的兴起，对 C/S 结构的一种变化或者改进的结构。在这种结构下，用户工作界面是通过 Web 浏览器来实现的，极少部分事务逻辑在浏览器端实现，但是主要事务逻辑在服务器端实现，形成三层结构，B/S 结构采用的是浏览器请求，服务器响应的工作模式，如图 2-5 所示。

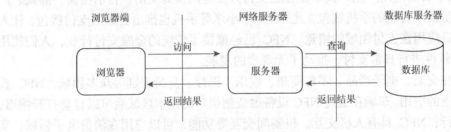

图 2-5 B/S 系统结构

B/S 结构作为典型的 Web 应用系统结构，统一了客户端，将系统功能实现的核心部分集中到服务器上，客户端零安装、零维护，简化了系统的开发、维护和使用，用户只需要借助浏览器，不需要安装专门的软件就可以访问互联网上由 Web 服务器产生的文本、数据、图片、动画、视频点播和声音等信息，因此，B/S 结构的应用越来越多，但有时候也需要实现一些复杂的逻辑，如在输入身份证号码时的验证问题，就需要借助客户端的脚本技术才能实现。

2.2.2 Web 端开发技术

1. 客户端技术

1）用户界面体系结构

在电子商务系统中，主要的业务逻辑处理是在服务器端完成的。而这部分工作对大多数普通用户而言是不可见的。用户在使用电子商务系统的过程中，直接接触的实际上是电子商务网站所提供的用户界面。对于动态内容表现来讲，主要有三种用户界面体系结构。

（1）服务器端提供动态逻辑。由于在 Web 服务器上，最简单的和最常用的体系结构是完全依靠服务器来提供用户界面内容。客户端包括一个浏览器，主要用来显示从服务器上获取到的内容。每一个用户动作，都产生一个对服务器的请求指令，服务器处理这个请求并计算结果，生成一个新的页面再次发送到客户端。服务器端的操作可以分成三个步骤：控制逻辑、业务逻辑、内容构建。

（2）使用脚本语言来表现动态内容。客户端借助脚本语言来实现动态内容，主要是将脚本作为 HTML 页面的一部分，从服务器端传送到客户端，通常包括一些不需要与服务器应用程序通信就能在客户端执行的应用逻辑。复杂的逻辑由服务器端执行，需要客户端给服务器端发出新的请求，服务器端处理后，将处理结果返回给客户端，最终由脚本作进一步处理。目前最常见的客户端脚本语言的应用，如脚本语言可以用来验证用户注册表中输入的电话号码、邮政编码或者电子邮箱地址是否有效，在用户完成注册之前，首先在客户端就可以使用脚本语言验证用户输入的邮箱地址等是否合法，如果合法再提交给服务器端，这样客户端就承担了部分简单的逻辑判断功能，它不需要与服务器应用程序通信，直接在客户端浏览器的脚本中就能进行判断。这种体系结构的优点是服务器与用户之间的通信较少，需要的服务器资源也比较少，可以对用户动作给出更多的响应。

（3）通过运行在客户端的应用程序来实现动态内容。当客户端要实现一些更复杂的界面和体系结构时，仅仅使用脚本语言可能无法满足功能需求，此时，在客户端加入逻辑的另一个体系结构，就是在客户端运行一个功能完全的应用程序。用户可以下载这个程序，此后它将控制用户的交互和内容构造。与客户端的脚本技术相比，客户端的应用程序体系结构的优点体现为可以实现更丰富的界面表现和客户端逻辑的处理。目前，在客户端可以实现应用程序的体系结构技术包括 Java APPlets 和 Active X 等。Java APPlets 是基于 Java 技术平台架构的，可以运行在浏览器中，作为客户端应用程序运行的技术，它可以作为 Web 文档中的附件来分发的 Java 程序。APPlets 的代码可以被支持 Java 的浏览器解释和执行。在运行 Java APPlets 的浏览器时，就类似于运行 Java 的本地应用程序，可以实现更复杂的逻辑处理及更丰富的界面表现。Active X 为一组综合技术，这些技术使任何语言编写的软件构件在网络环境中能相互操作。例如，采用 C＋＋语言开发应用程序，只要其是基于 Active X 标准的，这个应用程序就可以运行在浏览器中，同样它可以实现更复杂的功能和界面表现。

2）体系结构选型与跨平台技术

为了进一步了解客户端技术，首先要明晰客户端的分类，根据使用和网络架构，客户端可以分为胖客户端和瘦客户端。

胖客户端是指在本地客户端执行大多数的数据处理，只有数据本身存储在服务器上。客户端部分既要处理用户界面（user interface，UI）的解析显示，又要对大部分的业务逻辑进行处理操作，要求客户端有很强的处理能力，以便减轻服务器端压力，服务器端只进行客户端访问控制、数据表单接收等操作。由于客户端做了大部分的工作，它的逻辑体积越来越庞大，越来越"臃肿"，于是称这样的客户端为胖客户端，如正常的 C/S 端类型。

与胖客户端相反，瘦客户端是指客户机被设计得很小，大多数的数据操作都在服务器端进行。瘦客户端专注于处理用户界面的数据展示，而不再需要进行大量的逻辑处理，这样客户端只需要简单的单据数据校验逻辑和表单数据提交。而大量的业务逻辑将在服务器端接收相关请求并通过表单数据进行相应的逻辑处理，然后将结果打包成 HTML 返回给客户端解析。这样，客户端所包含的逻辑代码将会变得很少。

对 Web 应用而言，服务器端逻辑体系结构是典型的瘦客户，而客户端应用体系结构和大部分需要特定插件的多媒体技术，可以看作一种胖客户。表 2-1 是对胖客户与瘦客户的比较。

首先，对于客户端的应用来讲，胖客户的客户端功能更强大，客户自主性更强，因为它会将应用程序下载到本地运行，会提供更丰富的运行界面和逻辑功能，而瘦客户的客户端功能更少，缺乏一定的灵活性。但瘦客户也具有一些优势，首先，它的部署和管理比较容易，系统更新升级是在服务器端完成，而胖客户端的部署和管理比较困难，每次系统更新升级，所有客户端都必须重新下载安装；其次，瘦客户端对客户要求较低，只要会用浏览器就可以操作，而胖客户端对客户要求较高，可能需要专门培训；最后，瘦客户体系结构的总费用低，但服务提供商的费用较高，而胖客户体系结构的总费用高，但服务提供商的费用较低，用户要配置较高性能的计算机而承担较高的费用。现实中，不同的应用场景，适合不同的体系结构选型。

表 2-1　不同体系结构的比较

比较项目	胖客户	瘦客户
功能	客户端功能强大，客户自主性强	客户端功能少，缺少灵活性
部署和管理	部署和管理比较困难，每次系统更新升级，所有客户端都必须重新安装	部署和管理比较容易，系统更新升级只需重新安装服务端
对客户要求	对客户要求较高，可能需要专门培训	对客户要求较低，只要会用浏览器就可以操作
费用	胖客户体系结构的总费用高，但服务提供商的费用较低，用户要配置较高性能的计算机而承担较高的费用	瘦客户体系结构的总费用低，但服务提供商的费用较高

3）客户端常用技术

A. 超文本标记语言

HTML 是 Web 诞生和发展的要素之一，在 Web 上最流行的发布信息方式是使用 HTML。网络上传播的内容包括文本、图片、声音、图像等，HTML 将这些多媒体信息组织得易于检索和富有表现力。它旨在使 Web 页面能显示在任何支持 HTML 的浏览器中，而与连接的服务器无关。

HTML 并不是一个程序设计语言，而是一个标记语言，它所提供的标记是由标准的通用标记语言（standard generalized markup language，SGML）定义的。HTML 是大多数浏览器都能识别的语言，使用 HTML 语法规则建立的文本可以运行在不同的操作系统平台上，用户在各种终端和操作系统下通过 HTTP 用统一资源定位符（uniform resource locator，URL）找到需要的信息，而这些用 HTML 展示的信息还能够很容易地连接到其他所需要的信息上。

HTML 页面可以通过诸如 Notepad 或 Wordpad 等文本编辑器进行创建，也可以使用 Microsoft Word 或 Microsoft Expression Web 或 Adobe Dreamweaver CC 等网页开发工具进行创建。

　　HTML5 是最新的 HTML 标准，现在仍处在发展阶段。它是专门为承载丰富的 Web 内容而设计的，并且无须额外插件，可用于移动网站和移动 APP 的开发，并且是响应式网页和自适应网页设计与传送的重要工具。HTML5 拥有一些新的特性，如可用于绘画的 Canvas 元素，用于媒体回放的 Video 和 Audio 元素，对本地离线存储更好的支持，新的特殊内容元素如 Article、Header、Section 等，新的表单控件如 Calender、E-mail、Search 等。HTML5 是近几年 Web 开发标准最巨大的飞跃，可以使网站具备更高的功能，使互联网访问更加安全和高效，其优点具体体现在以下方面。

　　①网络标准。HTML5 本身是由 W3C 推荐出来的，它的开发是由谷歌、苹果、中国移动等几百家公司一起酝酿，它是一项公开的技术。换句话说，每一个公开的标准都可以根据 W3C 的资料库找寻根源。此外，W3C 通过的 HTML5 标准也就意味着每一个浏览器或每一个平台都会去实现。

　　②多设备跨平台。HTML5 技术可以进行跨平台的使用。例如，一款采用 HTML5 开发的游戏，就可以很轻易地移植到 UC 的开放平台、Opera 的游戏中心、脸书应用平台，甚至可以通过封装的技术发放到 APP Store 或 Google Play 上，所以它的跨平台功能非常强大。

　　③自适应网页设计。自适应网页设计是指可以自动识别屏幕宽度并做出相应调整的网页设计。采用 HTML5 设计的网页可以自动适应不同大小的屏幕，根据屏幕宽度，自动调整布局。

　　④即时更新。HTML5 本身提供了对即时数据更新的支持。HTML5 中的 Server-Sent 事件用来实现网页自动获取来自服务器的更新。

　　XML 也是从 SGML 发展而来的，XML 定义了 Web 页面显示哪些数据，而 HTML 确定页面如何显示，它的引入使文档格式化发生了巨大的变化。XML 使设计者可以以标准化的、连续的方式来描述并传输来自任意应用程序的结构化数据，它以一种开放的自我描述方式定义了数据结构，在描述数据内容的同时能突出对结构的描述，从而体现数据之间的关系。

　　可扩展标记语言的精髓是允许文档的编写者制定基于信息描述、体现数据之间逻辑关系的自定义标记，确保文档具有较强的易读性、清晰的语义和易检索性。因此，一个完全意义上的可扩展标记语言文档不仅要求有标准的格式，还需要自行定义一些标签。它必须遵守文档类型定义中已声明的种种规定。

　　B. 脚本语言

　　通过超文本标记语言可以实现文字、表格、声音、图像和动画等多媒体信息的显示。然而这种技术存在一定的缺陷，因为它只能提供静态的信息资源，缺少动态的客户端与服务器端的交互。脚本语言的出现，使信息和用户之间不再仅是显示和浏览的关系，还实现了实时的、动态的、可交互式的表达方式，客户端简单的逻辑处理通过脚本语言可以完成。它不需要经过 Web 服务器就可以对用户的输入做出响应。如当用户访问一个网页时，鼠标在网页中进行点击或上下移动、窗口移动等操作，都可直接对这些事件给出相应的响应。

　　脚本语言是介于 HTML 和 Java、C＋＋和 Visual Basic 等编程语言之间的语言。相对于编译性语言，脚本语言是解释执行的，经常嵌在网页当中，通常用于格式化文本和链接网页，它们的语法和规则没有可编译的编程语言那样严格和复杂。脚本语言主要用于格式化文本和调用以编程语言编写的已编译好的组件。

客户端脚本技术可以用来在客户端对表单进行有效性检查、数据运算、弹出消息、根据条件操作等。常见的脚本语言包括 JavaScript 和 VBScript，两者均是 Web 上功能强大的编程语言，可用于开发交互式的 Web 网页。这两种脚本语言既可以直接应用于 HTML 文档以获得交互式效果或其他动态效果，也可以运行在服务器端，实现诸如连接后台数据库等复杂操作。

JavaScript 是由 Netscape 公司开发的脚本语言，是一种动态类型、弱类型、基于原型的语言，内置支持类型。该语言包括一些核心对象和核心语言元素构成的核心集。JavaScript 是一种属于网络的脚本语言，已经广泛用于 Web 应用开发，常被嵌入在 HTML 中为网页增加动态功能，旨在为用户提供更为流畅美观的浏览效果。JavaScript 以其跨平台、容易上手等优势得到了广泛应用，它不依赖操作系统，仅需要浏览器的支持。因此一个 JavaScript 脚本在编写后可以带到任意机器上使用，前提是机器上的浏览器支持 JavaScript 脚本语言，JavaScript 已被大多数的浏览器所支持。

VBScript（Visual Basic Script）是微软开发的一种脚本语言。它是基于 Visual Basic 程序语言的脚本语言，是互联网信息服务（Internet information services，IIS）的默认源程序语言。VBScript 最开始是通过事件驱动来扩展客户端 HTML 功能的，可以在网页上处理、控制对象，它能与 HTML 页面很好地结合使用。VBScript 可以自由嵌入静态 HTML 网页中，以增强网页的动态效果及交互功能，带有 VBScript 脚本的网页可以对用户的操作做出动态响应。VBScript 脚本程序既可以在客户端执行，也可以在服务器端执行。VBScript 脚本可以作为 HTML 文档的一部分，也就是说，这些代码必须放在 HTML 文档中才能执行。

C. CSS 样式表

CSS 是一种用来表现 HTML 或 XML 等文件样式的计算机语言，它是 HTML 的辅助设计规范，用来弥补 HTML 在排版上因所受限制导致的不足。CSS 不仅可以静态地修饰网页，还可以配合各种脚本语言动态地对网页各元素进行格式化。采用 CSS 技术，可以有效地对页面的布局、字体、颜色、背景和其他效果实现更加精确的控制。利用它可以实现修改一个小的样式更新与之相关的所有页面元素。

随着 HTML5 逐渐成为信息技术行业的热门话题，CSS3 也开始慢慢地普及起来，它是 CSS 技术的升级版本。目前，很多浏览器都开始支持 CSS3 的部分特性，其是移动 Web 开发的主要技术之一。CSS3 规范的一个新特点是被分为若干个相互独立的模块。一方面，分成若干较小的模块较利于规范及时更新和发布，及时调整模块的内容，这些模块独立实现和发布，也为日后 CSS 的扩展奠定了基础。另一方面，由于受支持设备和浏览器厂商的限制，设备或者厂商可以有选择地支持一部分模块，支持 CSS3 的一个子集，这样有利于 CSS3 的推广。

2. 服务器端技术

动态页面是由 Web 服务器根据客户的请求在运行时刻产生的 Web 页面。静态页面通常事先存放在 Web 服务器的文件系统中。静态页面每次访问时都是固定的，如企业公司简介页面。动态页面每次访问时其内容会有所变化，如新闻、商品列表，这些信息是实时更新的，所以用户每次检索时返回的结果都是不一样的。在进行电子商务系统开发时，使用更多的是服务器端技术。常用的服务器端技术有公共网关接口、基于 PHP 的服务器端开发技术、基于 JSP 的服务器端开发技术、基于 ASP 的服务器端开发技术。

1）公共网关接口

公共网关接口（common gateway interface，CGI）是最早用来创建动态网页的一种技术，是 Web 服务器生成动态页面的原始方法，是应用程序和 Web 服务器之间的接口标准。

CGI 可以使用不同的编程语言来编写适合的程序，最常见的语言如 C/C++、Java 和文件分析报告语言（practical extraction and report language，Perl）等，该程序被放在 Web 服务器上运行，当客户端发出请求给服务器时，服务器根据用户请求建立一个新的进程来执行指定的 CGI 程序，并将执行结果转换为 HTML，以网页的形式传输到客户端的浏览器上显示。通常 CGI 和 HTML 表单一起使用，CGI 程序允许用户通过网页把数据输入数据库，也允许数据从数据库流向用户。

CGI 可以说是当前应用程序的基础技术，但这种技术编制方式比较困难而且效率低下，因为每次页面被请求时，都要求服务器重新将 CGI 程序编译成可执行的代码。除此之外，其移植性也较差，所以现在 CGI 已经较少使用。

2）基于 PHP 的服务器端开发技术

A. PHP 简介

PHP 是一种广泛应用的开放源代码的多用途脚本语言，可嵌入到 HTML 中，尤其适合 Web 开发。

PHP 语言的风格类似于 C 语言，并且混合了 Perl、C++ 和 Java 的一些特性。PHP 是一种开源的 Web 服务器脚本语言，可以在页面中加入脚本代码来生成动态内容。对于一些复杂的操作可以封装到函数或类中。在 PHP 中提供了许多已经定义好的函数，如提供标准的数据库接口，使得数据库连接方便，扩展性强。PHP 可以被多个平台支持，广泛应用于 UNIX/Linux 平台。由于 PHP 本身的代码对外开放，并且经过许多软件工程师的检测，因此到目前为止该技术具有公认的安全性能。

B. PHP 的主要特性

①开源性和免费性。由于 PHP 的解释器的源代码是公开的，所以安全系数较高的网站可以自己更改 PHP 的解释程序。另外，PHP 运行环境的使用也是免费的。

②执行速度快。PHP 独特的语法混合了 C、Java、Perl 和 PHP 自创的新语法，它的语法特点类似于 C 语言，但又没有 C 语言复杂的地址操作，而且又加入了面向对象的概念，再加上它具有简洁的语法规则，因此操作编辑非常简单，实用性很强，执行动态网页比 CGI、Perl 更快。

③数据库连接的广泛性。PHP 支持几乎所有流行的数据库，可以与很多主流的数据库建立连接，如 MySQL、开放数据库互联（open database connectivity，ODBC）、Oracle

等，PHP 是利用编译的不同函数与这些数据库建立起连接的，PHPLIB 就是常用的为一般事务提供的基库。

④跨平台性强。PHP 的程序如果需要运行，首先需要 PHP 解释器将 PHP 程序文件读入，然后再进行解析执行，所以 PHP 的程序编写是面向 PHP 解释器，而每个平台都有对应的 PHP 解释器版本，所以只要 PHP 代码满足对应的解释器就能运行，也就是看上去 PHP 实现了在 UNIX、Linux、Windows、Mac OS、Android 等操作系统上的跨平台运行。

⑤面向过程和面向对象并用。在 PHP 语言中，可以分别使用面向过程和面向对象，而且可以将 PHP 面向过程和面向对象两者一起混用，这是其他很多编程语言做不到的。

现在越来越多的新公司或者新项目使用 PHP，使得 PHP 相关社区越来越活跃，而这又反过来影响很多项目或公司的选择，形成了一个良性的循环。

3）基于 JSP 的服务器端开发技术

A. JSP 简介

JSP 是由 Sun Microsystems 公司倡导，许多公司参与并一起建立的一种动态网页技术标准。JSP 使用 Java Servlet，这是一种专门用于网页的、在 Web 服务器端运行的小型 Java 程序，是在传统的网页超文本标记语言文档中插入 Java 程序段和 JSP 标记，从而形成 JSP 文件。自 JSP 技术推出后，众多大公司都支持采用 JSP 技术的服务器，如 IBM、Oracle 和 Bea 公司等，JSP 迅速成为商业应用的服务器语言。

B. JSP 的特性

JSP 技术所开发的 Web 应用程序是基于 Java 的，它拥有 Java 语言跨平台的特性，以及业务代码分离、组件重用、继承 Java Servlet 功能和预编译等特征。

①跨平台。既然 JSP 是基于 Java 语言的，那么它就可以使用 Java API，所以它也是跨平台的，可以应用在不同的系统中，如 Windows、Linux、Mac 和 Solaris 等。这同时也拓宽了 JSP 可以使用的 Web 服务器的范围。另外，应用于不同操作系统的数据库也可以为 JSP 服务，JSP 使用 Java 数据库连接（Java database connectivity，JDBC）技术，从而避免了代码移植导致更换数据库时的代码修改问题。

正是因为跨平台的特性，采用 JSP 技术开发的项目可以不加修改地应用到任何不同的平台上，这也应验了 Java 语言的"一次编写，到处运行"的特点。

②业务代码分离。采用 JSP 技术开发的项目，通常使用 HTML 语言来设计和格式化静态页面的内容，而使用 JSP 标签和 Java 代码片段来实现动态部分。程序开发人员可以将业务处理代码全部放到 JavaBean 中，或者把业务处理代码交给 Servlet、Struts 等其他业务控制层来处理，从而实现业务代码从视图层分离。这样 JSP 页面只负责显示数据即可，当需要修改业务代码时，不会影响 JSP 页面的代码。

③组件重用。JSP 可以使用 JavaBean 编写业务组件，也就是使用一个 JavaBean 类封装业务处理代码或者作为一个数据存储模型，在 JSP 页面甚至整个项目中都可以重复使用这个 JavaBean。JavaBean 也可以应用到其他 Java 应用程序中，包括桌面应用程序。

④继承 Java Servlet 功能。Servlet 是 JSP 出现之前的主要 Java Web 处理技术。它接受用户请求，在 Servlet 类中编写所有 Java 和 HTML 代码，然后通过输出流把结果页面返回给浏览器。其缺点是：在类中编写 HTML 代码非常不便，也不利于阅读。使用 JSP 技术

之后，开发 Web 应用便变得相对简单快捷，并且 JSP 最终要编译成 Servlet 才能处理用户请求，因此 JSP 拥有 Servlet 的所有功能和特性。

⑤预编译。预编译就是在用户第一次通过浏览器访问 JSP 页面时，服务器将对 JSP 页面代码进行编译，并且仅执行一次编译。编译好的代码将被保存，在用户下一次访问时，直接执行编译好的代码。这样不仅节约了服务器的中央处理器（central processing unit，CPU）资源，还大大提升了客户端的访问速度。

4）基于 ASP 的服务器端开发技术

A. ASP 简介

ASP 是由 Microsoft 公司推出的一种使用很广泛的动态网站开发技术。ASP 实际上是一种在服务器端开发脚本语言的环境，它通过在页面代码中嵌入 VBScript 或 JavaScript 脚本语言来生成动态的内容，在服务器端必须安装适当的解释器，才可以通过调用此解释器来执行脚本程序，然后将执行结果与静态内容部分结合并传送到客户端浏览器上。对于一些复杂的操作，ASP 可以调用存在于后台的 COM 组件来完成，因此 COM 组件极大地扩充了 ASP 的能力。但也正因为过于依赖本地的 COM 组件，ASP 技术主要用于 Windows NT 平台中，且 Windows 本身存在的问题都会映射到 ASP 身上。当然，该技术也存在很多优点，简单易学，并且 ASP 与微软的 IIS 捆绑在一起，在安装 Windows 操作系统的同时安装 IIS，即可运行 ASP 应用程序。

B. ASP 的特性

ASP 是一种服务器端脚本编写环境，可以用来创建和运行动态网页或 Web 应用程序。从软件技术层面看，ASP 有以下特点。

①无须编译。ASP 文件主要包含在由 HTML 代码构成的文件当中，因而 ASP 文件的修改以及测试都能够较为简便地进行，不需要进行编译就能够进行解释和执行。

②易于生成。使用常规文本编辑器（如 Windows 下的记事本），即可进行全部的.asp 页面的设计。

③独立于浏览器。用户端只要使用可解释常规 HTML 码的浏览器，即可浏览 ASP 所设计的主页。ASP 脚本是在站点服务器端执行的，用户端的浏览器不需要支持它。因此，若不通过从服务器下载来观察全部.asp 主页，在浏览器端看不到正确的页面内容。

④面向对象。在 ASP 脚本中可以方便地引用系统组件和 ASP 的内置组件，还能通过定制 ActiveX 服务器组件来扩充功能。

⑤兼容性好。与任何 ActiveX Scripting 语言兼容，除了可使用 VBScript 和 JavaScript 语言进行设计，还可通过 Plug-in 的方式，使用由第三方所提供的其他 Scripting 语言。

⑥源程序码不会外露。ASP 脚本在服务器上执行，传到用户浏览器的只是 ASP 执行结果所生成的常规 HTML 码，使用者不会直接接触到 ASP 原始程序代码，这就在很大程度上可以防止别人恶意窃取 ASP 原始程序代码。

2.2.3　移动电子商务平台开发技术

智能手机和平板电脑的问世，已经打破了传统个人计算机（personal computer，PC）多年的统治地位，并且随着移动智能终端技术的不断成熟，移动电子商务呈现出不断增长的态势。对于商家来说，开发移动电子商务平台成为其构建电子商务的重要内容，企业通过开发移动网站、移动 Web APP、本地 APP 或者混合 APP 来与客户、供应商和员工进行更好地交互。下面将对目前市场上主流的移动电子商务开发平台进行详细介绍。

1. 移动网站

移动网站是日常桌面网站的不同版本，它缩减了日常桌面网站的内容和导航，以便用户能够快速地找到自身所需购买的商品。与传统的桌面网站一样，移动网站也在企业的服务器中运行，同样利用标准的网络工具进行构建，如服务器端的 HTML、PHP、SQL 等，移动网站的性能取决于带宽。目前，大多数大型企业都有其相应的移动网站，因为相比桌面网站，移动网站更加简洁，互动性更强，适合手指导航，用户能通过移动网站做出高效的决策。

在移动网站开发时，目前有两种主流的网页设计方式，分别是响应式网页设计和自适应网页设计。

响应式网页设计（responsive web design，RWD）工具和设计技术使网站可以根据台式计算机、平板电脑和智能手机的屏幕分辨率自动调整布局与页面显示。RWD 工具包含 HTML5 和 CSS3，在设计时遵循三个关键原则：弹性网格布局、灵活的图片和多媒体设计、媒体查询。一般情况下，RWD 在所有设备中使用相同的 HTML 代码，通过使用 CSS 来调整不同屏幕类型中的布局和页面显示。使用 RWD 工具适合设计功能简单的网站，如进行信息的发布，这样用户无论使用何种设备都能以相似方式操作网站。但是使用 RWD 工具一般需要投入较高的成本，因为往往需要对网页界面进行彻底地重新设计。此外，由于采用 RWD 工具设计的移动网站也具有传统计算机版网页的规模和复杂度，所以在移动设备上进行加载和执行相关命令时速度较慢。

自适应网页设计（adaptive web design，AWD）时，一般服务器托管网站监测设备发送请求的特性，基于设备屏幕尺寸使用由 CSS 和 JavaScript 预先定义的模板，加载为设备优化的网站版本。AWD 具有很多优势，如减少负载时间、在联机中提升或转移功能、产生更好的用户体验等。

2. 移动 Web 应用程序

移动 Web APP 是在智能终端的移动浏览器上运行的应用程序，移动 APP 是专门为移动平台的屏幕尺寸、手指导航和简洁图像而设计的，它还支持游戏和富媒体中的复杂交互，能够执行实时动态计算和利用智能手机的全球定位系统（global positioning system，GPS）功能来进行全球化实时追踪。一般情况下，如果企业的商业目标是建立广泛的认知度、提供特有产品的专业信息或促进销售，那么移动 Web APP 是选择方案之一。

移动 Web APP 开发是一种框架型 APP 开发模式，这种模式具有跨平台的优势。一般情况下，移动 Web APP 是由"HTML5 云网站＋APP 应用客户端"两部分构成的，APP 应用客户端只需安装应用的框架部分，应用的数据则是用户每次开发 APP 时，去云端获取数据并呈现给用户。换句话说，Web APP 每打开一个页面，都需重新加载，访问速度受移动终端上网的限制，每次使用均会消耗一定的上网流量，加载速度慢。因为 Web APP

加载的数据只能存储在网页端,所以如果加载容易卡死错乱,影响用户使用的流畅度,体验比较差。移动 Web APP 最大的优势是支持跨平台,所以只需要一个开发项目,就可以在不同的平台上运行,而且站点服务器商家自己可控,保证了较为敏捷响应到用户的时间,产品更新、设计、开发完成后只需发布到线上服务器,用户通过浏览器访问 WAP,就能看到最新版本的网页。对于用户来说,无安装成本,用户只需要输入 URL 就可以访问,一个浏览器就满足了任何需求,使用门槛较低。

移动 Web APP 的应用可以使用 HTML5、CSS3 以及 JavaScript 以及服务器端语言来完成。移动 Web APP 更多的是页面展示类的 APP,内容展示上存在一定的局限性,页面信息的布局需要考虑设备中浏览器的兼容性以及浏览器的上下导航。

3. 原生 APP

原生 APP 是一种基于智能手机本地操作系统,如 Android、iOS、Windows Phone 等,并且使用原生程序编写运行的第三方移动应用程序,是一个系统性的应用程序,可拓展性强。原生 APP 软件开发使用的编程语言取决于它们在何种设备上运行,针对不同智能手机的操作系统来选择不同的 APP 开发语言,如 Android 使用的 Java 语言,iOS APP 使用的是 Object-C 语言,Windows Phone 使用的是 Visual C ++ 语言。它需要使用平台官方各自的软件开发包、开发工具以及控件,这种方式往往比使用 HTML 或 Java 语言构建的移动 Web APP 的执行速度更快,其比较适用于游戏、复杂交互、动态计算、图像处理和富媒体广告。一般如果企业的商业目标是品牌化或构建社区,那么构建原生 APP 是不错的选择,因为它能帮助实现丰富的、交互式的具有临场感的用户体验,这些体验可以在一定程度上加强客户与品牌之间的情感联系。

现在市场上多数的 APP 软件开发都是使用原生程序编写的。原生 APP 所应用的 UI 元素、数据内容、逻辑框架均安装在移动终端上,不需要重新下载加载,可以支持在线或离线消息推送或用户进行本地资源的访问,且可以调用手机终端的硬件设备(语音、摄像头、短信、GPS、蓝牙、重力感应等)。对用户而言,APP 客户端需要用户下载安装后才能打开,使用成本相对较高,但其操作习惯符合用户预期,对于一些并不完全依赖网络的应用,通过 APP 实现也可以减少加载资源的时间,如缓存的内容。相比而言,原生 APP 开发成本较高,不同平台需要开发不同程序,因各应用平台发布应用都需要一定的审核周期,在产品做出调整后,响应到用户的周期就会相对较长。

4. 混合 APP

软件开发人员正在逐渐将原生 APP 和移动 Web APP 中的要素结合起来形成混合 APP,是一种取长补短的开发模式。混合 APP 具有很多原生 APP 和移动 Web APP 的特征。与移动 Web APP 一样,混合 APP 是基于 HTML5、CSS3 以及 JavaScript 开发的,但它是使用移动设备中的浏览器来支持 HTML5 网页和处理本地 JavaScript 的。与原生 APP 类似,混合 APP 也在移动终端设备的本地容器中运行和访问设备的 API,这使得混合 APP 可以使用设备的许多功能。有些混合 APP 的应用最开始就是包了个原生客户端的壳,其实里面是 HTML5 的网页,后来才推出真正的原生应用。比较知名的 APP,如手机百度和淘宝客户端 Android 版，采用的是混合 APP 模式，不过手机百度里面封装的不是 WebView，而是自己的浏览内核，所以体验上更像客户端，更高效。

需要特别注意的是，除了使用如 Java、Object-C、Visual C＋＋等语言从头开始创建 APP 外，还存在大量 APP 开发工具包，甚至有部分是开源的，如 APPery.io、Codiqua、Conduit 等，使用这些工具包创建跨平台移动 APP 相对而言较为简单并且成本低廉，而且不需要针对不同设备使用不同的编程语言。从更偏技术的角度来看，PhoneGap 是一种使用 Apache Cordova 软件的移动开发框架，利用该开发框架可以使用 HTML、CSS 和 JavaScript 开发混合移动 APP。APPcelerator 是另一种用来开发和管理混合移动 APP 的非技术型工具。

综上，随着移动设备类型及操作系统的增加，用户需求越来越多样化，每个项目启动前，企业都需要综合考虑多种因素，如商业目标、成本、技术成熟度、时间、项目需求等。企业要结合实践和自身的情况来选择是原生开发还是混合开发或者是 Web 开发。

2.3   电子商务数据管理技术

数字经济时代，数据已经成为企业甚至整个社会的重要资产。数据管理是实现数据资产价值的基本过程和要求。电子商务企业的数据管理能力将直接影响企业在市场中的竞争地位。数据管理技术涉及数据存储技术、数据分析技术等。

2.3.1   数据存储技术

数据存储技术经历了从早期的纸质介质存储、基于计算机的文件系统、数据库存储、数据仓库存储等几个主要发展阶段。在数字经济时代，数据库存储与数据仓库存储成为电子商务企业数据存储的主要形式。

1. 数据库存储技术

数据库是存储在计算机中的有组织、可共享的数据集合。电子商务业务中需要使用储存在数据库中的大量信息。如商家为用户提供的商品信息，认证中心储存的交易角色的信息，物流中心需要使用的配送信息等，上述信息的存储和使用都需要有先进的数据库技术作为支持。当今互联网中，最常见的数据库模型主要是关系型数据库和非关系型数据库。

1）关系型数据库

关系型数据库是指采用关系模型来组织数据的数据库，其以行和列的形式存储数据，便于用户更好地理解。关系模型可以简单理解为二维表格模型，而一个关系型数据库就是由二维表及其之间的关系组成的一个数据组织。

关系型数据库的优点：第一，容易理解。二维表结构是非常贴近逻辑世界的一个概念，关系模型相对网状、层次等其他模型来说更容易理解。第二，使用方便。通用的 SQL 语言使得操作关系型数据库非常方便。第三，易于维护。丰富的完整性，如实体完整性、参照完整性和用户定义的完整性，大大降低了数据冗余和数据不一致的概率。

目前主流的关系型数据库有 Oracle、DB2、MySQL、Microsoft SQL Server、Microsoft

Access 等，每种类型数据库的语法、功能和特性也各具特色，下面重点介绍 Oracle、MySQL、Microsoft SQL Server。

Oracle 数据库是由甲骨文软件系统有限公司开发的，是世界上第一个商品化的关系数据库管理系统，也是目前世界上使用最为广泛的数据库管理系统，其在集群技术、高可用性、安全性、系统管理等方面具有较大优势，适用于各类大、中、小、微机环境。Oracle 产品除了数据库系统，还有应用系统、开发工具等。Oracle 采用标准 SQL，支持多种数据类型，提供面向对象的数据支持，具有第四代语言开发工具。在数据库可操作平台上，Oracle 可在所有主流平台上运行，因而可通过运行于较高稳定性的操作系统平台，提高整个数据库系统的稳定性。

MySQL 数据库由瑞典 MySQL AB 公司开发，该公司目前属于 Oracle 旗下公司。它是一种开放源代码的小型关系型数据库管理系统，可以使用最常用结构化查询语言进行数据库操作。也因为其开源的特性，可以在 General Public License 的许可下下载并根据个性化的需要进行修改。MySQL 数据库因其体积小、速度快、总体拥有成本低而受到中小企业的热捧，虽然其功能的多样性和性能的稳定性差强人意，但是在不需要大规模事务化处理的情况下，MySQL 也是管理数据内容的选择之一。

Microsoft SQL Server 数据库最初是由 Microsoft、Sybase 和 Ashton-Tate 三家公司共同开发的，于 1988 年推出了第一个操作系统版本。在 Windows NT 推出后，Microsoft 将 SQL Server 移植到 Windows NT 系统上，因而 SQL Server 数据库伴随着 Windows 操作系统发展壮大，其用户界面的友好和部署的简捷，都与其运行平台息息相关，通过 Microsoft 的不断推广，SQL Server 数据库的占有率随着 Windows 操作系统的推广不断攀升。Microsoft SQL Server 是一个可扩展的、高性能的、为分布式客户机/服务器计算所设计的数据库管理系统，实现了与 Windows NT 的有机结合，提供了基于事务的企业级信息管理系统方案。

2）非关系型数据库

NoSQL，指的是非关系型数据库。NoSQL 有时也称为 Not Only SQL 的缩写，是对不同于传统关系型数据库的数据库管理系统的统称。NoSQL 一词最早出现于 1998 年，是 Carlo Strozzi 开发的一个轻量、开源、不提供 SQL 功能的关系数据库。NoSQL 数据库的产生就是为了解决大规模数据集合多重数据种类带来的挑战，尤其是大数据应用难题，包括超大规模数据的存储。例如，谷歌或脸书每天为它们的用户收集万亿比特的数据。

NoSQL 数据库以键值对存储，且结构不固定，每一个元组可以有不一样的字段，每个元组可以根据需要增加一些自己的键值对，不局限于固定的结构，可以减少一些时间和空间的开销。NoSQL 的优点主要体现为：第一，易扩展性。NoSQL 数据库种类繁多，但是一个共同的特点都是去掉关系数据库的关系型特性。数据之间无关系，这样就非常容易扩展，从而也在架构层面带来了可横向扩展的能力。第二，高性能。NoSQL 数据库具有非常高的读写性能，尤其在大数据量下，能够同样保持高性能。这主要得益于它的无关系性，数据库的结构简单。第三，灵活的数据模型。NoSQL 无须事先为要存储的数据建立字段，随时可以存储自定义的数据格式。NoSQL 数据库可以让应用程序在一个数据元素里存储任何结构的数据，包括半结构化/非结构化数据。下面介绍一些常见的非关系型数据库管理系统，如 Memcached、Redis、MongoDB 等。

Memcached 是高性能的分布式缓存服务器，是一个跨平台的开源的实现分布式缓存服务的软件。用来集中缓存数据库查询结果，减少数据库访问次数，以提高动态 Web 应用的响应速度。它是一个基于内存的"键值对"存储，用于存储数据库调用、API 调用或页面引用结果的直接数据，如字符串、对象等。Memcached 是缓存服务器，但本身无法决定缓存哪些数据，一半依赖客户端，一半依赖服务器，它自身只提供存储能力，但存储哪些数据、如何存储是由客户端决定的。为了提高性能，Memcached 中保存的数据都存储在 Memcached 内置的内存存储空间中。由于数据仅存在于内存中，因此重启 Memcached、重启操作系统会导致全部数据消失。另外，内容容量达到指定值之后，就基于最近最少使用（least recently used，LRU）算法自动删除不使用的缓存。Memcached 本身是为缓存而设计的服务器，因此并没有过多考虑数据的永久性问题。

Redis 是一个开源的、内存型的、支持多种数据结构的存储系统，常用来做缓存、数据库、消息代理。除此之外，它还支持数据持久化存储，支持集群化的协同方式。相比其他键值数据存储系统，Redis 的优点主要表现为：第一，异常快。Redis 非常快，每秒可执行大约 11 万次的设置（Set）操作，每秒大约可执行 8.1 万次的读取/获取（Get）操作。第二，支持丰富的数据类型。Redis 支持开发人员常用的大多数数据类型，如字符串（Strings）、链表（Lists）、集合（Sets）、有序集合（Zsets）等，因此 Redis 很容易用来解决各种问题。第三，操作具有原子性。所有 Redis 操作都是原子操作，这确保如果两个客户端并发访问，Redis 服务器能接收更新的值。第四，多实用工具。Redis 是一个多实用工具，可用于多种用例，如缓存、消息队列、应用程序中的任何短期数据（Web 应用程序中的会话、网页命中计数等）。但 Redis 也存在弊端，其主要缺点是数据库容量受到物理内存的限制，不能用作海量数据的高性能读写，因此 Redis 适合的场景主要局限在较小数据量的高性能操作和运算上。

MongoDB 是一个基于分布式文件存储的数据库，由 C++ 语言编写，旨在为 Web 应用提供可扩展的高性能数据存储解决方案。MongoDB 是一个介于关系数据库和非关系数据库之间的产品，是非关系数据库当中功能最丰富，最像关系数据库的。它支持的数据结构非常松散，可以存储比较复杂的数据类型。MongoDB 最大的特点是它支持的查询语言非常强大，其语法有点类似于面向对象的查询语言，几乎可以实现类似关系数据库单表查询的绝大部分功能，而且还支持对数据建立索引。其特点主要表现为：①实用性。MongoDB 是一个面向文档的数据库，可以在文档中直接插入数组之类的复杂数据类型，并且文档的 key 和 value 不是固定的数据类型和大小，所以开发者在使用 MongoDB 时无须预定义关系型数据库中的"表"等数据库对象，设计数据库将变得非常灵活方便，可以大大地提升开发进度。②可用性和负载均衡。MongoDB 在高可用和读负载均衡上的实现非常简洁友好，MongoDB 自带了副本集的概念，通过设计适合自己业务的副本集和驱动程序，可以非常有效和方便地实现高可用和读负载均衡。而在其他数据库产品中想实现以上功能，往往需要额外安装复杂的中间件，大大提升了系统复杂度、故障排查难度和运维成本。③扩展性。通过自带的 Mongos 集群，只需要在适当的时候继续添加 Mongo 分片，就可以实现程序段自动水平扩展和路由，一方面缓解单个节点的读写压力，另一方面可有效地均衡磁盘容量的使用情况。整个 Mongos 集群对应用层完全透明，并可完美地做到各个 Mongos

集群组件的高可用性。④数据压缩。MongoDB 引入了一个高性能的存储引擎 WiredTiger，并且它在数据压缩性能上得到了极大的提升，与之前的 MMAP 引擎相比，压缩比可增加 5 倍以上，可以极大地改善磁盘空间使用率。

2. 数据仓库技术

传统的数据库技术是以单一的数据资源，即数据库为中心，进行从事务处理、批处理，到辅助决策分析等各种类型的数据处理工作。随着互联网技术的飞速发展和企业业务指数的增长，数据量慢慢积累到一定程度后，只靠单一的数据库无法实现更加精细、多样化的数据分析与决策的处理要求，数据仓库技术应运而生。数据仓库，是在数据库已经大量存在的情况下，为了进一步挖掘数据资源、为了决策需要而产生的，它并不是"大型数据库"。

数据仓库是一个面向主题的、集成的、相对稳定的、反映历史变化的数据集合，用于支持经营管理决策，并提供直观、易懂的查询结果。其中，数据仓库中的数据是按照一定的主题域进行组织的，是在较高层次上将企业信息系统中的数据进行综合、归纳和分析利用的抽象概念，如商品、消费者均为主题。数据仓库的集成性是指在数据进入数据仓库之前，必须将所需数据从各个业务系统中抽取出来，并且经过一系列加工、整理和汇总的过程，因此数据仓库中的数据是关于整个企业的一致的全局信息。数据仓库的稳定性体现在其所存储的数据主要是为决策者分析而提供数据支持的。决策依据的数据是不允许进行修改的，即数据保存到数据仓库后，用户仅能通过分析工具进行查询和分析，而不能修改。数据仓库中的数据会随时间变化而定期更新，每隔一段固定的时间间隔，抽取运行数据库系统中产生的数据，转换后集成到数据仓库中。随着时间的推移，数据以更高的层次被不断综合，以适应趋势分析的要求。

数据仓库的上述特征决定了数据仓库系统可以帮助电子商务系统进行数据分析，电子商务巨大的交易量必然产生海量的历史数据，电子商务企业都希望通过对历史交易数据及销售情况进行分析从而挖掘出有用信息，以制定有利于企业发展的决策，其应用领域主要集中在以客户为中心的分销渠道管理、客户利润分析、客户关系优化及风险控制管理等方面。

2.3.2　数据分析技术

数据是数字经济时代经济活动的基础。对于电子商务企业来说，借助数据分析技术，从产品、人流、区域、促销活动、物流等多维度呈现经营数据，让决策者能够多视角、全方位地了解经营状况，为企业经营决策提供数据参考。数据分析涉及的相关技术主要包括 OLAP 技术、数据挖掘技术及商业智能技术。

1. OLAP 技术

数据处理大致可以分成两大类：联机事务处理（on-line transaction processing，OLTP）、联机分析处理（on-line analytical processing，OLAP）。OLTP 是传统关系型数据库的主要应用，主要是基本的、日常的事务处理，如银行交易。OLAP 是数据仓库系统的主要应用，支持复杂的分析操作，侧重决策支持，并且提供直观易懂的查询结果。

OLAP 系统按照其存储器的数据存储格式可以分为关系 OLAP（relational OLAP，ROLAP）、多维 OLAP（multidimensional OLAP，MOLAP）和混合型 OLAP（hybrid OLAP，HOLAP）三种类型。

ROLAP：使用关系型数据库或者扩展的关系型数据库来管理数据仓库数据，而 OLAP 中间件支持其余的功能。ROLAP 包含了每个后端关系型数据库的优化、聚合、维度操作逻辑的实现、附件的工具以及服务等。比较典型的 ROLAP 有 Mondrian、Presto。目前阿里巴巴的 DRDS 也可以看作 ROLAP 的框架。

MOLAP：通过基于数据立方体的多维存储引擎，支持数据的多维视图，即通过将多维视图直接映射到数据立方体上，使用数据立方体能够将预计算的汇总数据快速索引。比较典型的 MOLAP 框架有 Kylin、Lylin、Pinot 和 Druid。也就是说 MOLAP 是空间换时间，即把所有的分析情况都物化为物理表或者视图，查询的时候直接从相应的物化表中获取数据，而 ROLAP 则通过按维度分库、分表等方式，实现单一维度下的快速查询，通过分布式框架，并行完成分析任务，来实现数据的分析功能。MOLAP 实现较简单，但当分析的维度很多时，数据量呈指数增长，而 ROLAP 在技术实现上要求更高，但扩展性也较好。

HOLAP：混合 OLAP 结合 ROLAP 和 MOLAP，得益于 ROLAP 较大的可伸缩性和 MOLAP 的快速查询。一般情况下，HOLAP 存储模式适合于对源数据的查询性能没有特殊要求，但对汇总要求能够快速查询响应的多维数据集。

2. 数据挖掘技术

数据挖掘是人工智能和数据库领域研究的热点问题。数据挖掘是采用自动或半自动的建模算法，寻找隐藏在海量数据中的、隐含的、先前未知但又是潜在有用信息和知识的过程。数据挖掘是一种决策支持过程，它主要基于人工智能、机器学习、模式识别、统计学、数据库、可视化技术等，高度自动化地分析企业的数据，做出归纳性推理，从中挖掘出潜在的模式，帮助决策者调整市场策略，减少风险，做出正确的决策。如数据挖掘可用于分析电子商务平台中客户群的消费行为与交易记录，结合基本数据，并根据其对品牌价值等级的高低来区隔客户，进而达到差异化营销的目的。

数据挖掘的对象可以是任何类型的数据源，可以是关系数据库，此类包含结构化数据的数据源；也可以是数据仓库、文本、多媒体数据、空间数据、时序数据、Web 数据，此类包含半结构化数据甚至异构性数据的数据源。目前，常见的数据挖掘算法包括神经网络法、决策树法、遗传算法、粗糙集法、模糊集法、关联规则法等。

与 OLAP 数据分析技术相比，OLAP 数据分析技术更像是一种验证型分析工具，数据分析利用数据库或数据仓库中的数据对已经构建的商业模型进行验证，得出是或否的结论。数据挖掘技术则是利用选定的数据分析算法进行规则、模式的发现，其分析结果还需要进行进一步的商业解释以用于企业管理决策。

3. 商业智能技术

商业智能也称为商务智能，是指通过对商业信息进行收集、管理和分析，以使企业各级决策者获取知识或洞察力，进而做出对企业有益的决策。为了将数据转化为知识，需要利用数据仓库、OLAP 工具和数据挖掘等技术。因此，从技术层面上讲，商业智能不是什么新技术，它只是 ETL（抽取、转换和装载，extraction，transformation and load）、数据仓库、OLAP、数据挖掘、数据展现等技术的综合运用。商业智能的关键是从许多来自不同的企业运作系统的数据中提取出有用的数据并进行清理，以保证数据的正确性，然后经过 ETL 过程，合并到一个企业级的数据仓库里，从而得到企业数据的一个全局视图，在此基础上利用合适的查询和分析工具、数据挖掘工具、OLAP 工具等对其进行分析和处理，最后将知识呈现给管理者，为管理者的决策过程提供支持。典型的商业智能系统有客户分析系统、市场细分系统、信用计分系统、产品收益系统、库存运作系统以及与商业风险相关的应用系统等。由此可以发现，商业智能能够辅助的业务经营决策，不但包括战略、战术层面的，也涵盖操作层面的。

2.4　电子商务与人工智能技术

人工智能是对人的意识、思维的信息过程的模拟。它是技术创新和社会发展的产物。随着核心算法的突破，海量互联网数据的支撑，计算能力的大幅提升，人工智能成为新一轮科技革命和产业变革的核心驱动力。人工智能技术应用加速推动零售数字化创新，带动电子商务的快速发展，成为电子商务规模持续增长的引擎。

我国电子商务规模庞大，信息量复杂，客户寻找所需商品困难，而海量的商品订单、物流配送信息、客户信息等数据也令卖方应对困难。"云计算"环境下，大型数据中心拥有海量数据存储、运算、分析、挖掘能力，为人工智能促进电子商务发展提供了良好的基础。以数据和算法为核心的人工智能技术逐渐应用于电子商务各个环节，催生出一大批新模式新应用，这在一定程度上改变了电子商务的交易效率、运行模式与客户体验，极大地提升了电子商务的智能化水平。

2020 年 4 月 20 日，国家发展改革委向社会公布说明了"新型基础设施"内容。一是信息基础设施。它主要由三个部分组成。其一是通信网络基础设施，由 5G、物联网、工业互联网、卫星互联网等组成；其二是新技术基础设施，由人工智能、云计算、区块链等组成；其三是算力基础设施，由数据中心、智能计算中心等组成。二是融合基础设施。它主要是通过互联网、大数据、人工智能等技术的深度应用，使目前传统基础设施转型升级。三是创新基础设施。它主要指支撑科学研究、技术开发、产品研制的具有公益属性的基础设施，如重大科技基础设施、科教基础设施、产业技术创新基础设施等。作为国家新基建项目中的重要技术手段，人工智能技术被提升到前所未有的高度。

2.4.1　人工智能的关键技术

人工智能已经逐渐发展为一个庞大的技术体系，涵盖了机器学习、知识图谱、自然语言处理、人机交互、计算机视觉等关键技术。

1. 机器学习

机器学习是一门涉及统计学、系统辨识、逼近理论、神经网络、优化理论、计算机科学、脑科学等诸多领域的交叉学科，机器学习主要研究计算机如何模拟或实现人类的学习行为，以获取新的知识或技能，重新组织已有的知识结构使之不断改善自身的性能。基于数据的机器学习是现代智能技术中的重要方法之一，研究从观测数据出发寻找规律，利用这些规律对未来数据或无法观测的数据进行预测。

2. 知识图谱

知识图谱本质上是结构化的语义知识库，是一种由节点和边组成的图数据结构，以符号形式描述物理世界中的概念及其相互关系，其基本组成单位是"实体—关系—实体"三元组，以及实体及其相关"属性—值"对。不同实体之间通过关系相互连接，构成网状的知识结构。在知识图谱中，每个节点表示现实世界的"实体"，每条边为实体与实体之间的"关系"。通俗地讲，知识图谱就是把所有不同种类的信息连接在一起而得到的一个关系网络，提供了从"关系"的角度去分析问题的能力。知识图谱在搜索引擎、可视化展示和精准营销方面有很大的优势，已成为电子商务领域使用的热门工具。

3. 自然语言处理

自然语言泛指各类通过处理自然的语言数据并转化为计算机可以"理解"的数据技术。一方面，自然语言处理可以辅助客户服务中心进行客户关系管理；另一方面，结合自然语言技术，便利知识管理和智能搜索。自然语言处理研究能实现人与计算机之间用自然语言进行有效通信的各种理论和方法，涉及的领域较多，主要包括机器翻译、机器阅读理解和问答系统等。

4. 人机交互

人机交互是与认知心理学、人机工程学、多媒体技术、虚拟现实技术等密切相关的综合学科。它主要研究人和计算机之间的信息交换，是人工智能领域重要的外围技术。传统的人与计算机之间的信息交换主要依靠交互设备进行，如鼠标、键盘、打印机、眼动跟踪仪等，人机交互技术除了传统的基本交互和图形交互外，还包括语音交互、情感交互、体感交互和脑机交互等技术。

5. 计算机视觉

计算机视觉是使用计算机模仿人类视觉系统的科学，让计算机拥有类似人类提取、处理、理解和分析图像以及图像序列的能力。近年来，随着深度学习技术的发展，预处理、特征提取与算法处理渐渐融合，形成端到端的人工智能算法技术。根据解决的问题，计算机视觉可分为计算成像学、图像理解、三维视觉、动态视觉和视频编解码五大类。

2.4.2 人工智能对电子商务的作用

1. 人工智能提升交易匹配效率

随着电子商务的不断发展，网络上的信息量和商务量呈现爆发式增长，供需双方对海量信息进行搜索、甄别、比选，需要耗费大量的时间精力。

在 B2B 领域这一问题尤为突出，现有的 B2B 电子商务平台仅能提供静态信息展示，后续涉及的信息比选、价格协商、品质约定等大量工作只能线下进行。人工智能 Agent 技术的出现，为解决这一问题提供了可能。在 B2C 领域，不涉及供需双方线下协商，因此人工智能技术主要应用于电子商务平台的信息甄别、商品排序、价格设定等方面。

2. 人工智能降低运营管理成本

成本管理作为电商企业日常管理的重要组成部分，与企业效益息息相关，直接影响企业的运营。人工智能技术在降低电商物流成本、管理成本等方面起到了关键作用。物流云、零库存、无人仓等基于人工智能应用的新模式逐渐应用到电商领域。智能仓储的解决方案从"人找货"到"货找人"，以苏宁云仓为例，其平均拣选效率为每人每小时 1200 件，是传统拣选方式的 10 倍以上。在智能配送方面，在仓库及大数据的支持下，可视化配送服务迅速发展，加上智能快递柜的广泛建设，都为采用"最后一公里"综合配送模式提供了基础条件，有利于为不同类型的电子商务客户提供与之相适应的智能化、综合化配送方式。在实践中，阿里巴巴使用人工智能绘制最有效的物流路线，智能物流的推广使车辆使用量减少了 10%，行驶距离减少了 30%。

3. 人工智能提升用户服务体验

人工智能的应用为电子商务提供了个性化智能推荐、机器人智能客服、以图找图智能搜索等新功能新服务。人工智能就像一面镜子，对于海量消费者的喜好、反馈等信息进行汇总、统计，然后进行画像。与一般的大数据分析所不同的是，人工智能具备一定的学习能力和思考能力，其分析出的结果往往更接近消费者的真实想法，极大地提升了用户体验和产品附加值。

2.4.3 人工智能在电子商务中的应用

人工智能在电子商务中的应用主要包括以下四个方面。

1. 面向商家的智能化工具

随着人工智能技术的快速发展，智能化工具已广泛应用于商家的生产经营活动。一是智能化工具提升线上商家经营绩效。阿里研究院数据显示，超过 80%的电商商家使用智能客服、智能化店面设计、生意参谋等智能工具，其销售量较尚未使用智能工具的商家高出 144%。由于电商商家 70%以上的日常工作为重复性工作，在新增工作内容中仍有 60%以上是重复性工作，智能化工具能有效地将人员从重复性劳动中解放出来。同时，因为这些智能化工具的使用不受时空限制，也会降低相应的人工成本。例如，京东自行研发的智能机器人 JIMI，承担超过 30%的京东客服任务，未来 JIMI 可以包揽更多的客服工作，可以明确用户的问题核心，可以通过应答引擎和用户进行交互，能够 7×24 小时不间断回答用户的售前咨询和售后服务等。

二是引导线下实体店智能选址、智能选品。基于人工智能的智能化工具也广泛应用于线下商家。例如，素型生活馆与阿里巴巴合作，其在开店之前首先根据阿里巴巴的大数据（包括淘宝品牌的消费排名、关联销售等），对购物中心方圆 5 公里的用户数据源进行调取，对消费需求、消费偏向、消费属性的画像进行智能分析，以此确定素型店的商品结构、价格以及店铺选品。基于智能选址与智能选品，素型店进店率同比增长了5倍，坪效提升了3倍，连带率从1.3上升到3.8，这在传统零售店几乎是不可能实现的。

2. 面向用户的智能化服务

人工智能广泛应用于消费者购物的各个环节，极大地提升了消费者个性化、智能化的购物体验。

（1）个性化推荐。电子商务平台基于购买历史、浏览历史、购物倾向等描绘出消费者的"全息影像"，进而为其提供个性化商品推荐，这种策略能够提升10%～30%的商品附加值。

（2）定制化生产。在生产环节，制造企业根据电子商务平台销售数据和消费者需求预测，进行大批次小批量定制化生产。人工智能技术广泛应用于模块设定、批次划分、进度管理等方面。

（3）智能化定价。电子商务平台运用人工智能技术对客户历史订单、浏览活动、商品偏好、商品库存、竞争厂商定价、商品预期利润等情况进行分析，已基本实现动态定价模式。例如，亚马逊每隔十分钟就会调整一次网站上商品的价格，据统计这种动态价格策略使得亚马逊的盈利平均增长了25%。

3. 面向平台的智能化采销

智能采销是人工智能在电子商务平台中的重要应用，能够代替人工进行决策、智能管理平台商品流，动态决策买什么、买多少、何时买。

（1）智能采购调配决策。京东商城50%的约300万个库存量单位（stock keeping unit，SKU）已经实现人工智能采销，尤其在图书、快消类目，几乎全部实现了系统自动预测、补货、下单、入仓、上架，京东几百个仓之间货品的调配，所有指令全部由机器下单。

（2）智能预判配送。目前亚马逊、京东等电子商务平台纷纷探索"预判发货"（anticipatory shipping）系统，通过对用户行为数据的智能化分析预测用户的购买意向，在用户正式下单之前就将包裹发出，进而实现"先发货、后购买"。这种智能预判方式以海量数据分析和机器学习智能决策为基础，能够极大地提升响应速度和运作效率。

智能采销系统涉及需求预测、库存管理、动态促销、物流优化等多项基于数据的智能优化过程。需要相关主体间进行实时信息共享与协同智能分析。在发货阶段，要统筹考虑产品性质、历史订单、产品库存、消费者购买倾向等多方信息，进而做出决策；在产品运输过程中，要主动向潜在用户推送产品在途消息，提升订单交易成功性；如产品已送达但处于滞销阶段，要进行打折销售或作为礼物赠送，以此降低库存成本并提高客户获得感。

4. 面向后台的智能化仓储

智能化仓储是电商提高运行效率，降低运行成本的重要领域。电子商务平台竞相投资智能仓库、智能仓储机器人、智能仓储系统，为电商仓储智能化改造奠定了基础。智能仓库的使用，可以降低运输成本，缩短商品交付时间。智能仓库中的智能调度系统可以实时计算更新货物堆积及进出状态，实现企业对于库存的有效管理。同时，智能仓库有仓库温度监控系统、区域安全警报系统、交通可视化系统等，可以全方位提高仓储、运输、配送等环节效率及安全性。智能仓储系统将人工智能技术与移动通信、智能移动终端、条码扫描等结合在一起，运用智能算法，对庞大的仓储作业信息进行收集、处理、决策、分配。通过智能仓储系统，仓库工作人员随时随地可进行智能操控。智能仓储设备、智能机器人是实现智能仓储必要硬件基础，可以对货物进行自动分拣，有效提高仓储作业的自动化水平，降低错误率，节约人力资源成本。通过运用智能控制和智能算法，能够解决智能分拣系统和多个机器人之间的协调调度问题，提高仓储设备利用率。

2.5　电子商务与虚拟现实技术

虚拟现实技术，也称灵境技术或人工环境，是利用计算机或者其他智能计算设备模拟产生一个三维空间的虚拟世界，提供使用者关于视觉、听觉、触觉等感官的模拟，让使用者如同身临其境般及时、没有限制地观察三维空间内的事物。使用者进行位置移动时，计算机可以立即进行复杂的运算，将精确的 3D 世界影像传回产生临场感。

2.5.1　虚拟现实技术的发展历程

1. 概念萌芽期（1935～1961 年）

1935 年，小说家斯坦利·G. 温鲍姆（Stanley G. Weinbaum）在小说《雪崩》中描述了一款虚拟现实眼镜，以及以眼镜为基础，包括视觉、嗅觉、触觉等全方位沉浸式体验的虚拟现实概念。该小说被认为是世界上率先提出虚拟现实概念的作品。

2. 研发与军用阶段（1962～1993 年）

1962 年，名为 Sensorama 的虚拟现实原型机被莫顿·海利格（Morton Heilig）研发出来，后来以虚拟现实的方式用于模拟飞行训练。该阶段的虚拟现实技术仍仅限于研究阶段，并没有生产出能交付到使用者手上的产品。

3. 产品迭代初期（1994～2015 年）

1994 开始，日本游戏公司 Sega 和任天堂分别针对游戏产业陆续推出 Sega VR-1 和 Virtual Boy 等产品，当时在业内引起了不小的轰动。但因为设备成本高，内容应用水平一般，最终普及率并没有很高。

4. 产品成型爆发期（2016 年至今）

随着 Oculus、HTC、索尼等一线大厂多年的付出与努力，虚拟现实产品在 2016 年迎来了一次大爆发。这一阶段的产品拥有更亲民的设备定价，更强大的内容体验与交互手段，辅以强大的资本支持与市场推广，整个虚拟现实行业正式进入爆发成长期。

2016 年 3 月，阿里巴巴就开始全面启动 Buy＋计划，运用虚拟现实技术，将购物场景在虚拟环境中实现 100%还原，从而提升消费者的网购体验。利用三重周期性最小表面（triply periodic minimal surface，TPMS）三维建模技术来为阿里平台上的入驻商家企业快速建模，形成虚拟现实购物生态系统，为消费者创造一个虚拟空间，并将商家的产品信息准确地展示在消费者面前，消费者看到的产品与现实中的实物产品无差别，消费者能得到真实的产品信息，理性地审视产品，完善阿里巴巴平台的信用机制。自此，虚拟现实购物受到前所未有的关注。到 2017 年，无论是国外的电商巨头亚马逊、eBay、宜家，还是国内的阿里巴巴、京东，都对虚拟现实/增强现实进行了一定的布局。

2.5.2 虚拟现实技术的特点

虚拟现实技术具有交互性、沉浸性和构想性，由于交互性（interactivity）、沉浸性（immersion）和构想性（imagination）三个特性的英文单词的第一个字母均为 I，所以这三个特性又通常统称为 3I 特性。

（1）交互性。虚拟现实技术的交互指的是，参与者借助专用的三维交互设备与虚拟环境之间以自然的方式进行交互，这样的交互比平面图形交互拥有更加丰富的形式。例如，用户可以用手去直接抓取模拟环境中虚拟的物体，这时手有握着东西的感觉，并可以感觉物体的重量，视野中被抓的物体也能立刻随着手的移动而移动。

（2）沉浸性。沉浸性又称临场感，指的是虚拟环境给参与者带来的身临其境的体验，它被认为是表征虚拟现实环境性能的重要指标。基于人类的视觉、听觉等感官和心理特点，由计算机产生逼真三维立体图像，参与者通过戴上头盔显示器、数据手套等交互设备，仿佛置身于真实的客观世界中。

（3）构想性。强调虚拟现实技术应具有广阔的可想象空间，可拓宽人类认知范围，不仅可再现真实存在的环境，也可以随意构想客观不存在的甚至是不可能发生的环境。

2.5.3 虚拟现实技术的关键技术

虚拟现实技术集成了当下多种高新和尖端科技，如计算机图形技术、仿真技术、人工智能技术以及传感技术等。

虚拟现实的关键技术主要包括以下四种：①动态环境建模技术，是最核心的技术，主要涉及动态数据结构、计算机视觉、计算机图形图像等方法。②图形生成技术，是当前发展较为成熟的技术，但也存在无法动态、实时展现的缺陷，如为了达到屏幕图像的动态表现，屏幕图像的刷新频率需要 ≥15 帧/秒，这就需要不断研发和完善三维图像显示计算方法、图像加速系统等先进的图像处理技术。③虚拟现实交互性技术，如头盔式三维立体显示器、数据手套等，但这些技术还存在缺陷，需要更多的感知信息和模型构建。④集成技术，如信息同步技术、数据转换技术、数据管理模型、数据的识别、数据合成技术等，这些都能弥补虚拟现实交互技术的不足。

2.5.4 虚拟现实技术对电子商务的作用

在电子商务领域引入虚拟现实技术，使消费者在享受电子商务平台带来便利的同时，又能够很好地实现与实体店一样的体验效果，帮助人们获得对实物产品的更为全面而真实的认知，更好地维护了消费者的知情权，进而使电子商务购物交易的流程更为透明、科学，同时也更好地避免了因产品质量问题而引发的各种纠纷，让消费者对网上购物更加放心、更加满意。

（1）增加消费者对在线商品的感知度。利用虚拟现实技术，在终端设备上营造一个与客观世界高度逼真的虚拟环境，让消费者足不出户就能够拥有和在真实的商场中购物一样的体验，看到的不再是一张张单调的图片，而是三维立体的"实物"，为消费者全方位地展示商品效果，从而让消费者从各个不同的角度体会商品的全貌，增加消费者对在线商品的感知度，提升购物效率。如消费者在选购服装的时候，仅需提供自己身材的相关信息，如身高、体重、腰围等数据信息，系统便可根据这些数据自动地加工形成一个与消费者相仿的人体模型，消费者可以选择自己喜欢的服装让模特一件件地试穿，可以站在旁观者的角度全方位地观察服装上身后的效果，这种体验足以比拟在客观世界购物时镜子中看到的自己。此外，在虚拟环境中购买服装，为消费者提供了极大的便利，不用消费者自己一件件地试穿衣物，节省了消费者的时间成本，并且减少了购买的服装不合身的概率，消费者能够更快地选到合心意的服装。

（2）提高在线商品信息的准确性。在虚拟购物环境中，所有商品由电子商务平台为入驻的企业统一建模，杜绝了商家为了个人利益而做出欺骗消费者、发布虚假商品信息的行为。将商品真实信息展现在消费者的眼前，不仅能够满足消费者的视觉体验，还能够让消费者感受到商品的材质，更好地还原商品的原貌，让消费者能够正确辨别出商品的优劣，这样商家为了增加自身竞争力，会不断改善商品的品质，从而形成一个良性循环，塑造电子商务平台的良好形象，提升消费者在网上购物的信任度，完善电子商务平台的信用机制。

（3）提升产品设计效率。传统的工业设计需要通过手绘的方式来实现，不能将设计的产品直观地展示在消费者的眼前，需要经过投入生产得到真实的产品，才能让消费者进行评估。而在产品设计期引入虚拟现实技术，在产品进入正式生产前发布在虚拟环境中，让消费者先体验产品的使用效果，提出对产品的意见及建议，设计者根据消费者的建议进一步对产品进行改进，如此反复，达到可以让消费者满意的程度再投入生产，这样不仅可以提高产品满意度，还可以减少资源以及时间投入的浪费，极大地缩短了产品设计阶段的评估时间，提高了生产效率。例如，在室内设计方面，引入虚拟现实技术就可以让消费者在虚拟环境中先看到装修后的效果，可以提前感受到居住的环境，在看到设计的真实效果后提出自己的意见，设计者的想法可以更好地展现在消费者眼前，而不只是看不到真实效果的二维平面。

但目前为止，虚拟现实市场还缺乏成熟产品，由于技术限制，产品存在体型过大、不易携带、体验不佳等问题，而且由于用户对网络时延要求高，多数虚拟现实设备还存在画面卡顿等问题，便于携带的移动虚拟现实设备由于计算能力的限制，只能体验最基础的虚拟现实应用。此外，谷歌、脸书、索尼等大型公司都在推行自己的设备和标准，缺乏通用的硬件形态和技术平台，中、小型公司很难参与进来，市场未能全面激活。

2.6　电子商务与增强现实技术

2.6.1　增强现实技术的概念

增强现实技术就是把数字想象世界加在真实世界之上的技术，通过实时计算摄影机影像的位置及角度并叠加相应虚拟图像、视频、模型，从而实现增强现实的效果。1992 年托马斯·P. 考德尔（Thomas P. Caudell）等首次提出增强现实的概念，增强现实目前广泛用于为用户展示信息和提供视觉体验方面，以增强用户对现实环境的了解，扩展与真实环境的交互。

增强现实即通过技术手段在现实中实现"幻觉"。增强现实技术的核心思想是使用户看到虚拟对象与真实对象或场景的结合，而实现结合的设备往往是屏幕，如计算机屏幕、移动设备屏幕、头戴式显示器、投影仪等，这意味着首先需要将现实的场景通过摄像头获取并展示到屏幕上，即将屏幕转变为"玻璃"或"镜子"，然后再将虚拟对象"画"在与真实场景对应的屏幕上的某一位置。增强现实技术将虚拟信息与真实世界相结合，充分利用屏幕的空间延展性，在有限的屏幕中显示更多、更为丰富的内容。

虚拟现实给予用户一种在虚拟世界中沉浸、封闭的效果。增强现实则把虚拟对象带入用户的物理世界中，通过听、看、触摸虚拟信息，来增强对物理世界的感知。单纯从虚拟成分及现实成分占比的角度，可以简单地认为虚拟现实呈现的是100%虚拟世界，是封闭的。而增强现实是基于现实环境，叠加虚拟物体或电子信息，实现对现实的"增强"效果。

2.6.2　增强现实技术的特点

增强现实技术的特点主要包括三个方面。

（1）融合虚拟与现实。计算机生成的虚拟物体和信息叠加到真实世界的场景中，以实现对现实场景更直观、更深入地了解和解读。

（2）实时交互。通过增强现实系统中的交互接口设备，以自然方式与增强现实环境进行实时交互操作。

（3）三维跟踪与定位。增强现实技术将计算机产生的虚拟物体与真实环境一一对应，当用户在真实环境运动时，它将继续维持正确的对准关系，可参考百度地图实景模式。

2.6.3　增强现实技术在电子商务中的应用

因为增强现实能实现虚拟与真实的结合，因此能够为用户提供实用的、独特的视觉感受和用户体验，这样的特性能够为传统电子商务锦上添花，提供更为真实的商品展示和购物体验。

（1）增强现实购买方式和物品展示。通过增强现实技术的应用，消费者在进行购买行为时，不仅能够深度了解商品的规格，还能将商品和现实场景相融合，提供如同实体店换装的体验，从而提高消费者的购物体验和增加商品的成功转化率。如京东和小萌童书展开的合作，将增强现实技术带到了图书领域，不再是单调的平面图形图像、人物角色，而是栩栩如生、生动直观的3D立体形象。

（2）基于位置的服务（location based services，LBS）电子商务。由于有着共同的地理位置信息特性，基于GPS三维注册实现的增强现实让LBS电子商务有了新的发展方向，该方向多为一些基于增强现实的移动客户端应用，为用户在导航、购物、点评、社交、旅游等方面提供服务。Yelp是美国最大的点评网站，在它的移动客户端中提供了基于增强现实的点评展示功能。通过这款APP，用户可以直接看到某家商店所在的位置、食客对某家餐厅的评价。

（3）电子商务营销推广。增强现实技术融合电商营销的优势就是与消费者互动性强。

线上线下的场景交互性强,不仅能够影响消费者的购买决策,还能够促进营销模式的变革。如"超未来城市"是京东打造的业界首个全增强现实形态电商会场,该会场联动了众多家电品牌,如美的、海尔、格力等。同时,"超未来城市"的场景展示为增强现实城市建筑群,建筑内部结合 3D 商品详细展示形式,方便消费者了解商品、购买商品。在购物场景上,"超未来城市"集成了品牌、品类、主题导购等多种购物导购场景,结合品牌、品类权益发放、社交裂变等营销方式,为消费者营造全新的购物体验。在互动性上,会场商品展示模式由 2D 升级为 3D,商品细节可以动态展示给用户。用户还可以在增强现实未来城中了解促销活动的福利、优惠、商品参数规格等信息。城市中还融合了多人组队 PK 游戏"跑跑大作战"、福利发放"每日红包雨"等互动元素。

（4）增强现实电商物流仓储作业和配送。增强现实应用在以处理实体物品为主的物流作业场景是最合适的,对于缓解操作人员的工作程度和改善工作环境具有很大的帮助。如京东通过增强现实技术更直观便捷地进行仓容规划。

案例:AR 支付应用

AR 支付被很多人认为是一项很实用的 AR 应用,比移动支付更加智能便捷,人们无须携带现金,也不需排队扫码支付,甚至未来无须携带手机,眨眼就可以瞬间完成支付。

例如,一款名为"三次方时空 AR"的应用,人们在商店选购完自己需要的商品后,打开该功能后利用手机摄像头,在商铺的任意一个位置 AR 一下,就可以直接获取商家的 AR 收付码并进行支付,无须再排队扫码支付,同时可以直接获取商家全景服务空间购买商品或商家活动,将线上与线下结合。

资料来源:增强现实应用领域案例分析,未来可以更 AR! https://www.douban.com/note/ 726804864/

2.7   电子商务与物联网技术

目前世界各国已经开始重视物联网的建设，并做了大量的技术研发和应用工作，使得物联网产业已经成为推动世界经济增长的重要新兴产业。物联网产业既是当前我国应对国际经济危机冲击影响、保持经济发展的重要举措，也是构建现代产业体系、提升产业核心竞争力和实现数字经济可持续发展的必然选择。我国政府已经把物联网列入六大战略性新兴产业，标志着物联网产业已经提升至国家战略层面。

物联网（Internet of things，IOT）的核心和基础仍然是互联网，是在互联网基础上延伸和扩展的网络，其用户端延伸和扩展到了在任何物品与物品之间进行信息交换和通信。因此，物联网是通过射频识别、红外感应器、全球定位系统、激光扫描器等信息传感设备，按约定的协议，把任何物品与互联网相连接，进行信息交换和通信，以实现对物品的智能化识别、定位、跟踪、监控和管理的一种网络。简单来讲，物联网就是做物品间的数据传输和信息交换。例如，空调＋遥控器，实现了物物相连，但是没有链接网络，所以不能说是物联网。但是如果空调＋遥控器（手机）＋手机APP，可实现远程控制空调开关和温度，就具备了物、物、网，所以属于物联网。

物联网不同于互联网，互联网趋向于网（软件），是编程、数据等，是以IP连接，以网为核心，是比较内容和虚拟的；物联网趋向于物（硬件），如电子标签、读卡器等，是以射频识别或传感器设备来连接，是比较实体和可视的，再配合网络而存在。

2.7.1   物联网的发展历程

物联网的发展史最早可以追溯到比尔·盖茨（Bill Gates）于1995年出版的《未来之路》。在书中，比尔·盖茨多次提到"物物互联"的设想。但是由于当时网络技术与传感器应用水平的限制，比尔·盖茨朦胧的"物联网"理念没有引起重视。到了1998年，美国麻省理工学院的研究人员在成功地完成产品电子代码研究的基础上，提出利用射频标签、无线网络和互联网，构建物物互联的物联网的概念与解决方案。物联网概念真正地引起各国政府与产业界的重视是在2005年国际电信联盟发布的互联网研究报告《ITU互联网报告2005：物联网》，报告中指出"物联网"通信时代即将来临。

2008年，IBM首次提出"智慧的地球"概念，其中物联网不可或缺，而时任美国总统的奥巴马在就职演讲后对"智慧地球"构想积极回应，表示物联网技术是美国在21世纪保持和夺回竞争优势的方式。同年，第一届国际物联网大会在瑞士苏黎世举行。正是这一年，物联网设备数量首次超过了地球上人口的数量。2010年，中国政府将物联网列为关键技术，并宣布物联网是其长期发展计划的一部分。2014年，亚马逊发布了Echo智能扬声器，为进军智能家居中心市场铺平了道路。同时，工业物联网标准联盟的成立也证明了物联网有可能改变任何制造和供应链流程的运行方式。2017～2019年，物联网开发变得更便宜、更容易也更被广泛接受，从而导致整个行业掀起了一股创新浪潮。自动驾驶汽车不断改进，区块链和人工智能开始融入物联网平台，智能手机/宽带普及率的提高将继续使物联网成为未来一个吸引人的价值主张。

2.7.2　物联网的特点

物联网的基本功能在于人与人、人与物、物与物之间在任何时间和任何地点都能够通过任何网络获取任何的服务，物体也赋予了智能化。基本应用大体分为三类：信息识别及位置监控类，环境、物品属性动态监测类，智能控制类。

物联网的突出特点就是将跨行业的物品信息，通过统一的接口标准和标识标准，集中存储、处理，实现跨行业信息资源共享，更广范围的协调处理，让世界变得更有"感知力"，更加"智慧"。物联网采取集中计算处理和分布式计算处理两种信息处理模式，极大地增强了边缘网络的快速反应能力，物体嵌入智能芯片，让物品"更智能"，反应速度更快，边缘网络的处理能力更强。

物联网自身具备三个特征。

（1）全面感知。即利用传感器等随时随地获取物体的信息。

（2）可靠传递。通过各种电信网络与互联网的融合，将物体的信息实时准确地传递出去。

（3）智能处理。利用云计算，模糊识别等各种智能计算技术，对海量的数据和信息进行分析与处理，对物体实施智能化的控制。

2.7.3　物联网的关键技术

物联网产业涉及生活的方方面面，其所涉及的技术也多种多样，从感知技术到传输技术，最终到数据分析、处理与挖掘等多种技术，精确地实现每一项技术都具有很大的挑战性，且每一项技术的实现，都需要各种其余技术配合完成。对于物联网的产业链，具体可细分为标识、感知、信息传送和数据处理等四个环节，其中包括的核心技术主要有射频识别技术、传感技术、网络通信技术、嵌入式系统技术等，以下对物联网核心技术逐一进行介绍。

1. 射频识别技术

射频识别技术是一种无接触的自动识别技术，利用射频信号及其空间耦合传输特性，实现对静态或移动待识别物体的自动识别，用于对采集点的信息进行标准化标识。射频识别技术可实现无接触的自动识别，全天候、识别穿透能力强、无接触磨损，可同时实现对多个物品的自动识别等，因此可应用到物联网领域，与互联网、通信技术相结合，可实现全球范围内物品的跟踪与信息的共享，在物联网识别信息和近程通信的层面中，起着至关重要的作用。此外，产品电子代码（electronic product code，EPC）采用射频识别电子标签技术作为载体，也大大推动了物联网的发展和应用。

2. 传感技术

有价值的信息不仅需要射频识别技术，还要有传感技术。物联网经常处在自然环境中，传感器会受到恶劣环境的考验。所以，对于传感技术的要求就会更加严格、更加苛刻。

传感器可以采集大量信息，是许多装备和信息系统必备的信息摄取器件。若无传感器对最初信息的检测、交替和捕获，所有控制与测试都不能实现。即使是最先进的计算机，若是没有信息和可靠数据，都不能有效地发挥传感器本身的作用。传感技术的突破和发展有三个方面，分别是网络化、感知信息、智能化。

3. 网络通信技术

网络通信技术包含很多重要技术，其中机器对机器通信（machine to machine，M2M）技术最为关键，该技术应用范围广泛，不仅能与远距离技术相衔接，还能与近距离技术相衔接。现在的 M2M 技术是以机器对机器通信为核心，是建筑学、航空航天、医学、农业等行业领域的关键技术。

4. 嵌入式系统技术

嵌入式系统技术是综合了计算机软硬件、传感技术、集成电路技术、电子应用技术的复杂技术。经过几十年的演变，以嵌入式系统为特征的智能终端产品随处可见。嵌入式系统正在改变着人们的生活，推动着工业生产以及国防工业的发展。如果把物联网用人体做一个简单比喻，传感器相当于人的眼睛、鼻子、皮肤等感官，网络就是神经系统，用来传递信息，嵌入式系统则是人的大脑，在接收到信息后要进行分类处理。这个例子很形象地描述了传感器、嵌入式系统在物联网中的位置与作用。

2.7.4　物联网在电子商务中的应用

物联网有几大典型的应用领域，分别为智能物流、智能家居、智能医疗、智能交通、智能电力、智能农业及智能制造等。物联网在电子商务中最常见的应用体现在商品管理、物流管理和智能零售中。

1. 商品管理

在商品管理上可以建立起智能化的跟踪系统，通过一系列的物联网技术手段对产品进行标识，从而使企业可以随时对产品进行跟踪监控，以了解商品的后期使用情况，对商品的质量管理措施也将极为有效。与此同时，用户可以根据此方式更加直观地辨别商品的质量，从而对商品的真实情况更加全面地掌握。这一方式不仅能加强商品的监管质量，也能赢得该模式下消费者的信赖。

2. 物流管理

物联网应用于电子商务物流行业中，主要体现在三个方面，即仓储管理、运输监测和智能快递柜。

（1）仓储管理。在传统的仓储管理中，需要人工进行货物扫描及数据录取，工作效率较低；同时货位划分不清晰，堆放混乱，缺乏货物流程跟踪，成本高且差错率高。将物联网技术应用于传统仓储中，形成智能仓储管理系统，能提高货物进出效率，扩大存储的容量，减少人工的成本，降低劳动力强度，且能实时显示、监控货物进出情况，提高交货准确率等。具体包括：①出库管理：实现大批量货物入库、出库时信息的自动采集与校验，与后台数据同步更新。②移库管理：将货位标签与货物信息绑定，进行精准的货物移库，将错误降到最低。③盘点管理：通过手持货物采集机，将货物进行快速地盘点，提高工作效率。④无线监测：通过无线温湿度传感设备，实时监测货舱内的温湿度变化情况，24 小时不间断。⑤电子标签显示：在货架上使用电子货架、标签，动态显示货物信息。⑥智能化调度：对数据进行分析，实现设备、人以及货物的智能化调度。

（2）运输监测。通过物流车辆管理系统对运输的货车以及货物进行实时监控，可完成车辆及货物的实时定位跟踪，监测货物的状态及温湿度情况，同时监测运输车辆的速度、胎温胎压、油量油耗、车速等车辆行驶行为以及制动次数等驾驶行为，在货物运输过程中，将货物、人以及车辆驾驶情况等信息高效地结合起来，提高运输效率、降低运输成本，降低货物损耗，能清楚地了解运输过程中的一切情况。

（3）智能快递柜。智能快递柜以物联网技术为依托，实现对物体的识别、存储、监控和管理等，与 PC 服务器一起构成了智能快递投递系统。PC 服务端能够将智能快递终端采集到的信息数据进行处理，并实时在数据后台更新，方便使用人员进行快递查询、调配快递以及快递终端维护等操作。快递员将快件送达到指定的地点，将其存入快递终端，智能系统就可以自动为用户发送一条短信，包括取件地址以及验证码，用户能在 24 小时内随时去智能终端取货物，简单快捷地完成取件业务。通过物联网技术的介入，整体的物流过程将越来越完善，效率也明显升高。

3. 智能零售

智能零售依托物联网技术，主要体现了两大应用场景，即自动售货机和无人便利店。智能零售通过将传统的售货机和便利店进行数字化升级、改造，打造无人零售模式。通过数据分析，并充分运用门店内的客流和活动，为用户提供更好的服务，为商家提供更高的经营效率。

自动售货机依托物联网技术，监测每台运行状态以及监控出货、缺货等情况，具体如下。首先，远程监控售货机的运行状态，使得维护人员随时掌握运行情况，当发生故障时能及时报警并通知维护人员进行维修，提高售货机的使用效率。其次，在库存方面可以实现数据上的同步。通过一连串的物联网技术可以对自身库存情况信息进行较为全面的实时感知与传输，同时形成更为自动化的库存体系。这样的处理将极大地降低总管理成本，将营销效率进行提升，减少用户在此类消费上的时间浪费，完善整体的消费体验。最后，通过物联网可了解详细的销售数据，以大量的数据为基础来分析用户的购买行为，同时可根据实际情况来对不同的用户播放不同的广告，而后进行不同的促销活动。

以 AmazonGo 为代表，诞生了一批无人便利店。这类便利店主要通过各种技术实现消费者自助支付或后台自动结算。无人便利店面积多比传统便利店小，销售商品也较少，主要运用射频识别技术将商品联网。具体体现在：首先，给商品贴射频识别标签，在感应区自动结算。虽然相关技术已经比较成熟，但商品数量较多时识别率还会存在一定问题。其次，扫条形码，消费者自行扫描条形码进行结算。该技术相对成熟，无须对商品额外改动，离店时扫码检查进行管理。最后，混合传感，它混合了计算机视觉和多传感器，检测物品是否被消费者拿走。但其成本高，稳定性难以保证，大多数目前还处于小规模测试阶段。

案例：无人售货车

自 2019 年以来，在北京、上海、武汉、西安等城市的景区、商业街区先后出现了 5G 新零售售货车，得到市民、游客的欢迎。

这些造型呆萌、科技感十足的无人售货车吸引了许多市民游客"尝鲜"。

5G 无人售货车行驶缓慢，没有驾驶员，能准确避让行人和障碍物。市民游客只需在售货车前方或侧方招手，车辆即可停止。车身的电子触摸屏上显示着售卖清单，可通过屏幕自助购物。扫码支付后，车内即可吐出货物。

5G 无人售货车采用雷达技术、自动驾驶技术、人工智能技术、5G 通信与定位技术等，并安装数个摄像头和感应器，基于自动驾驶系统、车联网人工智能平台、换电系统以及模块化智能车厢等核心构件，通过网络与后台连接，既可自行判断障碍物执行避障或者绕障指令，也可人工后台干预，完全具备无须安全员跟随即可保持自动驾驶的能力。

在 5G 网络条件下，无人车可实现更灵活智能的人机交互。除零售外，无人车平台将根据不同应用场景的具体需求，完善快递、安防、运输等多种功能。

课后练习题

（一）选择题

1. 为了解决地址紧缺问题，IPv6 将 IP 地址空间扩展到了（　　）。
   A. 64 位　　　　　B. 128 位　　　　　C. 32 位　　　　　D. 256 位
2. 物联网的概念最早是由（　　）提出来的。
   A. IBM　　　　　B. 比尔·盖茨　　　　C. 德鲁克　　　　D. 乔布斯
3. （　　）是互联网的核心通信协议，也是目前最完整，最被普遍接受的通信协议。
   A. TCP/IP　　　B. HTTP　　　　C. IMAP　　　　D. FTP
4. 不属于互联网接入方式的是（　　）。
   A. 光纤　　　　　　　　　　　　B. Cable Modern 接入
   C. Wi-Fi　　　　　　　　　　　D. Extranet
5. 下面技术不能够提供用户界面动态内容的是（　　）。
   A. 服务器端提供　　　　　　　　B. 客户端脚本语言
   C. 客户端应用程序　　　　　　　D. HTML 语言
6. 下面属于客户端应用体系结构的技术是（　　）。
   A. Java Applets 和 ACtive X　　　B. Java Applets 和 Jscript
   C. JavaScript 和 ACtive X　　　　D. JavaScript 和 Jscript
7. 下面关于胖客户和瘦客户描述错误的是（　　）。
   A. 瘦客户模式系统维护容易　　　B. 浏览器/服务器模式属于胖客户模式
   C. 腾讯 QQ 应用属于胖客户模式　D. 胖客户模式部署和管理比较困难
8. 下面不属于客户端脚本语言的是（　　）。
   A. JavaScript　　B. JScript　　　C. VF　　　　D. VBScript

9. 下面不属于服务器端开发技术的是（　　）。

    A. PHP　　　　　　B. JSP　　　　　　C. Active X　　　D. NET

10. 以下说法正确的是（　　）。

    A. 数据库是面向主题的　　　　　　B. 数据仓库是面向应用的

    C. 数据仓库常用于决策分析　　　　D. 数据库与数据仓库中的数据均可以更新

（二）复习与思考题

1. 简述电子商务应用系统的基本结构。

2. 简述 IP 协议的特点，分析 IPv4 协议的不足及 IPv6 协议的主要技术特征。

3. Web 客户端和服务器端分别有哪些开发技术？

4. 简单比较移动通信技术与无线局域网技术的技术特征。

5. 简述电子商务系统中的数据管理技术及其主要技术特征。

6. 简述物联网、人工智能等新兴技术在电子商务中的应用及对电子商务产生的具体影响。

第3章 电子商务商业模式

面对纷繁复杂、变化多端的商业环境，数字经济通过改造当下的产品和服务而产生了"新物种"，进而产生了新的商业价值，如过去的手机只是通信工具，而如今手机已经被重新定义为智能终端，它改变了以往价值创造的方式。同时，作为一种全新的商务模式，电子商务的蓬勃发展，则打通了物流、信息流和资金流，缩短或者重构了"价值传递"的商业价值链。面对日益严峻的资源环境约束和电子商务日益繁荣的大环境，企业借助电子商务手段催生出来的各种商业模式创新成为数字经济时代市场竞争的热点。

在数字经济蓬勃发展的大背景之下，电子商务已经衍生出很多典型的发展模式。其中 B2B、B2C、C2C 是电子商务中最基本、使用最广泛、发展也较为成熟的几种电子商务应用模式。随着计算机信息技术和网络通信技术的发展，电子商务的发展更加多元化，其应用模式也更加多样化，出现了一些新兴的电子商务应用模式，如线上线下融合（O2O）模式、消费者到企业（consumer to business，C2B）模式、共享模式等。如今，电子商务市场竞争风云变幻，每隔一段时间都会有新的电子商务经营模式出现，与此同时，部分无法快速适应目标市场变化的传统电子商务模式也在逐渐消失。本章将重点介绍常见的 B2B、B2C、C2C 电子商务应用模式及新兴的 O2O、C2B、共享模式等电子商务应用模式。

3.1 商业模式及其要素

3.1.1 商业模式的概念

商业模式（也称作商务模式、业务模式）作为一般意义上的管理学概念是伴随信息技术在商业活动中的深入应用而被广泛使用的。美国著名的管理大师德鲁克（Drucker）最早于 1994 年将商业模式称为组织或公司的经营理论。特班（Turban）指出商业模式是企业为获取收入以维持经营而采取的开展业务的方式。它是企业基于价值创造的基本逻辑，描述了企业如何创造价值、传递价值和获取价值的基本原理。劳东（Laudon）等指出商业模式是企业为从市场获得利润而预先规划好的一系列活动。蒂默尔斯（Timmers）定义商业模式是一种关于企业产品/服务流、资金流、信息流及其价值创造过程的运作机制。综上，商业模式就是企业通过商业运作创造收益的一种方法。具体来说就是先对企业的客户进行分析，在分析的基础上研究向客户提供商品或服务的方式，目标是提高盈利能力和持续发展能力。商业模式既包括宏观意义上的商业模式，如行业性质的商业模式，也包括微观层面的商业模式，如企业的商业模式。模式可以很简单，也可能很复杂。

可见，商业模式建立和运营是企业组织管理的核心问题，也是企业核心竞争力的重要组成部分。在电子商务环境下，企业的经营同样需要有一定的商业模式。电子商务商业模式是指企业在特定市场环境下，确定细分市场和目标客户之后，运用信息技术，凭借自身竞争优势，与价值链上的各合作成员进行流程整合与重组，最终满足客户需求，创造价值、实现盈利的一种方式。

3.1.2　商业模式的构成要素

若想制定出成功的商业模式，就必须明确商业模式的八大核心要素：价值定位、盈利模式、市场机会、竞争环境、竞争优势、营销策略、组织发展和管理团队。其中，企业的价值定位和盈利模式是目前专家学者关注的重点。尽管这两大核心要素是商业模式中最重要也最容易被识别的部分，但其他要素在评估企业商业模式或解释企业成败缘由时也同样重要。

1. 价值定位

价值定位是企业商业模式的核心，它不仅包括企业对自身在价值链中的位置进行定位，还确定了一个企业的产品或者服务应如何满足用户的需求。为了制定或分析企业的价值定位，需要进一步明确：为什么用户会选择本企业，而不是与其他企业进行交易，企业准备提供的产品或者服务，解决用户的什么需求？企业的目标用户群体是谁？其需求是刚性的还是改善性的、高频的还是低频的？从消费者视角出发，成功的电子商务的价值定位包括产品或服务供应的个性化和定制化、产品搜索成本的降低、价格发现成本的降低，以及通过产品交付管理来推动交易。价值定位需要企业客观的自我评价，需要敏锐的市场感知能力，把握和引导消费者潜在需求的创新力。

2. 盈利模式

盈利模式也就是收益模式，它是企业如何从客户那里获得收入产生利润以及获得高额投资回报的策略与技术。通俗来讲，就是企业如何赚钱。商业组织的作用就在于既要产生利润又要获得高于投资其他项目的高额回报，仅有利润并不足以使企业获得成功。

3. 市场机会

市场是每个企业想介入的，有实际或者潜在商业价值的领域。市场机会指企业所预期的市场以及企业在该市场中有可能获得的潜在财务收入的机会。需求的市场是否足够大？这就需要进行市场的细分。实际的市场机会是由企业从其期望参与竞争的细分市场中获得的潜在收入来定义的。

4. 竞争环境

竞争环境是指与其他企业在同一个市场空间中经营、销售同类的或相似的产品。它同样还指替代产品的存在和进入市场的新途径，以及客户与供应商的力量。影响企业竞争环境的因素包括：活跃的竞争对手的数量，其企业规模，每个竞争对手的市场份额，这些企业的盈利情况，企业的定价情况等。竞争环境决定了企业的摩擦系数与阻力，也决定了最终企业能走多远。

通常情况下，企业既有直接竞争对手，也有间接竞争对手。直接竞争对手是指那些在同一个细分市场销售同类或相似产品或服务的企业（基本可以相互取代），如携程和艺龙平台都在线销售打折机票，它们是直接的竞争对手。间接竞争对手是那些虽然处于不同的行业但仍然因为所售产品可以相互替代而产生竞争关系的企业。在任何一个细分市场中，若有着大量的竞争对手，则意味着该市场饱和了，很难获得利润。反之，缺少竞争对手的市场则可能意味着这是一个可以进入的未开拓的市场，也可能意味着这是一个已经尝试过失败的、无利可图的市场。分析竞争环境可以帮助企业对市场前景做出判断。

5. 竞争优势

当企业能够比它的竞争对手生产出更好的产品或是向市场推出更低价格的产品时，它就获得了竞争优势。很多企业由于可以获得其竞争对手无法获得的各种生产要素，从而获得竞争优势——至少在短期内如此。这些要素包括企业可能在供应商、运输商或劳动力来源方面获得不错的优惠条件；也可能拥有比其任何竞争对手有更多经验、更有见识、更忠诚的雇员；或者拥有其他竞争对手无法仿制的产品专利、投资资金、品牌效应和公众形象。企业所拥有的这些财务支持、知识、信息等资源会使企业能够比竞争对手以更快的速度和更低的价格将高质量的产品投放市场。

6. 营销策略

为了将企业的产品和服务推销给潜在消费者而做的每一件事情都是营销。无论企业自身实力多么雄厚，制定和执行营销策略对企业而言都非常重要。营销策略是阐述企业如何进入一个新市场、吸引新客户的具体营销计划。如果不能向潜在消费者进行适当的营销，那么即使是最好的商务理念和构想也将会失败。

7. 组织发展

组织发展计划，描述企业如何组织所要完成的工作。每个企业都要有一个组织来有效地实现他们的商业计划和战略。同样对于电子商务企业和尝试推行电子商务战略的传统企业而言，拥有支持新的商业模式运营所需要的组织结构和文化价值显得非常重要。企业在组织和开展相关工作时，首先要划分具体的职能部门、确定不同职能部门的职责、明确企业在不同阶段所需的人才类型。

8. 管理团队

管理团队是由企业中负责各类业务模式运作的员工组成的队伍。一支强有力的管理队伍能让业务模式迅速地获得投资者的信任，能准确地捕捉市场信息，并从商业计划的实施中积累经验。在大多数企业中，高级执行官或职业经理人是企业管理团队的核心。

为初创企业选拔优秀经理人首先要考虑的是，这些人员需具备哪些管理经验、技术背景、工作能力才能对企业有所帮助，在企业初创需要融资的阶段，尤其要考虑这些经理人的融资能力。

综上，表 3-1 总结了商业模式的八个核心要素以及为了满足每个核心要素而必须要回答的核心问题。一般而言，能回答 1、3、4（价值定位、市场机会和竞争环境）的，就是一个还算不错的项目了。能回答 1、3、4、5（价值定位、市场机会、竞争环境、竞争优势）的，就是上品项目了。能把 1、2（盈利模式）、3、4、5 同时回答的，就可以称为极品项目了。

因为商业模式的划分没有一种统一的或完全正确的方法，而且由于人们所能列举的模式还不能穷尽所有的商业模式，所以对于电子商务商业模式的分类还存在一定的困难。

表 3-1 商业模式构成核心要素说明表

要素构成	商业意义下的关键问题
1 价值定位	为什么消费者要买你的产品，而不买别人的产品？
2 盈利模式	企业是如何赚钱的？
3 市场机会	企业目标市场是什么？市场容量究竟有多大？
4 竞争环境	还有哪些其他企业占据着目标市场？
5 竞争优势	一旦进入目标市场，企业具有哪些特殊的优势？
6 营销策略	企业计划如何促销产品与服务，如何吸引目标客户关注？
7 组织发展	为实现商业计划，企业需要采用什么类型组织结构去落实计划？
8 管理团队	什么样的经历和背景对企业领导人来说是重要的？

3.1.3 电子商务商业模式类型

现存的电子商务商业模式多种多样，而且每天可能都会有新的商业模式诞生，我们无法穷尽所有的商业模式，也不存在一种完全正确地划分这些商业模式的方法。本书将尝试基于电子商务应用的不同领域来划分电子商务的商业模式。值得注意的是，新的信息技术的发展也会影响商业模式的分类，如移动电子商务是指使用移动设备来支持不同商业模式的电子商务。有的学者认为移动电子商务是一种独特的商业模式，但事实上，我们所探讨的所有基础的商业模式都可以应用于移动平台。类似地，尽管有学者认为社交电商并不是一种商业模式，但它却是 B2C、B2B 等电子商务领域的子区域，同样也包括了多种商业模式。现实中，为了拓展更多的电子商务领域，很多企业采用了多种多样的商业模式。企业经常结合使用多种商业模式，以期将原有商业模式的品牌效应、基础设施投资等有效纳入新的商业模式中。

目前大量的文献讨论网络技术对传统商业模式产生的冲击、电子商务对传统商务进行了彻底的改造，但明确阐述改造后模式或明确描述电子商务商业模式的并不多。考虑到企业能否持续盈利是我们判断电子商务商业模式是否成功的唯一的外在标准。因此，在设计商业模式时，盈利和如何盈利也就自然成为重要的原则。因此，本节重点介绍电子商务常见的盈利模式。

中国早期的互联网并没有清晰的盈利模式，很多互联网企业靠卖广告勉强维持生计。发展至今，互联网的盈利模式越来越有规律可循，很多企业一开始就设计好了产品的盈利模式，慢慢进入了自觉盈利阶段。滴滴出行从 0 到 1，仅用了 6 年，估值达到 800 亿美元。滴滴不拥有一辆汽车，但是它的规模比任何一家出租车公司都要大。在互联网时代"连接比拥有更重要"，滴滴连接了 2000 多万个司机，微信月活用户达 10 亿人，微博的月活用户达 4 亿人，美团点评月活用户 8000 多万人。在互联网时代，流量就是金钱，有了流量，就有了用户。当前，大多数电子商务企业仍主要采用一种或几种模式的组合，如销售模式、交易佣金模式、广告服务模式、推荐引流服务模式、会员及增值服务模式、金融服务模式等，其中广告、增值服务、交易佣金这三种是最常见的、规模巨大的盈利模式。下面将对电子商务常见的盈利模式进行具体介绍。

1. 销售模式

销售模式就是平台自己销售产品、信息、功能、技术、应用程序接口（application programming interface，API）、知识、内容、经验、咨询等。企业的销售模式是和产品平台属性密切相关的。例如，京东、亚马逊的自营商品（产品），虾米、QQ 音乐的付费音乐（信息），阿里云服务器（功能）、友盟（技术/数据）、高德地图（接口）、网易云课堂（知识）、樊登读书会（内容）、分答（经验）、在行（咨询）。

2. 交易佣金

大多数互联网巨头都属于平台模式。平台不直接生产创造价值，而是通过连接不同商业群体来整合价值。平台从其帮助企业完成或执行的交易中收取费用，赚取佣金，这种模式要求平台具有足够的影响力。亚马逊、阿里巴巴、eBay、京东、天猫等平台的盈利方式之一也是商家交易抽成。这些平台促成交易后，向商家收取佣金，平台不直接生产创造价值，而是去整合资源。这种方式就像房地产中介里的链家，一端对接房东，另一端对接买房者，当交易达成时抽取部分费用作为佣金。以虎牙直播为代表的直播平台最主要的盈利模式同样是抽取平台上主播的粉丝打赏或者礼物。另外，美团点评、滴滴出行、携程、饿了么等 O2O 巨头，均是通过促成团购、打车、酒旅、外卖等商业交易，并从中提取一定的佣金而营利。除了 O2O 平台，支付宝、微信支付这些支付工具，佣金也是其盈利模式。

3. 广告服务

广告无处不在，作为互联网免费时代的代价，广告充斥着互联网的每个角落。广告是早期中国互联网最原始的盈利模式，一直延续到了现在。在门户时代，四大门户网站就开始卖各种广告位、焦点图、通栏、弹窗等，经过 20 多年的进化，广告形式越来越多样化，大数据让目标用户的定向也越来越精准，广告业务也从供应方平台（sell-side platform，SSP）走向了需求方平台（demand-side platform，DSP）。广告最主要的两种形式是搜索排名和信息流广告。搜索排名如百度搜索、淘宝竞价排名、各大手机应用市场竞价排名等，信息流广告产品如微博、头条、抖音、各类新闻产品、朋友圈等发布的广告。另外，除了搜索排名和信息流广告，还有传统的首页推荐、开屏广告等形式。

4. 推荐引流服务

随着电商网络购物进入发展成熟期，更多的垂直领域和新兴模式的电商网站涌现，这些网站发展初期承受着较高获客成本的压力，获得流量的能力自然有限，电商导购平台则成为其引入流量和品牌营销的重要途径。随着网购行业的拓展，商品更加丰富，互联网在提供给消费者更海量产品信息的同时，也加大了消费者排除冗余无效信息并获取有效精准信息的成本，导购网站收集和整理全网信息，提供商品真实评测内容，能够有效帮助用户做出购买决策，有效降低筛选成本。对商家而言，导购能使其获得更精准的优质流量。综上，上下游双向需求共同驱动了导购行业的发展。

按照驱动因素不同，导购电商可以分为价格类导购电子商务平台和内容类导购电子商务平台。价格类模式下，导购网站整合各热门电子商务平台促销信息，精选特价产品吸引用户，用户通过导购平台下单以更低廉的价格获得商品。价格类导购电子商务平台的核心价值是为解决用户价格敏感性问题，帮助消费者购买到更便宜的商品。典型平台如返利网、一淘网。内容类导购电子商务平台是指用户在导购平台获取商品的推荐和评价信息，或通过与达人、其他用户的讨论进行购买决策。内容类导购电子商务平台的核心价值是通过优质内容吸引流量，解决当前信息过剩的问题，辅助消费者决策。典型平台如什么值得买、惠惠网。

线上线下融合、全场景导购是未来一大发展趋势。移动电商时代，基于地理位置的服务，将实现线上线下双向导流，也是导购电商拓展流量的一个重要途径。这种导购模式一方面为线下零售商场提供购物一站式解决方案；另一方面与线下教育、旅游、娱乐等本地生活服务相结合，为其提供导购服务。

5. 会员及增值服务

目前不管是电商、视频、文学小说还是各类工具型产品，会员模式都很常见。亚马逊、爱奇艺、优酷土豆、QQ 会员、在线音乐、笔记类应用均是通过采用更低的价格、更高级的功能、更好的使用体验、更优质的内容等手段来对用户进行分层消费刺激的。会员模式已经成为一种流行且有效的增值服务类型，包括淘宝对商家提供各类插件等收费手段在内，增值服务在整个互联网行业的影响力普遍而深远。产品代表如 360 杀毒软件提供的高级服务、QQ 软件提供的会员特权、王者荣耀的虚拟道具、WPS 办公软件的会员特权、百度网盘的会员特权等。

互联网开创了免费模式，而企业最终的目的是要盈利。互联网企业如何通过免费模式盈利？答案就是交叉补贴，就是通过提供增值服务进行收费。增值服务的类型包括更高级的功能/内容/服务、会员特权、虚拟道具等。大多数互联网游戏的盈利模式都属于增值服务，很多游戏可以免费玩，但是用户想要使用更炫酷的皮肤、更强大的技能，就需要充值，而这就是典型的增值服务——产品的基础功能免费，高级功能收费。换句话说，企业先用免费的产品和服务去吸引用户，去抢占市场份额和用户规模，然后再通过增值服务或其他产品收费。另外，包括视频网站的付费视频，也是类似的思路——基本内容免费，高级内容收费。

6. 其他收益来源：金融服务

具体的运作方式包括金融借贷、账期、沉淀资金、资金池等，滴滴出行正在准备为用户提供金融借贷服务，而之前的阿里花呗、借呗，微信的微粒贷，以及百度、京东、美团也都在发展自己的借贷服务。可以预见金融借贷这种盈利模式正在互联网行业起着越来越重要的作用。产品代表如花呗提供的借贷服务、简书等平台的打赏提现服务、拍拍贷的资金池等都是利用金融运作来获取利润的。

3.1.4　商业模式的创新路径

任何企业在追求进一步发展或者扭转局势甚至是力挽狂澜时都会用到商业模式创新。商业模式创新是在以客户为中心的基础上，为应对内外部环境的变化，对企业价值网络中的要素、自身潜力进行发掘，对企业的业务范围、目标客户、竞争方式等进行重新定位，对产业链重新整合，从而建立起新的价值网络、盈利模式等综合性的过程。值得注意的是，尽管商业模式创新大多数需要技术创新的支持，但是商业模式创新的重要程度已经超过了技术创新的程度。与技术创新相比，商业模式创新更注重从客户视角思考企业的行为，旨在为客户创造更多的价值。商业模式创新的设计思路有以下五个方面。

1. 基于价值链的商业模式创新

这种创新把关注的焦点放在价值活动的定位、设计与匹配上。具体来讲，有三种创新策略可供选择。第一，价值链上的新定位。通过专注于价值链上的某些业务，围绕自身独特的技能、优势，挖掘现有潜能，而将其余业务外包出去，从而实现商业模式的创新。第二，重组价值链。通过调整、优化相关企业关系使其协同行动，对产业价值链进行创造性地重新组合，也能创造出新的商业模式。第三，构造独特的价值体系。许多企业通过构建多个价值优势，并将之整合，进而形成独特的价值体系。

2. 基于价值网络的商业模式创新

这种创新的重点在于打造独特的价值网络，设计各种交易机制将企业自身与价值创造伙伴有机联系起来，形成价值创造的合力。具体来讲，采取这种商业模式创新的企业可以选择成为交易的组织者、交易平台的构建者或者交易的中介者。

3. 产品或服务的创新

消费者的需求随着时间和外部环境的变化而迅速变化，深层次的消费者需求需要挖掘，需要能够给其提供超值的服务。这种模式创新策略聚焦于企业所提供的用户价值，通过发现竞争对手或原有消费者的价值盲区，打造独特的产品或服务，进而满足消费者深层次需求。在服务业中，这一策略更为重要，用户价值中情感的、体验的成分能够放大独特服务的冲击力，从而赢得消费者心理。

4. 资源利用的创新

资源（包括原料、渠道、技术、关系等）利用的创新，这种商业模式创新侧重于对新资源的发掘和利用, 新的资源为公司创造新的客户价值提供了潜力, 商业模式的意义在于将新资源的潜力释放出来。除此之外, 通过合作关系的拓展或充分挖掘现有资源的潜在价值等措施同样可以实现商业模式的创新, 从而建立起企业的竞争优势。

5. 盈利模式的创新

通过改变现有的收入结构包括收入对象、收入介质、收入渠道和定价机制等措施来创新商业模式。此类模式包括以下几类。

(1) 利用互补品。具体有三种基本方式可供选择: "产品 + 产品" 的互补、"产品 + 服务" 的互补、创造 "间接的互补品"。

(2) 从免费到收费。基于互联网提供的便利, 消费者对很多信息产品的期待是 "免费获取", 因此, 这对很多信息产品企业提出了巨大的挑战。但成功的公司大多对 "免费—收费" 模式的细节进行创新, 发掘新的赚钱机制。

(3) 第三方付费。这种方式并不需要消费者付费, 企业通过其他利益相关方赚取收入。例如, 谷歌的搜索服务并不直接要求搜索者支付费用, 而是通过收取被链接网页的公司的赞助获取收益。

(4) 多收入流模式。这种模式一般多与价值网络构建密切相关, 由此企业可以扩大各种可能的收益来源。上海硅谷知识产权交易中心是为中国企业提供信息技术产权交易的平台, 除了向技术需求方收取会费, 向技术供应方收取展示费, 还按一定比例提取交易中介费。

成功的商业模式是企业维持发展, 保持其竞争优势的核心要素, 依赖诸多要素的协同。从互联网电子商务成功和失败的案例中能够清晰地发现商业模式对企业的意义。

案例: 商业模式创新失败的企业案例

许多互联网公司因错误地或过高地估计了企业的盈利模式和客户价值定位而倒闭, 下面介绍一些当时红极一时, 却归于黯淡的电商企业。

(1) 缺乏持续创新: 拍拍网是腾讯旗下的电子商务平台网站, 2005 年 9 月成立, 这是腾讯电商的首次尝试。2007 年, 拍拍网在流量、交易、用户数等方面取得了更全面的飞速成长, 2007 年第二季度, 拍拍网的注册用户数已接近 5000 万人, 然而, 此后的拍拍运营并不尽如人意, 最终于 2014 年卖给京东, 随后京东关停了拍拍。其原因在于模仿不能改变电商行业换道超车的规律, 其缺乏实质的模式创新。

(2) 缺乏运营创新: 2007 年 10 月, 百度成立电子商务事业部, 高调宣布进军电子商务领域。百度当时认为, 基于搜索引擎的电子商务是未来发展的必然趋势, 而自己最具优势, 将成为这一领域的王者。2008 年 10 月, 承载无数期待的百度 "有啊" 正式上线, 但运营并不顺利, 百度迅速减少了投入, 2011 年, "有啊" 宣布关闭。2012 年, "有啊" 被包装成 "爱乐活" 重新上线, 但被定位为本地生活信息服务平台。"有啊" 的失败再次印证了电商领域跟随战略的无效。

(3) 缺乏资本创新: 当当网起步于 1999 年, 比淘宝网早 4 年, 比京东商城早 8 年, 2010 年成为最早上市的中国电商企业, 最终却被彻底边缘化。当当网最初以亚马逊为模板, 以图书为主要经营品类, 2004 年亚马逊希望以 1.5 亿美元收购当当网 70% 的股份,但被当当网拒绝。因为对电商服务业重视程度不够，在全球量化宽松与互联网人口红利期战略过于保守，错失转型综合电商的时机，当当网日益边缘化，终于在 2015 年提出私有化，退市。

（4）缺乏品质创新：凡客诚品由陈年创办于 2007 年，主营创意服装市场，其广告文体曾成为红极一时的"凡客体"。2009 年，电商服装市场份额达 28.4%，位列自主销售式 B2C 电商第一，2010 年，韩寒、王珞丹成为其代言人，2011 年自建物流"如风达"，公司发展到 1 万多人，扩张过快，品质难以跟上，用户流失，进而库存高起，2012 年库存达 14.5 亿元。从 2013 年下半年开始，资金链开始发生问题，公司开始大裁员，2016 年仅剩 100 多人。其文化战略与互联网平民化大势相悖。

3.2 B2B 电子商务应用模式

中国电子商务的发展，首先出现的是以 B2B 为主导的电子商务模式，它为中小制造业企业提供了触网机会。B2B 电子商务模式是指企业与企业之间通过互联网进行产品、服务及信息交换的电子商务活动。与传统的贸易的交付渠道不同，它将企业的交易信息通过互联网与客户紧密结合起来，通过网络的快捷反应为客户提供更好的服务，极大地促进了企业业务的发展。B2B 电子商务模式从诞生之日起就发展迅猛，近年来更是趋于成熟，始终是电子商务中份额最大、最具操作性的交易模式。

在中国，从 1999 年阿里巴巴成立至今，B2B 电子商务发展已超 20 年。从 B2B 1.0 阶段的信息服务平台发展到 B2B 2.0 阶段的交易服务平台，再到 B2B 3.0 阶段的资源整合平台，B2B 逐渐走向以大数据为核心的服务时代。作为行业的中间交易平台，B2B 电商承担着撮合上下游交易的重任，其可以有效减少交易环节、缩减产业链条、提升流通效率。在细分行业发展上，工业品、快消品、汽车、农业等发展迅猛，并颇受资本市场热捧。钢铁领域（找钢网、上海钢联）、化工领域（找塑料网、快塑网、化塑汇）、农业领域（一亩田）、航运货代领域（运去哪、航运城、二货网）、煤炭领域（找煤网、易煤网）等垂直B2B 电商也相继获得了资本的关注。

3.2.1 B2B 电子商务的特点

B2B 电子商务交易模式一方面减少了交易中间环节、提升了交易效率、降低了企业成本；另一方面增加了商业机会，使企业交易不受时空限制，获得了更多的推广渠道和更加多样化的推广手段。其特点表现如下。

（1）交易次数少，交易金额大。B2B 电子商务大多为企业之间中间产品的大批量交易，交易次数相对较少，但每笔的交易金额较大。在目前所有的电子商务模式之中，B2B 交易额在电子商务市场中所占比重最大，是未来电子商务发展的主流，具有巨大的发展潜力。

（2）交易对象广泛。B2B 电子商务平台交易的产品种类广泛，既可以是原材料，也可以是半成品或成品，涉及石油化工、建筑材料、国防、航空、水电等许多领域。既包括企业与供应商之间的采购，企业与产品批发商、零售商之间的供货，也包括企业与仓储、物流公司的业务协调等。

（3）交易过程复杂但操作规范。B2B 电子商务是各类电子商务交易中最复杂的活动，主要涉及企业间原材料、零部件、产成品的交易，包括信息查询、交易谈判、合同签订、货款结算等流程，因此信息交互与沟通比较频繁，对交易过程控制比较严格，要求合同及各种单证的格式及流程操作要规范。

3.2.2　B2B 电子商务的分类

1. 根据交易平台构建主体分类

根据 B2B 交易平台的构建主体，B2B 电子商务可以分为基于企业自建平台的 B2B 电子商务和基于第三方平台的 B2B 电子商务。

（1）企业自建平台，以产销供应链为主，通过互联网与客户网站进行点对点的交易，是传统交易模式的最直接翻版。很多企业，如 HP、IBM、联想、海尔等均通过自建平台来实现 B2B 交易。自建型 B2B 平台的盈利模式：若是卖方主导，则卖方通过销售产品或服务，获得销售收入；若是买方主导，则买方通过在网上公布需求信息，主动等待卖方洽谈。基于企业自建平台的 B2B 电子商务的特点是消除了中介环节，提高了对市场的反应速度，获得了一定的价格优势，但容易导致渠道冲突。这种模式适用于有实力、能进行柔性化生产的企业。

（2）利用第三方平台，由第三方平台如阿里巴巴、环球资源网等，带来采购用户，中小企业在平台开展电子商务业务，这种业务实现方式适用于实力不足，无法自建网站运营的中小企业。中国中小企业数量很多，但开展电子商务的需求却很大，因此，第三方平台模式发展得很好。平台型 B2B 的盈利模式主要是第三方平台通过为交易双方提供电子商务交易平台和服务，获取中介费和会员费。基于第三方平台的 B2B 电子商务的特点是聚集交易双方，降低了信息搜索成本，减少了交易费用，但企业对网站不能灵活控制，适用于中小型企业。

2. 按照覆盖行业范围大小分类

B2B 平台模式按照覆盖面大小分为综合型和垂直型。B2B 综合平台提供更大的流量和更多曝光机会，B2B 专业平台提供更精准的目标客户和更专业的服务。

1）综合型 B2B

综合型 B2B 也称水平型 B2B，是将多个行业的买方和卖方集中在一个市场上进行信息交流、拍卖竞标、交易和库存管理。之所以用"水平"，主要是指这种网站的行业范围广，很多的行业都可以在同一网站上进行贸易活动。典型的如阿里巴巴、慧聪网、环球资源网。综合型 B2B 的优势主要体现为品种齐全，用户群体大，收益快。不足主要表现为用户群体不稳定，模仿风险大。

综合型 B2B 电子商务平台又可以分为以下几种类型。

（1）以外贸服务为主的综合型 B2B 模式。这种模式以提供外贸线上服务为主，主要盈利模式是收取会员费、提供增值服务所带来的广告和搜索引擎排名费用，向供应商收取的企业信誉等认证费用，如阿里巴巴、中国制造网等。

（2）以内贸服务为主的综合型 B2B 模式。这种模式的企业以提供内贸线下服务为主，主要盈利模式是线下会展收费、销售行业咨询报告及商情刊物等所带来的广告和所收取的增值服务费，如慧聪网、环球资源网等。

（3）以"行业门户＋联盟"为主的综合型 B2B 模式。这种模式以联盟的方式对各行业 B2B 网站进行资源整合，提供"既综合又专业"的 B2B 服务，主要盈利模式是通过提供网络基础服务、信息推广服务、加盟服务等来获取收益，如中国网库、中搜行业中国等。

（4）以交易为主的综合型 B2B 模式。这种模式不仅提供信息匹配，而且以在线交易作为其核心业务，主要收入来源是收取交易佣金，如敦煌网、Shopee 等。

2）垂直型 B2B

垂直型 B2B 也称专业型 B2B，这类网站的专业性较强，将自身定位在一个专业领域内，专门服务于一个特定行业或特定专业领域。垂直型 B2B 平台，通过精准的差异化定位，能够提供更加符合特定人群的消费产品，满足某一领域用户的特定习惯，因此能够更容易取得用户信任，从而加深产品的印象和口碑传播，形成独特的品牌价值。如中国化工、中国钢铁网。它的优势表现为市场一旦形成，易于建立忠诚的用户群体，吸引固定回头客。劣势是要建立集约化市场，难度较大。

垂直型 B2B 电子商务平台可以分为以下四种类型。

（1）以信息服务为主的行业 B2B 模式。这种模式主要为交易双方提供供求信息服务，主要收益来源为广告费。该模式涉及企业数量较多，产品品类繁多，能形成很大的市场，如中国化工网、全球纺织网等。

（2）以资讯服务为主的行业 B2B 模式。这种模式以提供行业资讯服务为主，主要收益来源为广告费。这种模式一般有精通行业且善于做市场分析调研的行业专家参与，如我的钢铁网等。

（3）以招商加盟为主的行业 B2B 模式。企业为了更好地将产品销售给下游客户，可以通过平台来找分销商、代理商等作为供应链条上的企业参与产品销售。其主要收益来源是下游企业的广告费、会员费等，如中国服装网、中国医药网等。

（4）以交易服务为主的行业 B2B 模式。这种模式的交易对象一般为大宗商品，运营时必须建立良好的诚信机制，可以与第三方合作伙伴合作的方式来解决物流、资金流等问题，其主要通过收取交易费来盈利。如一呼百应网的原材料采购交易平台。

3. 根据企业间商务关系分类

如图 3-1 所示，B2B 模式按照企业间商务关系由松散到紧密的程度，可以分为以交易为中心的 B2B 电子商务、以供需为中心的 B2B 电子商务和以协作为中心的 B2B 电子商务。

1）以交易为中心的 B2B 电子商务

这种模式以企业之间的在线交易为主，关注的重点是商品交易本身，而非买卖双方的关系。其主要形式为在线产品交易和在线产品信息提供。在线产品交易一般以一次性的买卖活动为中心，交易对象为产品、原材料、中间产品或其他生产资料；而在线产品信息提供主要提供产品的综合信息。

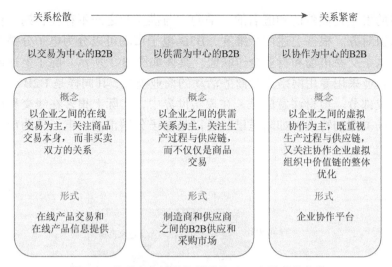

图 3-1　基于企业间商务关系的 B2B 电子商务分类

2）以供需为中心的 B2B 电子商务

这种模式以企业之间的供需关系为主，关注的重点是生产过程与供应链，而不仅仅是商品交易。其主要形式为制造商和供应商所组成的 B2B 供应和采购市场。这种模式以制造商和供应商的供需活动为中心，以企业之间的合作关系为重点，通过互联网将合作企业的供应链管理（supply chain management，SCM）、企业资源计划（enterprise resource planning，ERP）、产品数据管理（product data management，PDM）、客户关系管理（customer relation management，CRM）等有机地结合起来，从而实现产品生产过程中企业与企业之间供应链的无缝连接。

3）以协作为中心的 B2B 电子商务

这种模式以企业之间的虚拟协作为主，不仅重视生产过程与供应链，更加关注协作企业虚拟组织中价值链的整体优化。其主要形式是企业协作平台，业务活动涉及围绕协作而形成的虚拟组织内价值链的各个环节。在这种模式中，对产品的规划、设计、生产、销售和服务的整个过程，在世界范围内产生相关企业间最佳协作的组合，并且通过企业协作平台对整个产品生命周期中的业务活动提供有效的管理环境。而业务活动则通过虚拟组织的形式在全世界范围内同步实施。这种模式集成了并行设计、敏捷制造、精益生产、大量定制等生产技术和供应链管理、企业资源计划、产品数据管理和客户关系管理等方法。

3.2.3　B2B 电子商务的主要商业模式

B2B 电子商务最引人注目的是电子市场的发展，为了凸显 B2B 电子市场的核心商务功能，本书依据两个维度来对 B2B 电子市场进行类型划分，有的学者称为"纯"在线交易市场的类型划分，划分的维度包括企业需求和企业采购方式。企业需求包括可用于生产的直接供给品以及用于支撑企业生产的间接供给品，企业采购方式包括长期订购和现货购进，长期订购是采购方依据与供应商签订的长期合同购买商品，现货购进是指交易的发生是偶然的和匿名的，采购方与供应商之间不存在长期合作关系，甚至可能不认识对方。根据上述两个维度，B2B 电子市场可以分为电子分销市场、电子采购市场、电子交易市场和行业合作联盟，具体如图 3-2 所示。除了上述四种类型，本书还考虑企业采用专用网络进行商务活动的商业模式，其同样是 B2B 电子商务活动最重要的组成部分。值得注意的是，在现实世界中，实际上很多在线交易市场都兼有两种以上市场类型的特点，如阿里巴巴可以是电子分销市场、电子采购市场、电子交易市场。

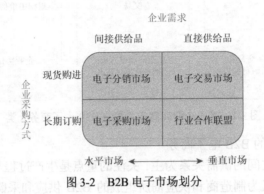

图 3-2　B2B 电子市场划分

1. 电子分销市场

电子分销商是直接向个体企业提供产品和服务的企业。B2B 模式中的电子分销商与 B2C 模式中的电子零售商的商业模式非常类似，B2C 面向的对象更侧重个体消费者，B2B 侧重将产品销售给其他企业。电子分销商采用在线目录展示供应商的产品信息，以企业客户的需求为基准，为企业客户间接供给品的现货购进提供了一个单一的货源。电子分销市场有时也称为一对多的交易市场，即一家供应商为多个采购企业提供服务。电子分销市场一般通过提高所售商品标价实现盈利。

2. 电子采购市场

电子采购市场将成千上万家供应商的在线目录集中到单个交易市场，采购企业可定制查看特定供应商的产品信息。电子采购市场由单一的电子分销市场扩展而来，电子采购市场一般用来实现间接供给品"维护、维修、运行"(maintenance, repair, operation, MRO)。通常是指在实际的生产过程不直接构成产品，只用于 MRO 设备的物料和服务的长期合同交易，属于水平结构的在线交易市场，同时也可以为会员企业提供间接供给品的现货交易。它既为买方提供自动化的采购处理服务，也为卖方提供自动化的销售处理服务。电子采购市场通过收取交易提成、咨询服务费、软件许可费及网络使用费来获取收入。

3. 电子交易市场

电子交易市场是将众多供应商和他们的潜在客户集中在同一动态实时的交易环境中的独立在线交易平台。电子交易市场由独立于买卖双方之外的第三方拥有，它一般服务于垂直型产业，关注某一特定行业中大型企业的现货采购需求。电子交易市场一般通过收取佣金或基于交易规模收取交易费、会员及增值服务费、广告费来盈利。如阿里巴巴收取中国供应商、诚信通两种会员费,此外,阿里巴巴的竞价排名是诚信通会员专享的搜索排名服务,买家在阿里巴巴搜索供应信息时,竞价企业的信息将排在搜索结果的前三位,买家第一时间能找到。特殊的增值服务,包括企业认证、独立域名、提供行业数据分析报告和搜索引擎优化。

4. 行业合作联盟

行业合作联盟是某个行业所有的,服务于特定产业的垂直市场,允许采购企业从有限的经授权合作的供应商处购买直接供给品,包括商品和服务。行业合作联盟使数千供应商与少数几个采购企业巨头建立直接联系。相较更强调短期交易的电子交易市场,行业合作联盟侧重长期合同采购,强调发展稳定关系。行业合作联盟的主要盈利方式是收取佣金或基于交易规模收取交易费。

5. 会员专用网络

会员专用网络是 Web 驱动的协调企业间业务流程的专用网络。它是由相互协作、共同致力于发展高效供应链与满足客户需求的少数重要业务伙伴集中在一起的网络。会员专用网络与在线交易市场截然不同,会员专用网络更注重企业之间业务流程的长期协调,聚焦于战略,主要提供直接物料或服务,而在线交易市场主要面向交易,侧重供给间接物料和服务。会员专用网络通常以作为网络发起者的企业为核心,其拥有网络所有权,制定交易规则,建立管理机制,并且全权决定加入网络中的合作伙伴。采用会员专用网络的企业主要是通过服务于供应链管理,提高生产和分销效率来盈利。

3.2.4 B2B 电子商务的发展趋势

我国"供给侧结构性改革""中国制造 2025""一带一路"倡议的提出,为 B2B 电商市场提供了更广阔的发展空间。

(1)B2B 行业将更加细分。垂直型 B2B 平台通过聚焦优势品类,在产品和服务上专注各自行业特点,形成专业壁垒,其专业性是综合型平台所不能及的,未来的 B2B 行业将更加细化,所提供的服务更加专业化。

(2)B2B 平台合作共享进一步加强。目前 B2B 平台盈利模式同质化明显,获客成本高低直接决定了盈利空间的大小,而社交和共享模式可以降低获客成本,未来更多企业通过打造社群和共享方式降低获客成本。

(3)地方特色产业链集群优势凸显。以重点行业、特产为基础的 B2B 电商,通过打通上下游产业链,聚合当地的好商家、好货源,在 B2B 电子商务平台上构建专属卖场,同时整合线上线下服务型资源,调动各产业链由简单的空间集聚向专业化演变,形成上下游良性互动。

(4)提升效率是 B2B 的核心。长远来看,B2B 4.0,即线上线下协同 + 软件即服务(software as a service,SaaS)+ 供应链金融将是大势所趋。在 4.0 时代将会线上线下一体化,打通金融供应链,实现产业协同,提升 SaaS,降低成本输出,从而提升经济效益,这是 B2B 未来发展的重要趋向。

（5）扩展 B2B 跨境电商市场规模。国际化方面，在"一带一路"倡议推动下，中国作为生产大国，B2B 电商服务将迈向国际，随着国际化进程的发展，B2B 电商市场规模将得到进一步扩展。

（6）B2B 信息咨询服务业发展迅速。信息咨询方面，在互联网与大数据的驱动下，整体 B2B 电商发展有了质的飞跃，第三方咨询服务企业的兴起，让供需方对市场的未来发展趋势有了更明晰的判断方向，双方对市场的判断将站在更高的视角做出观察，生产与需求间的转化率有望提高。

（7）培养 B2B 电商综合型人才。人才技术方面，在国家教育强国的政策背景下，B2B 电商上下游人才增多，人才的涌现使得 B2B 电商在整体的交易活动更加效率化。人力资源的提升促使云计算、大数据等高新技术得到更好的普遍应用，为整体 B2B 电商的资源整合起到重要的辅助作用。

3.3　B2C 电子商务应用模式

在过去的 10 多年，电子商务在商品购物上发展迅猛，出现了淘宝、京东等平台，产生了与传统零售类似的网上零售业态。To C 电子商务是指针对个人开展的电子商务活动的总和，To C 按照提供商品和服务对象的不同又分为 B2C 和 C2C 两种模式。中国电子商务的最初发展是以一大批 B2C 网站的成立为标志的。B2C 是企业对消费者电子商务模式的简称，这种形式的电子商务一般以网络零售业为主，主要借助互联网开展在线销售活动。中国 B2C 电子商务市场起步于 20 世纪 90 年代末，经过 20 多年的发展，中国网络购物产业已开始步入相对健康的、可持续的、良性循环的发展道路。B2C 模式已成为目前应用最广泛的电子商务模式之一。

3.3.1　B2C 电子商务的特点

由于 B2C 电子商务是企业直接面向消费者的电子化零售方式，因而这种模式最适合传统的商品零售企业或消费型产品的生产制造企业。但 B2C 电子商务模式有别于传统的零售交易模式，在以下三个方面发生了较大的转变。

（1）从商品中介变成商品信息中介。B2C 电子商务可以充分利用互联网的信息媒体优势，B2C 平台除了提供产品交易的场所，更重要的是提供与产品相关的信息服务。如进行在线答疑、提供技术支持、订单信息跟踪、产品信息评价与分享等信息服务。B2C 平台只有充分利用网络信息媒体优势，才能获取竞争优势，提高消费者的满意度和忠诚度。

（2）从提供大众化服务变为提供个性化服务。传统的零售企业提供的是面向广大消费者的大众化服务，而 B2C 电子商务模式下，平台商家可直接对接消费者，通过零距离接触了解消费者的个性化需求，某些企业还会让消费者直接参与到产品的设计环节。此外，在 B2C 电子商务模式下，商家可以利用数据挖掘技术对用户数据进行分析，从而为消费者提供更加精准和贴心的个性化服务，这就要求商家要在用户管理基础上优化商品管理。

（3）从商品交易场所转换为商品配送中心。传统的零售企业以商品交易为核心，储运系统处于从属地位。而对于 B2C 企业来说，销售环节由网上信息发布与查询、订购支付和发货来代替，其销售环节相对弱化，而储运环节则得以强化。随着 B2C 模式的应用越来越普及，要满足消费者个性化的需求，对多品种、小批量、客户所处地理位置分布广泛的商品进行及时配送就显得越来越重要，它直接影响消费者满意度，影响企业的经营成本和生存能力。

3.3.2　B2C 电子商务的分类

1. 按照商品品类划分

按照商品覆盖品类的多少，B2C 电子商务模式可以分为综合类 B2C 电子商务和垂直类 B2C 电子商务。综合类 B2C 电子商务主要为用户提供丰富的商品种类和商品数量，以满足用户多元化的需求。典型平台如京东商城、亚马逊、天猫商城等。垂直类 B2C 电子商务是指在某一个行业或者细分市场深化运营的电子商务模式。按照产品的品牌，垂直类 B2C 电子商务又可以分为品牌型垂直电子商务模式和平台型垂直电子商务模式。

其中，品牌型垂直电子商务模式，销售单品类、单品牌的产品，如小米商城、海尔商城等均是销售对应品牌旗下产品的垂直电子商务模式。品牌型垂直电子商务平台需要具有强大的品牌影响力和足够多的产品品类才能吸引消费者购买。平台型垂直电子商务模式，销售单一品类下的多个品牌商品，如聚美优品覆盖化妆品品类下的众多品牌产品。平台型垂直电子商务模式不仅提供了多个品牌供消费者选择，还针对单品类做了细分。

2. 按买卖供给关系分类

按照买卖的供给关系，B2C 电子商务主要分为卖方企业对买方个人的电子商务模式以及买方企业对卖方个人的电子商务模式。卖方企业对买方个人的 B2C 电子商务是常见的 B2C 电子商务模式，即企业销售产品或服务给消费者个人，如亚马逊、京东商城、当当网等是比较典型的代表。买方企业对卖方个人的 B2C 电子商务模式是企业在网上向个人求购产品或服务的一种电子商务方式，常见于企业应聘人才或者众包服务等，如中华英才网、猪八戒网等。

3. 按交易客体分类

根据交易的客体不同，B2C 电子商务可以分为无形商品和服务的 B2C 电子商务、有形商品和服务的 B2C 电子商务。无形商品和服务的 B2C 电子商务如电子信息、计算机软件、数字化视听音像制品等，一般可以通过网络直接提供给消费者。有形商品和服务的 B2C 电子商务如传统的实物商品。有形商品和服务的查询、订购和付款等均可在网上进行，但最终的交付活动不能通过网络实现，需要借助物流服务完成。

4. 按交易平台构建主体分类

按交易平台构建主体，B2C 电子商务可以分为第三方平台型 B2C 模式和自建 B2C 网站模式。

第三方平台型 B2C 模式是由第三方承建网上交易平台，企业商户入驻平台后向个体消费者销售商品或服务，平台经营的重点是聚集入驻的企业和消费者，扩大交易规模，平台一般不直接参与电子商务交易，只负责平台的技术服务及维护平台良好的经营环境和秩序。典型的平台如天猫商城、京东商城、苏宁易购、当当网、唯品会等，国际上知名的如亚马逊、eBay 等。对于中小企业而言，如果其在人力、物力、财力有限的情况下，选择第三方平台不失为一种拓宽网络销售渠道的方法。需要注意的是，中小企业应该选择具有较高知名度、流量较多的第三方平台。

自建 B2C 网站模式主要是指企业自行搭建网上交易平台，一般拥有较强资金和技术实力的企业，能够自行完成电子商务前台系统和后台系统的构建。自建 B2C 网站由企业自主拥有、域名独立，因此不依赖任何平台，但其需要专业的运营和推广人员来吸引流量，提升转化率。

自建 B2C 网站又可以分为纯网商自建平台、传统零售商自建平台、制造商自建直销平台三种基本类型。其中，①纯网商自建平台是完全的虚拟企业，没有线下实体商店，典型代表如京东商城、亚马逊、当当网，这些平台均是自营起家。②传统零售商自建平台将丰富的零售经验与电子商务有机结合起来。一方面，通过建立电子商务平台，树立企业形象、推广企业产品，从而提高线下店铺的销量；另一方面，采用差异化运营方式，使线上业务与线下业务尽量不重合，线上产品可以通过线下渠道完善售后服务，借助线上数据对产品设计及生产过程进行升级优化。③制造商自建直销平台。生产制造商生产出产品后直接通过互联网向消费者出售商品，如联想、耐克、小米、苹果等，对许多商品而言，直销厂商拥有很多优势，如拥有知名品牌和雄厚的客户基础，此外，因为直销厂商自己生产产品，无须与其他企业分享利润，所以制造商应该会获取更高的利润。

3.3.3　B2C 电子商务的主要商业模式

B2C 电子商务从业者相对较多，发展至今已经衍生出多种类型。其中电子零售商、社区提供商、内容提供商、门户网站、交易经纪人、市场创建者、服务提供商等均为目前 B2C 电子商务发展过程中比较成熟的商业模式。实践中，很多企业采用多种商业模式进行运营。例如，亚马逊采用了不同的商业模式，既是电子零售商、内容提供商，又是市场创建者等。下面将对 B2C 电子商务的主要商业模式进行一一介绍。

1. 电子零售商

电子零售商又称为在线零售商，规模各异，既有像亚马逊一样大型的网上购物商店，也有一些只有简单的几个网页的小商店。电子零售是电子商务中成长最快的一种形式。除了只能通过互联网进行交易，电子零售商与传统的线下零售商非常相似。

电子零售商包括以网络为单一渠道的零售商，如亚马逊、当当网，也包括以线下实体店为主、网络为辅的多渠道零售企业，如沃尔玛、国美电器等，还包括制造商的直销模式，如戴尔。其中单一渠道的电子零售商对网络依赖度较高，其面临的挑战是如何让浏览者变为消费者，而对于以线上销售为辅的多渠道零售企业，其面临的挑战是如何将线下渠道与线上渠道进行有效的整合，以使消费者能在不同的购买环境下自由选择。

电子零售商的主要盈利模式是产品销售。然而，电子零售领域的竞争非常激烈，因其进入壁垒较低，所以品牌和经验尤为重要。

2. 社区提供商

网络社区是指包括 BBS 论坛、贴吧、公告栏、个人知识发布、群组讨论、个人空间等形式在内的网上交流空间，同一主题的网络社区集中了具有共同兴趣的访问者。社区提供商是指那些创建数字化在线环境的网站。在社区内，用户可以关注其最关心、最感兴趣的内容，对感兴趣的信息进行点赞、评论、分享、收藏，在与社区内用户的信息交流中可以完成消费行为，如小红书、豆瓣网、宝宝树等。

社区提供商的盈利模式比较多元化，包括订阅费、会员推荐费、广告费、产品销售费及交易佣金等。用户在网络社区中的互动和分享等社交行为是平台运营的关键点。网络社区在完成用户积累后，充分利用其用户基数和社交情景，可以大大提高转化率，实现企业盈利。

3. 内容提供商

内容提供商是指提供服务内容的供应商，内容可以是文字、图像、音频和视频等各种媒体内容。在线内容服务主要分为两类：出版行业（报纸、杂志、图书）和娱乐行业（电视、电影、音乐、广播、游戏）。以内容服务为主的平台有豆丁网、百度文库、中国知网、梦幻西游等。

内容提供商的盈利模式主要包括广告费、订阅费以及数字产品的销售费用。其中订阅费模式一般是用户付费后可以使用全部资源；数字产品的销售费用一般是按菜单方式购买，用户只为使用到的资源付费；基于广告收益的内容往往采用的是免费模式，后续会伴随着免费增值选项。当前，消费者越来越愿意付费购买优质、便捷及独特的内容，并且在内容并不值得付费购买但又不乏娱乐价值的时候接受基于广告的免费内容。

4. 门户网站

门户网站是指通向某类综合性互联网信息资源并提供一体化内容与服务的应用系统。

早期的门户网站都是作为搜索引擎出现的，后来逐渐演变为更加综合的网络站点。在全球范围中，最为著名的门户网站则是谷歌和雅虎，而在中国，著名的门户网站有新浪、网易、搜狐、腾讯、百度、新华网、人民网、凤凰网等。

门户网站主要包括两种类型：水平门户网站和垂直门户网站。水平门户网站定位于满足各类人群的各类需求，通过提供搜索引擎、免费电子邮箱服务、聊天室、公告板和垂直内容如天气、旅游、股票、运动、娱乐等来吸引广泛的受众；垂直门户网站提供与水平门户网站相似的服务，只是它们更关注某一特定的主题或细分市场。与水平门户网站相比，垂直门户网站的用户数量较少，但是如果细分市场具有足够的吸引力，广告商为了影响目标受众也愿意支付广告租赁费。

门户网站并不直接销售任何产品，其有许多不同的收入来源，主要包括广告费、订阅费、交易费、推荐引流费等。尽管门户网站数量众多，但并非每个门户网站都能够获取较高的收益。事实上，头部平台因具有较高的品牌知名度，用户黏性相对较大，有相当数量的稳定客户，收益较稳定。究其原因，这些排名靠前的门户网站都是最早开展网上业务的，具有先行者优势，如果用户转向成为后进入市场的追随者则需要承担较高的转移成本，因此，用户一般对这些通用型门户网站更为偏好。

未来，综合门户网站的生存策略是开发丰富且有深度的内容以触及和吸引网站用户。相较而言，小型垂直门户网站则需要将许多垂直门户网站集中起来，产生集群效应。对搜索引擎平台来说，则需要获取大量的内容来吸引用户长时间停留，并向用户展示更多的广告页面。

5. 交易经纪人

交易经纪人是指通过电话或者电子邮件为消费者处理个人交易的网站，采用这种模式最多的是金融服务、旅游服务、招聘服务等。交易经纪人扮演的是中间人的角色，起到推动交易的作用。金融服务是电子商务取得成功的范例，当前大型多渠道金融公司发展最为迅速，其比单纯的线上公司所占市场份额要高，有着长期繁荣的前景。旅游服务为消费者提供旅游选择、预订机票、租车、订酒店等服务；招聘服务仅次于旅游服务，是互联网上最成功的在线服务之一，因为它可以为招聘者和应聘者双方节省资金。

交易经纪人的盈利模式主要是收取交易佣金。例如，在股票交易中，无论是基于固定费率还是基于与交易额相关的浮动费率，每完成一次交易，交易经纪人就获得一次收益；旅游网站从旅游预订中收取佣金；招聘网站一般向排序靠前的招聘单位收取展示费用，向求职者收取注册费用等。

6. 市场创建者

市场创建者为买卖双方建立了一个数字化环境，使双方能够在此"会面"，展示产品，查询产品，并为产品定价。市场创建者与交易经纪人有着显著区别，交易经纪人直接为客户进行交易，其作用相当于代理人，而市场创建者中的买卖双方都是自己的代理人。最典型的例子是美国最大的在线旅游公司 Priceline，它为买卖双方提供一个信息平台，消费者可以在平台中为自己愿意支付的旅游食宿等产品进行定价。此外，Uber、Airbnb、滴滴出行等是另一种类型的市场创建者的商业模式，即共享经济模式。在共享经济模式中，享受这些服务的用户一般都会进行产品的销售或购买，而这些市场创建者则会从每笔交易中抽取佣金以获取收入。

市场创建者常见的两种盈利模式包括收取交易佣金费和向商家收取进入该市场的费用。市场创建者具有巨大的潜在市场机会，但是这仅在企业拥有足够的财力和良好的营销计划吸引到足够的卖家和买家时才会出现。

7. 服务提供商

电子零售商主要在网上销售产品，而服务提供商以在线提供服务为主。在线服务提供商盈利来源主要是通过销售知识、经验和能力来获取收入。其盈利模式多样化，有些在线服务提供商是收费的，如月租费；有些在线服务提供商通过广告或者收集有利于直接营销的个人信息获取收益，有些在线服务提供商通过提供基本服务的免费版和高级服务的收费版来获取收益。大多数交易经纪人也会提供服务，如携程网提供旅游服务、前程无忧提供职业规划服务。在线服务提供商的基本价值主张在于为消费者提供比传统服务提供商更有价值、更加便捷省时、更低成本的服务或者个性化服务。服务提供商的市场机会巨大，如今我们生活在一个基于服务的经济体和社会环境中，快递公司、快餐店的快速发展就是最好的见证。

3.4　C2C 电子商务应用模式

C2C 电子商务模式的产生源于 1995 年 9 月成立的 eBay 公司，C2C 电子商务模式是消费者个人之间通过互联网进行交易的电子商务模式。这种模式的思想类似传统的跳蚤市场，如淘宝网、亚马逊的旧书交易市场都属于 C2C 电子商务模式。C2C 电子商务平台为买卖双方提供了在线交易的中介平台，在该平台的支持下，卖方可以自主进行产品的展示与销售，买方可以自行选择商品，以直接购买或竞价拍卖的方式完成在线交易。

在 C2C 零售业务中，网络拍卖是最成功的商业模式之一，互联网上获利最多的拍卖平台 eBay 几乎从创立之初就开始盈利了。网络拍卖的主要盈利方式包括：基于销售量的交易费、商品展示的陈列费、支付系统的金融服务费、广告费等。

3.4.1　C2C 电子商务的特点

（1）参与者多，覆盖面广。C2C 电子商务平台通过互联网将数量巨大、地域分散的众多买卖双方连接在一起进行交易，个体用户往往扮演着多重角色，既可以是买方，也可以是卖方。

（2）产品种类、数量丰富。由于 C2C 采用虚拟的电子交易平台，利用数字产品代码陈列产品目录，所以其能容纳的产品数量和产品种类是传统交易模式的几千倍。既有有形商品，也有无形商品；既有全新商品，也有二手商品；既有大规模厂商生产的商品，也有小作坊生产的商品。因此 C2C 平台上所售卖商品质量参差不齐。

（3）交易方式灵活。C2C 电子商务交易涉及的部门和人员相对较少，交易十分灵活。就交易平台而言，既可以依托第三方网站平台，也可以采用社会化移动社交平台；就定价方式而言，可以是拍卖定价，也可以是固定定价；就付款方式而言，既可以通过网上银行、支付宝、微信支付，也可以货到付款；就物流配送形式而言，既可以采用平台自营物流，也可以采用第三方物流。

（4）交易次数多，单笔交易额小。C2C 模式的特点是交易次数多，每次交易额小，交易流程简单。由于 C2C 电子商务中参加交易的双方尤其是买家往往是个人，其购买的商品往往又都是单件或者少量的，因此 C2C 企业普遍采用薄利多销战略，数量少、批次多是目前绝大部分 C2C 卖家所面临的现实。

3.4.2　C2C 电子商务的分类

1. 按交易的商品类型分类

按交易的商品类型，C2C 电子商务可以分为以产品和服务为核心的交易，以市场再分配为核心的交易和以知识、技能、资产共享为核心的交易。

以产品和服务为核心的交易包括对产品和服务的租赁，如租车和租房行业；以市场再分配为核心的交易是一种所有权的转移和再分配，如宜信；以知识、技能、资产共享为核心的交易是协作式的共享，包括对知识、技能和资产的共享，如猪八戒网等，进入门槛低，很容易快速吸引到平台流量和服务提供者。

2. 按交易的平台运作模式分类

按交易的平台运作模式，C2C 电子商务可以分为拍卖平台运作模式和店铺平台运作模式。

在拍卖平台运作模式下，电子商务企业为买卖双方搭建网络拍卖平台，按比例收取交易费用。在拍卖平台上，商品所有者或某些权益所有人可以独立开展竞价、议价、在线交易等。在店铺平台运作模式下，C2C 电子商务企业提供平台，以方便个人在其上面开设店铺，以会员制的方式收费，也可以通过广告或提供其他服务收取费用。

3. 按照议价方式分类

按议价方式，C2C 电子商务可以分为竞价议价模式、一口价模式和面议模式。

竞价议价模式的特点是商品是拍卖的，其价格是不定的，由买家来进行竞拍，在商品发布时间结束时，买家按照竞价规则获得商品。这种竞价方式的优点是，买家可以有更多的空间和机会以自己满意的价格买到自己想要的商品，缺点是有些商家会恶意抬高商品的价格。

一口价模式是指由商家提供给买家确定的商品价格，双方没有商量的余地，买家支付相应的金额就能够获得商品。

面议模式是指商家没有对商品进行明确的定价，需要有购买意愿的买家与其联系，双方经谈判然后决定商品的价格。

3.4.3　C2C 网上拍卖模式

C2C 模式中常见的是网上拍卖模式。网上拍卖也称电子拍卖，是利用互联网在网站上公开有关待出售物品或服务的信息，通过竞争投标的方式将它出售给出价最高的投标者。

网上拍卖模式是以竞争价格为核心，建立生产者和消费者之间的交流与互动机制，共同确定价格和数量，从而达到均衡的一种市场经济过程。

1. 网络拍卖平台的形式

拍卖网站大致包括两种形式：专业拍卖网站和平台式拍卖网站。其中，专业拍卖网站一般是指传统拍卖公司为了实现其现实空间中既有业务在网络空间上的延伸而建立的拍卖网站。专业拍卖网站包括拍卖公司之间联合开展拍卖业务而合作建立的网站，如嘉德在线。平台式拍卖网站是指在网络拍卖中提供拍卖服务和交易程序，为买卖双方构筑网络交易空间，由卖家进行网络拍卖交易的平台。

2. 网络拍卖的方式

拍卖的最主要特征是动态定价，动态定价是指价格不固定的商业交易。在竞价卖法中，经常使用起始价、底价和一口价等方式。起始价是指出售商品最初拍卖时开始的价格。底价是委托人出售商品的最低价格，即能接受成交的心理价位。一口价是指只要有人出价达到该价格，立即成交购得相应数量商品。三者的关系一般是一口价高于底价高于起始价。

网络拍卖根据拍卖过程与要求不同，形成了不同的拍卖方式，包括普通拍卖、密封拍卖、双重拍卖。普通拍卖是指在一个卖家多个潜在买家的类型中，卖方采用反向拍卖的方式。这种拍卖方式又可以分为英式拍卖和荷兰式拍卖。其中英式拍卖是指竞买人出一个比前一个竞买人更高的价格，直到没有竞买人出更高的价格，如 eBay。需要注意的是，拍卖前卖家可设定底价，若最高价低于底价，则卖家有权不出售此商品。英式拍卖是目前采用最普遍的网上拍卖竞价方式。荷兰式拍卖是由拍卖人事先给出一个最高价，然后价格不断下降，直到有人接受价格，适用于农产品拍卖。

密封拍卖是指竞买人在互不协商的情况下各自递交商品的出价，再由拍卖人统一开标后，比较各方递价，最后确定中标人。密封拍卖可分为一级密封拍卖和二级密封拍卖。一级密封拍卖是指中标人以最高价购买商品。二级密封拍卖是指中标人以出价第二高的竞买人所出的价购买商品。

双重拍卖是指拍卖开始前，买方向软件代理竞价系统提交最低出价和出价增量，卖方向软件代理竞价系统提交最高要价和要价增量，网上拍卖系统对双方的要约进行匹配，如有价证券等。

3. 网络拍卖的优缺点

互联网提供了一个全球的环境，聚合了庞大的买家群体，固定运营成本却很低。全球数万家的消费者均可以通过拍卖形式来购买商品。网络拍卖能给消费者、商家及社会带来经济效益，同时也存在一些风险。

网络拍卖的优点具体体现为：①流动性。身处世界任何地方的买卖双方均能够找到愿意交易的对象，同时买卖双方还可以在全球化市场上找到一些稀缺商品。②价格发现。买卖双方可以快速有效地为那些难以估价的商品定价，产品价格取决于供求关系和商品的稀缺性。③价格透明。网络拍卖的公开性使得每个人都能看到商品的竞价过程。④市场效率。拍卖大多数情况下能降低价格，这在一定程度上虽然减少了商家的利润，却增加了消费者的服务。⑤降低交易成本。在线拍卖能降低买卖商品的成本，使商家和消费者都能获益。⑥聚焦消费者。大型的拍卖网站往往能够聚集大量有购买欲望的消费者，卖家可以从中获益。⑦网络效应。拍卖网站的访问者和展示的商品越多，这个市场交易空间就越有价值。

网络拍卖也存在一些问题：①延迟消费成本。网络拍卖过程可能持续一段时间，这会延迟消费成本。②监控成本。参与网络拍卖可能需要买卖双方花时间来监控竞价过程。③信任风险。很多互联网欺诈都源于在线拍卖，用户参与拍卖的同时也增加了遭受损失的风险。④卖方可能还需要面临拒付款、虚假竞拍及围标等问题。

3.5　O2O 电子商务应用模式

商业网站在相当长的时间延续了三种基本模式，即 B2B、B2C、C2C。但电子商务发展的实践，很快就证明这三种模式不够用，也并不能完全适合电子商务发展的要求和特点，因此，需要在传统模式的基础上进行突破和创新。

随着互联网技术的不断发展，传统实体店在网络的冲击之下经营艰难，O2O 作为一种互联网与传统行业的结合体，将线下的商务机会与互联网相结合，为传统企业开辟了新的市场渠道，开启了真正具有优秀用户体验的商业模式。

3.5.1　O2O 电子商务的概念

O2O 的概念在 2011 年 8 月由亚历克斯·兰佩尔（Alex Rampell）首次提出，是将线下的商务机会与互联网结合在一起，让互联网成为线下交易的前台，通过线上营销、线上购买带动线下经营、线下消费，提高了消费者的社会认同和真实体验。如早期的 O2O 一般通过打折、提供信息、服务预订等方式，把线下商店的消息推送给互联网用户，从而将他们转换为线下用户，这种模式比较适合必须到店消费的商品和本地生活服务，如餐饮、健身、电影、美容美发等。

广义的 O2O 包括两个层面的含义：第一层面是指 Online to Offline，通过线上营销推动的方式，将消费者从线上平台引入到线下实体店；第二层面是指 Offline to Online，是通过线下营销推广的方式，将消费者从线下转移到线上，也就是利用线下引流渠道（如二维码等）及线下推广活动等，将用户引导至线上，以突破线下的时空限制，实体组织可以借助 O2O 工具快速地建立客户关系，这个层面的 O2O 实际是逆向的 O2O 模式。广义的 O2O 更加侧重服务性消费，它与侧重购物性消费的跨区域电子商务平台有明显区别，不强调线上支付。

狭义的 O2O 以消费导向为主，强调在线支付或预订，包括两个层面的含义：第一层面 Online to Offline，是指消费者通过线上平台在线购买并支付或预订某类商品或服务，并线下体验或消费完成交易；第二层面 Offline to Online，是指消费者在线下体验后通过扫描二维码或移动终端等方式在线上平台购买并支付或预订某类商品或服务。

3.5.2　O2O 电子商务的发展历程

虽然 O2O 的概念在 2011 年才被正式提出，但其实践活动早在 1999 年国内电子商务出现时就已经开始。根据不同时期的发展规模，O2O 发展过程可以分为四个阶段：萌芽期、调整期、发展期、转型期。

第一阶段：萌芽期（1999～2005 年）。1999～2005 年是 B2C、C2C 发展的重要时期，O2O 是在 B2C、C2C 的基础上发展起来的，而团购最早开启了 O2O 时代。萌芽期为线上线下初步对接阶段，O2O 主要利用线上聚流功能将资源导入线下，线上发挥平台展示功能、线下发挥交易功能。其中，携程网、58 同城、团购网为该时期的典型代表。

第二阶段：调整期（2006～2007 年）。电子商务蓬勃发展，O2O 优势难以凸显。Web2.0 的提出和兴起，使得各平台更加注重用户创造内容，O2O 进入沉淀时期，深耕用户黏性。

调整期主要以用户为中心，强调用户间的互动，让用户主动为企业传播口碑。点评类网站是调整期的典型代表，如大众点评网。

第三阶段：发展期（2008～2012 年）。2008 年，国外 Groupon 团购模式出现之后，2012 年团购大战迅速培养起用户使用 O2O 模式进行消费的习惯，催熟了 O2O 的垂直化和移动化发展，如团购、电影 O2O、餐饮 O2O 等。除此之外，用户的主导型更加凸显，商家的生产经营围绕着用户需求进行。典型代表企业如尚品宅配、梦芭莎等。

第四阶段：转型期（2013 年至今）。传统零售业转型 O2O，全渠道整合。线上线下的融合继承了电商方便快捷的优点，同时也克服了电商消费过程缺乏体验感的缺点。将 O2O 思维切入传统领域并改进该领域，传统行业布局各种渠道，包括用户所能接触到的各种终端，以用户为中心，以先进技术为支撑，强调全渠道交互引流。典型代表企业如苏宁云商、国美在线、顺丰嘿店等。

3.5.3　O2O 电子商务的特点

O2O 作为一种新兴的商业模式，无论对消费者、商家还是 O2O 平台都有着明显的优势。具体体现如下。

1. 从消费者的角度分析

（1）网站提供了大量的信息供消费者参考和选择，消费者能够获取更丰富、全面的商家及其服务的内容信息。例如，大众点评网将商户分为美食、休闲娱乐、购物、丽人、结婚、亲子、运动健身、酒店和生活服务几个类别。合作商户将优惠、打折等信息发布在网站上，消费者消费后可以对实体店的服务进行反馈评价。

（2）通过 O2O 网站下单，消费者往往能够享受更优惠的价格。商家通常将打折、团购、优惠券等信息通过网站发布，消费者可以得到更多实惠。

（3）消费者能够更加便捷地向商家在线咨询并进行预约或预订，进而避免线下人满为患的排队等候，提高消费者满意度。

2. 从商家的角度分析

（1）能够获得更多的宣传、展示机会，吸引更多新客户到店消费，对拉动新品、新店的消费更加便捷。与在传统媒体上做广告、印发宣传单等店铺通常使用的宣传方式相比，O2O 网站无疑是一种性价比更高的营销渠道。

（2）推广效果可查，每笔交易可跟踪。由于消费者是在 O2O 网站在线下单后，再到实体店消费，这样店铺可以直接看到在线推广的效果。

（3）可以跟踪用户数据，进行精准营销。从客户关系管理的角度来看，拥有更丰富的客户数据是进行产品或服务推送成功的前提，这也是实体店与 O2O 网站合作的一个重要原因。一方面掌握用户数据，可以大大提升对老客户的维护与营销效果，另一方面通过与用户的沟通、释疑，能够更好地了解用户心理。

（4）通过在线有效预订的方式，合理安排经营，节约成本。

（5）降低线下实体对黄金地段旺铺的依赖，大大减少租金支出。对于实体店来说，由于人流量的不同，地段对店铺的影响通常是很大的。而在 O2O 网站上发布的优惠、打折等信息，如果能够吸引浏览者到店消费，那么只要写明地址，消费者可以主动找到店铺，即使店铺的位置比较偏僻，影响也不大。

3. 从 O2O 平台的角度分析

（1）与用户日常生活息息相关，并能给用户带来便捷、优惠、消费保障等，能吸引大量高黏性用户。

（2）对商家有强大的推广作用及其可衡量的推广效果，可吸引大量线下生活服务商家加入，获取充沛的现金流。

（3）巨大的广告收入空间及形成规模后更多的盈利模式，目前交易佣金、广告费都是常见的收费模式，而且平台在掌握用户数据的基础上，还可以为商家提供一系列增值业务。

3.6　C2B 电子商务应用模式

目前，国内电子商务市场还是以 B2B、B2C、C2C 等三种模式为主，随着社会的发展、科技的进步以及消费产能的迅速增加和局部过剩，消费者在市场中逐渐获得了主动权和选择权。当前用户的消费需求其实还处在压抑状态，未来定制化和个性化购物将成为市场主流。当网上购物越来越便捷时，作为网购主义的消费者对个性化商品的需求正在迅速提升，以往个性化定制商品受沟通、生产工艺、交货渠道、支付等因素影响，成本一直居高不下，属于贵族式需求。如今，借助互联网和电子商务平台，消费者和生产企业能够低成本、高效、便捷地开展沟通交流。工业化技术的发展，模块化的柔性生产技术使得小批量、个性化定制的成本降低到大批量生产的水平，现代物流和支付手段为逆向 C2B 的产生奠定了基础。

作为以市场需求为原动力驱动商业资源的模式，C2B 的基本构件包括个性化营销捕捉目标市场碎片化、个性化需求，以数据低成本、全流程贯通为基础实施拉动式配销、柔性化生产，进而快速满足市场需求。

3.6.1　C2B 电子商务的特点

（1）个性化定制为主。C2B 的产品都是为满足用户千奇百怪的个性需求而生产的，用户可以参与到产品从设计到生产的每一个环节，所以 C2B 电子商务网站的每一个细节都彰显用户个体的强烈需求。

（2）数据处理能力强。C2B 是以消费者为主导的，消费者提出需求，商家根据自身情况进行选择和生产，形成一个以消费为驱动的运作模式。这个过程需要企业对消费者数据进行大规模的收集、整理和分析，从而使得商业决策可以做到随着消费者的需求而定。

（3）服务专业、规范性强。C2B 模式是一种以满足用户需求为主驱动的模式，商家只选择自己最在行最拿手的产品进行生产。C2B 模式下的产品从生产到到达客户手中的整个过程都是由专业的技术人员和设备负责的，这样可以保证用户所获得的服务更加专业、规范。

（4）全产业链资源整合。C2B 的电子商务模式之所以会产生并受到商家和消费者的青睐，是因为它除了满足用户的个性化需求，还能通过减少环节、减少库存，将中间环节损耗让利给用户、降低成本等来提高利润率。C2B 模式让商家可以根据客户的具体需求去规模采购或生产，按需定制协议可以降低甚至消除库存和相应的成本。

3.6.2　C2B 电子商务的分类

1. 按照定制实现难度层级分类

从定制实现难度层级看，C2B 电子商务主要分为聚定制模式、模块定制模式、深度定制模式三类。

（1）聚定制是通过聚合客户的需求组织商家批量生产，让利于消费者。天猫双 11 的节前预售、聚划算、团购等都属于聚定制模式。

（2）模块定制就涉及在 B 端产品环节本身的定制。模块定制比较具有代表性的是海尔商城。海尔是国内率先引入定制概念的家电企业，通过海尔商城可以选择容积大小、调温方式、门体材质、外观图案。

（3）深度定制也称参与式定制，客户能参与到全流程的定制环节。厂家可以完全按照客户的个性化需求来定制，每一件产品都可以算是一个独立的 SKU，目前深度定制最成熟的行业包括服装类、鞋类、家具定制。以家具定制为例，每位消费者都可以根据户型、尺寸、风格、功能完全个性化定制。

2. 按照 C2B 产品属性分类

按照产品属性，C2B 电子商务可以分为实物定制模式、服务定制模式和技术定制模式。

（1）实物定制，如服装、鞋、家具等生产企业。

（2）服务定制，如家政护理、旅游、婚庆、会所等中高端行业。

（3）技术定制，目前最前沿的方向是 3D 打印技术，3D 打印已遍及航空航天、医疗、食品、服装、玩具等各个领域，在拓展自身领地的同时，也潜移默化地改变着人们对于制造业的传统观念。

3. 按照定制主体和定制内容分类

如图 3-3 所示，按定制主体和定制内容两个维度，C2B 电子商务可以分为五类，分别是群体定制价格、个体定制价格、群体定制产品、个体定制产品和混合型定制产品。

3.6.3　C2B 电子商务的主要商业模式

C2B 电子商务是消费者个人对商家企业的一种电子商务模式，是在用户个性化需求驱动下产生的反向定制模式。C2B 不是 B2C 的简单翻转，而是商品主导权和先发权由卖方向买方转移的一次交易革命。C2B 模式是一种反向商业模式，具体可以分为五类：个性化定制、聚合需求模式、要约模式、服务认领模式、商家认购模式。

1. 个性化定制

对服装来说，品牌存在 C2B 的模式，然而就款式而言，由于个性化需求差异，很难

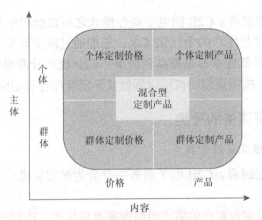

图 3-3　C2B 电子商务的分类和业务模式演进

聚合需求。真正的 C2B 应该先有消费者需求产生而后有企业生产，即先有消费者提出需求，后有生产企业按需求组织生产。通常情况为消费者根据自身需求定制产品和价格，或主动参与产品设计、生产和定价，产品、价格等彰显消费者的个性化需求，生产企业进行定制化生产。

2. 聚合需求模式

聚合需求是指数量庞大的用户群体通过聚合分散需求形成强大的购买能力，以此享受到以大厂商、批发商的价格获得购买产品的资格。通过预售、集体团购等形式可以将分散着的用户需求聚合起来，以数量优势同厂商进行价格谈判，争取最优惠的折扣。商家根据薄利多销、量大价优的原理，可以给出低于零售价格的团购折扣和单独购买得不到的优质服务。

预售模式主要针对一些还没有生产出来的产品，可以根据集中的需求进行快速的生产，在用户需求完全表达的理想情况下，商家的供给可以正好与用户的需求匹配，避免了资源的浪费。这种聚合需求形式，对于商家的好处主要表现为：①即需即产实现了零库存，使库存成本趋零；②已经知道需求的分布，合理规划生产地点和物流从而降低运输成本；③用户已经付费锁定了收益，不存在生产后无销售量的风险。但是这种模式同时也对商家提出了挑战：①商家有时不能根据用户的需求实现迅速生产；②预售模式也会存在需求少的情况，此时商家需要在如何生产及如何定价方面进行抉择。

集体团购模式在国内主要通过团购形式，如聚划算、美团、大众点评，为消费者提供丰富的产品和服务团购，满足消费者需求的同时为消费者带来了最大的优惠。成立于 2008 年的美国 Groupon 被认为是网络团购的鼻祖。2011 年 9 月，中国的团购网站达到 5000 多家，而后随着多方面因素的影响，中国的团购也迎来了转型。如今出现了多种类型的团购网，如服装类团购网、化妆品类团购网、生活服务类团购网等。2015 年，拼多多成立，仅仅利用两年时间，其市场渗透率就达到了 19%，成为仅次于淘宝和京东的第三大综合电商企业。由于拼多多的崛起，阿里巴巴、京东等巨头也在几家平台中开展了拼购的尝试。拼购模式是团购模式的升级版、回炉版，在社交＋电商的背景下进一步扩大了年轻群体的消费能力。

3．要约模式

要约模式下，用户发布自己的需求以及大致价格，然后由商家决定是否接受用户要约。商家接受要约，交易成功。要约模式的典型例子是 Priceline，它将销售方与购买方的传统位置调换了一下，用户自己出价，商家选择是否接受。

这种形式对于商家的好处表现为：①这种方法最理想的状况是使消费者剩余趋零，提高利润。②一定程度上降低了产品定价的成本。对于商家的挑战体现在：如何设计游戏规则，使其可以长远地运作。

4．服务认领模式

服务认领模式是由企业通过互联网发布所需服务，具体内容包括任务时长、任务内容、任务完成指标及支付报酬，具体由企业或者个人发布悬赏任务，然后个人来认领。这是一种反向提供服务的方式，就是由消费者反过来向企业或组织提供产品或服务并获取报酬，如在线调查、猪八戒、威客中国、Freelancer 等。我们经常遇到的"在线调查"就是企业将调查问卷在网络发布，用户按要求成功完成调查问卷后获得相应报酬。淘宝"试用中心"也是一个典型案例，用户可通过试用中心免费领取心仪产品样品，但需完成一个事先设计好的产品使用报告，这份报告将帮助产品生产商改进功能、得知市场反应。

5．商家认购模式

商家认购模式的电子商务系统平台让用户个人提供原创内容，然后企业根据用户标价来认购这些原创内容。这种形式主要就是众筹模式，即大众筹资，是一种"预消费"模式，用"团购＋预购"的形式，向公众募集项目资金。众筹利用互联网和社交网络服务（social networking services，SNS）传播的特性，让小企业家、艺术家或个人对公众展示他们的创意，争取大家的关注和支持，进而获得所需要的资金援助，如 Kickstarter、众筹网。

3.7　共享经济下的电子商务新模式

随着社会物质生活的不断丰富，全球科技取得革命性的发展，为产业行为提供了全方位的支撑，人们发现在工作、生活当中存在大量过度消费问题，为有效协调这种现象，产生了"共享"现象，进而推动了共享经济模式的发展。

3.7.1　共享经济的概念

共享经济这个术语最早由美国得克萨斯州立大学社会学教授马科斯·费尔逊（Marcus Felson）和伊利诺伊大学社会学教授琼·斯潘思（Joel Spaeth）于 1978 年发表的论文中提出。共享经济是社会资源拥有者有偿与他人共享使用权，从而优化社会资源配置，提高资源利用效率，创造出更多价值的经济形态。

共享经济也称为点对点（peer to peer，P2P）经济、功能经济、协同消费等，是指利用互联网等现代化信息技术，整合、分享海量的分散化闲置资源，满足多样化需求的经济活动的总和。共享经济是一种商业模式，它以群体资源共享为基础，在市场需求对接上，实现协同消费以及对等经济，使消费者可以按照个人需求获得相应的服务及商品。共享在电子商务环境下得到了广泛应用，共享对象可以发生在消费者之间、企业与消费者之间、企业之间。

常见的共享经济类型包括产品共享、空间共享、知识技能共享、劳务共享、资金共享、生产能力共享等。表 3-2 列举了一些主要的共享商务模式的类型。

表 3-2　共享商务模式的类型

共享类型	共享对象	应用实例
产品共享	如汽车、设备、玩具、服装等	Uber、滴滴出行
空间共享	如住房、办公室、停车位、土地等	Airbnb、小猪短租等
知识技能共享	如知识、智慧、能力等	知乎、猪八戒、威客中国等
劳务共享	主要集中在生活服务行业,如家政、物流、洗衣等	京东到家、河狸家等
资金共享	如产品众筹、股权众筹等	京东众筹、人人贷等
生产能力共享	主要表现为一种协作生产方式,包括能源、工厂、农机设备、信息基础设施等	Wi-Fi 万能钥匙、淘工厂等

3.7.2　共享经济商业模式驱动因素

1. 社交需求推动共享经济发展

对于密度不断增加的人类社会，拓展共享经济能够有效减少个体摩擦。通常情况下，人口越集中，其共享需求及匹配度就越高，就更加有利于共享经济模式的应用与发展。随着各国可持续战略不断发展，人们逐渐认识到，群体消费习惯及行为对于外界环境也能产生影响。

从群体心理发展来看，普遍都存在社交欲望，如沟通欲望，被尊重、被认可的心理等。随着计算机技术的不断发展，社交网络的兴起满足了人们的心理需求，有效促进了社会的发展；在社交需求得到一定的满足之后，人们开始反思交往的利他性，不断完善社会责任体系，而通过共享行为既能够推动经济发展，又能够满足人们的社交需求。

2. 过度消费推动共享经济发展

当前，从社会资源总量分析来看，资源本身及其部分功能约有 40% 都处于闲置状态，由于资源的形成大部分都是通过货币交换而来的，资源的闲置也意味着资源利用率的下降，意味着资本的积压。而闲置资源大部分都是由过度消费引起的，很多人在生活当中，由于缺乏计划性，大量购买商品，而其功能并不能保证一直被使用，导致其整体使用效果降低。因此，过度消费是共享经济商业模式的驱动因素之一。

3. 技术创新推动共享经济发展

随着移动互联技术的发展，在传统电子商务的基础之上，又重新衍生出更为多元的交易方式，既推动了社交功能的完善，又推动了共享经济模式的发展。智能终端的兴起为共享经济提供硬件支持，能够通过随时随地的地理位置服务，掌握客户活动规律及资源需求情况，能够实现精准定位营销。用户根据个体需求，使用手机在共享平台进行搜索，查找就近的共享服务平台，使用共享资源和服务。

4. 政策支持及社会环境推动共享经济发展

2016 年 5 月 25 日，李克强总理阐述"共享经济不仅是在做加法，更是在做乘法，以此有效降低创业创新门槛"，政府出台的各种政策规定亦应为共享经济发展创造良好的环境，实现闲置资源充分利用，形成新的增长点，为经济注入强劲动力。

社会环境对共享经济的推动作用主要体现在：①环保意识、节约意识的增强让人们逐步放弃对过度消费的追求，更加重视节约资源、创造社会价值。②灵活就业的追求。共享经济可以让从业者比较自由地进入或退出社会生产过程，减轻个人对社会的依赖。③提高收入的意愿。利用多样化资源或碎片化时间，通过提供服务获取一定的收益，有更多创造价值、增加收入的机会。

3.7.3　共享经济的特点

从共享经济发展的内在需要来看，闲置资源是前提，用户体验是核心，信任是基础，安全是保障，大众参与是条件，信息技术是支撑，资源利用效率最大化是目标，它反映了共享经济的六大核心特征。

1. 技术特征：基于互联网平台

互联网尤其是智能终端的迅速普及，使得海量的供给方与需求方得以迅速建立联系。互联网平台并不直接提供产品或服务，而是将参与者连接起来，提供即时、便捷、高效的技术支持、信息服务和信用保障。离开互联网，现代意义上的共享经济将不复存在。

2. 主体特征：大众参与

足够多的供方和需方的共同参与是共享经济得以发展的前提条件。互联网平台的开放性使得普通个体只要拥有一定的资源和一技之长，就可以很方便地参与到共享经济中。同时，共享经济属于典型的双边市场，即供需双方通过平台进行交易，一方参与者越多，另一方得到的收益越大，两个群体相互吸引，相互促进，网络效应得到进一步放大。在共享经济中，参与者往往既是生产者又是消费者，个体潜能与价值得到最大发挥。

3. 客体特征：资源要素的快速流动与高效配置

现实世界的资源是有限的，但闲置与浪费也普遍存在，如空闲的车座、房间、设备、时间等。共享经济就是要将这些海量的、分散的各类资源通过网络整合起来，让其发挥最大效用，满足日益增长的多样化需求，实现"稀缺中的富足"。

4. 行为特征：权属关系的新变化

一般而言，共享经济主要通过所有权与使用权的分离，采用以租代买、以租代售等方式让渡产品或服务的部分使用权，实现资源利用效率的最大化。从实践发展看，共享经济将渗透更多的领域，股权众筹等业态的出现已经涉及所有权的共享。

5. 效果特征：用户体验最佳

在信息技术的作用下，共享经济极大地降低了交易成本，能够以快速、便捷、低成本、多样化的方式满足消费者的个性化需求。用户评价能够得到及时、公开、透明的反馈，会对其他消费者的选择产生直接影响，这将推动平台与供给方努力改进服务，注重提升用户体验。

6. 文化特征：不求拥有，但求所用

共享经济较好地满足了人性中固有的社会化交往、共享和自我实现的需求，也顺应了当前人类环保意识的觉醒。

3.7.4 共享经济的困境和问题

1. 创新引发利益调整

共享发展大大降低了诸多行业的进入门槛，共享型企业拥有显著的成本优势、创造无限供给的能力、趋近于零的边际成本，使传统企业面临巨大竞争压力。在具有排他性的垄断市场中，共享型企业的进入及其快速扩张的发展态势冲击着原有的商业逻辑和经济秩序，直接引发了社会财富和利益的重新分配，不可避免地会遇到来自既得利益的质疑和阻扰。以交通出行领域为例，共享经济企业调动私家车参与营运，规避了税收和监管，具有不正当优势，同时，一些企业为了抽取佣金赚取利润，将"好活"分给专车、快车，影响了市场秩序。

2. 监管体系亟待重构

互联网服务突破了层级和地域边界限制，为当前的属地化监管带来挑战。当前许多新业态游走在监管的灰色地带，如股权众筹在我国还处于法律与监管的模糊地带。如果按现有法律和制度要求，多数共享经济模式都有"违法"嫌疑，面临随时可能被叫停的风险。

3. 风险存在不确定性

共享经济模式下产品与服务的供给方通常是大量不确定的个人或者组织，尤其当前诸多领域的共享经济都处于探索阶段和发展初期，其服务和产品的安全性、标准化、质量保障体系、用户数据保护等方面仍存在不足和隐患。

4. 配套政策有待完善

现在的很多法律都是工业时代的产物，有很多细则已无法适应信息时代的实践发展需求。既不能鼓励创新，甚至阻碍了创新，也无法继续发挥有效的监管作用。这些法规既不能解决行业准入门槛、从业人员社保、税收监管、信息安全以及信用体系建设等共性问题，也无法解决行业差异化带来的具体问题。

5. 社会道德诚信水平较低

以共享单车为例，自行车的乱停乱放现象较为严重，毁坏自行车的行为也屡见不鲜。共享单车在方便使用者的同时，却给行人、机动车造成了更大的安全隐患，这种社会道德诚信水平的滞后，使共享经济的良性发展受到挑战。

6. 存在恶性垄断竞争

共享经济逐渐成为风投热点，大量资本涌入共享领域。一方面，共享平台逐渐成为资本转化与推广平台，平台运营对资本的依赖度也更高，烧钱、炒作等恶性竞争肆虐，市场泡沫聚积严重。另一方面，共享平台对运营与服务水平提升的重视程度不够，为企业的健康发展埋下了较大的安全隐患。

3.7.5 共享经济在中国的发展趋势

共享经济是全面落实"互联网＋"战略的直接体现，更是绿色、共享、可持续发展理念的落实，对我国经济增长的带动能力日渐突出。为此，必须要协同多个主体，加强对共享经济的协同治理，规范共享经济市场运行，让共享经济逐渐做大做强。

1. 加速与实体经济的融合

我国正处于经济结构转型升级的关键阶段，也是新旧动能转换的关键阶段，积极用共享模式全面改造提升传统动能，淘汰落后产能、扩大有效供给、推动传统产业迈向中高端的需求越来越迫切，实现互联网、大数据、人工智能和实体经济的深度融合，在中高端消费、创新引领、绿色低碳、共享经济、现代供应链、人力资本服务等领域培育新增长点、形成新动能。

2. 重塑就业形态

共享经济的高速增长将改变在工业化基础上的就业模式，孕育形成自由灵活的新型就业形态。共享经济将进一步提升就业岗位的创造能力和就业市场的匹配能力，增加大量灵活就业岗位。

3. 加快全球化、生态化布局

一些大型平台企业将加速全球化布局、生态化扩张。共享经济企业国际化步伐不断加快，如滴滴出行、猪八戒、小猪短租、名医主刀等。面对新一轮技术产业发展的趋势，大国市场优势、网民红利、转型机遇的三重利好叠加，将大大加快中国共享经济企业从模仿到创新、从跟随到引领、从本土到全球的进程。

4. 倡导开放包容，走向信息社会

从未来发展趋势看，支持和鼓励创新将成为政府监管与各项制度设计的基本原则，有利于新事物成长的"试错空间"将越来越大，共享经济充分发展的红利将惠及每一位社会成员，推动人类走向更加开放、包容、和谐的信息社会。

课后练习题

（一）选择题

1. 属于 B2B 电子商务模式的网站是（　　）。
　　A. 天猫商城　　　　B. 当当网　　　　C. Alibaba　　　　D. Sina

2. 不属于 B2C 模式的是（　　）。
　　A. 京东商城　　　　B. 天猫　　　　　C. 亚马逊　　　　D. 闲鱼网

3. 天猫按照商家成交金额的一定比例收取费用，此种收益模式称为（　　）。
　　A. 销售费　　　　　B. 交易费　　　　C. 广告费　　　　D. 推荐费

4. 网上拍卖的方式不包括（　　）。
　　A. 英式拍卖　　　　B. 荷兰式拍卖　　C. 美式拍卖　　　D. 双重拍卖

5. 关于英式拍卖，正确的是（　　）。
　　A. 卖方出价　　　　　　　　　　　　B. 适合容易变质的商品
　　C. 增价拍卖　　　　　　　　　　　　D. 降价拍卖

6. 生产商和外部原材料供应商之间的电子商务属于（　　）。
　　A. 企业之间的电子商务　　　　　　　B. 企业与政府部门之间的电子商务
　　C. 企业内部的电子商务　　　　　　　D. 企业与消费者之间的电子商务

7. （　　）是先由消费者提出需求，然后由生产或商贸企业按需求组织生产货源的电子商务方式。
　　A. B2C　　　　　　B. C2B　　　　　C. B2B　　　　　D. C2C

8. 与水平型 B2B 电商平台相比，垂直型 B2B 电商平台的主要优点是（　　）。
　　A. 行业全　　　　　B. 服务全　　　　C. 专业性强　　　D. 内容丰富

9. 以大众点评网为代表的 O2O 模式连接了（　　）。
　　A. 人与人　　　　　B. 人与商品　　　C. 人与服务　　　D. 人与信息

10. 不属于 O2O 模式的是（　　）。
　　A. 某网店参加聚划算活动　　　　　　B. 某酒店在携程网推出特价房
　　C. 某饭店在美团推出周末特价团购　　D. 某家电企业在京东参加电器团购

（二）复习与思考题

1. 简述商业模式的概念及八个核心要素。
2. 商业模式的创新路径有哪些？
3. 简述 B2B、B2C、C2C、C2B 电子商务模式各自的特点。
4. B2C 电子商务有哪些典型的商业模式？
5. 简述 O2O 电子商务的概念及特点。
6. 简述 C2B 电子商务的主要商业模式。
7. 简述常见的共享商务模式的类型并举例说明。

第4章 网络营销与管理

在数字经济时代,消费者的购买环境和方式发生了很大的变化,与之相适应的,企业营销的数字化转型也在快速推进,传统的营销手段和营销方法只有不断完成升级,才能从真正意义上实现企业的可持续增长。在信息化飞速发展的今天,如何围绕"数字经济"更新营销理念、设计营销主题,进而帮助客户提升品牌认知,是企业最重要的发展方向。

本章将主要对数字经济时代的网络营销进行介绍,包括网络营销的产生和发展、网络市场营销调研、网络营销策略选择的内容、常见的网络营销工具及方法。

4.1 网络营销概述

4.1.1 网络营销的概念

网络营销是人类进入数字经济时代产生的营销理念和营销模式,是众多营销理念的延伸、凝练和升华,是促进企业开拓广阔市场获取感知效益的发动机,也是连接传统营销和改造传统营销的一种有效方法。

网络营销这一名词最早产生于 1994 年,拉菲·默罕默德(Rafi A. Mohammed)在《网络营销》一书中如此描述:网络营销就是通过建立在线活动和维持客户关系,以协调满足公司与客户之间的交换概念、产品和服务目标。其中过程、建立关系、在线、交换和满足需求为网络营销五要素。

国外对于网络营销有许多的定义和说法:如 Cyber Marketing、Internet Marketing、Network Marketing、Online Marketing、E-marketing。不同的表述对核心词 Marketing 的理解基本一致,只是对营销的载体和工具理解略有差异。其中,Cyber Marketing 主要是指在虚拟的计算机空间来进行营销活动;Internet Marketing 是指在 Internet 上开展的营销活动;Network Marketing 是在网络上开展的营销活动,同时这里的网络不仅仅包括 Internet,还可以是一些其他类型的网络,如增值网络(value added network,VAN);Online Marketing 是指在线网络营销。目前,国内普遍接受的是用 E-marketing 这一术语,E 表示电子化、信息化、网络化的含义。

本书采用 E-marketing 这一术语来表述网络营销。具体而言,网络营销是指企业以现代营销理论为基础,利用互联网技术和功能,提供从信息传递与沟通、商品与货币价值交换、产品运输与服务全过程的营销决策支持,最大限度地满足客户需求以达到开拓市场、增加盈利目标的经营过程。

通过网络营销的概念,我们了解到:①网络营销不是孤立存在的,网络营销是企业整体营销策略的一个组成部分;②网络营销不等于网上销售。网上销售是网络营销发展到一定阶段产生的结果，网络营销是实现产品销售目的而进行的一项基本活动；③网络营销不等于电子商务，网络营销是电子商务的基础，开展电子商务离不开网络营销；④网络营销不应称为虚拟营销，网络营销活动都是实实在在的，手段也不仅限于网上，而是注重网上网下相结合。

4.1.2 网络营销与传统营销的区别

网络营销与传统营销之间的联系具体表现为两者目标是一样的，都是为了满足客户需要和欲望，进行宣传和销售。而且网络营销又是以传统营销为理论基础，无法摆脱营销的本质，因此两者需要相互配合，相互服务。

网络营销与传统营销的区别在于：①营销理念不同，传统营销是把市场看成一个消费群体，采用推式营销方式，而网络营销则是把每个人看成一个细分市场，采用拉式营销方式；②营销载体不同，传统营销主要依靠广播、电视、报纸、杂志四大媒体进行宣传，而网络营销除了借助传统四大媒体，更多地借助互联网进行一对一的沟通和互动；③营销渠道不同，传统营销主要借助中间商销售商品，网络营销则借助网络，通过计算机、手机等网络终端直接销售商品，直销渠道与分销渠道并存；④沟通方式不同，传统营销一般是信息的单向传递，消费者非常被动，网络营销可以实现信息的交互沟通，企业可以更好地了解消费者的需求。具体如表 4-1 所示。

表 4-1　网络营销与传统营销的区别

营销类型	营销理念	营销载体	营销渠道	沟通方式
网络营销	把一个人看成一个市场	四大媒体、互联网	网络直接销售 直销渠道与分销渠道并存	信息交互沟通
传统营销	把市场看成一个消费群体	四大媒体	借助中间商销售商品	信息单向传递

此外，与传统营销相比，网络营销越来越倾向于精准营销，通过用户浏览行为、购买行为等获取的数据来分析用户喜好及用户可能需要的产品，从而实现精准营销。因此，对于现代企业而言，不仅要关注搜索引擎和电子商务平台的宣传活动，更要注重利用现代数据技术对用户行为进行画像进而达到精准营销的目的。

4.1.3 网络营销产生的基础

20 世纪 90 年代，经历了新生期的互联网悄然兴起，并以很快的速度引发了互联网应用热潮。众多企业开始通过互联网进行业务拓展与合作，网络营销随之诞生。网络营销产生的基础是通信技术的应用与发展，与市场变革、竞争及营销观念的转变息息相关。

1. 网络营销产生的技术基础

互联网的发展是网络营销产生的技术基础。互联网将分散在各地的计算机系统连接起来，使得计算机之间的通信在商务活动中发挥重要的作用。在家里，消费者可以通过个人计算机足不出户地获取信息，实现家中购物；在企业外部，用户可以通过网络实时访问商业网站，并通过网站进行商务沟通。在企业内部，用户可以把面向消费者的服务环节、面向合作伙伴的协同环节都置于网络上，通过网络开展服务与被服务。由此便产生了基于互联网的一个新的营销领域——网络营销。

2. 网络营销产生的观念基础

（1）个性消费的回归。在短缺经济或垄断市场条件下，消费者可以挑选的产品很少，因而个性不得不被压抑。而在市场经济条件下，产品品种丰富、数量充足，消费者能够以个人心理愿望为基础来挑选和购买商品或服务。他们不仅能做出选择，还渴望选择。消费者的需求更多了，需求的变化也更多了。每一个消费者都是一个细分市场，个性化消费再度成为主流。

（2）消费主动性增强。在社会分工日益细化和专业化的趋势下，消费者对购买的风险感随着选择的增多而上升，而且对单向的强迫式营销沟通感到厌倦和不信任。在许多日常生活用品的购买中，尤其是在一些大件耐用消费品（如计算机）的购买上，消费者会主动通过各种可能的途径获取与商品有关的信息并进行分析比较。这些分析比较也许不够充分和准确，但消费者却可以从中获得心理上的平衡，以减轻风险感或减少购买后产生后悔感的可能，增加对产品的信任和争取心理上的满足感。

（3）追求购物的便捷性和趣味性。一部分工作压力大、紧张度高的消费者会以购物的方便性为目标，特别是对于需求和品牌选择都相对稳定的日常消费者，这点尤为突出。然而另外一些消费者则恰好相反，由于劳动生产率的提高，人们可供支配的时间增加，一些自由职业者或家庭主妇希望通过购物来消遣时间，寻找生活的乐趣，保持与社会的联系，减少心理孤独感。因此他们愿意多花时间和体力进行购物，而前提是购物能为他们带来乐趣，能满足心理需求。这两种相反的心理将会在今后较长时间内并存和发展。

（4）价格仍然是影响消费心理的重要因素。虽然营销工作者倾向以各种差别化来减弱消费者对价格的敏感度，避免恶性削价竞争，但价格始终对消费心理有重要影响。即使在当代发达的营销技术面前，价格的作用仍旧不可小视。当价格降幅超过消费者的心理界限时，消费者难免会怦然心动地改变既定的购物原则。可见，在现代社会里，消费者价值观念发生了很大变革，网络营销能够从各个方面满足。

3. 网络营销产生的现实基础

网络营销产生的现实基础是商业竞争的日益激烈化。随着市场竞争的日益激化，为了在竞争中占优势，各企业都使出浑身解数想方设法地吸引客户，很难说还有什么新颖独特的方法能出奇制胜。一些营销手段即使能在一段时间内吸引客户，也不一定能使企业盈利增加。市场竞争已不再依靠表层营销手段的竞争，更深层次的经营组织形式上的竞争已经开始。经营者迫切需要寻找变革，以尽可能降低商品在整个供应链上所占用的成本和费用比例，缩短运作周期。

4.1.4　网络营销的发展

网络营销是基于互联网应用的不断创新而发展起来的。具体而言,网络营销主要经历了三个阶段,从以产品为主的 Web 1.0 时代演变到以消费者为主的 Web 2.0 时代,再到网络营销价值重新分配的 Web 3.0 时代,体现了网络营销的重要变革和发展趋势,即从大众营销到分众营销再到精准营销,并且每个阶段都有代表的互联网应用来推动网络营销快速发展,具体如表 4-2 所示。

表 4-2　网络营销的发展

时间段	发展阶段	代表应用
1969~2004 年	Web 1.0 时代 大众营销	搜索引擎营销、电子邮件营销、即时通信营销、论坛营销
2004~2015 年	Web 2.0 时代 分众营销	博客营销、口碑营销、体验营销、SNS 营销
2016 年至今	Web 3.0 时代 精准营销	精准营销、嵌入式营销、数据库营销

1. Web 1.0 大众营销阶段

大众营销阶段是以企业为中心的时代,互联网更多的是作为信息发布的简单平台,典型的应用包括分类目录和搜索引擎营销等。这一阶段,企业网络营销的重点是如何让网民见到公司的网页信息。这时企业就需要把公司网页放到门户网站的分类目录中,这一过程完全依靠人工登录、审核,所需时间比较长,效率比较低。限于分类目录使用缺陷,2000 年美国谷歌公司正式投入运营,企业自身网页信息可以通过搜索引擎自有程序进行登录、审核、抓取、展现等,有效地提高了效率。这一阶段由于搜索引擎在登录、展现、排名上使用了公平性的免费策略,以及随着付费推广广告的出现,企业网络营销的效果直接与搜索引擎的搜索规则、推广规则相关联。无数企业开始深入研究搜索规则和推广规则,搜索引擎优化和搜索引擎营销成为这一阶段网络营销最重要的工具。

2. Web 2.0 分众营销阶段

Web 2.0 实际上是在 Web 1.0 基础上扩展了信息的来源,能让用户参与网站内容的编辑。这一阶段典型的营销方式包括博客、微博、微信等,它是以用户为中心的营销,注重交互性,弱化中心以及论坛为特点的分群现象。作为 Web 2.0 中最为重要的代表,能够展示大量的信息,博客被引入网络营销工具中。企业可以借助博客的灵活性与互动性设立自有营销博客,撰写软文,增加外部链接,大大提高了企业自身网站的外部可见度。微博,顾名思义就是博客的缩微版,最初的创新点是简约,后来演变成为粉丝效应。如何与粉丝的个性化、专注化的需求相连接成为微博营销的研究重点。这一阶段的主要推广方式是借助草根达人、明星来完成网络营销工作,但这一阶段粉丝的需求与微博推广账号之间的关系是弱化的，需求没有得到完全满足。同时由于存在网络可信度的问题，粉丝与微博博主之间的信任出现了问题，网络营销效果中的最终成交率不高成为这一阶段比较明显的问题。

随着移动互联网时代的到来，移动互联网中用户之间的沟通更为便利，用户实现了从个人计算机终端向移动终端的迁移。基于社交的需求，移动社交应用也被引入网络营销的工具中，代表性应用如微信。微信与微博最大的区别在于微信用户之间，微信用户与公众账号之间的强关系性。强关系性的存在代表着用户之间信任程度比较高，在此基础上的网络效果会高于微博时代的网络营销效果。

3. Web 3.0 精准营销阶段

Web 3.0 阶段是以个性化为特点，信息的特征更加明显便于检索。在 Web 3.0 环境下，互联网内的信息交互更加高效，用户实现自身价值的机会更多。因为 Web 3.0 是全新的人与机器交互的时代，大量冗余信息慢慢减少，人性化和精准化的聚合信息更多，所以每个角落的用户都能够交流和分享，而人们未来生活中的主要方向将会是智能化搜索。Web 3.0 网络营销实现的一个关键是语义网，语义网是通过在 Web 中增加机器可以理解的语义来更好地使机器与人进行互相操作，使网络上杂乱无章的信息按照一定的顺序排列，用户能够快速搜索到自己所需要的信息。Web 3.0 的网络营销模式将实现不同终端的兼容，从而实现信息发布的双向沟通，更符合现阶段网民的需求。基于 Web 3.0 的网络营销满足用户更高层次的追求，信息更具精准性，更大地发挥了网络营销的价值，是未来网络营销的发展新趋势。

4.1.5 网络营销的基本理论

网络营销的理论基础包括整合营销理论、软营销理论、直复营销理论和网络关系营销理论。

1. 整合营销理论

整合营销是指企业针对选定的目标市场，综合运用各种可能的市场营销策略和手段，组合成一个系统化的整体策略，以达到企业的经营目的，取得最佳的经济效益。整合营销的价值在于运用多种手段，多次重复，全方位地向消费者传递一个声音，以实现 $1+1>2$ 的效果，其核心在于一致性。整合营销理论在发展过程中大致经历了以产品为导向的 4Ps 理论和以消费者为中心的 4Cs 理论两个阶段。

4Ps 理论产生于 20 世纪 60 年代的美国，是随着营销组合理论的提出而出现的。1953 年，尼尔·博登（Neil Borden）在美国市场营销学会的就职演说中创造了"市场营销组合"（Marketing Mix）这一术语，意指市场需求或多或少地在某种程度上受到"营销变量"或"营销要素"的影响。为了寻求一定的市场反应，企业要对这些要素进行有效的组合，从而满足市场需求，获得最大利润。营销组合实际上有几十个要素，杰罗姆·麦卡锡（Jerome McCarthy）于 1960 年在其《基础营销》（*Basic Marketing*）一书中将这些要素概括为四类：产品（product）、价格（price）、分销渠道（place）、促销（promotion），即著名的 4Ps 理论。

1967 年，菲利普·科特勒（Philip Kotler）在其畅销书《营销管理：分析、规划与控制》中进一步确认了以 4Ps 理论为核心的营销组合方法，即产品：注重开发的功能，要求产品有独特的卖点，把产品的功能诉求放在第一位。价格：根据不同的市场定位，制定不同的价格策略，产品的定价依据是企业的品牌战略，注重品牌的含金量。分销渠道：企业并不直接面对消费者，而是注重经销商的培育和销售网络的建立，企业与消费者的联系是通过分销商来进行的。促销：企业注重销售行为的改变来刺激消费者，以短期的行为（如让利、买一送一、营销现场气氛等）促成消费的增长，吸引其他品牌的消费者或导致提前消费来促进销售的增长。

4Ps 理论的提出奠定了市场营销的基础理论框架，随着市场竞争日趋激烈，媒介传播速度越来越快，以 4Ps 理论来指导企业营销实践已经"过时"，4Ps 理论越来越受到挑战。1990 年，美国营销专家罗伯特·劳特朋（Robert F. Lauterborn）提出了 4Cs 理论，向 4Ps 理论发起挑战，他认为在营销时需持有的理念应是"请注意消费者"而不是传统的"消费者请注意"，以消费者的需求为导向，重新设计了市场营销组合的四个基本要素，具体表现为产品（product）向客户（consumer）转变，价格（price）向成本（cost）转变，分销渠道（place）向便利（convenience）转变，促销（promotion）向沟通（communication）转变。

4Ps 与 4Cs 是互补的而非替代关系，即 consumer，是指用"客户"取代"产品"，要先研究客户的需求与欲望，然后再去生产、经营和销售客户确定想要买的服务产品；cost，是指用"成本"取代"价格"，了解客户要满足其需要与欲求所愿意付出的成本，再去制定定价策略；convenience，是指用"便利"取代"分销渠道"，意味着制定分销策略时要尽可能让客户方便；communication，是指用"沟通"取代"促销"，"沟通"是双向的，"促销"无论是推动策略还是拉动战略，都是线性传播方式。4Ps 与 4Cs 之间的关系参见表 4-3。

表 4-3　4Ps 与 4Cs 之间的关系

类别	4Ps		4Cs	
阐释	产品（product）	服务范围、项目，服务产品定位和服务品牌等	客户（consumer）	研究客户需求欲望，并提供相应产品或服务
	价格（price）	基本价格、支付方式、佣金折扣等	成本（cost）	考虑客户愿意付出的成本、代价
	分销渠道（place）	直接渠道和间接渠道	便利（convenience）	考虑让客户享受第三方物流带来的便利
	促销（promotion）	广告、人员推销、营业推广和公共关系等	沟通（communication）	积极主动与客户沟通，寻找双赢的认同感
时间	20 世纪 60 年代中期		20 世纪 90 年代初期	

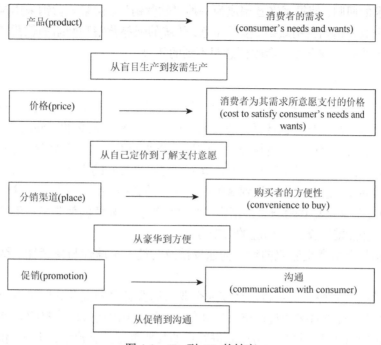

图 4-1　4Ps 到 4Cs 的转变

如图 4-1 所示，营销模式从 4Ps 到 4Cs 的转变，使得企业的生产方式从盲目生产转向按需生产，对于产品的定价需要在了解了消费者的支付意愿之后再确定产品价格，对于分销渠道的布局，从豪华向能给消费者带来便捷性转变，由压迫式促销转向加强与客户的沟通和联系。

综上，迈卡锡的 4Ps 组合策略的经济学基础是厂商理论即利润最大化，没有把消费者的需求放到与企业的利润同等重要的位置上。营销过程的起点是消费者的需求，4Cs 营销决策是在满足 4Ps 要求前提下的企业利润最大化，最终实现的是消费者满意和企业利润最大化。

2. 软营销理论

软营销理论是与工业化时代为配合大规模生产经济而提出的"强势营销"理念相对应的新的营销理念。

传统营销活动中最能体现强势营销特征的促销手段有两种：传统广告和人员推销。在传统广告中，消费者常常是被迫地、被动地接收广告信息的"轰炸"，目标是通过不断的信息灌输方式在消费者心中留下深刻的印象，至于消费者是否愿意接收、需要不需要则不考虑；在人员推销中，推销人员根本不考虑被推销对象是否愿意和需要，只是根据推销人员自己的判断强行展开推销活动。

在互联网上，由于信息交流是自由、平等、开放和交互的，强调的是相互尊重和沟通，网上使用者比较注重个人体验和隐私保护。因此，企业采用传统的强势营销手段在互联网上展开营销活动势必适得其反，软营销理论强调企业进行市场营销活动的同时必须尊重消费者的感受和体验，让消费者能舒服地主动接收企业的营销活动。网络本身的特点和消费者个性化需求的回归，使得网络营销成为一种"软营销"。网络软营销采用拉式策略吸引消费者关注企业来达到营销效果。但需注意，传统的强势营销和网络的软营销并不是完全对立的，两者的巧妙结合往往会收到意想不到的效果。

3. 直复营销理论

直复营销是一种为了在任何地方产生可度量的反应或达成交易而使用一种或多种广告媒体的相互作用的市场营销体系。直复营销的"直"来自英文的"direct"，即直接的意思，指不通过中间分销渠道而直接通过媒体连接企业和消费者；直复营销中的"复"来自英文的"response"，即"回复"的意思，指企业与客户之间的交互，客户对这种营销能够有一个明确的回复，企业可以统计到这种明确回复的数据，由此可以对以往的营销效果进行评价。"回复"是直复营销与直接销售的最大区别。直复营销就是指与消费者或企业直接进行沟通，企业能直接产生回应的营销方式。

直复营销具有信息交流双向性、沟通反馈及时性、全球性与持续性、结果可测性等特点。

网络营销的最大特点就是将网络作为企业与消费者之间交互式的可以双向沟通的渠道和媒体，消费者可以直接通过网络订货和付款，企业可以通过网络接收订单、安排生产，直接将产品送给消费者，同时还可以获得客户的其他数据甚至建议，所以，仅从网上销售来看，网络营销是一类典型的直复营销。

直复营销与其他营销方式相比，具有以下优点：①借助互联网，企业与客户之间可以实现直接的一对一的信息交流与沟通。②互联网的方便、快捷使得客户可以方便地通过互联网直接向企业提出建议和购买需求，也可以直接通过互联网获得售后服务。③企业可以从客户的建议、需求和要求的服务中，找到自身的不足，按照客户的需求进行经营管理，减少营销费用。④网络直复营销效果是可测试、可度量和可评价的。有了及时的营销效果评价，就可以即时改进以往的营销努力，从而获得更满意的结果。

4. 网络关系营销理论

关系营销的实质是在买卖关系的基础上建立非交易关系，以保证交易关系能够持续不断地确立和发生，其目标是建立和发展个人与组织的长期关系。关系营销的核心是保持客户，通过加强与客户的联系，提供高度满意的产品或服务，达到与客户保持长期关系，并在此基础上开展营销活动、实现企业营销目标的目的，是一种双赢策略。

在网络关系营销理论中，互联网作为一种有效的双向沟通渠道，企业与客户之间可以实现低费用成本的沟通和交流，它为企业与客户建立长期关系提供了有效的保障。首先，利用互联网企业可以直接接收客户的订单，客户可以直接提出自己的个性化需求。企业根据客户的个性化需求利用柔性化生产技术最大限度地满足客户的需求，为客户在消费产品和服务时创造更多的价值。企业也可以从客户的需求中了解市场、细分市场和锁定市场，最大限度地降低营销费用，提高对市场的反应速度。其次，利用互联网，企业可以更好地为客户提供服务并与客户保持联系。互联网不受时间和空间限制的特性能最大限度地方便客户与企业进行沟通，客户可以借助互联网在最短时间内以简便方式获得企业的服务。同时，通过互联网交易，企业可以实现对整个从产品质量、服务质量到交易服务等全过程质量的控制。

此外，通过互联网企业还可以实现与企业相关的组织建立关系，实现双赢发展，如图 4-2 所示，包括供应商、分销商、影响者、竞争者、客户及企业内部市场。互联网作为最廉价的沟通渠道，能以低廉成本帮助企业与企业的供应商、分销商等建立协作伙伴关系。

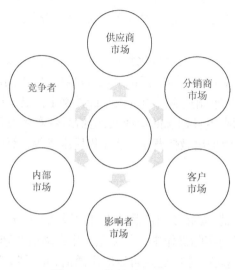

图 4-2　网络关系营销理论

网络关系营销实施的原因：①企业通过服务客户等手段为保持客户所支出的费用远远小于争取新客户的费用；②在商品交易过程中，客户支付资金获得使用价值，企业让产品实现价值获得利润，这说明两者之间有着共同的利益，可以通过长期合作实现双赢。

4.1.6　网络营销的特点

网络营销具有传统营销不具备的许多独特的、十分鲜明的特点，具体表现如下。

1. 跨时空性

营销的最终目的是占有市场份额，由于互联网本身的跨时空特性，脱离时空限制达成交易成为可能，企业能有更多时间和更大的空间进行营销。国际营销是企业在更大范围进行的营销活动。随着跨境电子商务的强力推进，电子商务网站聚集了全世界越来越多的生产者和消费者，网络营销真正实现了世界市场的拓展，成为企业拓展国际市场的一种重要的营销方式。

2. 整合性

网络营销可以从商品信息发布到售后服务一气呵成，因此也是一种全程的营销渠道。整合资源成为企业开展网络营销的重要手段。借助互联网，企业可以将不同的传播营销活动进行统一设计规划和协调实施，以统一的传播资讯向消费者传达信息，避免因传播方式不一致而产生的消极影响。

互联网虚拟市场的出现，将所有的企业，不论是大企业还是中小企业，都推向了一个世界统一的市场。传统的区域性市场正在被一步步打破，整合线下和线上资源开展营销活动是每个企业都面对的新任务，否则这个企业难以在网络世界中生存。

3. 个性化

在网络市场上，消费者将拥有比过去更大的选择自由。他们可以根据自己的个性特点和需求在全球范围内寻求所需产品，比较价格；还可以根据自己的爱好在网络上开展定制业务。这种个性消费的发展促使企业必须重新考虑其营销战略，以满足消费者的个性需求作为企业的出发点。

网络营销的最大特点在于它的个性化营销。通过数据挖掘技术，电子商务网站完全可以掌握客户的各种偏好，并采取不同的营销手段满足客户的不同需求。精准营销因此成为非常时髦的名词。例如，汽车制造商推出的汽车配件网上点选，运动鞋生产商根据消费者在网站上提出的需求定制有生日标志的运动鞋；电信运营商将消费者分为主动接触型和被动接触型两类；商品零售商推出微信营销、老年售后服务等，都反映出在网络时代营销个性化的新趋势。

4. 交互性

企业必须实行全程营销，即必须由产品的设计阶段就开始充分考虑消费者的需求和欲望。遗憾的是，在网络营销实际操作中，很多企业用自动语音和机器人来与消费者对话，消费者体验感较差。人是感性动物，企业可以应用微信、电子邮件、网上论坛等多种方式，在营销全过程为消费者提供全面及时的互动服务。

在营销过程中，企业也可以利用"威客"等方式，寻求最好的产品设计思路和营销方法。消费者也有机会针对产品设计、产品定价、产品服务等一系列问题发表意见。这种双向互动的信息沟通方式提高了消费者的参与性和积极性。

4.2　网络市场营销调研

没有市场调研，就把握不了市场。网络市场调研是网络营销前期工作最重要的环节之一，通过网络市场调研可以清楚地分析企业的目标市场和营销环境，为经营者细分市场、识别受众需求以及确定营销目的提供相对准确的营销依据。网络市场调研主要利用互联网交互式的信息沟通渠道来实施调查活动。网络市场调研的重点是如何利用有效工具和手段实施调查与收集整理资料，如何在信息海洋中获得想要的资料信息和分析出有用的信息。

4.2.1　网络市场营销调研的含义与特点

1. 网络市场营销调研的概念

网络市场营销调研是指以科学的方法，系统地、有目的地收集、整理、分析和研究所有与互联网市场和实体市场有关的信息，重点把握有关网络消费者的需求、购买动机和购买行为等方面的信息，从而把握互联网市场现状和发展态势，有针对性地制定网络营销策略，以取得良好的网络营销效益。

网络市场营销调研除了利用传统市场调研的方式，还增加了互联网调研技术。通过网络系统将所需要的数据收集起来，汇集到数据库中。调研所获得的数据和调研报告经过分析与筛选，可以比较方便地收集到所需要的资料，并且可以随时更新，这些是在传统模式中很难实现的。

应当强调的是，网络市场营销调研的核心不单单是调查方法的改变，而是将调研的重点从实体市场转向互联网市场，以及实体市场与互联网市场的结合，侧重网络营销渠道和网络消费者的行为习惯。

2. 网络市场营销调研的特点

（1）调研信息的及时性和共享性。网络的传输速度非常快，调研信息不受地域限制，能迅速传递给网络用户，调查者也能及时看到调研结果；同时，网上调查是开放的，任何网民都可以参与。

（2）调研方式的便捷性和经济性。在网络上开展调研，只需要有上网设备即可。调查者只需要在相关平台上发出电子调查问卷，网民即可自愿填写，调研结束将反馈数据存储于数据库，并通过统计分析软件对访问者反馈回来的信息进行整理和分析，从而节省了传统调研中所耗费的大量人力和物力。

（3）调研过程的交互性和充分性。网络的最大优势就是交互性。在网上调查时，调查者可通过被调查者反馈的信息及时评判问卷设计是否合理，纠正调研结论中的偏差；同时，被调查者在填写问卷时没有任何限制和顾虑，可以自由地、充分地表达自己的看法。

（4）收集信息的可检验性和可控制性。利用互联网收集调研信息，可以系统地、有效地对采集的信息实施质量检验和控制。首先，网络市场调研问卷可以附加全面规范的指标解释，有利于消除因对指标理解不清或调查员解释口径不一而造成的调查偏差；其次，问卷的复核检验由计算机依据设定的检验条件和控制措施自动实施，可以有效地保证对调查问卷 100%的复核检验，保证检验与控制的客观公正性；最后，通过对被调查者的身份验证技术可以有效地防止信息采集过程中的舞弊行为。

4.2.2　网络市场营销调研的步骤

（1）确定调研目标。网络市场营销调研是针对互联网市场开展的一项有目的的活动。在开展调研前，需要认真地研究调研事项，确定调研目标。只有这样，才能有效地设计营销调研的方案，为营销决策提供有用的信息。

（2）制订调研计划。调研计划是对调查本身的具体设计。需要确定资料来源、调查对象、调查内容和调查方法等。

（3）收集信息资料。编写调查问卷，发放问卷，最后存储反馈的调查信息。收集信息资料有两个途径：直接调研法和间接调研法。

（4）分析信息资料。要分析获得信息资料的渠道是否可靠；分析信息资料内容的准确性；分析信息资料间的相互关系和变化规律。营销调查人员通过使用一种或几种常见的方法组织和分析数据，包括单向频率分布法、交叉表格法和精确的统计分析法等，目前国际上通用的分析软件有 Excel、SPSS、SAS 等。

（5）撰写调研报告。在分析信息资料完成之后，调研人员必须撰写调研报告，归纳调研结论并提出政策营销决策建议。调研报告应梳理信息资料和调研数据，使管理人员确信调研的结果是可信赖的，所提出的营销决策建议应当符合市场销售情况和竞争态势。

4.2.3　网络市场营销调研的方法

网络市场调研的方法包括网络直接调研和网络间接调研。网络直接调研包括网络问卷法、网络实验法、网络观察法和在线专题讨论；网络间接调研包括搜索引擎搜索、专业数据库和专业调研机构。

1. 网络直接调研

网络直接调研是指利用网络直接进行网络问卷调查，收集第一手资料，并进行分析的调查方式。它适合针对特定问题进行的专项调查。网络直接调研方法有以下四种。

（1）网络问卷法。网络问卷法具体形式包括：①将问卷发布在专业问卷调查平台上，如问卷星、问卷网，问卷发布后等待访问者填写，也可以发布在企业官方网站、APP 或微网站的网页上，邀请企业网页的访问者进行填写。这种方法的缺点是无法对问卷调查者的真实情况进行记录。②通过 E-mail 发出填写问卷邀请，需要调查者花费一段时间进行前期调查对象的筛选。

（2）网络实验法。网络实验法是一种由调研人员控制一个或多个实验变量，来衡量对一个或多个相关因变量产生效果的研究方法。例如，企业将新的软件投放市场时，测试其实际市场行为，征集测试用户的体验感受及改进意见，调研结果可以作为厂商改进产品的参考。

（3）网络观察法。通过网页设置或软件分析工具，观察消费者的行为并加以记录的方法。如设置计数器，网站可以在后台设置流量计数器，这样不仅可以掌握消费者的数量，还可以了解市场趋势。再有通过 Cookies 技术来识别老客户，发现新客户。

（4）在线专题讨论。通过访谈来收集定性数据，传统小组讨论在网络上的应用。通过即时聊天工具建立群，在参与者之间进行交流。如讨论组、论坛、各种微群等形式。

2. 网络间接调研

网络间接调研是指企业利用互联网络发掘和了解客户需求、市场机会、竞争对手、行业潮流、分销渠道以及战略合作伙伴等方面的情况，针对特定营销环境进行简单调查设计、收集资料和初步分析的活动。网络间接调研方法主要有以下三种。

（1）搜索引擎搜索。搜索引擎是互联网上使用最普遍的网络信息检索工具，可以获得大量的一手资料和二手资料。如国内的百度、搜狗、爱问等，国外的谷歌、雅虎、必应等。

（2）专业数据库。专业数据库可以给企业或个人提供专业数据支持。如国内的中国知网、万方数据、国研网等，国外的 EBSCO、DIALOG、WoS 等。

（3）专业调研机构。专业调研机构是专门从事各个行业数据调研、市场预测和行业研究的机构。国内的如艾瑞咨询、赛迪网等，国外的如 Gartner Group、Nielsen 等。

4.2.4　网络市场营销调研的内容

要做好网络营销，必须做好市场调研。例如，某企业的产品网络销售量上升得很慢，是什么原因造成的？是竞争者抢走了自己的生意？还是经济衰退的影响？下面将提供给企业一些网络调研的方向和内容，以提升企业的网络营销能力。网络营销市场调查的内容涉及市场营销活动的整个过程，具体包括以下环节。

（1）网络营销环境调研。每一个企业都要在一定的环境中营销，只有充分认识环境，才能正确地开展营销活动。网络营销环境调研的重点是国家经济发展状况、网络人口状况、网络技术应用、网络营销秩序、物流基础设施建设及电子支付等方面的情况。

（2）网络消费者调研。网络消费者是互联网市场经济活动的中心，网络消费者调研主要是了解网络消费者的基本分布，分析其购买动机、购买行为、购买习惯以及新产品进入市场时的反应等。

（3）需求调研。需求调研主要是对现有市场特性、产品的占有率以及不同细分市场的需求状况进行的调查，分析企业产品市场的进入策略和拓展策略等。

（4）产品调研。产品调研主要调查研究企业产品在现有实体市场和互联网市场上的销售情况，对于新产品，应着重调查市场进入的状况；对于新进入互联网市场的产品，应着重了解产品对于互联网市场的适应能力。

（5）销售调研。销售调研是针对产品在实体渠道和网络渠道的销售数量进行的调查与分析，主要是分析产品在不同市场或不同时期的销售变动规律，以便正确选择合理的销售渠道、广告策略及促销手段和方法。

（6）竞争对手调研。通过调研，掌握本企业产品在互联网市场上的竞争对手状况，了解竞争对手所拥有的互联网市场份额、网络资源和网络营销方法等。应特别注意的是，实体市场上的竞争对手分析和互联网市场上的竞争对手分析不完全相同，但二者联系密切，需要做相关分析。

（7）价格调研。价格调研主要是对产品定价研究、价格组合策略等进行的调研。网上、网下价格的差别是目前困扰企业开展网络销售的重要障碍。要详细了解本企业产品互联网市场价格与出厂价格、与实体市场批发价格和零售价格之间的关系，了解本企业产品的互联网市场价格与竞争对手产品的互联网市场价格和实体市场价格的区别，为企业正确制定互联网市场价格提供有参考价值的资料。

（8）网络广告调研。网络广告是互联网市场营销活动的有力工具，它对企业的发展及企业互联网市场的开拓具有极大的影响力。因此，广告的调研在整个网络营销工作中非常重要。网络广告调研主要是对广告媒体及媒体选择、广告受众以及公众对广告的反应、广告制作技术和广告效果等进行的调研。

4.3　网络营销策略选择的内容

4.3.1　STP 营销规划

市场细分的概念是美国市场学家温德尔·史密斯（Wended Smith）于 20 世纪 50 年代中期提出来的。此后，美国营销学家菲利浦·科特勒进一步发展和完善了温德尔·史密斯的理论并最终形成了成熟的 STP 理论，即市场细分（segmentation）、目标市场选择（targeting）和市场定位（positioning），是现代市场营销的核心内容。

市场细分是指营销者通过市场调研，依据消费者的需要和欲望、购买行为和购买习惯等方面的差异，把某一产品的市场整体划分为若干消费者群的市场分类过程。每一个消费者群就是一个细分市场，每一个细分市场都是具有类似需求倾向的消费者构成的群体。

市场细分的依据包括地理因素、人口因素、行为因素和心理因素等。地理因素即消费者所处的地理环境，如地区、城市规模、气候、交通等；人口因素包括年龄、性别、职业、收入、受教育程度、宗教、民族、家庭结构等；行为因素包括使用者状况、使用频率、购买习惯等；心理因素包括使用者性格、品牌忠诚度等。例如，宝洁公司经过细心的化验发现东方人与西方人的发质不同，于是开发了营养头发的潘婷，以满足亚洲消费者的需求。宝洁公司针对不同地区，主推的产品也不一样，如在偏远的山区，则推出了汰渍等实惠便宜的洗涤产品，洗发水有飘柔等实惠的产品。对于北京、上海、香港以及更多的国际大都市，则主推玉兰油、潘婷等高端产品。

在一定的市场细分基础上，企业可以根据自身战略和产品情况从子市场中选取有一定规模和发展前景，并且符合其战略目标和能力的细分市场作为其目标市场。随后，企业需要将产品定位在目标消费者所偏好的位置上，并通过一系列营销活动向目标消费者传达这一定位信息，让他们注意到品牌，并感知到这就是他们所需要的。

网络市场的产品供应多元化与市场需求的差异性，决定了企业在开展网络营销之前，也必须进行网络市场的划分，其思路和方法与传统市场细分基本相同。当今，网络销售商开始建立数据仓库，把客户的名字、前景以及其他信息输入其中，营销人员在数据仓库中进行数据挖掘以发现新的市场细分和利基，之后他们将特定的市场供给品提供给潜在客户，这是经典的市场细分。

网络市场的划分可以为企业认识网络消费市场、研究网络市场，从而为选定网络目标市场提供依据。

STP 营销规划是企业制定产品策略、价格策略、渠道策略和促销策略等的必备前提与基础，如图 4-3 所示。企业在进行网络营销策略选择时，需要从客户需求的角度思考如何

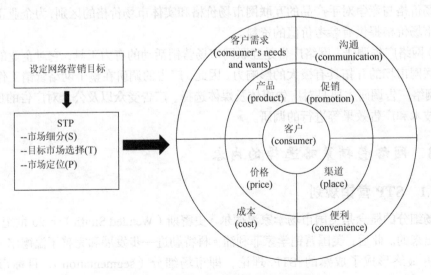

图 4-3　STP 营销规划与网络营销策略的关系

设计和研发产品,从客户成本的角度考虑如何制订最合理的价格,从与客户如何实现沟通的角度思考促销和推广的方式,从客户购买的便利性的角度来确定企业渠道的选择,此外,客户需求本身对于产品价格也有着直接的影响。作为营销的基本理论,4Ps 和 4Cs 的营销策略组合原则都在日常营销实践中被广泛应用。

4.3.2　网络营销的产品策略

网络营销产品是企业在网络营销过程中为满足网络消费者的某种欲望和需要而提供给他们的企业网站、相关资讯、企业生产的产品与服务的总和。

1. 网络营销产品的概念

营销学中产品是一个整体概念。传统市场中产品由实质层、实体层和延伸层三个层次构成,如图 4-4 所示。实质层又称核心产品层,包括产品的核心利益或服务;实体层又称有形产品层,由质量、包装、品牌、特色、款式等组成;延伸层又称附加产品层,主要涉及安装、保证、交货和信用、售后服务等。

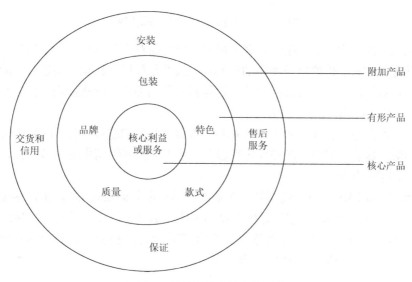

图 4-4　传统市场中的产品构成

如图 4-5 所示,网络营销产品在原产品层次上增加了两个层次,即期望产品层次和潜在产品层次。

(1)核心产品层次:消费者真正需要的基本效用、利益,是产品能够提供给消费者的基本效用和利益。如购买一台计算机是为了上网、学习、管理。在网络营销时代,产品的研发、设计更加注重产品的核心利益层次,而非产品本身。

(2)有形产品层次:产品的具体形式,是核心产品层次的物质载体。客户对产品的首要印象一般来源于有形产品的外在形式。因此,无论是有形产品的质量、品牌还是包装都相当重要。

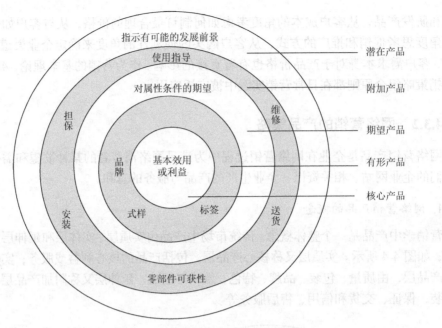

图 4-5   网络营销市场中的产品构成

（3）期望产品层次：客户在商品交易过程完成之前对产品本身所产生的期望，包括产品本身的质量、款式、价格以及使用的便利性、人性化程度，甚至购买过程中的体验。例如，购买一台计算机，客户通常期望这台计算机是著名品牌、价格适当、合理的内存硬盘等的配置，而且还有保修等售后服务。

（4）附加产品层次：客户购买产品和服务所得到的附加服务。对于网络销售的实体产品，包括包装、送货、安装、保修等售后服务，对于通过网络销售的虚拟产品，则包括后期的培训、沟通、保证。

（5）潜在产品层次：由于购买某一企业的产品或服务而获得的远期的利益或者服务，主要是产品的一种增值服务，它与延伸产品的主要区别是客户没有潜在产品层次仍然可以很好地使用客户所需产品的核心利益和服务。潜在产品层次指明了该类产品未来的发展方向。如软件公司为用户提供的免费升级、维护服务。

2. 网络营销产品的分类

网络营销产品根据存在形态可以分为实体产品和虚拟产品。实体产品如消费品、工业品等，虚拟产品如数字商品、软件及在线服务等。其中虚拟产品中的数字产品随着数字经济不断发展，种类越来越丰富，如电子书、网络视听产品等。

通过互联网提供的在线服务的种类很多，大致可分为三类：第一类是情报服务，如股市行情分析、金融信息咨询、医药咨询、法律查询等；第二类是互动式服务，如网络交友、电脑游戏、远程医疗、法律救助等；第三类是网络预约服务，如预订机票、车票，代购球赛、音乐会入场券，提供旅游预约服务，医院预约挂号，房屋中介服务等。

3. 网络营销产品策略类型

（1）产品的定位选择策略。网络营销的产品和服务应尽量是数字化的，对于非数字产品或服务，应尽量制定标准，提高消费者对产品与服务的认识和信心。

（2）产品的品牌策略。数字经济环境下，借助信息技术、网络技术等，供应链资源将得到进一步整合，商品竞争进一步加剧。开展网络营销的企业必须从一开始就考虑品牌的建设与品牌的全球化发展，而这些可以通过实施名牌战略或者与有声誉的知名公司进行合作来实现。另外，需注意品牌的差异化和无形价值。

（3）产品的服务策略。电子商务的出现使营销服务得到了真正履行，它包括产品的包装、送货、维修或客户认为有价值的其他东西。

（4）新产品开发策略。在为客户服务的过程中，捕捉新产品开发的创意，注重消费者感到不满、不快、不平、不便的方面的研究与改进；注重消费者欢迎、要求与希望的方面的研究与利用；着眼于国内外流行现象的观察与利用。

（5）产品定制化策略。网络营销是消费者拉动模式，个性化定制使得市场细分达到了极限，每个客户被看成是一个微型市场，目标市场更加明细化，企业必须具有根据每个客户的特别要求定制产品或服务的能力。

4.3.3　网络营销的定价策略

网络营销定价是指给网络市场上的产品和服务制定一个合理的价格。价格是营销组合中最为活跃和敏感的因素。与传统营销相比，基于网络进行营销的企业承受着更大的价格压力。

1. 网络产品价格特征

与传统市场产品价格相比，网络市场的产品价格具有如下特点。

（1）全球性。网络营销市场面对的是开放的和全球化的市场，用户可以在世界各地直接通过网站进行购买，而不用考虑网站属于哪一个国家或者地区。网络营销下的目标市场从过去受地理位置限制的局部市场拓展到范围广泛的全球性市场，使得网络营销产品定价时必须考虑目标市场范围的变化给定价带来的影响。

（2）价格透明。网络使得各个企业的定价透明化，特别是标准化产品的价格水平趋于一致。除此之外，消费者的主动性和讨价还价的能力也在增强。

（3）客户主导定价。在数字经济环境下，消费者个性化需求更加明显，市场竞争进一步加剧，客户在定价过程中具有越来越高的主导权，产生了基于客户主导的商品定价模式，如客户定制定价、商品使用定价等。

2. 网络营销定价方式

（1）低价策略。网络市场上商品整体呈现低价趋势。网络渠道帮助企业减少了中间流通环节，借助信息技术极大地节省了人力成本，企业有机会为客户提供更多让利。网上的价格低于传统有形市场上的价格，恰好满足客户追求低价的消费需求，从而吸引消费者和商家的参与。

（2）定制定价策略。消费者往往对产品外观、颜色、样式等方面有具体的内在个性化需求，定制定价策略就是利用网络互动性和消费者的需求特征，来确定商品价格的一种策略。网络的互动性能使个性化营销成为可能，也使定制定价策略成为网络营销的一个重要策略。如阿里的犀牛工厂借助信息技术支持服装的按需定制，由客户需求驱动生产系统。通过柔性制造系统，犀牛工厂可实现 100 件起订，7 天交货，实现了从"从 5 分钟生产 2000 件相同产品"跨越到"5 分钟生产 2000 件不同产品"。

（3）集体议价策略。集体议价策略根据供应者以及需求者的竞争状况及其他因素，设立自动调价系统；同时，建立与消费者直接在网上协商价格的集体议价系统，使价格具有灵活性和多样性，从而形成最终价格。

（4）折扣定价策略。营销实践中，网上商品可采用传统的折扣定价策略，如数量折扣，即企业在网上确定商品价格时，可根据消费者购买商品所达到的数量标准，给予不同的折扣。购买量越多，折扣越大。企业还可以按照季节、金额进行折扣定价，如经常使用的反季促销折扣、满额减销售策略。

（5）使用次数定价策略。消费者根据使用次数进行付费，对产品或相关服务拥有使用权，而不需要将产品完全购买。如 SaaS 一般采用的是按次数定价的方式。

（6）特殊商品定价。网络市场上商品种类越来越丰富，有一些特殊商品并不是为实现商品本身的使用功能，而是为了满足目标群体特殊需求而设计生产、销售的。这类商品进行价格制定有特殊的规则。如收藏品、奢侈品、纪念品等。

以上为企业常见的定价策略，现实中，企业需要根据所生产产品的性质和网络市场的发展态势来选择合适的价格策略。但无论采用何种策略，企业的定价策略都需要与其他策略相配合，以保证企业总体营销策略的实施。

4.3.4　网络营销的渠道策略

1. 网络营销渠道的概念

广义上讲，网络营销渠道是企业与消费者、企业与协作厂商之间的外部网络渠道，以及企业各生产环节的内部网络渠道相互连接而构成的信息沟通、资金流通的企业网络渠道。狭义上讲，网络营销渠道就是借助互联网将产品从生产者转移到消费者的中间环节。合理的网络营销渠道一方面可以最有效地将产品即时提供给消费者，满足用户的需要；另一方面也有利于扩大销售，加速物资和资金的流转速度，降低营销费用。

根据有无中间环节，网络营销渠道可分为直接分销渠道和间接分销渠道。由生产者直接将商品卖给消费者的营销渠道称为直接分销渠道；而至少包括一个中间商的营销渠道则称为间接分销渠道。如图 4-6 所示，传统营销渠道根据中间商数目的多少，将营销渠道分为若干级别。直接分销渠道没有中间商，因而称为零级分销渠道；间接分销渠道则包括一级、二级、三级乃至级数更高的渠道。如图 4-7 所示，网络营销渠道模式中的直接分销渠道和传统的直接分销渠道一样，都是零级分销渠道；而其间接分销渠道结构要比传统营销渠道简单得多，网络营销中只有一级分销渠道，即只存在一个网络中间商（如京东、淘宝、苏宁易购等平台）来沟通买卖双方的信息，而不存在多个批发商和零售商的情况，因而也就不存在多级分销渠道。

在进行网络分销决策时，会有很多企业同时使用网络直接销售渠道和网络间接销售渠道以达到销售量最大的目的，称为双渠道策略。例如，张裕集团采用直供网＋天猫旗舰店结合的方式进行产品销售。

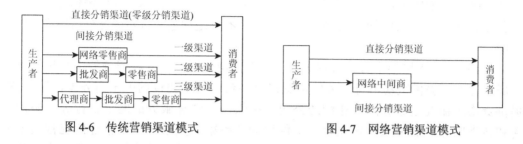

图 4-6　传统营销渠道模式　　　　　　　图 4-7　网络营销渠道模式

2. 网络营销渠道冲突产生的原因

1）客观原因

（1）传统渠道的抵制态度。当原先拥有传统渠道系统的企业引入网络渠道时，传统渠道唯恐网络渠道功能的日益完善会侵占自己最后的生存空间，难免试图将其扼杀于襁褓之中。传统经销商的不合作直接导致了网络渠道与传统渠道的冲突，使企业在引入网络渠道时举步维艰。

（2）渠道之间的资源争夺。多渠道的采用不可避免地带来了渠道之间的资源争夺，这种争夺主要体现在两个方面：对企业自有资源的争夺和对市场份额资源的争夺。企业的资本、人力、产品以及技术等都是有限的，网络渠道与传统营销渠道之间势必会发生对这些资源的争夺，造成企业资源的非最佳配置；而当它们在同一个市场内争夺同一客户群时，同样会引发利益冲突，致使双方渠道成员不满以及消费者茫然失措。从组织行为学的角度看，这些争夺是不可避免的。

2）主观原因

在进行渠道变革时，企业必然面临如何合理设计渠道间关系、协调渠道成员行为等问题，因此，企业必须将渠道冲突控制在不会造成危害的水平。许多企业由于渠道管理能力低下、多渠道运作经验不足，未能掌握新旧渠道在愿景目标、经营特点以及市场定位上的差异，未能摸索到适合自己行业、产品等要求的渠道整合模式。不合理的复合渠道策略非但不能达到在新旧渠道间取长补短的预期目标，更会导致冲突产生或冲突恶化，助长渠道系统的"自主意识"和不稳定性。

对于大多数国内企业而言，整合传统渠道和网络渠道的能力普遍较弱，常见的表现有：企业在某一区域市场内未能合理规划使用两类渠道，致使同一客户群在不同的渠道上接触到企业的同类产品，客户可能会由于接收到有差异的信息而产生对该产品甚至该企业的怀疑，而渠道间也会因为争夺客户进行价格战或促销战，产生冲突。即使对网络渠道和传统渠道采用了相应的渠道政策与分销手段，但缺乏在两类渠道间必要的沟通和说明，导致部分渠道成员的不满，致使两类渠道不能形成强有力的凝聚力。

3. 渠道整合策略的建议

（1）实行多元化的营销渠道模式整合。戴尔计算机公司在互联网上将生产的计算机直接销售给消费者，公司40%以上的销售额来自这种直销经营。同时，戴尔成功地实施了多渠道营销策略，除了大规模通过网站直销外，戴尔还通过第三方交易平台开展网络营销；建立一支大规模的直销队伍，向不同领域的潜在客户发送大量促销信件；为销售和服务部门设立了电话呼叫中心等。多渠道营销有力地促进了戴尔的计算机销售量的稳定增长。

（2）构建合作伙伴型营销渠道关系。网络营销使得提供专项服务的中介机构蓬勃发展。例如，提供交易信息服务的信息撮合平台、网站建设的电子商务硬件服务商、提供货物运输配送服务的专业配送公司、提供网上结算服务的网上银行等，协调厂商和各类服务商的关系，建立合作伙伴型的营销渠道关系，对于整合传统营销渠道和网络营销渠道，减少各个环节的阻力，提高企业营销的整体效率都具有非常重要的意义。

（3）实现营销信息的共享。沟通不同渠道的客户信息，对于降低整个营销成本，提高营销效率，扩大市场占有率都具有非常重要的作用。渠道之间信息的相互沟通，可以使网络渠道销售的产品方便地在网下门店得到售后服务，大大改善了客户的体验；传统营销渠道忠诚的老客户也可以转化成为网络营销渠道的新成员。如果渠道信息整合成功，那么企业在服务质量方面将会大大提升。

（4）建立完善的物流配送体系。一般来说，产品分为有形产品和无形产品。对于无形产品，如服务、软件、音乐等，可以直接通过网络进行配送；对于有形产品，则要涉及运输和仓储问题。在渠道整合中，应加强物流配送体系的建设，保证有形产品在各类渠道中都能够快速、准确、安全送达，使客户从不同渠道都感受到企业的可靠服务。

4. 网络直销策略的建议

伴随网络直销业务的不断发展，企业对直销的关注度不断提高。在进行网络直销策略制定时，企业可从以下几方面考虑。

（1）目标市场的大小：一般来说，企业的目标市场范围越小，面对最终消费者进行网络直销的可能性就越大。

（2）商品特性：产品单价高、产品技术性复杂，可采用网络直销策略。

（3）企业条件：如果企业实力强大，能够建立自己的网上销售网络，则实行直接销售，反之，应选择利用中间商推销产品。

（4）营销环境：商品配送能力比较强的地区可以选择网络直销方式，反之，有可能因为配送成本太高，而导致直销无法进行。

（5）传统渠道的影响：企业采用网络直销模式，会对传统渠道构成影响，企业要考虑替代的效果。如果中间商在广告、运输、存储、信用、训练人员和送货方面的作用不能用网络来代替，企业就不能全部采用直销渠道。

4.3.5　网络营销的促销策略

网络促销是指利用现代化的网络技术向虚拟市场传递有关产品和服务信息，以启发需求，引起消费者的购买欲望和购买行为的各种活动。网络促销可以分为四大类。

1. 营销节点网络推广

进入数字经济时代，众多企业在网络营销过程中建设了一个或多个网络营销中心节点，如企业官方网站、网店、微站、APP 等。为了提高这些营销节点的影响力、增加访问量，提升产品与品牌知名度，企业采用各种工具方法推广这些营销节点。例如，通过提供免费资源与服务吸引目标群体注册访问。通过免费资源与服务促销是互联网上最有效的法宝，通过这种促销方式取得成功的站点很多，有的提供免费信息，有的提供免费贺卡、音乐、软件下载，从而扩大站点的吸引力。

2. 直接销售促进

顾名思义，企业为达到特定的营销目标，设计各种活动刺激目标人群的访问、参与和购买。直接销售促进包括折扣促销、赠品促销、网络抽奖促销、积分促销、网络联合促销等形式。

（1）折扣促销。由于网络销售商品不可试用、触摸等，再加上配送成本和付款方式的复杂性，造成网络购物和订货的积极性下降。而幅度比较大的折扣，可以促使消费者进行网络购物的尝试并做出购买决定。

（2）赠品促销。赠品促销的优点主要是：可以提升品牌和网站的知名度；鼓励人们经常访问网站以获得更多的优惠信息；根据消费者索取赠品的热情程度而总结分析营销效果和产品本身的反映情况等。赠品促销应注意赠品的选择，最好选择适当的、能够吸引消费者的产品和服务。

（3）网络抽奖促销。网络抽奖活动主要适用于调查、产品销售、扩大用户群、庆典、推广某项活动等。消费者或访问者通过填写问卷、注册、购买产品或参加网络活动等方式获得抽奖机会。

（4）积分促销。网络积分活动很容易通过编程和数据库等来实现，并且结果可信度高，操作起来相对较为简便。积分促销一般设置价值较高的奖品，消费者通过多次购买或多次参加某项活动来增加积分以获得奖品。积分促销可以增加上网者访问网站和参加某项活动的次数；可以增加上网者对网站的忠诚度；可以提高活动的知名度等。

（5）网络联合促销。由不同商家联合进行的促销活动称为联合促销，联合促销的产品和服务可以起到一定的优势互补、互相提升自身价值等效应。如果应用得当，联合促销可起到相当好的促销效果。网络公司可以和传统商家联合，以提供在网络上无法实现的服务，如网上销售汽车的公司和传统的润滑油公司联合开展促销活动等。

3. 网络公关

网络公关又称线上公关或 e 公关，企业利用网络信息技术、通信技术等表达手段营造企业形象。网络公关是以传统的公关理论为基础，并从公关业与网络特征等方面出发，在网络经济中创新并演绎新的公关观念。网络公关意在改善、促进公众关系和谐发展，在利用互联网传播方式的同时接受以互联网的形式与公众交流互动，接受目标群体的建议，增强企业与各类媒体之间的良好关系。

4. 网络广告

网络广告是现代企业网络营销战略的重要组成部分，是企业利用网络信息技术、多媒体技术等在互联网上进行产品与品牌信息宣传的有偿信息传播活动，如电子邮件广告、信息流广告、原生广告、旗帜广告等。

4.3.6　网络营销的服务策略

互联网与其他媒体截然不同之处在于网络的互动性，最能发挥这种特性的是网络客户服务，而通过实施交互式的网络服务产品策略，提供满意的客户服务正是许多企业网络营销成功的关键所在。

1. 服务层次

客户所需服务按顺序划分为四个层次：①为满足个性化的需求，客户需要了解产品和服务信息，企业应在网站提供详细的产品和服务资料，利用网络信息量大，查询方便和不受时空限制的优势，满足客户的需求。②客户在进一步研究产品和服务时，可能遇到问题需要在线帮助。③对于难度更大或者网络营销站点未能提供答案的问题，客户希望能与企业人员直接接触，寻求更深入的服务，解决更复杂的问题。④客户希望积极参与到产品的设计、制造、配送和服务整个过程，追求更符合个性要求的产品和服务。

2. 服务类型

客户服务是指企业通过营销渠道，为满足客户的需求，提供包括售前、售中和售后等一系列服务。

1）售前服务

网络营销售前服务主要是提供信息服务。提供售前服务的方式主要有两种：一种是通过自己的网站宣传和介绍产品信息，这种方式要求企业的网站必须要有一定的知名度，否则很难吸引客户注意；另一种是通过网络虚拟市场提供商品信息，企业可以免费在上面发布产品信息广告，提供产品样品。除了提供产品信息，还可以提供产品相关信息，包括产品性能介绍和同类产品比较信息。为方便客户准备购买，还可以介绍产品如何购买的信息，产品包含哪些服务，产品使用说明等。总之，提供的信息要让准备购买的客户"胸有成竹"，客户在购买后可以放心使用。

2）售中服务

网络售中服务主要是指销售过程中的服务。这类服务是指产品的买卖关系已经确定，等待产品送到指定地点的过程中的服务，如了解订单执行情况、产品运输情况等。在传统营销部门中，有30%～40%的资源是用于应对客户对销售执行情况的查询和询问等，这些服务不但浪费时间，而且非常琐碎难以给客户满意的回答。特别是一些跨地区的销售，客户要求服务的比例更高。而网络销售的一个特点是突破传统市场对地理位置的依赖和分割，因此网络销售的售中服务非常重要。所以，在设计网络销售网站时，在提供网络订货功能的同时，还要提供订单执行查询功能，方便客户及时了解订单执行情况，同时减少因网络直销带来的客户对售中服务人员的需求。

3）售后服务

网络售后服务就是企业借助互联网直接沟通的优势为客户服务的方式，主要以便捷方式满足客户对产品帮助、技术支持和使用维护的需求。网络售后服务有两类：一类是基本的网上产品支持和技术服务；另一类是企业为满足客户的附加需求提供的增值服务。

由于分工的日益专业化，一个产品的生产需要多个企业配合，因此产品的支持和技术也相对比较复杂。提供网络产品支持和技术服务，可以方便客户通过网站直接找到相应的企业或者专家寻求帮助，减少不必要的中间环节。

网络售后服务具有与传统售后服务不同的特点：①便捷性。基于互联网的特性，用户可以全天候随时随地上网寻求售后服务支持与帮助。②灵活性。售后服务一般会提供综合了许多技术人员知识、经验和以往客户出现问题的解决办法，因此，用户可以根据自身需要寻求帮助，同时可以借鉴学习其他用户的解决办法。③低廉性。网络售后服务的自动化和开放性，使得企业可以减少售后服务和技术支持人员，大大减少了不必要的管理费用和服务费用，但同时也会导致一些个性化的售后服务需求得不到有效满足，企业需要在两者之间进行权衡。④直接性。客户可以上网直接寻求售后服务，避免通过传统方式经过多个中间环节，相关问题才能得到有效解决的弊端。

3. 服务功能设计

在网络营销站点中，网络产品服务是网站的重要组成部分。为满足网络营销中客户不同层次的需求，一个功能比较完善的网站应具有以下功能。

（1）提供产品分类信息和技术资料。对于一些复杂产品，客户在选择和购买后使用时需了解大量与产品有关的知识和信息，以减少对产品的陌生感。特别是一些高新技术产品，企业在详细介绍产品各方面信息的同时，还需要介绍一些相关的知识，帮助客户更好地使用产品。

（2）完善 FAQ 的设计。常见问题解答（frequently asked questions，FAQ）是对于客户提出的一般性问题在网站中提供解答。此外，网站还应该提供一套有效的检索系统让客户在数量巨大的文档中快捷地查找所需要的东西。设计 FAQ 需要认真思考常见问题页面的组织，使客户在网站上很容易地找到 FAQ 页面，要求页面上的内容必须清晰易读，易于浏览。

（3）构造宽松的网络虚拟社区。客户购买产品后，都希望交流购买后的评价和体验。营造网络虚拟社区就是让客户在购买后既可以发表对产品的评论，又可以提出针对产品的体验，还可以与一些使用该产品的其他客户进行交流。良好的虚拟社区环境，不仅可以稳定众多老客户，同时还可吸引更多的潜在客户。

（4）通过电子邮件实现与客户的沟通。电子邮件是最便宜的沟通方式，用户一般比较反感滥发的电子邮件，但对与自己相关的电子邮件还是非常感兴趣的。企业一定要高度重视客户电子邮件提出的问题，及时回复。同时，可以建立电子邮件列表，定期向注册客户发布企业最新的信息，加强与客户的联系。

（5）通过在线客服实时与客户交流。在线客服是基于网页形式进行交流的即时通信工具，访客点击在线客服按钮即可弹出聊天对话框，能够满足网站访客在对企业产品服务产生兴趣的第一时间及时获得咨询服务，在沟通效率上优势凸显。即时通信工具一般具有聊天表情、截图、发送图片、文件传输、资源下载等多种功能，可在一定程度上丰富用户的使用体验，拉近企业与客户之间的沟通距离。

4. 客户满意度及忠诚度

客户服务的目的是满足客户的服务要求，客户是否满意是评价企业客户服务成败的唯一指标。只有客户满意才能引发客户对企业的忠诚，才能长期保留客户。有数据表明，一个满意的客户继续购买企业的产品或服务的意愿是一个普通客户的6倍。

客户满意度是指客户通过对一个产品或服务的可感知的效果，与他的期望值相比较后而做出的情感性反应。客户满意度是客户期望值与客户体验的匹配程度。它是一种客户心理反应，是一种自我体验，具有极强的主观性和差异性，而不是一种客户行为。

"忠诚"一词在商业字典中被解释为"相对于竞争者更偏爱购买某一产品或服务的心理状态或态度"。商业环境中的"客户忠诚"定义为客户行为的持续性，它是指客户在得到满意服务后产生的对某种产品品牌或公司的信赖、维护和希望重复购买的一种心理倾向。忠诚客户的特征表现为有规律地重复购买、愿意购买供应商多种产品或服务、经常向其他人推荐、对竞争对手的拉拢和诱惑具有免疫力、能够忍受供应商偶尔的失误，而不会发生流失和叛逃。

客户忠诚能够使企业降低成本、集中精力、树立良好形象和消除信息透明化带来的负面影响。因此，在网络时代，客户忠诚的建立和巩固对于企业的发展至关重要，切实做好客户服务工作，提高客户满意度和忠诚度是企业电子商务网络营销成功的关键。

4.4 网络营销工具及方法

网络营销作为数字经济时代的一种崭新的营销理念和营销模式，既使企业开辟了更加广阔的市场，又能引领和改造传统营销。数字经济环境下，企业所采用的网络营销工具和方法也越来越趋向于多元化。常见的网络营销工具包括网络广告营销、电子邮件营销、搜索引擎营销及社会化媒体营销等。

4.4.1 网络广告营销

网络广告是指以数字代码为载体，采用多媒技术设计制作，通过互联网发布传播具有良好交互功能的广告形式。网络广告发源于美国，1994年10月27日是网络广告史上的里程碑，美国著名的 Wired 杂志推出了网络版杂志 Hotwired，并首次在网站上推出网络广告，这立即吸引了美国电话电报公司（American Telephone and Telegraph，AT&T）等客户在其主页上发布广告 Banner，这标志着网络广告的正式诞生。值得一提的是，当时的网络广告点击率高达40%。中国的第一个商业性网络广告出现在1997年3月，传播网站是

ChinaByte，广告表现形式为 468 像素×60 像素的动画旗帜广告。英特尔和 IBM 是国内最早在互联网上投放广告的广告主。

　　网络广告是以网站上的广告横幅、文本链接和其他多媒体为载体，在互联网上刊登或发布广告传递到互联网用户的一种高科技广告运作方式。网络广告具有得天独厚的优势，是实施现代营销媒体战略的重要部分。互联网是一个全新的广告媒体，速度最快且效果很理想，是中小企业扩展壮大的很好途径，对于广泛开展国际业务的公司更是如此。

　　1. 网络广告的特点

　　表 4-4 比较了互联网网站广告与纸质媒介、电视等传统广告形式的不同，三者在时间、空间、反馈空间、检索能力、宣传形式、读者群素质、读者投入度、可统计性、价格等方面存在较大差异。结合三者的差异，总结网络广告的独特性主要体现在：①传播对象广。网络广告的覆盖范围，相对于传统广告来说要广泛得多，基本是不受地域限制的。②信息容量大。在广告内容方面，也不像传统广告那样，会受到很多方面的限制，而且它的信息也是不受限制的。③互动性。所有网络用户都可以通过上网随时查看，主动获取信息，还可以在广告里加入一些让浏览者点击或者填写文字等环节，加强互动，增进广告效果。④实时性和持久性的统一。广告主也可以 24 小时不间断地调整产品的相关信息，及时将最新的消息传递给消费者，而且可以长久地保存这些广告信息。⑤投放目标明确。在网站上投放广告，一般会选择目标消费者喜欢的网站、栏目、论坛或者公众号。⑥视听效果的综合性。采用集文字、声音、影像、图像等方式于一体的表现手段，既具有传统媒体的各种优点，又具有制作成本低、时效长及高科技的特性。⑦网络广告的可过滤性。网络浏览者可以随时关闭广告，也可以对网络广告视而不见，这取决于商家所推送的广告内容。有时，有部分自动弹出的广告，会频繁出现，因此，网络上也出现了专门针对这种带有强迫特点的网络广告实施过滤的技术。

表 4-4　不同媒介中广告的特点

比较项目	纸质媒介	电视	互联网网站
时间	制作周期长、播报时间限制大	制作周期长、播报时间限制大	制作周期短、24 小时无间断、突破时间限制
空间	版面限制大	画面限制大	突破空间限制，自由度大
反馈空间	及时反应能力弱	及时反应能力弱	交互式服务，反馈手段便利即时，可提供细致的追踪报告
检索能力	差	无	强
宣传形式	文字、画面	画面、声音	多媒体技术、文字、图像、声音相结合
读者群素质	一般	广泛	学生为主要群体
读者投入度	一般	一般	高度集中
可统计性	不强	不强	强，统计结构及时、准确
价格	中	高	低

　　2. 网络广告的表现形式

　　网络广告的表现形式多种多样，常见的网络广告形式包括以下几类。

（1）按钮广告。按钮广告是网络广告中较早的一种形式，是面积较小的广告。

（2）旗帜广告。一般是表现商家广告内容的图片，放置在广告商的页面，是互联网上最早出现的广告形式，也是目前最基本的广告形式。

（3）文字链接广告。文字链接广告是以文字形式展现的广告，点击文字即可进入相应的广告页面。文字链接广告的特点是需要加载的信息较少，占据的空间较少，对浏览者的干扰较少，但不太容易吸引浏览者眼球，可以对文字链接进行处理，使其颜色有节奏变化，或者使其在屏幕上滚动，提高点击率。文字链接一般在 10～20 字符。

（4）悬浮广告。在一般媒体首页、频道首页均有悬浮广告。

（5）视频广告。视频广告整合了网络广告的交互性和电子广告的冲击力，以 Web 2.0 技术为基础，以各种视频门户网站、个人播客和企业播客为投放目标。与传统视频广告相比，网络视频广告有如下特点：第一，成本低廉。一个电视广告，投入需要几十万元甚至上千万元，但是一个网络视频广告的投入只需要几千元。第二，目标精准。可以在一些适合儿童观看的视频前插入玩具广告，在适合家庭主妇观看的视频前插入洗涤用品广告等。第三，时间可控。电视广告的播放时间只有短短几秒，很容易错过，但网络视频的播放是由用户控制的，所以广告不容易错过。

（6）弹出式广告。弹出式广告是在访问者进入该页面之前，就抢先以大尺寸弹出的形式将相关广告信息推荐给浏览者，这种类型的广告容易引起浏览者的注意，但也会让浏览者出现一定的负面情绪。

（7）赞助式广告。一般媒体首页、频道首页各个板块的"页卡"中，以新闻频道居多；重大事件专题，如两会、奥运会、世界杯，其专题内的各个板块也有各自的栏目赞助。

此外还可以按照广告媒体类型将其分为自有媒体广告，如企业网站、企业论坛和社区、博客、微博、微信公众号、电子邮件、短信、微信等；付费媒体广告，如门户、视频、电子商务平台、搜索引擎等；口碑媒体广告，如论坛、微博、微信、朋友圈等。

具体的广告呈现方式需要进一步研究消费者的接受习惯和视觉喜好，选择具有创新性且被目标用户易于接受的形式。有些消费者习惯注意屏幕最顶端的广告信息，有些却习惯欣赏视频缓冲时的对话框信息。同时企业也应当根据营销预算、具体信息内容等做出恰当选择。

在过去的几年里社交媒介的使用量骤增，在社交网络上，用户可以自行生产内容，是 Web 3.0 的观念和技术的结晶。一系列的社交形式，如纯粹的个人站点（脸书）、创意分享站点（YouTube）、社群协作的站点（维基百科）、微型博客站点（推特），都存在于社交媒体环境下，社交媒体中的信息流广告和原生广告成为广告最新趋势。

信息流广告就是指出现在社交媒体用户好友动态中的广告，它以一种十分自然的方式融入用户所接收的信息当中，用户触达率高。信息流广告不会改变展示内容形式，以很自然的状态植入，根据用户地域、年龄、性别、兴趣等主动推送广告。信息流广告是原生广告的一种，是基于内容分发平台推销的广告形式，如今日头条、百度新闻等。

原生广告是近年来出现在广告市场当中的全新现象。一方面，不同于以隐蔽方式进行劝服的社论式广告和植入广告，原生广告通过提供有价值的信息达到去广告化的目标，是内容营销理念在广告领域的专门化应用，其本质属性是通过融入用户的心流体验实现原生化。另一方面，原生广告本质上是定向投放的广告。与展示性广告相比，原生广告的定向投放需要更丰富、更即时的用户数据，因此不可避免地造成了对用户隐私更为强烈的侵犯。不过到目前为止，与内容结合的原生广告如何能够规模化、程序化运营是产品面临的新的挑战，并且也是未来原生化广告带来变革性影响和突破的方向。

3. 网络广告的计费方式

（1）按展示付费。每千人印象成本计费（cost per thousand impression，CPM）是按照网络媒体访问人次计费的标准，指在广告投放过程中，按照每一千人看到某广告作为单价标准，依次向上类推的计费方式。如果一个广告横幅（Banner）的单价是 1 元/CPM，意味着每一千个人次看到这个 Banner 就收 1 元，如此类推，一万人次访问的主页就是 10 元。

（2）按点击计费。根据广告每点击成本计费（cost per click，CPC）是关键词广告计费最常采用的形式，百度竞价广告将其发挥到了极致。但这种收费方式使不少经营广告的网站觉得不公平，如虽然浏览者没有点击，但是他已经看到了广告，对于这些看到广告却没有点击的流量不计入网站的收益。

（3）按效果付费。按效果计费（cost per action，CPA）根据广告实际投放达成的效果计费，以有效回应的问卷、注册数量或下载安装数量等计费，而不限广告投放量。CPA的计价方式对于网站而言有一定的风险，但若广告投放成功，其收益也比 CPM 的计价方式要大得多。

（4）按销售收入付费。以实际销售产品的收入计费（cost per sales，CPS），交易双方事先规定好销售分成，这种形式在游戏产品代销联运过程中尤为常见。

（5）按时长付费。以使用广告位的时间来计费（cost per time，CPT），如"一个月多少钱"这种承包方式，很粗糙，但是省心。

（6）按播放付费。在富媒体广告中按播放付费（cost per visit，CPV）的应用比较广泛，它一般以节目或内容被打开播放的次数计费。

上述常见的计费方式中，目前最为流行的计费方式是每千人印象成本计费方式，其次是每点击成本计费方式。相比而言，每千人印象成本计费方式和包月的计费方式对网站比较有利，而每点击成本计费方式、按效果计费方式等对广告主比较有利。

4.4.2　电子邮件营销

有效的电子邮件营销是指在用户事先许可的前提下，通过电子邮件的方式向目标用户传递有价值信息的一种网络营销手段。有效的电子邮件营销包括三个基本要素：用户许可、通过电子邮件传递信息和信息对用户的价值。电子邮件营销广泛应用于供应链企业间电子商务活动、与企业老客户间的沟通环节。

邮件地址的收集方式：①用户自行填写，注册会员或申请礼品；②被迫的许可，"愿意接受其广告"是必选项，这种情况客户的广告价值就不是很大了。③在行业网站中注册的邮件地址，如旅游网站，这种虽然不能称为"许可邮件营销"，但也不能称为垃圾邮件，有一定的广告价值。

电子邮件广告具有针对性强、费用低廉和广告内容不受限制等优点，但电子邮件广告容易被当作垃圾邮件直接被系统屏蔽和被接收者拉黑,造成某些情况电子邮件广告效果是负面的。

电子邮件营销的特点:①传播范围广。以相对低的成本散播资讯到广大范围的特定潜在用户,递送清单优势不言自明。②操作简单且效率高。使用专业邮件群发软件,单机可以实现每天数百万封电子邮件的发信速度。不需要懂得专业的计算机知识,也不需要烦琐的制作及发送过程。③成本低廉。与其他媒体投资(如直接邮寄或者打印商务通信)相比,电子邮件营销是一种低成本的营销方式。④针对性强。电子邮件本身具有定向性,可以针对某一特定的人群发送特定的广告邮件,这样可以使行销目标明确,提高邮件的广告效率。⑤追踪容易。广告主可以透过网虫、退件、终止订阅、阅读回条、点击率等追踪使用者。

4.4.3 搜索引擎营销

搜索引擎在日常生活中被广泛使用,互联网的发展实现了信息共享,海量的信息为人们的生活提供了便利,用户借助搜索引擎寻找生活中各种问题的答案。移动互联网的发展,使得人们借助智能手机随时随地接入互联网。搜索引擎是一个对互联网上的信息资源进行收集整理,并提供查询的系统。它包括对信息的收集整理(后台——数据库)和提供用户查询(前台——网页查询界面)。如国内的百度公司,国际知名的谷歌公司、微软必应。

当我们用搜索引擎如百度、搜狗等搜"装修注意事项"时,会发现在不同的搜索引擎平台呈现的搜索结果展示会存在一定的差异,但在靠前的几项中,搜索词会在结果中显示飘红,末尾会带有广告字样,这就是搜索引擎营销的结果。

1. 搜索引擎营销概念

搜索引擎营销(search engine marketing,SEM)是基于搜索引擎平台的网络营销,利用人们对搜索引擎的依赖和使用习惯,在人们检索信息的时候尽可能将营销信息传递给目标客户。搜索引擎营销的主要目标是扩大搜索引擎在营销业务中的比重,通过对网站进行搜索优化,更多地挖掘企业潜在客户,帮助企业实现更高的转化率。搜索引擎营销是通过搜索引擎优化、搜索引擎排名及研究关键词的流程和相关性在搜索引擎的结果页面取得较高排名的营销手段。通俗地讲,就是让目标客户通过关键词搜索,找到企业为其提供的有价值的信息资源。

通过搜索引擎推广的作用很显著:①可以提高网站被收录的机会,能够让尽可能多的相关网页被搜索引擎收录;②提高商品关注度,通过搜索引擎的筛选,将相关性强、价值高的信息呈现给客户,提高商品信息关注度;③能帮助排序商品搜索结果,通过进行搜索引擎优化,企业可以让相关信息在搜索引擎中排名靠前,提高访问机会;④方便客户获得信息,客户通过点击搜索页内的链接就可以进入相关网站/网页,以进一步获取信息。

搜索引擎营销可以分为付费的搜索引擎广告和免费的搜索引擎优化两种方式。搜索引擎优化是互联网初期比较盛行的,是现在可行但非主流的推广方式,而竞价排名是当前很多企业为了获得流量而通过付费购买关键词的主要方式,即付费的搜索引擎广告。

2. 搜索引擎优化

搜索引擎优化（search engine optimization，SEO），指为了从搜索引擎中获得更多的免费流量，利用搜索引擎的规则提高网站在有关搜索引擎内自然排名的方法，它一般情况下是免费的。做 SEO 需要做好内部优化和外部优化，内部优化属于比较可控的优化，其主要工作是网站结构优化和页面优化，外部优化主要是向外合作，如外部链接建设，这部分内容相对于站内优化来说不太可控。

1）内部优化

内部网站结构优化，网站需要做好以下五点：网站链接结构（网站逻辑结构）、网站导航（一级导航、面包屑导航）、子域名和链接目录、禁止收录机制（网站上不想被搜索引擎抓取内容及链接）、网站地图（网站上需要被搜索引擎抓取的所有页面的链接）。网站链接结构是指网站所有页面之间相互链接而构成的网络图，多数网站基本都是树形结构。如通过网站域名进入首页，在首页通过导航到每一个栏目，栏目对应各子栏目，或者由栏目直接对应具体页面。这样优化的好处是，用户能清楚地看到网站结构，用户在访问网站时也更加顺利，体验更好。

网站结构优化，能正确表达网站的基本内容以及页面内容之间的层次关系，使得用户在网站中浏览时可以方便地获取信息，而不至于迷失浏览方向。网站结构优化的好处包括：①利于用户体验，网站结构合理优化后，代码简单，访问速度很快，有利于导航的设置，方便用户快速寻找到目标页面；②利于网页收录，网站结构合理优化后，整个网站的层次实现规范化，低层次的页面对搜索引擎友好，收录效果更佳；③利于权重传递，网站结构合理优化后，网站的内链系统衔接更为合理，随着收录的增加，网页权重增加，进而提升网站流量。

网站页头导航是把主要的服务模块和要让用户使用的重要功能模块清晰地列出。一个好的页头导航能在页面上完成 80%以上的功能操作，用户能指导网站的主要内容，对于搜索引擎爬虫来说根据首页导航上的这些链接基本上能够到达网站的大部分链接频道和页面。

很多具体页面会使用面包屑导航，栏目内容比较多的网站使用得比较多。面包屑导航能够清晰地告诉访问者他们目前在网站中的位置以及如何返回。当用户进入一个很深的页面时，可以通过面包屑立刻知道自己所处的位置和访问路径，对于爬虫来说，根据面包屑一层一层爬进来，爬虫也能清楚地知道它的位置，返回的时候也会非常顺利。

与主域名相比，子域名优化更为容易。子域名更易被搜索引擎收录，从而帮助增加首页权重，子域名能增加网站被用户搜索到的概率。一般网站内容足够多时，需要采用子域名的方式，如门户网站，使用子域名会显得更加专业，提供地域性服务的网站也会开子域名，大公司不同的产品线，如百度、京东，很多产品线之间其实没有太强的相关性，属于独立的产品线，如贴吧和文库并没有太大关系，所以都用各自的子域名，互相不干涉。

链接目录是在域名下以子目录形式存在的链接结构。链接目录在以下场景使用：①中小型网站，网站内容不是太多，无须使用子域名；②内容差异不大，只是网站主题内容分类；③一般中小型网站做临时性的活动时。

2）外部优化

SEO 还需要做好外部优化也就是外部链接建设，外链越多，优化效果越好。外部链接是网站外部 SEO 优化的主要方向，常称为反向链接或导入链接，企业网站的链接，在网站中看到的图片或者文字链接的形式就属于外部链接。如图 4-8 所示为文字形式的企业外部链接。

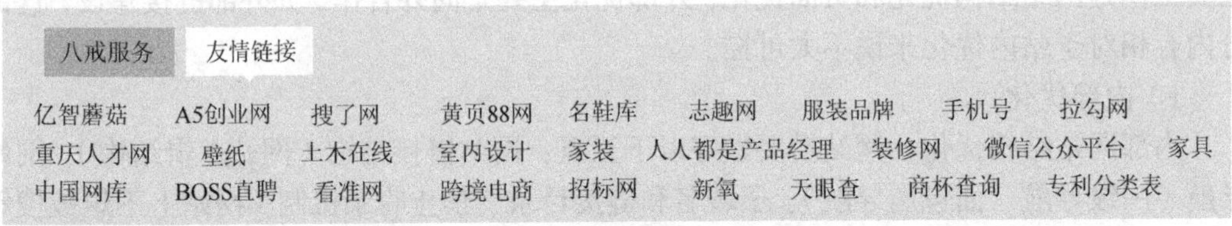

八戒服务	友情链接							
亿智蘑菇	A5创业网	搜了网	黄页88网	名鞋库	志趣网	服装品牌	手机号	拉勾网
重庆人才网	壁纸	土木在线	室内设计	家装	人人都是产品经理	装修网	微信公众平台	家具
中国网库	BOSS直聘	看准网	跨境电商	招标网	新氧	天眼查	商杯查询	专利分类表

图 4-8   企业外部链接

用文字链接更容易被爬虫爬取，从 SEO 角度建议选择此类链接，用图片链接，图片更容易被用户发现并点击，如果选择图片链接，一定要加 ALT 标签。

建立友情链接是在自己的网站上放置对方网站的 Logo 图片或文字的网站名称，并设置对方网站的超链接。建立外部链接的一般流程如下：①主动联系获得联系方式，如通过 QQ、微信、邮件、电话等通信工具；②说明情况，介绍清楚自己的网站，看对方是否有意愿互换链接；③确定合作后，先在自己网站加上别人的链接，再请对方加上自己的链接；④对链接进行跟踪，防止对方作弊。还有一些其他推广方式，如到垂直类媒体、门户网站里发表文章，并在文章中加入一些链接。在问答社区回答问题时，可以将网站链接融入内容中。此外，还能在其他网站平台投放广告直接链接到网站，这也是外部链接建设的一种，但需要付费，所以企业要根据网站的定位和预算来选用。

值得一提的是，即使做了 CPC 付费广告和竞价排名，最好也应该对网站进行搜索引擎优化设计，并将网站登录到各大免费的搜索引擎中。

3. SEM 竞价推广

与 SEO 免费方式不同，SEM 竞价推广需要以付费购买的方式获得搜索引擎的推荐。企业付费给搜索引擎平台，其关键词获得搜索结果的推广位置，在用户搜索关键词的时候展示给用户，从而达到推广产品、吸引用户点击、提高流量的目的。

竞价排名顾名思义就是网站付费后才能被搜索引擎收录，付费越高者排名越靠前；竞价排名服务，是由客户为自己的网页购买关键字排名，按点击计费的一种服务。客户可以通过调整每次点击付费价格，控制自己在特定关键字搜索结果中的排名，并可以通过设定不同的关键词捕捉到不同类型的目标访问者。例如，排在某个关键词搜索结果第一名的出价是 5.00 元，这时候若出 5.01 元就能排到第一名。用户点击一次平台就要收取 5.01 元，不点击不收费。如广告主准备买"减肥茶"这个词，目前在页面排第五名的出价 20 元/CPC，自己要排第五名，至少出价要高于 20 元，在这种情况下，广告主要估计一下自己的成本，能不能负担起这个价格，假如 30 个点击能带来一个订单，那么一个订单就需要有高于 600 元的广告成本，如果没法负担这个价格，就没必要参与竞价。

关键词包括宽泛词、精准词。宽泛词是指用户搜索时目的不明确，处于浏览阶段，如同漫无目地逛街，随处看看。宽泛词又可分为大类词、通用词、类目属性词三类。大类词如女装、男装、内衣等。通用词如秒杀、特价、包邮等。类目属性词如羽绒服、休闲裤、T 恤等。精准词是用户搜索时目的很明确，处于选择阶段，如同去超市买特定的商品，直奔相应货架进行选购。精准词又可分为名称与属性组合词、系统推荐词两类。①名称与属性组合词，如白色女衬衫、P8 华为手机等长尾关键词。②系统推荐词是搜索下拉框中系统统计出来的客户经常使用的词。目前在国内最流行的点击付费搜索引擎如百度，推广广告可以显示在首页的左侧顶部或底部，也可以显示在首页或翻页右侧。

如图 4-9 所示，SEO 推广步骤具体包括：①SEM 推广准备，完成各类线上推广的物料准备工作，包括账户设置、关键词选择、关键词设置、创意编辑等；②SEM 优化，通过数据测试推广效果，好的继续推广，差的优化调整；③稳定投放，形成有效的推广模式和内容，持续优化。

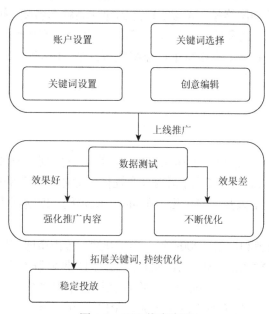

图 4-9　SEO 推广步骤

对于推广效果，数据监测的主要指标有推广、网站访问、用户转化三大环节，推广阶段需要重点监测展现量、点击量、点击率等主要数据，在网站访问阶段需要重点监测浏览量、跳出率和平均访问时长等，在用户转化阶段需要重点监测咨询量、订单量等主要数据。

搜索引擎优化的目标体系包含四个层次：存在层，网页要被搜索引擎收录；表现层，在主要搜索引擎中获得好的排名，最好是排在搜索结果页的前两页，位置尽量靠前；关注层，提高用户对检索结果的点击率；转化层，将浏览者转化为客户，这是搜索引擎的最终目标。

4. SEO 和 SEM 的关系

SEO 属于 SEM 的一部分，SEM 包含了 SEO。SEO 和 SEM 的主要区别：①SEO 和

SEM 两者最终目标不同；②SEO 主要是为了关键词的排名、网站的流量、网站的结构、搜索引擎中页面收录的数据，SEM 是通过 SEO 技术基础上扩展为搜索引擎中所带来的商业价值，策划有效的网络营销方案，包括一系列的网站运营策略分析，并进行实施，对营销效果进行检测。

随着搜索引擎算法和服务方式的不断变化，针对搜索引擎所做的营销活动也在过去的竞价排名和 SEO 基础上增加了更多的内容。

4.4.4 社会化媒体营销

无论是在桌面互联网还是移动互联网时代，人们都有自己的社交圈子，这个圈子随着社交应用的不断丰富而变得更具规模和成熟。20 世纪 90 年代出现的论坛是最早的社会化媒体，21 世纪初出现了博客，以后相继出现了社交类网站、微博、微信等。社会化媒体营销在此基础上应运而生。社会化媒体营销主要是指利用网络媒体形式对公司品牌、产品或者服务进行有针对性的网络推广活动，以达到建立品牌知名度，拓展市场的目的。据统计，当今消费者花费时间最多的地方是社交媒体，利用社交媒体使"消费者成为营销者"的理念已经得到了快速扩散。下面将重点介绍微博营销、微信营销、直播营销、短视频营销及问答营销。

1. 微博营销

1）微博发展史

2006 年，推特在美国推出并迅速风靡全球，随着其大规模发展，中国本土化微博产品开始在 2007 年出现。2007 年 5 月，国内首个提供专业微博服务的网站——饭否网建立，并在短时间内迅速聚拢了大量用户，几乎在同时，叽歪网、做啥网等一批专业微博网站纷纷创立。

经过一段时间的发展和探索，2009 年下半年开始，国内微博市场进入调整期，2009 年 7 月，饭否网、叽歪网等相继关闭。与此同时，几大门户网站瞄准市场空挡，2009 年 8 月，新浪网推出新浪微博，2010 年，国内微博市场在调整中继续发展，搜狐、网易、腾讯也相继推出微博业务，行业竞争态势迅速形成。2010~2012 年是国内微博成长最快、最为繁荣的一个时期，2011 年中国已经成为微博用户世界第一大国。随着时间的推移，经过角逐，腾讯、搜狐等各家微博逐步退出市场，新浪微博一家独大的局面形成，随后阿里巴巴又为其提供资金支持，2014 年新浪微博更是在美国直接上市。至此，新浪微博正式宣布占领行业桥头堡，其他微博也再无竞争力。2015 年后，各类社交媒体突飞猛进，微信的崛起、网络直播的到来等都使微博或多或少地受到影响，用户被分流、社交黏性下降，面对困局，微博转换思路，抓住短视频的发展契机，推出秒拍，并和一些短视频平台展开合作。事实证明，进军网络直播和短视频领域是一个正确的选择，微博迎来了新的繁荣期。

2）微博的定义

微博，即微型博客（MicroBlog）的简称，是博客的一种，是通过关注机制分享简短实时信息的广播式的社交网络平台。用户可以通过客户端组建个人社区，以文字、图片等方式更新信息，并实现基于用户关系的信息即时分享、传播及获取。

微博营销是以微博作为营销平台，以粉丝为潜在营销对象，企业利用自己的微博向粉丝传播企业产品或服务的信息，树立企业形象和产品形象的营销活动。

3）微博营销的特点

（1）即时性。即时性是微博最重要的特点。微博的时效性非常强，这完全是由其平台运作机制决定的，不像传统的报纸、电视等四大媒体需要很长时间的制作和准备，也不像 SEO 等其他的网络营销方式需要等待生效。只要发布者发布微博消息，粉丝就可接收到相关信息。

（2）广泛性。一条热度高的微博发出后短时间内在各大互联网平台被转发，很快就可以抵达微博世界的每一个角落。微博通过粉丝形式进行病毒式传播，其传播方式是一对多的，属于广播式信息主动传播模式，它不同于全网 SEO 的被动传播模式，也不同于 QQ 一对一的交流模式。只要有合适的微博内容，其推广传递的范围就会非常大，同时名人效应能使微博事件传播呈现几何级放大。

（3）互动性。微博有评论功能、回复功能、私信功能，这些功能为用户间的信息交互提供了保证，极大地拉近了微博主体和用户之间的距离。由于微博中"转发"的普遍存在，各个圈子群体之间是互相联结的。用户可以在不同的圈子之间自由穿梭，从而加速了信息的流动和观念的传播。

4）微博营销的分类

微博营销可以分为个人微博营销和企业微博营销。

一般的个人微博营销是基于个人本身的知名度而得到别人关注和了解的，以明星、成功商人或者社会中其他成功人士为例，他们使用微博通常是想经由微博让粉丝更进一步地去了解自己和喜欢自己，发布的微博多为记事或抒发感情，功利性不是很明显，他们一般是由粉丝转发来达到营销效果的。

企业一般是以营利为目的的，他们使用微博往往是想增加知名度，最后达到能够销售更多产品的目的，而企业微博营销也比个人微博营销困难得多，有些企业知名度有限，简短的微博不能使消费者直观地理解商品，而且微博更新速度快，信息量大，企业进行微博营销时，需要建立固定的消费群体，与粉丝多交流，多互动，多做企业宣传工作。

下面重点介绍企业的微博营销行为。企业或非营利性组织主要利用微博进行信息的快速传播、分享、反馈、互动，以实现市场调研、产品推介、客户关系管理、品牌传播、危机公关等功能的营销行为。

（1）微调研：企业进行市场调研和产品开发的新工具。企业可以利用微博庞大的数据对市场规模、消费者偏好等进行分析，进而为决策提供支撑。

（2）微产品：企业进行产品推广销售的主要平台。在微博上，传统价值链条被大幅缩短式替代，很多企业直接将营销产品或经营活动的信息通过微博发布，用微博向消费者推荐产品，信息本身可以直接引导消费。微博上可以直接有专门频道放置产品展示并链接至淘宝直接购买。

（3）微客服：实现了 24 小时全天候的客户服务。微博客户人员可以提供咨询、售卖、跟踪等贯穿于售前、售中、售后全过程的服务。与用户进行"朋友式的交流"，人情味、趣味性、利益性、个性化等是引发网友互动的要点。

（4）微品牌：实施品牌管理的有效利器，是微博营销最重要的目的和方式，消费者对品牌的认知需要一个过程，其间，营销者需要与消费者建立起足够有效的沟通互动关系，而微博是承载这一关系的绝佳平台。

（5）微公关：化危为机的新渠道。微博的出现为处理公关危机提供了新的渠道，微博的即时性可以让企业在危机发生后的第一时间给出真相，有效打消因信息不对称导致的公众质疑。

5）微博营销的具体步骤

（1）微博定位。首先，需要明确做微博的目的，是定位于市场宣传、客户服务还是公关关系，是要做 2B 还是要做 2C 的内容。其次，需要结合品牌和产品的用户特性定位微博渠道的用户群体，同时也要考虑到微博平台本身的用户群体特性。最后，企业微博品牌定位一定要结合企业的品牌形象定位清晰，以"今天有什么好黑的"微博为例，它是天猫为了更好地与粉丝互动交流而注册的微博账号，其微博以天猫公仔形象为切入点，以拟人化的称谓与粉丝互动，平日里的卖萌耍帅，活动前的预热活动，吸引了大批粉丝的参与。

（2）围绕企业微博的定位进行微博搭建，微博搭建的元素包括头像、昵称、官方资料、标签、认证信息等，相关资料的完善可以使用户很方便地了解公司是做什么的，如何快速联系到公司，而且微博认证后更容易让用户信任。

（3）内容发布。在内容为王的时代，首先需要了解微博内容的来源有哪些，根据来源，内容可以分为职业生产内容（occupationally-generated content，OGC）、用户生产内容（user-generated content，UGC）和专业生产内容（professionally-generated content，PGC）。其中，OGC 代表官方输出内容，它可以是公司的品牌和产品相关的以及延伸的内容，也可以是结合时间节点和热点事件策划的活动内容，还可以是根据渠道和用户定位定制的微博栏目内容。UGC 是用户将自己原创的内容通过互联网平台进行展示或者提供给其他用户。在微博中，可以刺激用户输出内容，盘活用户，通过发起一些活动激活用户的参与感。PGC 是指各领域的专业人士以专家身份贡献具有一定水平和质量的内容，在一定程度上可以得到用户的认可，如微博平台的意见领袖、科普作者和政务微博。

企业在发布微博之前，对微博营销目的、微博定位、可以发布的内容做整体梳理，详细地规划出发布条数、时间、内容，还要考虑节日热点、社会热点、突发情况等。首先，发表的微博最好具有原创性和互动性。其次，当微博粉丝达到一定数量时，就可以穿插广告了。广告内容的发布不能太频繁，也不要连续发布，尽量隔天穿插。最后时间的控制。要善于利用用户空闲时间发布微博内容。一般来说，发微博的最佳时间为 8:00 到 9:00、11:30 到 13:00、17:00 到 18:30、21:00 到 22:30。

（4）数据分析。利用数据分析提升微博营销运营效率，一般企业微博中会提供非常专业的数据分析模块，如新浪微博中包括粉丝分析、内容分析等模块，在对各项指标进行分析时，必须要了解公司所处的行业特点、公司阶段、微博营销目的等，对于电子商务企业，其主要关注粉丝质量、粉丝活跃度和订单成交数据等，微博营销的考核不能仅以粉丝增量或转发数来评判，必须整体综合各项数据来考量，同时不仅要关注自身的微博数据，也需要与其他同类微博进行横向比较分析。

6）微博营销的工具

（1）粉丝服务平台。粉丝服务平台是微博认证用户为主动订阅它的粉丝提供精彩内容和互动服务的平台。粉丝服务平台重要功能包括群发功能、自动回复、自定义菜单、素材管理、开发者中心、数据分析等。

（2）抽奖中心。抽奖中心是微博自带的营销功能，可以通过这个功能进行抽奖，由系统随机抽取中奖者。

（3）活动中心。目前只有认证加 V 用户（蓝 V 用户和橙 V 用户）才能通过微博活动平台发起活动。创建活动流程为：设置活动信息→选择活动套餐→设置活动规则→完善活动内容。

（4）粉丝头条。粉丝头条是新浪微博官方推出的轻量级推广产品，当用户某条微博使用粉丝头条后，在 24 小时内，它将出现在用户所有粉丝信息流的第一位，增加用户微博的阅读量，扩大微博的影响力。

（5）粉丝通广告。粉丝通广告是基于微博的海量用户，把企业信息广泛传递给粉丝和潜在粉丝的营销产品，会根据用户属性和社交关系将信息精准地投放给目标人群，具有普通微博的全部功能，如转发、评论、收藏等。粉丝通的操作流程包含四个步骤：建立账号主页；添加推广内容；选择广告受众，设定预算；查看跟踪投放效果。

（6）数据分析工具。借助一些数据分析工具可以得到可视化的微博传播路径图，进行传播关键人物分析，转发粉丝属性分析、传播层级比例分析、传播情感分析、传播水军参与情况分析等。

2. 微信营销

随着移动互联网技术的发展，企业营销向移动端转移，而得益于微信用户规模以及生态的多样化，微信成为目前移动社交营销的重要阵地。

微信是腾讯公司 2011 年推出的一款为智能手机提供即时通信服务的免费应用程序。微信支持跨通信运营商、跨操作系统平台操作，是一款通过网络可以快速发送语音短信、视频、图片和文字，支持多人群聊的软件。不论是通过微信平台的接口还是第三方接入，微信中的小工具种类繁多，用途各异。

微信正在改造我们生活的方方面面，各行各业争相选择微信平台来做营销。但是微信营销并不等同于微商，微商只是微信营销的一种形式，而不是唯一形式，我们生活中遇到的很多场景，都属于微信营销，如一些为企业商品做宣传的微信群，一些娱乐消遣类的公众号及一些银行服务消息推送，都涉及营销因素，除此之外，一些为微信营销提供服务或解决方案的第三方也在微信营销的范畴内。

1）微信营销的概念及特征

微信营销是指基于微信进行的营销，包括销售、公共关系维护、品牌形象塑造、客户服务等一系列营销形式。近年来，随着微信用户量的规模积累，功能越来越丰富，微信营销成为各企业重要的营销途径。在微信营销中，企业可以充分利用各种小工具，赋予小工具营销属性，为企业营销活动助力。如二维码，一个二维码背后可以隐藏多种信息，可以为众多营销目的服务，功能非常强大。

微信营销的特征主要表现在以下方面。

（1）精准传播。微信营销基于消费者的主动行为，消费者可以根据自己的喜好关注不同的公众号，分享自己喜欢的信息到朋友圈，一定程度上实现了定制化。商家可以根据大规模的用户关注信息，识别和管理活跃用户，向其推送更符合个性化的信息以便实现更有针对性的营销，满足消费者的需求。

（2）便捷互动。微信营销中提供了消费者与商家的互动方式，包括人工互动和自动信息互动。它不局限于固定地点，只要有网络的地方都可以进行；它也不局限于固定时间，消费者可以在任何时间与商家进行互动，也可以把自己感兴趣的信息分享给大家。这种无处不在无时不在的方式大大提高了微信营销的质量。

（3）即时效果。微信营销是一种即时性移动营销，实现了一种个性化、互动性的即时营销，消费者可以主动关注并接收信息，并在收到信息的同时进行回复、互动，也可以把信息分享到朋友圈，从而实现营销价值最大化。

（4）多媒体性。微信营销借助微信平台实现多媒体内容，可以利用声音、图片、视频、文字等各种内容形式，多形式多角度地向消费者传播信息，满足内容需求的同时最大限度地满足消费者的视觉需求，增强消费者的关注黏性。

2）微信营销的优势

微信营销发展至今，存在其他营销方式无法比拟的优势。首先，庞大的用户基数成为微信智能硬件平台的核心竞争力。其次，微信平台本身对于营销持支持开放态度，微信公众平台通过开放接口为营销服务提供了更多可能性。最后，微信功能包括公众号、朋友圈、支付、扫一扫，通过对接上游服务商能满足娱乐、社交、网购、O2O、生活服务等需求。微信围绕用户需求可以进行综合性渗透，通过建立用户移动化生活的基础高频场景、垂直化场景最大限度地吸引用户、留住用户，增加用户黏性。同时，微信通过搭建包括娱乐、社交、网购、O2O、生活服务一系列生态体系，生产内容，打造O2O闭环，建立智慧城市并将平台开放，确保微信功能与营销需求对接，使得第三方能够在微信生态中发挥更大的可能性。采用微信进行营销的优势具体体现在以下方面。

（1）营销成本低廉。目前微信服务采取免费形式，对个人不收取使用费，对于企业而言，注册公众平台除需提供严格的文件材料外，无其他费用，只有企业需要自主开发增加接口时才需缴纳一定费用。因此，微信营销几乎无媒体成本，允许商家将一切成本全部用于营销本身。

（2）营销信息到达率高。首先，微信作为移动端，可随时接收推送消息和使用其他功能，即时性强。其次，微信不同于微博等传播媒体一对多的传播方式，它们只能保证信息的发出，不能保证信息的到达，而微信营销可以实现信息点对点的传递，能够保证信息到达用户的过程不受其他因素的干扰。因此，微信营销的信息到达率更高。

（3）营销信息精准性强。微信营销不是用户被动参与传播的过程，相反，用户在微信营销活动中享有很大的主动权。用户可以自主选择自己感兴趣的企业进行关注，且查看附近的人和漂流瓶也需要用户主动操作才能开始信息获取的过程，因此用户把握着整个传播过程的主动权，这说明接收到企业营销信息的用户大部分是主动愿意获取与该企业相关信息的人群，他们更愿意接收企业的营销活动。另外，微信营销的主要渠道——微信公众平台，其后台具备对用户信息的分类筛选功能，允许企业根据用户的不同特征针对性地推送消息，这也能够实现对用户的分组管理，增强营销信息的精准性。

（4）便于分享，有利于口碑营销。微信营销非常重要的一个功能就是微信的朋友圈，这是一个熟人好友圈子，个体相互之间具有较高的信任感。企业基于微信所进行的一切营销活动，如果能够吸引用户兴趣，可以很方便地被用户分享到个人朋友圈中，从而可以实现迅速拓展新用户，树立企业品牌形象，实现口碑传播的目的。

3）微信营销的展示形式

基于微信开放的环境以及移动端技术的发展，微信营销展现形式主要包括三种。①展示类：文字链、Banner、关注卡片、公众号原生内容、朋友圈图文、官网等。它是个人计算机端展示广告向移动端的延伸，通过人工购买或者程序化购买实现，其中，公众号原生内容由各公众号各自定价，尚未形成一定的行业标准。②富媒体：游戏插件、SNS 分享裂变、重力感应（试驾体验）、优惠券下载、视频播放、摇一摇、吹一吹、刮一刮、H5等。这种形式主要是基于微信的社交性以及移动性所呈现的，强调互动性的营销方式更能在人与人之间传播。③活动类：线上发起参与活动、组织线下活动、扫一扫与线下二维码互动等。硬件作为微信链接物与人的设备，也将更多的线上与线下资源进行了链接，活动类营销是最常见的微信营销方式，通过各类活动活跃线上，融合线下。

4）微信营销载体

微信营销常用载体按照属性特点可以分为三类。

（1）强社交关系类：朋友圈、群。在强关系社交属性下，用户具有较强的信任度，信息触达率高，并且容易形成裂变传播。以朋友圈广告为例，朋友圈广告是在社交圈中加入了广告平台，拥有腾讯提供的平台支持和数据支持，将消费者全面数据化，因此，在营销推广层面，朋友圈可以有针对性地实现多种营销目标，包括品牌活动推广（品牌宣传或活动推广）、微信卡券推广（推广商家优惠卡券）、移动应用推广（推广安卓或 iOS 移动应用）、公众号推广（推广订阅号及服务号）、本地推广（推广本地门店）。

（2）移动电商属性类：微店、微商城类。该类主要对接移动电商，通过接入第三方可轻松实现相关功能，主要形式包括微店、微商城等。其中，微店的门槛低，借助平台，操作便捷，它适用于个人商家，一般经营品类比较单一。微商城的门槛相对较高，搭建难度大，适用于企业、电子商务平台，经营品类众多。

（3）强可塑性类：公众号、小程序、小工具。微信公众平台是给个人、企业和组织提供业务服务与用户管理能力的全新服务平台。微信公众平台目前有三个主要类型，分别为订阅号、服务号、企业号。三个类型的公众号特点、用途各有不同，具体如表 4-5 所示。

①订阅号，适用于个人、媒体、企业、政府等，侧重为用户传达信息和资讯，但个人订阅号暂时不支持微信认证，同时功能也较少；订阅号注重信息传播，每天可以群发 1 条信息；消息折叠在"订阅号"文件中，适用于媒体类。

②服务号，适用于媒体、企业、政府等，个人暂时无法申请；服务号注重满足用户的

需求、服务，是企业管理用户的平台，每个月每个账号可以群发4条信息；信息显示在好友对话列表中，适用于银行、通信运营商、快递服务业等。

③企业号，只适用于企业、政府等，个人不允许申请；企业号用于企业内部沟通以及企业间合作，群发次数不限制；信息显示在好友对话列表中，适用于企业内部或企业间的合作。

表4-5　三大类微信公众号对比

比较项目	订阅号	服务号	企业号
功能和用途	偏于为用户传达信息和资讯	偏于为用户提供服务	用于公司内部通信使用
适用主体	个人、媒体、企业、政府或其他组织	媒体、企业、政府或其他组织	企业、政府或其他组织
消息显示方式	出现在订阅号目录	出现在好友会话列表顶端	出现在好友会话列表顶端
消息显示次数	最多1条/天	最多4条/月	最多200条/分钟
高级接口权限	暂不支持	支持	支持
定制应用	暂不支持	暂不支持	支持
自定义菜单	支持	支持	支持

如图4-10为三大类微信公众号应用实例。需要注意的是，在运营者开通微信公众号前，必须选择公众号类型，是订阅号、服务号，还是企业号，一个运营主体只能选其一。订阅号可通过微信认证资质审核有一次升级为服务号的机会，升级成功后类型不可再变，但服务号不可变更成订阅号。

图4-10　三大类微信公众号应用实例

除了微信公众号，小程序也是比较好的推广方式。小程序的优势主要表现为简单良好的用户体验；节省手机内存，不用下载、安装；缩短使用路径，提升效率等。小程序一般基于位置服务，推送给用户，为商家提供流量入口，增加营销机会。它的强替代能力也是其重要特征，小程序可有效替代公众号、APP、网页等载体的部分功能，目前，正处于高覆盖率和快速发展阶段。

上述载体的共同特征是：营销功能强大，玩法众多。在营销中，无论是可达成的营销目的、可使用的营销场景、可展现的营销玩法方面都具有强大的实力。

5）微信营销模式

（1）互动式营销——语音营销。通过一对一的推送，企业可以与"粉丝"开展个性化的互动活动，提供更加直接的互动体验。微信与企业之间的合作不仅破除了传统商业经营模式辐射面积小、用户参与度不高、受时间地点等制约的弊端，还具有轻松时尚、趣味性高、商家与用户互动性强等优势，让用户能尽享移动互联带来的轻松、惬意感受。

（2）活动式营销——漂流瓶营销。微信官方可以对漂流瓶的参数进行更改，使得合作商家推广的活动在某一时间段内抛出的"漂流瓶"数量大增，普通用户"捞"到的频率也会增加。加上"漂流瓶"模式本身可以发送不同的文字内容甚至语音小游戏等，如果营销得当，也能产生不错的营销效果。

微信"漂流瓶"有点类似于 QQ 邮箱里的"漂流瓶"，基本保留了原始简单、易上手的风格。通过语音功能的增加、参数的可更改以及支持不同形式的内容等，大大增强了其推广功能和扩散功能，如果"漂流瓶"在营销中运用得当，可以收到奇特的效果。

（3）二维码营销。二维码，又称二维条码，是用某种特定的几何图形按一定规律在平面（水平、垂直二维方向）上分布的黑白相间的图形记录数据符号信息。二维码是移动互联网最强大的入口，具有信息量大、纠错能力强、识读速度快、全方位识读等特点。

二维码营销则是指通过二维码图案的传播，引导消费者扫描二维码，获取产品资讯、商家推广活动，并刺激消费者进行购买行为的新型营销方式。将产品图片对应二维码，放入广告牌中，让客户扫描购物，灵活性更大，不仅能够满足消费者的个性化需求，而且能够提高传播速度，客户可以随时随地了解产品信息和促销活动，大大提高了消费者的满意度。

当前，二维码作为移动商务营销的主要技术手段，其商业价值体现为可以传播商业信息、提供互动入口、产生线上交易等，而且二维码与 O2O 模式的结合如今正在被商家大量运用，即利用对二维码的读取将线上的用户引流到线下的商家，二维码已成为衔接现实与虚拟最得力的移动营销工具之一。

（4）基于位置的服务营销。基于位置的服务是通过电信移动运营商的无线电通信网络（如 GSM 网、CDMA 网）或外部定位方式（如 GPS）获取移动终端用户的位置信息，在地理信息系统（geographical information system，GIS）平台的支持下，为用户提供相应服务的一种增值业务。

基于位置的服务营销就是企业借助互联网或无线网络，在固定用户或移动用户之间，完成定位和服务营销的一种营销方式。通过这种方式，可以让目标客户更加深刻地了解企业的产品和服务，最终达到企业宣传品牌形象、加深市场认知度的目的。企业基于位置的服务，对消费者更多的行为进行追踪，为他们提供精准服务的同时，拉近与消费者的关系。

（5）H5 营销。H5 营销是指利用 H5 技术，在页面上融入文字动效、音频、视频、图片、图表、音乐、互动调查等各种媒体表现方式，将品牌核心观点精心梳理重点突出，还可以使页面形式更加适合阅读、展示、互动，方便用户体验及用户与用户之间的分享。

（6）朋友圈广告营销。微信朋友圈广告是基于微信公众号生态体系，以类似朋友的原创内容形式在用户朋友圈进行展示的原生广告。通过整合亿级优质用户流量，朋友圈广告为广告主提供了一个国内独一无二的互联网社交推广营销平台。

目前，朋友圈广告支持图文广告、视频广告等广告产品形态，支持包括品牌活动推广、公众号推广、移动应用推广、微信卡券推广和本地推广等不同推广目标的类目产品能力及多个维度的定向能力。微信朋友圈广告采用了 Feed 信息流广告，与平常能够看到的朋友圈原创形式相似，由文字、图片信息共同构成，用户可以点赞或者评论，看到朋友给出的评论，并形成互动。信息流广告并不是创新的产品，在国外脸书、推特以及国内新浪微博、QQ 空间等都有相关的产品，利用先进的内容匹配技术，信息流广告系统可以把移动广告变成有用的信息，由于信息流广告直接植入用户视觉焦点内容之中，因此，被忽略的可能性极低。

（7）公众号广告营销。微信公众号广告是一个基于微信公众平台，可提供给广告主多种广告形式，并利用专业数据处理算法实现成本可控、效益可观、精准定向的广告投放系统。

目前公众号广告支持底部广告、视频贴片广告和互选广告三个广告资源位的投放，并支持多个维度的定向能力。

3. 直播营销

直播营销是指在现场随着事件的发生、发展进程同时制作和播出节目的营销方式，该营销活动以直播平台为载体，达到企业获得品牌提升或者销量增长的目的。目前，活跃用户较多的直播平台包括映客、YY 直播、花椒、一直播等。除此之外，淘宝、京东等电商企业也在利用网络直播做营销活动，同时，一些直播平台也陆续上线了电商功能，通过直播 + 电商的方式，提升客户的体验度。

1）直播营销的发展原因

（1）移动网络提速和智能设备的普及。移动网络速度的提升，以及流量资费的降低，使得视频直播能够比以往更加流畅。此外，智能手机的普及，让用户可以完全摆脱有线网络和计算机而可以直接通过智能手机进行视频拍摄上传，这就使得视频直播能够有更多的场景，从而让企业有了全新的营销机会，企业可以随时随地更加立体地展示企业的文化以及企业的产品，而不再仅仅依靠博客、微博和微信等方式进行营销。

（2）企业需要更立体的营销平台。在过去几年，很多企业已经将在微博、微信开通账号，并将其作为企业品牌营销和文化传播的重要渠道。不过，这些传播渠道主要还是以图文为主的，始终不够立体。在如今这个信息泛滥的时代，单纯的文字传播很可能被忽略，而视频直播的兴起，正好弥补了以前企业进行营销传播时的不足，在微博、微信之外，多了一个更为立体生动的营销阵地。

（3）网民看视频习惯养成。无论是移动互联网时代的机遇，还是企业营销的需求驱动，这一切最根本的原因是越来越多的用户愿意在视频直播平台上花费时间以及金钱创造内容和浏览内容，这都得益于用户习惯的培养。

2）直播营销的优势

（1）更低的营销成本。传统广告营销方式的成本越来越高，网络营销成本也开始变高，而直播营销对场地、物料等需求较少，是目前成本较低的营销形式之一。

（2）更快捷的营销覆盖。用户在网站浏览产品图文或者产品参数时，需要在大脑中自行构建场景。而直播营销完全可以将试吃、试穿、试玩、试用等过程直观地展示在用户面前，更快捷地将用户带入营销所需场景。

（3）更直接的销售效果。消费者在购买商品时往往受环境影响，因此在设计直播营销时，企业可以重点策划主播台词、优惠政策、促销活动等，同时反复测试与优化在线下单页面，以收获更好的销售效果。

（4）更有效的营销反馈。在产品已经成型的前提下，企业营销的重点是呈现产品价值、实现价值交换，但为了持续优化产品及营销过程，企业需要注重营销反馈，了解客户意见。由于直播互动是双向的，主播将直播内容呈现给观看者的同时，观看者也可以通过弹幕的形式分享体验。因此企业可以借助直播了解已经用过产品的消费者的使用反馈以及收获现场观看者的观看反馈，便于下一次直播营销时修正。

3）直播营销效果的影响因素

影响直播营销效果的因素包括人物、场景、产品和创意。

（1）人物，主播或嘉宾是直播的主角，其定位需要与目标受众相匹配，并友好地引导观众互动、转发或购买。

（2）场景，企业需要用直播搭建销售场景，让观众仿佛置身其中。

（3）产品，企业产品需要巧妙地植入主持人名词、道具、互动等之中，从而达到将企业营销软性植入直播之中的目的。

（4）创意，网民对于常规的视频内容已经审美疲劳，带有一定创意的直播内容，可以大大提升直播营销效果。

4）直播营销步骤

为了确保直播当天的人气，新媒体运营团队还需要提前进行预热宣传，鼓励粉丝提前进入直播间，将商家营销目的巧妙地设置在直播各个环节，这就是直播营销的整体设计。直播营销的整体设计主要包括五大环节，具体有整体思路、策划筹备、直播执行、后期传播和效果总结。

（1）整体思路。在做直播营销方案之前，商家直播团队必须先把整体思路理清，然后有目的、有针对性地策划与执行。直播营销的整体思路设计，需要包括三部分，即目的分析、方式选择和策略组合。首先是目的分析，对商家而言，直播只是一种销售手段，因此商家直播营销不能只是简单地线上卖货，而是需要综合产品特色、目标用户、营销目标，提炼出直播营销的目的。其次是方式选择，在确定直播目的后，商家直播团队需要在颜值营销、明星营销、稀有营销、利他营销等方式中，选择一种或多种进行组合。最后是策略组合，方式选择完成后，商家需要对场景、产品、创意等模块进行组合，设计出最优的直播策略。

（2）策划筹备。首先，将直播营销活动方案撰写完善；其次，在直播开始前将直播过程中用到的软硬件测试好，并尽可能降低失误率，防止因为筹备疏忽而引起不良的直播效果；最后，为了确保直播当天的人气，其团队还需要提前进行预热宣传，鼓励粉丝提前进入直播间，静候直播开场。

（3）直播执行。前期筹备是为了现场执行更加流畅，因为从观众的角度，只能看到直播现场，无法感知前期的筹备。为了达到已经设定好的直播营销目的，主播及现场工作人员需要尽可能按照直播营销方案以及直播脚本，将直播开场、直播互动、直播收尾等环节顺畅地推进，并确保直播的顺利完成。

（4）后期传播。直播结束，并不意味着营销结束，运营团队需要将直播涉及的图片、文字、视频等，继续通过各个媒体渠道传播，让其抵达未观看现场直播的粉丝，让直播效果最大化，这也是让粉丝进行二次沉淀的过程。

（5）效果总结。直播后期传播完成后，团队需要进行复盘和改进，一方面，进行直播数据统计并与直播前的营销目的作比较，判断直播效果；另一方面，组织团队讨论，提炼出本场直播的经验与教训，做好团队经验备份。

每一次直播营销结束后的总结与复盘，都可以作为新媒体团队的整体经验，为下一次直播营销提供优质化依据或策划参考。

5）直播营销应用场景

（1）直播＋电商。直播＋电商是直播最常用的一种营销场景。在网络店铺中应用广泛，通过直播的方式介绍店内的产品，或传授知识、分享经验等。因为电子商务平台用户众多，流量集中，观看直播的用户目的明确，对某类型的产品感兴趣，因此，直播＋电商能够将流量快速变现，将产品售卖效果发挥到极致。

（2）直播＋发布会。直播＋发布会已经成为众多品牌抢夺人气、制造热点的营销法宝。新产品发布会携手直播平台已经成为品牌推广新品进入市场的另一个出口。直播平台上的直播地点不再局限于会场，互动方式也更多样和有趣。直播可以对产品进行直观展示和充分的信息说明，结合电商等销售平台，将直播流量直接转化变现。小米的无人机发布会放弃了一直使用的发布会场地，举办了一场在线直播的新品发布会。雷军通过十几家视频网站和手机直播 APP，发布了小米传闻已久的无人机，这次发布会仅小米直播 APP 中，同时在线人数最高时已经超过了 50 万人。

（3）直播＋互动营销。直播最大的优势在于带给用户更直接的使用体验，甚至可以做到零距离互动。直播＋互动营销的最大魅力在于通过有效的互动将人气"链接"到品牌中。企业通过实时互动问答，为用户进行全方位的产品卖点解读，使品牌得到大量曝光。直播时互动形式多样，如弹幕互动、产品解答、打赏"粉丝"、分享企业的独家情报等。当然，也可以通过线上线下配合，招募"粉丝"亲身参与直播节目，满足用户猎奇心理。

（4）直播＋内容营销。在"内容为王"的时代下，新颖的内容是在众多直播营销事件中脱颖而出的关键。选择合适的人群并针对目标人群的基本属性、特征偏好来策划直播内容，可以更有针对性地开展直播。

（5）直播＋广告植入。直播中的广告植入能够摆脱生硬感，颠覆传统广告刻意而为之的方法，原生内容的形式能收获"粉丝"好感，在直播场景下能自然而然地进行产品或品牌的推荐。例如，很多主播通过直播与"粉丝"分享化妆秘籍，植入面膜、去油纸、保湿水、洁面乳等护肤产品广告。同时，导入购买链接，获取购买转化。

（6）直播 + 个人 IP。直播平台成为网红经济的一个有力出口，为以个人为单位的网络主播提供更广阔的粉丝平台，并降低进入门槛。粉丝基础和粉丝互动是成就个人 IP 的核心因素，也是个人 IP 平台化的出发点。2016 年上半年，网红"Papi 酱"首次广告通过淘宝直播竞拍天价，携手签约 8 大直播平台展示直播首秀，与美即面膜合作发布第一支硬广告，成功运作个人 IP 最大价值平台化。

4. 短视频营销

随着互联网技术的飞速发展和移动智能终端的普及，大众的社交形式也发生着巨大的变化，人们已经不再满足于文字和图片社交，因此，诞生了短视频这样一种新的社交形式。短视频是一种视频时长相对较短，主要依托移动智能终端实现快速拍摄和美化编辑，可以在社交媒体平台上实时分享和无缝对接的新型视频形式。短视频作为移动互联时代下一种新的文本表达和消费方式，实现了文字、语音和视频的融合传播，以更加立体直观的方式满足了用户表达和互动需求。短视频的直观性、冲击力远远大于大段文字的介绍和图片的展示，短视频的展示往往更能促成消费者的购买行为。目前，国外比较有代表性的短视频平台有 Instagram、Vine、Snapchat 等，国内比较有代表性的短视频平台有抖音、快手、微视等。

短视频营销是以短视频媒体作为载体，通过硬广告投放、内容植入、内容订制、网红活动、账号运营和跨平台整合等形式进行的营销活动。

1）短视频营销特征

与传统营销方式相比，短视频营销有其自身独特的优势，具体表现在以下方面。

（1）灵活、适用范围广。短视频在投放前，其内容制作周期短、成本低，因此在营销形式上也更为灵活多变，能够适应不同类型广告主的营销需求。但是一定要具备良好的内容创意，才能打造出优质短视频，吸引用户关注。

（2）承载量大、互动丰富。短视频内容信息承载量丰富集中，可以将大量且形式多元的营销信息集中在一个短视频内容中呈现，同时兼具社交媒体的互动属性，可以与用户建立深度的沟通与互动。

（3）可实现病毒式传播。通常短视频的播放量会远远大于其粉丝量，头部优质内容甚至可以实现病毒式传播，在营销价值的潜力和爆发力上都有优异的表现。

（4）数据效果可视化。短视频营销同样可以对视频的传播范围及效果进行数据分析，数据来源包括关注数、浏览数、转载数、评论数等，通过数据分析及对标账号、行业竞争对手等数据观察，掌握行业风向，及时调整并优化短视频内容，从而可以达到更好的营销效果。

2）短视频营销方式

从广告主的卷入程度，短视频营销模式可以分为六种，包括硬广告投放、内容植入、内容定制、网红活动、账号运营和跨平台整合。卷入程度是指广告主营销决策和营销支出上的人力、精力、预算等成本的投入程度，通常卷入程度越高，营销方式越丰富，决策和执行难度越大。

（1）硬广告投放。在短视频媒体平台上投放传统硬广告，即通过付费的形式来达到品牌曝光，如短视频信息流广告等。目前，硬广告投放仍然是营销方式的首选，因为从策划上来看，硬广告相对简单，从实际效果来看，硬广告的覆盖面更广。只是从成本上，硬广告的投入更高，且从持续性上，存在着时间限制。

（2）内容植入。内容植入是短视频最早出现的营销形式，也是目前最常用的短视频营销形式之一。在短视频平台内容中植入广告，包括节目冠名、产品或品牌显示、口播植入等，表现形式丰富。相比长视频，短视频内容浓度更高，更加关注在瞬间抓住用户注意力。同时，集中式的内容消费也会降低用户心理负担，无论内容偏好都可以及时结束，因此对广告的包容度和接受度也更大，所以短视频是内容植入非常好的载体，品牌方一方面可以更加大胆地通过多频次等方式进一步强化广告显著度，另一方面可以通过趣味化、段子化等方式扩大消费者对品牌和产品的好感度与长效记忆。

（3）内容定制。短视频内容定制通常作为内容原生广告在全网分发，包括短视频平台、社交媒体等，属于互动传播，更加注重内容的完整性和品牌信息的原生性。因此，广告主在选择内容定制的方式进行短视频营销时，需重点考虑三个要素，即内容情节和故事性、话题热度、渠道兼容性。①内容情节和故事性。短视频定制营销内容，相比传统广告片，更加注重内容的故事和情节，首先要是一个可消费的内容，其次才是一个广告。②话题热度。短视频定制营销内容要获得好的传播效果，除了被更多人看到，还需要更多人的讨论，可采用话题热度增加社交互动。③渠道兼容性。短视频营销一大优势是互动传播和二次传播，因此在内容定制的过程中，需要更多考虑内容在各个渠道传播的兼容性。

（4）网红活动。联合网红和平台资源，策划互动类活动。一方面，通过 KOL（key opinion leader，关键意见领袖）/网红触及其背后的粉丝群体；另一方面，通过加入互动元素激发用户的深度参与。网红资源对整个营销活动的影响最大，因此，选择合适的网红合作尤为重要，除了网红自身的粉丝数量和影响力，网红领域和品牌格调的一致性、网红风格与活动内容的契合度、网红主要入驻的平台等都是需要重点考量的因素。

（5）账号运营。在短视频媒体平台开通品牌官方账号，持续输出营销内容逐渐成为品牌方日常与消费者保持长效沟通的营销方式。首先，在短视频平台上进行账号运营，不是其他社交平台视频内容的简单搬运，而应该重新以视频语言的视角去策划整个账号的系列内容，考虑哪些品牌信息适合用视频形式展现，或如何以视频信息展现。其次，所有发布的日常内容都应该保持统一的格调，把账号设定为单一内容维度来运营。过于繁杂的内容会影响受众对品牌印象的感知，如果有多个内容维度的传播需求，可通过建立多个账号同时联动运营。最后，短视频平台的重要亮点在于互动形式从评价到内容生产的升级，因此品牌方在传播日常内容时应加入更多的对话感，引导用户生产内容给予反馈。

（6）跨平台整合。有机结合多个媒体或营销形式，搭建营销矩阵，充分发挥短视频营销的核心优势，实现整合营销的联动效应。品牌方在构建营销矩阵中要完全触及关注、兴趣、搜索、购买和分享各个环节。短视频营销在每个环节均有优势凸显，其中鉴于短视频兼具内容传播的覆盖度和社交爆发力两个维度的优势，在关注和分享营销环节可以最大化发挥短视频营销的价值。

5. 问答营销

问答营销是借助问答社区进行口碑营销的一种方式。通过遵守问答站点（百度、搜搜、天涯等）的发问或回答规则，巧妙地运用软文，让自己的产品、服务植入问答里面，达到第三方口碑效应。企业通过问答营销既能与潜在消费者产生互动，又能植入商家广告。知名的问答营销社区有百度知道、SOSO 问问、天涯问答、谷歌问答、搜狐问答、新浪爱问、知乎问答等。问答营销通过问和答的方式，达成营销的最终目的，常见的问答营销方式一般是一问多答，问答营销的最终方式是引起争论，同时可控制地引导争论的方向，问答营销也包括评论营销等变相问答方式营销。

1）问答营销的特点

（1）互动性。问答类的互动效果可以充分地补充网站内容的不足，也能让浏览者完善知识面，这样的互动不仅起到了针对性的效果，又起到了广泛性的效果。

（2）针对性。问答可以针对某个目标群体，根据群体的特点选择关注的焦点，充分调动目标群体的力量，也可以针对话题做讨论，让更多的人来参与，达到人群融合的效果。

（3）广泛性。问答营销的特点本身就决定了问答营销的广泛性，一个问题可以引来不同人群的讨论，一个事件可以引来不同人群的评论，品牌的建设往往从问答开始。

（4）媒介性。通过文章或者问题的形式在各大平台或者媒体投稿，只要稿件通过或者问题通过，就可以充分借助媒介达到更好的效果。

（5）可控制性。问答平台的评论可以通过审核的方式来控制，去除重复的，不符合规定的评论，从而达到让浏览者有益，让内容健康的效果。

2）问答营销实施的具体步骤

（1）提问。提问时要注意合理地控制问题中的关键词密度和提问的技巧，按照用户搜索习惯选取核心关键词和设计针对性问题。

（2）回答。针对不同的行业，可以采用不同的回答方式，主要包括对比回答法、举例回答法、专业回答法。如果为自问自答的形式，账号回答的时间段最好错开，回答的内容也要真实可信，保证答案的质量。

（3）采纳答案。可优先考虑采纳用户的优质答案，如果没有优质答案，要尽可能采纳客观、真实的答案。

（4）排名结果优化。问答排名与问题的搜索和点击量有直接的关系，企业可以通过提升问题的搜索量和点击量来提升问题中的排名。

课后练习题

（一）选择题

1. 千人印象成本的英文缩写是（   ）。

    A. CPC   B. CPM   C. CPI   D. CPA

2. 关于网络营销定义的理解不正确的是（   ）。

    A. 网络营销不是孤立存在的   B. 网络营销不等于网上销售

C. 网络营销与传统营销是对立的　　　D. 网络营销不等于电子商务

3. 不属于微博营销特点的是（　　）。
    A. 互动性强　　　B. 时效性强　　　C. 广泛性　　　D. 发布门槛高

4. 属于网络市场间接调查的是（　　）。
    A. 搜索引擎法　　　B. 在线问卷法　　　C. 网上实验法　　　D. 网上观察法

5. 不是网络市场调查特点的为（　　）。
    A. 调研信息的及时性和共享性　　　B. 调研方式的便捷性和经济性
    C. 调研过程的交互性和充分性　　　D. 收集信息的不可控性

6. 影响直播营销效果的因素不包括（　　）。
    A. 创意　　　B. 场景　　　C. 人物　　　D. 品牌

7. （　　）是指企业通过向目标市场提供各种满足消费需求的有形和无形产品来实现其营销目标。
    A. 产品策略　　　B. 定价策略　　　C. 促销策略　　　D. 渠道策略

8. （　　），网页的搜索引擎优化效果越好。
    A. 网页被其他网页链接得越多　　　B. 网页链接的其他网页越多
    C. 网页链接的其他网页越少　　　D. 网页被其他网页链接得越少

9. 搜索引擎广告竞价排名时，报价越高，（　　）。
    A. 排名越靠前　　　B. 排名越靠后
    C. 营销效果越差　　　D. 营销效果越好

10. 基于搜索引擎的网站推广方式不包括（　　）。
    A. 网站登录　　　B. 竞价排名　　　C. 网站优化　　　D. 网络广告

（二）复习与思考题

1. 网络营销与传统营销的区别体现在哪些方面？
2. 网络营销的特点是什么？
3. 简述 4Cs 营销组合理论。
4. 网络市场调查的步骤和方法有哪些？
5. 简述 SEO 和 SEM 的关系。
6. 简述直播营销的优势及具体实施步骤。

第5章 电子商务安全管理

当前，数字技术革命日新月异，数字经济蓬勃发展，电子商务作为数字经济的突破口和领头羊，已经成为企业和个人进行商业贸易活动的一种必不可少的商业服务模式，但是电子商务在交易过程中传递的信息内容和用户的个人隐私等信息数据的安全问题一直备受关注，因为交易过程中的安全问题不仅是商家和客户利益的影响因素，还是电子商务发展的制约因素。电子商务要想在全球得到广泛应用和快速发展，对于电子商安全问题必须进行实时密切的关注。

电子商务安全是指计算机系统、网络通信、应用环境等保证电子商务实现的要素不受威胁的一个多层次、多方位的动态过程。电子商务的安全不仅只是计算机网络和计算机安全（网络自身的开放性、传输协议漏洞、操作系统弊端、信息电子化），如防病毒、防黑客等，还包括交易过程安全和物流、支付服务过程的安全，此外还涉及管理制度、电子商务安全立法等多方位的保障。随着大数据时代的到来，企业数据资源成为新资源，利用大数据技术为企业带来更高价值，电子商务企业数据资源安全也成为一项重要内容。

为了保障数据的存储和传输安全，一个完整的网络交易安全体系必不可少。完整的网络交易安全体系的构建至少包括三类措施，并且三者缺一不可。①技术方面的措施，如防火墙技术、网络防毒、信息加密、身份认证、授权等。但只有技术措施并不能保证百分之百的安全。②管理方面的措施，包括交易的安全制度、交易安全的实时监控、提供实时改变安全策略的能力、对现有的安全系统漏洞的检查以及安全教育等。在这方面，政府有关部门、企业的主要领导、信息服务商应当扮演重要的角色。③社会政策与法律保障。只有从上述三方面入手，才可能真正实现电子商务的安全运作。

5.1 电子商务系统安全管理概述

5.1.1 电子商务面临的安全问题

电子商务系统是一个开放的、人在其中频繁活动的、与社会系统紧密耦合的复杂巨系统。它是由商业组织本身（包括营销系统、支付系统、配送系统等）与信息技术系统复合构成的。而系统的安全目标与安全策略是由组织的性质与需求所决定的。因此，在分析电子商务风险、制定相应的安全保护措施时，需要基于其"复杂性"，综合考虑组织、管理和技术保障体系，而不是单纯地根据信息系统本身去制定安全措施。当然也不是一般的管理手段的叠加，而是综合集成，只有通过人网结合、人机结合，充分发挥各自的优势，才能经过综合集成，使系统表现出新的安全性质——整体大于部分之和。

电子商务是一个复杂的系统工程，需要从多个方面来综合考虑其安全问题。考虑到电子商务过程依赖互联网和各类服务器，因此一个安全的电子商务系统首先要求有一个安全、可靠的通信网络，保证各类服务器的安全，同时，商务行为实施过程还需要保证交易本身的安全，为建立良好的电子商务秩序营造更好的环境。因此，电子商务面临的安全问题可以分为两类：一类是网络通信与信息系统的安全问题，另一类是网络交易过程的安全问题。

1. 网络通信与信息系统的安全问题

网络通信与信息系统的安全问题主要是指网络通信与计算机系统应具有较好的稳定性，使用户能正常地发送、接收和使用数据，否则会使电子商务活动因安全问题而中断或产生错误。以下为常见的网络通信与信息系统的安全问题。

1）电子商务交易系统硬件故障

系统硬件故障的原因一般表现在三个方面：①系统硬件自身的原因，如硬件设计的缺陷、硬件质量和硬件使用过程中的老化等问题；②由于硬件系统所处的环境带来的影响，如自然灾害、有害气体及电磁污染等，可能会造成对计算机设备、设施及其他媒体设备的破坏；③人为操作失误或管理不善引起的硬件故障。

2）电子商务交易系统软件故障

系统软件是指对计算机或网络硬件进行有效管理和驱动，使计算机系统中各种独立的硬件能够相互协调，实现其应有功能的一类软件，其包括操作系统、数据库管理系统、硬件驱动程序、网络协议等。系统软件故障主要由于软件在设计上对于系统运行安全方面存在考虑不够完善，测试过程不够严谨等问题，从而使一些隐患未被及时发现，而当系统处于程序运行状态时，这些隐患会在一定情况下爆发，从而造成系统受损、崩溃等问题，而有一些破坏则较难发现，如对数据的错误处理、计算误差等。

3）计算机病毒

计算机病毒是编制者在计算机程序中插入的破坏计算机功能或者破坏数据，影响计算机使用并且能够自我复制的一组计算机指令或者程序代码。有些恶性的计算机病毒含有明确的攻击性，如破坏数据、删除文件、格式化磁盘等。需要注意的是，不仅个人计算机容易受到病毒侵害，手机端也容易感染病毒，手机病毒可通过发送短信、彩信、电子邮件、浏览网站、应用蓝牙传输等方式传播，也可能会导致用户手机死机、关机、自动拨打电话、发送短信等，甚至会损毁 SIM（subscriber identity module，客户识别模块）卡、芯片等硬件，导致手机无法正常使用。

4）黑客攻击

黑客一般泛指计算机信息系统的非法入侵者。不同的软硬件设备都存在不同的安全漏洞，系统软件在逻辑设计上会存在一些缺陷或者错误，很容易被一些不法分子通过木马、病毒等方式进行控制。随着移动通信的普及，移动商务所依赖的网络环境的开放性及无线传输的特性，使得安全问题同样成为整个移动通信系统的核心问题之一。近几年，网站被植入后门等隐蔽性攻击事件呈增长态势，网站用户信息成为黑客窃取的重点，所窃取的网站用户信息数据库在互联网上公开流传或通过地下黑色产业链售卖。

黑客的攻击手段和方法多种多样，一般分为主动攻击和被动攻击，如图 5-1 所示。

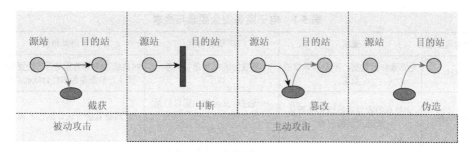

图 5-1　黑客攻击手段

被动攻击主要对信息进行截获，在不影响网络正常工作的情况下，对系统的保密性进行攻击，如搭线窃听、对文件或程序的非法复制等，以获取他人的信息。

主动攻击包括对数据流的篡改或产生某些假的数据流。主动攻击又可分为以下三类：①中断，它是对系统的可用性进行攻击，如破坏计算机硬件、网络或文件管理系统。②篡改，它是对系统的完整性进行攻击，如修改数据文件中的数据、替换某一程序使其执行不同的功能、修改网络中传送的信息内容等。③伪造，它是对系统的真实性进行攻击，如在网络中插入伪造的信息或在文件中插入伪造的记录。

从网络信息非授权访问到网络欺诈，从传统互联网到移动互联网，从 Windows、苹果 Mac 到 UNIX，从 Android 到 iOS 手机操作系统都容易因为漏洞问题而遭受攻击。其中，银行等金融机构信息系统是黑客攻击的重点。可见，个人隐私信息及企业商业机密正在面临前所未有的危机。互联网不是法外之地，电子商务信息安全保卫战迫在眉睫。

2. 网络交易过程的安全问题

与传统的面对面交易方式不同，电子商务环境下，买卖双方通过互联网进行联系，如果未建立有效的信任关系，在网络交易过程中很容易出现欺诈行为。网络欺诈行为是以非法占有为目的，利用互联网采用虚拟事实或者隐瞒事实真相的方法，骗取数额较大的公私财物的行为，如催发货诈骗、虚假宣传诈骗、拒绝选择安全支付方式的诈骗等。此外，针对交易过程的支付环节，不法分子往往利用第三方支付网页与网银的衔接认证缺陷，篡改用户网上购物信息；或者对用户浏览器进行强制篡改，指向恶意网站，造成用户的财产损失。最后，快递实名制在保证快递物品安全的同时，也会在一定程度上给用户带来安全隐患，容易引发用户隐私泄露风险，给用户造成损失。

5.1.2　电子商务系统的安全要求

电子商务交易的安全需求包括两方面：交易过程中身份的可认证，交易过程中信息的可认证。具体而言，其安全性包括信息的完整性、不可否认性、真实性、机密性、隐私性及可用性，如表 5-1 所示，为电子商务安全构成要素与具体要求。

1. 完整性

交易各方能够验证收到的信息是否完整，即信息在存储中不被篡改和破坏，或者在数据传输过程中没有出现信息丢失、信息重复等差错，保持与原始发送信息的一致性。信息

表 5-1　电子商务安全要素与要求

安全性构成要素	要求	消费者角度	商家角度
完整性	允许谁修改数据,不允许谁修改数据	我发出的信息是否被篡改了?	网站或 APP 等数据是否未经授权就被改变了?数据是否来自合法的消费者?
不可否认性	为信息的收发者提供无法否认的端到端的证据	和我进行交易的卖家以后是否会否认曾经进行过的交易?	消费者会否认订购过产品吗?
真实性	解决了谁的问题	谁在和我进行交易?我怎么确认商家就是他所声称的那个?	买家的真实身份是什么?
机密性	谁有权利查看特定的信息	除了我指定的接收方外还有其他人能够读取我的信息吗?	信息或机密数据是否会被那些没有经过授权的人看到?
隐私性	访问者能做什么操作,不能做什么操作	我能控制电商卖家对我所提交的个人信息的使用吗?	如果可能,作为电子交易的一部分所采集到的个人数据应该如何使用?消费者个人信息可以在没有得到授权的情况下使用吗?
可用性	需要的时候,资源是可用的	我能够访问该网站/网店/APP 吗?	电子商务运营系统能够正常运行吗?

的完整性将影响贸易双方的交易和经营策略,从而影响电子商务的正常运行。因此,要预防信息被随意生成、修改或删除,同时要防止数据在传输过程中出现丢失或重复的情况,保证信息传送次序的一致。

2. 不可否认性

不可否认性也称为不可抵赖性。在电子交易通信过程的各个环节中都必须是不可抵赖的,即交易一旦达成,信息的发送方不可否认已经发送的信息,接收方也不可否认已经接收到的信息,这是一种法律有效性要求。通过这一特性,建立有效的责任机制,防止交易双方否认其行为。如因市场价格上涨或者信息传递延迟,而出现卖方完全否认收到订单或者否认收到订单日期的情况,从而给买方造成一定的经济损失。需要注意的是,不可否认性的达成也要求信息安全技术与法律保障相互配合。

3. 真实性

在双方进行交易前,首先要能确认对方的身份,要求交易双方的身份不能被假冒或伪装。传统的纸介质贸易通过在书面合同或单证上手写签字或签章来鉴别并确认交易双方身份。而电子商务环境下,交易双方互不见面,只有确认了对方的真实身份才能建立彼此信任的交易关系,因此,通过一些技术手段保证交易双方能相互分辨对方所声称身份的真伪,防止伪装攻击,是顺利进行电子商务交易的前提。

4. 机密性

信息在存储、传输和处理过程中,不被他人窃取。电子商务作为一种贸易手段,其信息直接代表着个人、企业或国家的商业机密。在开放的互联网环境下，商业机密是电子商务全面推广应用的重要屏障。因此，要预防非法的信息存取和信息在传输过程中被非法窃取，确保只有合法用户才能看到数据，防止泄密。

5. 隐私性

在电子商务环境中，隐私权主要涉及的是个人资料的利用和保护问题。通过控制使用数据资源的人或实体的使用方式，保护计算机系统的数据资源不被未经授权的人或以未授权方式使用、修改、破坏等，即防止未授权的数据暴露。隐私性的保护需要相关技术与操作使用管理制度来配合实现。

6. 可用性

计算机及网络系统的硬件和软件工作的可用性，即在电子商务系统中保证授权用户在正常访问信息和资源时不被拒绝，为用户提供稳定可靠的服务。目前，可用性的威胁主要是硬件故障、程序错误、传输错误、软件错误、计算机病毒及自然灾害等，这类威胁的结果往往会破坏计算机的正常处理速度或计算机完全拒绝服务。而延迟或拒绝服务可能会使用户错失交易商机，因此通过控制和预防，确保系统安全可用性，是保障电子商务系统数据传输、数据存储及电子商务完整性检查的可靠根基。

5.1.3　电子商务系统的安全管理框架

电子商务系统的安全，不是仅仅靠纯技术手段就能实现的，还需要有相应的管理制度和完善的法律法规的支持，三者缺一不可。

1. 网络安全技术层面

电子商务的安全控制体系结构是保证电子商务中数据安全的一个完整的逻辑结构，如图 5-2 所示，由网络服务层、加密控制层、安全认证层、安全协议层、应用系统层五个部分组成。下层是上层的基础，为上层提供技术支持；上层是下层的扩展与递进。各层次之间相互依赖、相互关联构成统一整体。各层通过控制技术的递进实现电子商务系统的安全。电子商务系统是依赖网络实现的商务系统，需要利用互联网基础设置和标准，因此底层为网络服务层，为了确保系统的全面安全，必须建立完善的加密技术和安全认证机制。加密控制是保证电子商务系统安全最基本的安全机制，用于满足保密性的需求；安全认证层中的认证技术是保证电子商务安全的又一必要手段，它对加密控制层中提供的多种加密算法进行综合应用，进一步提高可靠性要求。目前，众多的安全技术都是通过安全协议来实施的。简洁、有效的安全协议对电子商务安全而言至关重要。安全协议层主要包括国际上通行的两种安全协议：SSL 协议和 SET 协议，二者均是成熟和实用的安全协议。应用系统层便可以满足电子商务对安全性的基本需求，包括机密性、完整性、匿名性、不可抵赖性、有效性、可靠性等。

2. 社会的法律政策与法律保障

电子商务交易规范的相关法律涉及许多领域，包括电子合同、数字签名、电子认证、

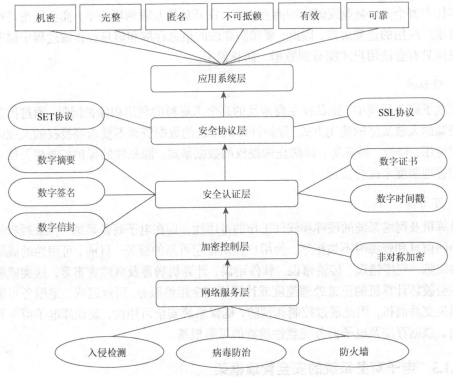

图 5-2　电子商务的安全控制体系结构

电子支付等制度和法律法规，以及电子商务税收法律问题、电子商务下个人隐私权保护、知识产权和域名的法律保护等。我国已经颁布和实施了多部与互联网和电子商务相关的法律法规。特别是 2019 年 1 月开始执行的《电子商务法》，可以在一定程度上有效应对网络安全事件，保障电子商务交易安全。

3. 信息安全管理制度保障

电子商务信息安全已经引起很多企业的重视，但大多数企业往往侧重加强技术措施，如购买先进的防火墙软件，采用更高级的加密方法等，很多企业认为员工泄密的安全事故只是偶然现象，很少从人员管理的角度来探讨出现这些事故的根本原因。"重技术、轻管理"是当前很多电子商务企业的通病。由于管理手段不到位，很多先进的安全技术无法发挥应有的效能。

首先，很多企业管理高层对人员管理在信息安全中的地位认识不足。大多数企业将电子商务网络作为一项纯粹的技术工程来实施，企业内部缺乏系统的安全管理策略，只是被动地使用一些技术措施来进行防御，因此电子商务过程中一旦出现突发性事件，往往造成很大的经济损失。企业没有从整体上、有计划地考虑信息安全问题。企业各部门、各下属机构都存在各自为政的局面，缺少统一规划、设计和管理。信息安全强调的是整体上的信息安全性，而不仅是某一个部门或公司的信息安全。信息安全保障体系的战略性必须涵盖各部门和各公司的信息安全保障体系的相关内容。

其次，缺少信息安全管理配套的人力、物力和财力。人才是信息安全保障工作的关键。信息安全保障工作的专业性、技术性很强，没有一批业务能力强且具有信息网络知识、信息安全技术、法律知识和管理能力的复合型人才与专门人才，就不可能做好信息安全保障工作。应该从信息安全建设和管理对信息安全人才的实际需求出发，加快信息安全人才的培养。

随着电子商务的深入发展，电子商务安全问题也越来越被重视，电子商务的安全体系结构也在逐步提高完善。在未来的发展过程中，电子商务可能还会产生一些其他的安全问题，所以对于电子商务安全技术的研究也将会是一个长期的过程。

5.2 数字加密技术

数据是数字经济的核心生产要素，数字加密技术是网络中最基本的安全技术，是实现电子商务信息保密性、真实性和完整性的前提，是一种主动的安全防御策略。

5.2.1 加密系统模型

为保证电子商务中的数据和交易安全、防止欺骗和确认交易双方的真实身份，加密技术是保障安全电子商务技术的手段，加密技术在 20 世纪 70 年代才进入公共研究领域，随着计算机技术的高速发展，加密技术也进入了崭新阶段。

现代密码技术是实现电子商务安全交易的核心，它能有效地解决电子交易过程中的信息可认证（保密性、完整性和不可抵赖性）和身份可认证等问题。密码技术是保证网络安全、信息安全的核心技术。

原始信息具有语义含义，通过信息的变换和编码，将机密信息变换为乱码型文字，使信息窃取者不能从其截获的乱码中得到任何有意义的信息，使其语义上不可读，同时为保证解密的顺利进行，也要注意保持其可恢复的形式。加密技术是密码学（密码编码学和密码分析学）研究的重要部分，主要采用数学方法对原始信息（通常称为"明文"）进行再组织，使得加密后在网络上公开传输的内容对于非法接收者来说成为无意义的文字（加密后的信息通常称为"密文"）。

在加密和解密的过程中，都要涉及信息（明文、密文）、密钥（加密密钥、解密密钥）和算法（加密算法、解密算法）这三项内容。其中，未加密的信息称为明文，它可能是文本文件、数字化的语音、图像或者视频文件。将明文数据进行某种变换，使其成为语义上不可理解的形式，这个过程就是加密，这种不可理解的形式称为密文。如图 5-3 所示，加密是由明文到密文的变换过程，在互联网上能实现信息传输的保密性。解密是密文到明文的相反变换过程。图 5-4 展示了完整的加密和解密过程。

图 5-3 加密过程

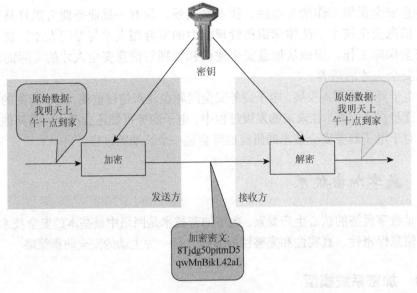

图 5-4　解密过程

加密系统首先需要信息（明文和密文），包括加密和解密过程。其次，加密和解密必须依赖另外两个要素：算法和密钥。算法是加密和解密的计算方法；密钥是加密（解密）过程所需的一个（组）参数。如图 5-5 展示了完整加密系统的构成要素，包括信息源（明文）、加密的密文、加密算法、解密算法及密钥源。

图 5-5　加密系统的构成要素

信息论创始人香农论证了经典加密方法得到的密文几乎都是可破的。如果密码体制中的密码不能被可使用的计算资源破译，则这一密码体制称为在计算上是安全的。

根据加密和解密所使用的密钥是否相同，密码体制可分为对称加密体制和非对称加密体制。

5.2.2　对称加密体制

1. 对称加密体制的概念

对称加密体制又称为私有密钥加密或单钥密钥加密。对称加密技术之所以称为对称，是因为在加密和解密过程中其使用的密钥是同一个。通信双方都必须获得这把钥匙，并保持钥匙的秘密，图 5-6 为对称加密体制的工作过程，通信双方使用的都是密钥 K。对一个安全的对称加密系统来说，在解密时需要通过安全的秘密通道获得正确的私有密钥。

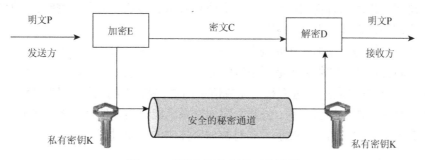

图 5-6　对称加密体制的工作过程

对称密码体系由两个重要的要素构成，分别是对称密钥算法和用作对称密钥的随机数。对称密钥的创建一般是使用随机数发生器，而其中最好的则是专门用于产生随机数的硬件设备。

2. 对称加密体制的优缺点

对称加密体制的优点主要表现为：①交换信息的双方采用相同的算法和同一个密钥，算法简单，系统开销小；②数据加密标准，加密数据效率高，速度快，适合加密大量数据。

对称加密体制的缺点体现在：①在传输密钥的过程中，任何一方的泄密都会造成密钥的失效，存在着潜在的传输危险。②管理密钥有困难。网络通信时，如果网内用户都使用相同的密钥，就失去了保密的意义；如果任意两个用户通信都使用互不相同的密钥，密钥量太大，为 $n(n-1)/2$ 个，难以管理。③无法实现数字签名和身份验证。④密钥的分发是加密体系中最薄弱、风险最大的环节。

3. 对称加密体制的算法

20 世纪 70 年代美国国家标准局颁布了数据加密标准（data encryption standard，DES），被 ISO 接受为国际标准，用作政府及商业部门的非机密数据的加密标准。一个非常重要的应用是银行交易。

数据加密标准是一个对称的分组加密算法。DES 算法（使用的密钥长度是 64 位）以 64 位为分组进行明文的输入，在密钥的控制下产生 64 位的密文；反之输入 64 位的密文，输出 64 位的明文。它的密钥总长度是 64 位，因为密钥表中每个第 8 位都用作奇偶校验，所以实际有效密钥长度为 56 位。DES 算法可以通过软件或硬件实现，所以这种算法还是比较安全的。目前只有一种方法可以破解该算法，那就是穷举法。例如，一台每秒能计算 1000 万次的个人计算机，256 位空间要穷举的时间为 230 年。

5.2.3　非对称加密体制

1. 非对称加密的概念

非对称加密又称为公开密钥加密或双钥密码加密。公开密钥加密要求密钥成对使用，即加密和解密分别由两个密钥来实现。每个用户都有一对选定的密钥，一个可以公开，即公共密钥（public key，PK），另一个由用户完全拥有，即秘密密钥（secret key，SK）。公共密钥和秘密密钥之间有密切的关系。其中公共密钥能够唯一确定秘密密钥，但是由公共密钥推出秘密密钥在计算上非常困难。

依据公开密钥是用作加密密钥还是解密密钥，公开密钥加密系统分为两种基本模式：加密模式和验证模式。加密模式是利用接收方公钥完成信息加密，接收方再利用私钥完成信息解密。验证模式是利用发送方私钥完成信息加密，接收方利用发送方的公钥进行解密。通过使用私有密钥作为加密密钥，公开密钥加密系统能够实现信息源的可鉴别，为数字签名的实现奠定了基础。图 5-7 展示了非对称加密体制的工作过程。

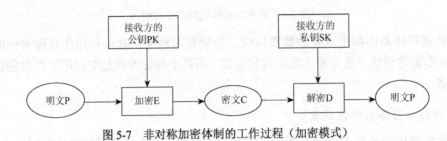

图 5-7 非对称加密体制的工作过程（加密模式）

2. 非对称加密体制的优点与缺点

由于公开密钥的密钥长度比对称密钥的长，算法也复杂得多，所以它的运行效率比对称密钥的低。

非对称加密体制的优点主要表现为：①密钥管理简单；②便于进行数字签名和身份认证，从而保证数据的不可抵赖性。

非对称加密体制的缺点体现在：①算法复杂；②被签名的文件或信息可能过长，而加密运算速度慢，将整个信息都用私钥加密会消耗很长时间，加密数据的速度和效率会降低；③存在对大报文加密困难的问题；④仅对密钥和信息摘要等信息量很少的数据进行加密。

3. 非对称加密体制的算法

美国学者迪菲（Diffie）和赫尔曼（Hellman）在 1976 年提出了公开密钥密码算法，引起了密码学的一场革命。不仅加密算法本身可以公开，甚至加密用的密钥也可以公开。RSA 是 1978 年由李维斯特（Rivest）、沙米尔（Shamir）和阿德尔曼（Adleman）设计的非对称的方法，算法以发明者的名字的首字母来命名。它是第一个既可用于加密，也可用于数字签名的算法。

5.2.4 对称与非对称加密体制的结合

通过对对称密码体制以及非对称密码体制的历史、现状的分析来系统性地将两种密码体制进行比较，具体如表 5-2 所示。

表 5-2　两种加密体制的对比

比较项目	对称加密体制	非对称加密体制
代表算法	DES	RSA
密钥数目	单一密钥	密钥是成对的
密钥种类	密钥是秘密的	一个私有，一个公开
密钥管理	算法简单，不好管理	需要数字证书及可靠的第三者
相对速度	非常快	慢
主要用途	大量数据加密	数字签名\密钥分配加密

在实际应用中，通常利用 DES 对称加密算法来进行大容量数据的加密，而采用 RSA 非对称加密算法来传递对称加密算法所使用的密钥。这种两者结合的体制，就集成了两类加密算法的优点，不仅加密速度快，还安全、方便管理。

两者的结合形成了联合加密系统，如图 5-8 所示，联合加密系统分别进行两次加密解密过程，即文件信息本身的加密解密和发送方对称密钥的加密解密，通过对称密钥加密和公开密钥加密算法的结合来实现的。通过公开密钥加密技术实现对发送方对称密钥的管理，使相应的密钥管理变得简单和更加安全。每次信息交换都对应生成了唯一的一把密钥，因此，各交易方就不再需要对密钥进行维护和担心密钥出现泄露或过期问题。

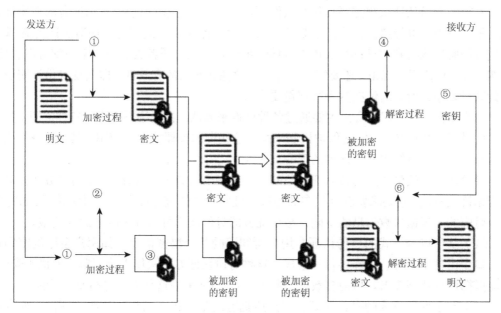

图 5-8　联合加密系统

在电子商务的实际的应用中，可以根据不同的需要，选择合适的公钥加密算法和对称加密算法。

5.3　认证技术

对文件进行加密主要解决信息传输中的安全问题,而防止他人对传输文件的篡改、确定发信人的身份还需要采取其他的手段。数字签名及验证,就是实现信息在公开网络上安全传输的重要方法,它们都属于认证技术。认证又称鉴别,是验证通信对象是原定者而不是冒名顶替者,或者确认信息是希望的而不是伪造的或被篡改过的。目前,电子商务活动中的认证根据认证对象可以分为身份认证、时间认证、产品认证、管理体系认证。其中产品认证与管理体系认证和传统商业中的认证要求与认证制度相同,本小节主要阐述身份认证与时间认证的相关知识。

5.3.1　身份认证技术

1. 身份认证概述

身份认证作为电子安全中的一种重要技术手段,直接关系到电子商务活动能否高效而有序地进行。身份认证是判明和确认交易双方真实身份的必要环节,也是电子商务交易过程中最为薄弱的环节。因为非法用户经常采用窃取口令、修改和伪造、阻断服务等方式对网络支付系统进行攻击,阻止系统资源的合法管理和使用。

一个身份认证系统一般由三方组成:一方是出示证件的人(包括用户、电子商务网站、Web 服务器等),一方为验证者,第三方是攻击者。认证系统在必要时也会有第四方,即有可信赖者参与,经常调解纠纷。

有效的身份认证系统需要具备的条件:第一,验证者正确识别合法示证者的概率极大化;第二,不具可传递性,验证者 B 不能重用示证者 A 提供的信息,伪造示证者 A 骗取其他人的验证或得到信息;第三,攻击者伪装示证者欺骗验证者成功的概率小到可以忽略;第四,从用户使用的视角,还要实现计算的有效性和通信的有效性,即实现身份证明所需的计算量要小,所需通信次数和数据量要小。

日常生活中,人们的身份主要通过各种证件来确认。在网络系统中,各种资源(如文件、数据等)也要求有一定的保护机制来确保这些资源被授权用户使用。其中,身份认证通常是许多应用系统中安全保护的第一道防线。

身份认证一般是通过对被认证对象的一个或多个参数进行验证,从而确定被认证对象是否相符或有效。它要求要验证的参数与被认证对象之间应存在严格的对应关系,最好是唯一对应的。根据参数信息的不同,被认证方的身份证明可以分为以下四种类型。

(1)基于口令方式的身份认证。用户所知道的某个秘密信息,如用户自己的密码口令,口令由数字字母、特殊字符等组成。这种身份认证方法操作十分简单,但最不安全,不能抵御口令猜测攻击。目前多数网络服务平台/APP 采用这种方式进行身份验证。

(2)基于标记方式的身份认证。用户所拥有的某个秘密信息(一般为硬件,如身份证、护照、密钥盘),上面记录着用于系统识别的个人信息,即用户必须持有合法的随身携带的物理介质。如智能卡中存储的个人参数,访问系统资源时必须要有智能卡,智能卡的原理是在卡内安装计算机芯片以取代原来的磁介质,这样就克服了磁介质的缺陷，使身份识别更有效、安全。智能卡认证通过智能卡硬件不可复制来保证用户身份不会被仿冒。

（3）基于数字证书的身份认证方式。数字证书是各类终端实体和最终用户在网上进行信息交流及商务活动的身份证明。在电子交易的各个环节，交易的各方都需验证对方数字证书的有效性，从而解决相互间的信任问题。数字证书广泛应用于安全电子事务处理和安全电子交易活动等各种领域。

（4）基于个人生物特征的身份认证。用户所具有的某些生物学特征，如指纹、掌纹、人脸、虹膜、指静脉、声纹、步态等，其识别过程涉及图像处理、计算机视觉、语音识别、机器学习等多项技术。这种身份认证严格依据人的生物特征并且不依赖任何能被复制的文件或可被破解的口令。这种方法逐渐成为众多电子商务企业经营中对用户身份识别的解决方案。例如，支付宝平台的用户登录系统采用指纹识别、面部特征识别进行用户身份验证。

近几年，随着社会各界对安全性越来越重视，对生物识别技术的需求量也越来越大。与传统身份验证方法相比，基于生物特征的身份认证技术具有以下优点：①不易遗忘或丢失；②防伪性能好，不易伪造和被盗；③"随身携带"，随时随地可以使用。

2. 人脸识别认证

随着人工智能技术的飞速发展，人脸识别已经成为一种重要的人机交互方式，广泛应用于安防监控、智能支付、社交媒体、医疗等领域。

1）人脸识别认证的概念

人脸识别认证是基于人的脸部特征信息进行身份识别的一种生物识别技术。它是用摄像头采集含有人脸的图像或视频流，并自动在图像中检测和跟踪人脸，进而对检测到的人脸进行脸部图像特征识别和匹配的一系列相关技术。对用户来说，人脸识别比数字证书的体验感要强。人脸识别的认证可以给用户带来更好的体验效果，认证方式更符合用户认知。

人脸识别模型的组成要素包括用户、智能设备及软件、人脸识别算法及人脸数据库。①用户。通常指电子商务和金融行业的用户，在这些领域中必须要考虑到电子交易的安全。如何满足用户的安全需求是设计和开发人脸识别模型的前提与基础。②智能设备及软件。包括智能手机等，通过软件将所附设的摄像头采集人脸视觉对象，并转化成符合视觉匹配要求的数据，对人脸建立数据模型。③人脸识别算法。人脸识别算法是人脸识别模型的关键要素，主要对采集的人脸视觉对象与人像数据中心存储的图像数据进行相似度匹配。④人脸数据库。在人脸数据库中存储着一定规模人群的人脸图像。当前我国人脸数据库是最为全面的数据库，是公安部的居民身份信息中心所保留的人脸数据库。

2）人脸识别模型的流程

人脸识别模型流程包括四个步骤。①人脸图像采集及检测：通过摄像头采集人脸图像，对人脸图像精准定位，并挑选最能代表人脸的关键特征。②人脸图像预处理：原始图像由于受到各种条件的限制和随机干扰，往往不能直接使用，必须在图像处理的早期阶段进行灰度校正、噪声过滤等图像预处理，如人脸图像的光线补偿、灰度变换、直方图均衡化、归一化、几何校正、滤波以及锐化等。③人脸图像特征提取：针对人脸的某些视觉特征进行提取，并完成特征建模的过程。④人脸图像匹配与识别：提取的人脸图像的特征数据与人脸数据库中存储的特征数据进行匹配,通过设定一个阈值,当相似度超过这一阈值时,把匹配得到的结果输出。

人脸识别认证就是将待认证的人脸特征与数据库存储的人脸特征模板进行相似度匹配,根据相似程度对待认证的人脸信息进行身份认证。其应用场景主要包括电子支付、信息系统授权访问、刷脸取款、刷脸入住。但人脸识别技术存在一定的安全隐患,如对获取的人脸图像照片进行特征提取和建模,并与 3D 技术结合,通过 3D 建模技术将获取的图像转变为立体的人脸模型,仿冒其他合法用户身份来从事一些非法活动。

在实际应用过程中,考虑到数字证书技术具有较高的安全系数,人脸识别技术具有较好的用户体验,可以将数字证书和人脸识别技术结合使用,嵌入到移动商务系统中,既可以保证电子支付的安全,又能给用户带来良好的购物体验效果。

5.3.2　数字信封

数字信封是为了解决传送更换密钥问题而产生的技术,它结合了对称加密和非对称加密技术的各自优点。数字信封又称电子信封,主要目的是保证对称密钥传送过程中的机密性。数字信封充分利用了对称密钥算法效率高、速度快和公开密钥算法安全性高且密钥管理方便的优点,将这两大体制完美地结合在一起。

如图 5-9 所示,在信息发送方,利用接收方的公开密钥,对随机产生的对称密钥进行加密,即形成了数字信封。其基本原理是:发送者使用随机产生的对称密钥加密数据,然后将生成的密文和密钥本身一起用接收者的公开密钥加密,加密的对称密钥称为数字信封,将密文及加密后的密钥发送给接收者;接收者先用自己的私钥解密数字信封,得到对称密钥,然后使用对称密钥解密数据。

只有指定的接收方才能用自己的私有密钥拆开数字信封,获取该对称密钥,用该对称密钥来解读传送来的信息。该技术应用较多的有金融机构的网上交易,B2C、B2B 等电子商务网站中。

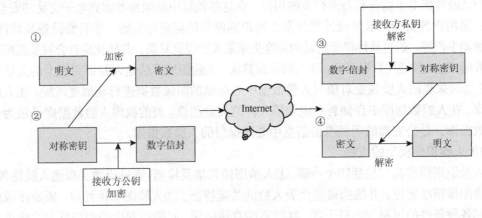

图 5-9　数字信封的基本原理

5.3.3　数字签名

数字签名并非书面签名的数字图像化。但数字签名与书面文件签名相似,具体表现为:

一是都为了使签名难以否认，从而确定了文件已签署这一事实；二是因为签名不能仿冒，从而确定了文件的来源真实。

数字签名以电子形式存在于数据信息之中的，或作为其附件的或逻辑上与之有联系的数据，用于辨别数据签署人的身份，并表明签署人的认可，它是不对称加密算法的典型应用。

数字签名技术以公开密钥加密技术为基础。如图 5-10 所示，发送方（A 方）用自己的私有密钥进行数字签名，而接收方（B 方）则用发送方的公开密钥进行验证。

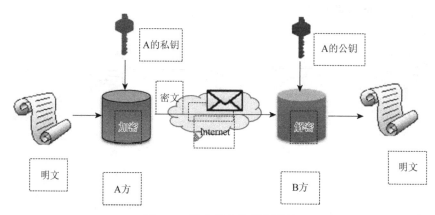

图 5-10　数字签名的基本原理

数字签名具有如下特征：①签名不可假冒，不能非法改动被签的内容；②签名可验证，任何人都可验证签名的有效性；③签名不可抵赖，不能否认所作的签名。

数字签名可以实现以下功能：接收者能够核实发送者对信息的签名，发送者事后不能抵赖自己的签名，接收者不能伪造签名。具体如下。

（1）接收者可以确认发送者的真实身份，这一功能是十分必要的。例如，一个客户如果通过计算机网络向期货交易所发出订单以购买某种期货，交易所的计算机必须保证发出订单的计算机真正属于将来账户中要划拨出资金的那个客户。

（2）发送者事后不能否认发送过该报文。这一功能的必要性在于防止交易所或其他金融机构因客户否认订单而遭受不必要的损失。如果客户购入期货后价格大跌而交易所又没有建立严格的数字签名机制，发送者就可能会投诉交易所，并声称自己从未发送过要求交易所买进期货的订单。

（3）保证报文的准确性和完整性。数字签名使接收方和非法入侵者均不能伪造或篡改报文，从而确保了报文在传输过程中不会遭到任何修改和增删。

5.3.4　数字摘要

1. 数字摘要概述

交易双方在传送信息时，不仅要对数据进行加密，还要知道数据在传输过程中是否被改变，也就是要保证数据的完整性和有效性。数字摘要技术主要保证信息的完整性，避免信息在网络传送过程中被篡改或遭部分删除。数字摘要技术实际上是通过一个哈希（Hash）

函数来实现的，它利用单向哈希函数把任意长度的明文输入映射为固定长度（如128bit）的密文输出。一个最简单的哈希函数是把文件的二进制码相累加，取最后的若干位。哈希函数对发送数据的双方都是公开的。

数字摘要是信息资源的"指纹"，这一串映射而成的信息摘要又称为数字指纹，通过数字指纹鉴别其信息的完整性。如图 5-11 所示，发送方把原信息用哈希函数加密成信息摘要，然后把信息摘要和原信息一起发送到接收方，接收方也用哈希函数把原信息加密为信息摘要，看两个摘要是否相同，若相同，则表明信息在传输过程中是安全可靠的，否则就是不完整的，可能被篡改过。

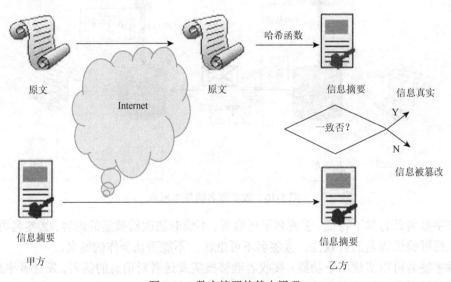

图 5-11　数字摘要的基本原理

对信息摘要有几个要求：①生成信息摘要的算法必须是一个公开的算法，数据交换的双方可以用同一算法对原始明文经计算而生成的信息摘要进行验证；②算法必须是一个单向算法，就是只能通过此算法从原始明文计算出信息摘要，而不能通过信息摘要得到原始明文；③信息摘要同明文是一一对应的，不同的明文加密成不同的密文；相同的明文其摘要必然一样。

2. 数字摘要与数字签名的结合

单纯的数字摘要技术还不够完善，无法鉴别信息的来源，必须和其他电子商务安全技术结合起来。在实际的电子交易过程中，一般是将数字摘要和数字签名技术进行结合，共同实现所发送信息的完整性验证。为了节约签名时间，数字签名经常和数字摘要技术结合使用，即发送方并不是对整个电子文件签名，只是对文件对应的信息摘要签名。

数字签名技术是发送方从报文文本中生成一个128bit的哈希值（或报文摘要），接下来将摘要用发送方的私钥加密，与原文一起传送给接收方。接收方只有用发送方的公钥才能解密被加密的摘要。数字签名代表了文件的特征，文件如果发生改变，数字签名的值也将发生变化。不同的文件将得到不同的数字签名，数字签名过程实际上是通过一个哈希函数来实现的，哈希函数将需要传送的文件转化为一组具有固定长度的单向哈希值，形成报文摘要。

图 5-12 为数字签名的具体过程。

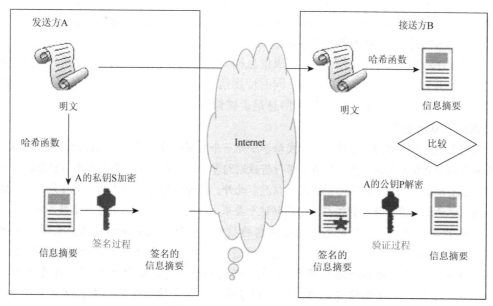

图 5-12　数字签名的具体过程

（1）发送方用一个哈希函数对明文信息 M 进行运算，形成信息摘要（message digest，MD），采用信息摘要能够加快数字签名的速度。

（2）发送方 A 用自己的私人密钥 S 对信息摘要进行加密得到 Es（MD）。

（3）将加密后的信息摘要和明文信息 M 一起发送出去。即 c＝m＋Es（MD）→B。

（4）接收方 B 用同样的哈希函数对明文信息 M 进行计算，形成另一信息摘要 MD'。

（5）接收方 B 把接收到的信息摘要用发送方的公开密钥 P 解密，恢复出加密前信息摘要 MD，并与步骤（4）形成的信息摘要 MD'进行比较，若两者完全一样，即 MD＝MD'，则证明信息是完整的，并且数字签名是有效的。

3. 双重数字签名

在电子商务交易过程中，涉及两类信息，分别是订单信息和支付指令信息，订单信息和支付指令信息必须捆绑在一起发送给商家和银行。为了解决安全隐私问题，提出了双重签名技术。

双重数字签名的目的就是为了实现订单信息和个人账号信息的隔离。在将包括持卡人账号信息的订单送到卖方时，商家只能看到订货信息，而看不到持卡人的账户信息。

双重数字签名的实现步骤如下。

（1）信息发送者对发给甲的信息生成信息摘要 1。

（2）信息发送者对发给乙的信息生成信息摘要 2。

（3）信息发送者把信息摘要 1 和信息摘要 2 合在一起，生成信息摘要 3，并使用自己的私钥签名信息摘要 3。

（4）信息发送者把信息 1、信息摘要 2 和信息摘要 3 的签名发给甲。

（5）信息发送者把信息 2、信息摘要 1 和信息摘要 3 的签名发给乙。

（6）甲接收信息后，对信息 1 生成信息摘要，把这个信息摘要和收到的信息摘要 2 合在一起，并对其生成新的信息摘要，同时使用信息发送者的公钥对信息摘要 3 的签名进行验证，以确认信息发送者的身份和信息是否被修改过。

（7）乙接收信息后，对信息 2 生成信息摘要，把这个信息摘要和收到的信息摘要 1 合在一起，并对其生成新的信息摘要，同时使用信息发送者的公钥对信息摘要 3 的签名进行验证，以确认信息发送者的身份和信息是否被修改过。

案例：双重签名

王先生要买李小姐的一处房产，他发给李小姐一个购买报价单及他对银行的授权书的信息，如果李小姐同意按此价格出卖，则要求银行将钱划到李小姐的账户。但是王先生不想让银行看到报价，也不想让李小姐看到他的银行账号信息。此外，报价和付款是相连的、不可分割的，仅当李小姐同意他的报价，钱才会转移。要达到这个要求，就需要采用双重数字签名技术实现。

具体的实现方法是：首先生成两条信息的摘要，将两个摘要连接起来，生成一个新的摘要（称为双重签名），然后用签发者的私有密钥加密，为了让接收者验证双重签名，还必须将另一个信息的摘要一起传过去。这样，任何一个信息的接收者都可以通过以下方法验证信息的真实性：生成信息摘要，将它和另外一个信息摘要连接起来，生成新的摘要，如果它与解密后的双重签名相等，就可以确定信息是真实的。

在上面的例子中，如果李小姐同意，她发一个信息给银行表示她同意，另外包括报价单的信息摘要，银行能验证王先生授权的真实性，用王先生的授权书生成的摘要和李小姐信息中的报价单的摘要验证双重签名。银行根据双重签名可以判定报价单的真实性，但却看不到报价单的内容。

资料来源：吕阿璐，2006. 论第三方认证与电子商务安全. 科学咨询，（7）: 34-36.

5.3.5　数字时间戳

在书面合同中，文件签署的日期和签名一样均是防止文件被伪造和篡改的关键性内容。而在电子交易中，同样需对交易文件的日期和时间信息采取安全措施，而数字时间戳（digital time-stamp，DTS）服务就能提供电子文件发表时间的安全保护。其中需要在经过数字签名的交易上打上一个可信赖的时间戳，从而解决一系列的实际和法律问题。由于用户桌面时间很容易改变，由该时间产生的时间戳不可信赖，因此需要一个权威第三方来提供可信赖的且不可抵赖的时间戳服务。

时间戳是一个经加密形成的凭证文档，包括三个部分：需加时间戳的文件的摘要、DTS 收到文件的日期和时间、DTS 的数字签名。

如图 5-13 所示，用户首先将需要加时间戳的文件用哈希算法加密形成摘要 1，然后将摘要 1 发送到专门提供数字时间戳服务的 DTS 机构，DTS 在加入了文件摘要的日期和时间信息后再进行数字签名，用私钥加密，然后发送给原用户。

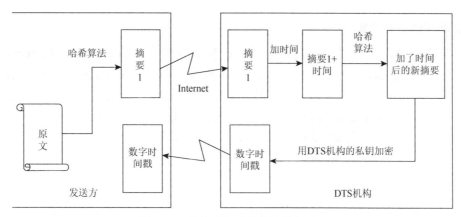

图 5-13　数字时间戳技术的基本原理

5.3.6　数字证书

1. 数字证书概述

数字证书也称数字标识（digital certificate，digital ID），是一种应用广泛的信息安全技术，由权威公正的第三方机构即证书授权中心（certificate authority，CA）签发，是各类终端实体和最终用户在网上进行信息交流及商务活动的身份证明，其实质上就是一系列密钥，即一段包含用户身份信息、用户公钥信息以及身份验证机构数字签名的数据，用于签名和加密数字信息，以解决交易的各方相互间的信任问题。数字证书提供了一种在互联网上进行身份验证的方式，是用来标志和证明网络通信双方身份的数字信息文件，与驾驶人驾驶证或日常生活中的身份证相似，即要求在互联网上解决"我是谁"的问题。

数字证书由认证机构签发，为证书主体（持有者）所有。数字证书是用于证明特定主体（如个人用户、服务器等）的身份以及其公钥合法性的一种权威性的电子文件。在一个电子商务系统中，所有参与活动的实体都必须用证书来表明自己的身份。数字证书一方面可以用来向系统中的其他实体证明自己的身份，另一方面由于每份证书都携带着证书持有者的公钥（签名证书携带的是签名公钥，加密证书携带的是加密公钥），所以证书也可以向接收者证实某人或某个机构对公开密钥的拥有，同时也起着公钥分发的作用。

数字证书包含主体的公钥信息，也称为公钥证书。数字证书基于公钥加密技术，包含CA 认证机构的数字签名。目前的数字证书主要有安全电子邮件证书、个人和企业身份证书、服务器证书和代码签名证书等几种类型，分别应用于不同的场合。如代码签名证书主要用于给程序签名，它代表了软件开发者的身份，用于对其开发的软件进行数字签名，以证明该软件的合法性；安全电子邮件证书，用于给邮件数字签名，以便确保电子邮件内容的安全性、机密性、发件人身份的确定性和不可抵赖性；而个人身份证书中包含个人身份信息和个人公钥，用于标识证书持有者的个人身份，它的用途则很广，可以用来给 Office 文档、软件代码、XML 文件、E-mail 等文件数字签名。数字证书可以存放在计算机的硬盘、随身 U 盘、IC 卡或 CPU 卡中，也可以放在自己的 E-mail 中。服务器证书主要用于网站交易服务器的身份识别，使得连接到服务器的用户确信服务器的真实身份。

2. 数字证书的内容

数字证书的内部格式是由国际电报电话咨询委员会（Consultative Committee for International Telephone and Telegraph，CCITT）颁布的 CCITT X.509 国际标准所规定的，数字证书由两部分组成：申请证书主体的信息和发行证书的 CA 签名，具体包括凭证拥有者的姓名、凭证拥有者的公共密钥、公共密钥的有效期、颁发数字证书的单位、数字证书的序列号、颁发数字凭证单位的数字签名。图 5-14 为数字证书的构成。

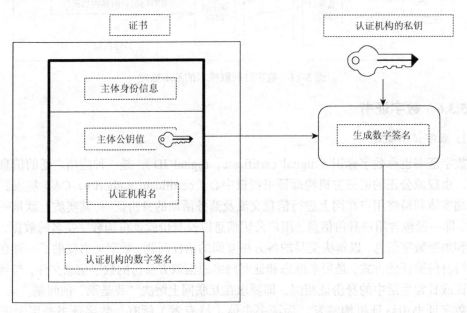

图 5-14　数字证书的构成

表 5-3 展示了一个标准的 X.509 数字证书包含的内容。

表 5-3　标准的 X.509 数字证书包含的内容

域	含义
Version	证书版本号，不同版本的证书格式不同
Serial Number	序列号，同一身份验证机构签发的证书序列号唯一
Algorithm Identifier	证书所使用的签名算法，包括必要的参数
Issuer	身份验证机构的标识信息，即证书的发行机构名称，命名规则一般采用 X.500 格式
Period of Validity	证书的有效期，通用的证书一般采用 UTC（coordinated universal time，协调世界时）时间格式，它的计时范围为 1950～2049
Subject	证书持有人的标识信息，即证书所有人的名称，命名规则一般采用 X.500 格式
Subject's Public Key	证书持有人的公钥
Signature	身份验证机构对证书的签名

3. 数字证书的验证和使用

数字证书主要解决电子交易各方相互间的信任问题。通过数字证书的验证，能够证实交易对方身份的有效性，实现交易实体身份的可认证。但数字证书在网络传输过程中可能会被不法分子篡改，因此，有必要对数字证书的有效性进行验证。

对数字证书的验证包括三个条件，只有三个条件同时为真时，数字证书才是有效的。①证书没有过期，所有的证书都有一个有效期，只有在有效期以内证书才有效。②证书中的公钥信息没有被修改。如果公钥被修改，就不应该再使用，公钥对应的证书就应当被收回。因此，必须对 CA 签名的证书进行验证。如果验证通过，则公钥信息没有被修改；否则，公钥信息已被篡改，证书无效。③证书必须不在 CA 发行的无效证书清单中。例如，某雇员离开了公司，雇员就不能再使用自己的证书；这时公司应通知发放该证书的 CA 认证机构，将证书进行作废，并将其放在证书作废列表（certificate revocation list，CRL）。

数字证书帮助证书持有者验证其身份的真实有效性。CA 发放的数字证书应用于以下不同领域：①通过安全的多功能互联网邮件扩展（Secure/Multipurpose Internet Mail Extensions，S/MIME）协议实现安全的电子邮件系统，使得 E-mail 更加安全可靠地传输。②通过 SSL 协议实现浏览器与 Web 服务器之间的安全通信。③通过 SET 协议实现 B2C 模式下信用卡网上安全支付。④提供电子商务中数字证书认证标准。

5.3.7 数字认证中心

1. CA 的概念

在电子交易中，无论是数字时间戳服务还是数字证书的发放，都不是靠交易当事人自己来完成的，而需要有一个具有权威性和公正性的第三方来完成。CA 认证中心是承担网上认证服务，能签发数字证书并能确认用户身份的受大家信任的第三方机构，由一个或多个用户信任的组织实体组成。CA 不从事任何具体的电子交易活动，它通常是企业性的服务机构，其主要任务是受理数字证书的申请、签发，以及实现数字证书的有效管理。例如，持卡人要与商家通信，就要从公共媒体上获得商家的公开密钥，但持卡人无法确定商家是不是冒充的，于是持卡人请求 CA 对商家认证。CA 对商家进行调查、验证和鉴别后，将包含商家公钥的证书传给持卡人，证书包括拥有者的标识名称和公钥，并由 CA 进行过数字签名。

CA 认证机构是保证电子商务安全的关键，是公正的第三方，它为建立身份认证过程的权威性奠定了基础，为交易的参与方提供了安全保障，为网上交易构筑了一个相互信任的环境。

2. CA 认证机构的基本功能

（1）证书的申请受理服务。CA 接收、验证用户（包括下级 CA 和最终用户）的数字证书申请。CA 将申请的内容进行备案，并根据申请的内容确定是否受理该数字证书申请。

（2）数字证书的查询服务。证书申请的查询，CA 根据用户的查询请求返回当前用户证书申请的处理过程；用户证书的查询由目录服务器来完成，目录服务器根据用户的请求返回适当的证书。

（3）数字证书的更新服务。数字证书存在有效期，超过有效期，证书将无效。CA 可以定期更新所有用户的证书，或者根据用户的请求来更新用户的证书。

（4）数字证书的作废处理。当用户的私钥由于泄露等造成用户证书要申请作废时，用户要向 CA 提出证书作废的请求，CA 根据用户的请求确定是否将该证书作废。另外，证书已经超过有效期，CA 自动将该证书作废，CA 主要通过维护证书作废列表来完成上述功能。

（5）数字证书的归档管理。证书具有一定的有效期，证书过了有效期以后就要作废，但是不能将作废的证书简单地丢弃。如果要验证以前某个电子交易过程中所产生的数字签名，还需要查询作废的证书。因此，CA 还应当具备管理作废证书和作废公钥的功能。

3. 我国 CA 的发展

随着"互联网＋"的融合和推进，CA 所提供的认证服务已经被广泛地应用于不同行业和领域的网上商务活动和政务服务中，CA 主要提供身份认证和数据安全服务。从我国 CA 的建设情况来看，国内的 CA 大致分为三类。

1）行业性 CA

行业性 CA 的特点是规模比较大，由一个行业内的多家企业共同参与组建，为行业内的企业提供安全认证服务，同时也向非本行业的企业提供安全认证服务。

中国金融认证中心（China Financial Certification Authority，CFCA）是行业性 CA 的典型代表。CFCA 是全国唯一的金融认证中心，建立了 SETCA 和 Non-SETCA 两套系统，为金融用户提供证书服务，为广泛开展电子商务活动以及开展网上银行、网上支付等现代金融、贸易活动起着巨大的推动作用。

2）区域性 CA

区域性 CA 通常由政府授权建立，以公司机制来运作。例如，广东省电子商务认证中心建立的"网证通"认证体系，提供电子身份认证、数字证书签发、密钥与证书管理、电子商务解决方案和电子商务顾问咨询等服务。

3）商业性 CA

商业性 CA 完全是市场化的结果。例如，天威诚信 CA 服务机构主要面向金融、医疗、教育等不同领域提供综合性信息安全方案，保障相关领域用户身份可认证以及信息安全。

5.3.8　公钥基础设施

公钥基础设施（public key infrastructure，PKI）是提供公钥加密和数字签名服务的安全基础平台，目的是管理密钥和证书。PKI 是创建、颁发、管理、撤销公钥证书所涉及的所有软件、硬件的集合体，它将公开密钥技术、数字证书、证书发放机构和安全策略等安全措施整合起来，成为目前公认的在大型开放网络环境下解决信息安全问题最可行、最有效的方法。PKI 的核心执行机构是电子认证服务提供者，即通称的认证机构 CA，PKI 签名的核心元素是由 CA 签发的数字证书。

PKI 是电子商务安全保障的重要基础设施之一，它具有多种功能，能够提供全方位的电子商务安全服务，图 5-15 展示了 PKI 的主要功能。

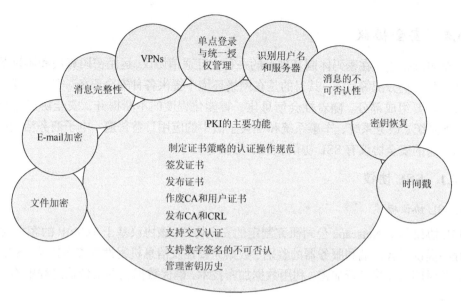

图 5-15 PKI 的主要功能

一个典型的 PKI 应用系统包括五个部分：密钥管理子系统（密钥管理中心）、证书受理子系统（注册系统）、证书签发子系统（签发系统）、证书发布子系统（证书发布系统）、目录服务子系统（证书查询验证系统），如图 5-16 所示。

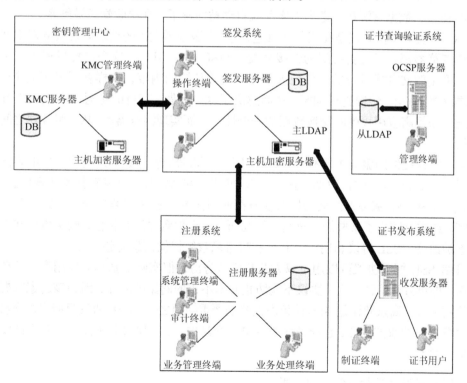

图 5-16 PKI 应用系统的组成

5.4   安全协议

安全协议是建立在密码体制基础上的一种交互通信协议,运用密码算法和协议逻辑来实现认证和密钥分配等目标,其目的是在网络环境中提供各种安全服务。安全协议也是网络协议的重要组成部分。随着社会信息化、智能化程度的不断提升,安全协议在金融系统、商务系统、政务系统、军事系统和社会生活中的应用日益普遍。电子商务活动中,应用较为普遍的安全协议有 SSL 协议、SET 协议等。

5.4.1   SSL 协议

1. SSL 协议概述

SSL 协议是由 Netscape 公司研究制定的安全协议。该协议基于 TCP/IP 的客户/服务器应用程序提供了客户端和服务器的鉴别、数据完整性及信息机密性等安全措施。SSL 协议在传输层对网络连接进行加密,利用数据加密技术,确保数据在网络传输过程中不会被截取及窃听。

SSL 是一种利用公共密钥技术的工业标准,已经广泛用于互联网,它使用的是 RSA 数字签名算法,可以支持 X.509 证书和多种保密密钥加密算法。随着电子商务的发展,SSL 协议针对电子交易过程中的订单信息、支付信息等,保障其在互联网传输过程中的安全性。当一个使用者在 Web 上用浏览器漫游时,浏览器利用 HTTP 协议与 Web 服务器沟通,通过 SSL 协议,数据资源在传送出去之前就自动被加密了,在接收端再被解密。

SSL 协议的工作原理是在浏览网页过程中,向服务器发出的请求以及服务器把文件内容传给浏览器都是通过套接层的连接来发送和接收的,但是在这个连接过程中大多数的传输是采用明文方式进行的,任何人都可以阅读传输的内容,这样就引发了安全问题。SSL 协议对 HTML 传输进行加密,从而解决了这一问题,其目的是通过在收发双方建立安全通道来提高应用程序间交换数据的安全性,从而实现浏览器和 Web 服务器之间的安全通信。

SSL 协议提供的服务主要有:①认证用户和服务器,确保数据发送到正确的客户机和服务器。②加密数据以防止数据中途被窃取,使用公共密钥和对称密钥技术实现信息保密。SSL 客户机和 SSL 服务器之间的所有业务都使用在 SSL 握手过程中建立的密钥和算法进行加密,这样就防止了某些用户进行非法窃听。③维护数据的完整性,确保数据在传输过程中不被改变。SSL 协议利用机密共享和哈希函数组提供信息完整性服务。

虽然 SSL 握手协议可以用于双方互相确认身份,但实际上基本只使用客户认证服务器身份,即单方面认证。这一协议不能防止心术不正的商家的欺诈,因为该商家掌握了客户的信用卡号。商家欺诈是 SSL 协议所面临的严重问题之一。SSL 协议只能提供交易中客户与服务器间的双方认证,在涉及多方的电子交易中,SSL 协议并不能协调各方的安全传输和信任关系。

2. SSL 在网上银行系统中的应用

电子支付的顺利开展离不开网上银行系统的建设和发展,SSL 在网上银行系统中的具体应用过程为：①用户经 SSL 连接到银行网站，同时使用数字证书登录，通过数字证书，银行系统对用户身份进行合法认证；②用户在银行网站进行在线转账或者在线支付等相关业务处理，使用表单签名加密和数字时间戳等方式保护与确认操作；③用户指令到达银行内部业务系统，银行内部业务系统对用户指令进行处理，同时通过加密链路将指令传送到各相关银行；④银行内部业务系统反馈指令处理结果，以安全电子邮件或电子账单（采用文档电子签名与加密）方式传递给用户；⑤用户获得反馈，网上银行业务完毕。

5.4.2　SET 协议

1. SET 协议概述

为了克服 SSL 安全协议的缺点，满足电子交易持续不断地增加的安全要求，并为了达到交易安全及合乎成本效益的市场要求，VISA 和 MasterCard 两大信用卡公司发起，会同 Microsoft、IBM 等共同制定了 SET 协议。SET 协议提供消费者、商家和银行之间的认证，具有保证交易数据安全性、完整可靠性和交易的不可抵赖性等优点，成为目前公认的基于信用卡网上交易的国际标准。

SET 协议的目标包括：①信息在网络上安全传输，不被黑客窃取；②订单信息和个人账号信息的隔离，SET 协议使用了一种双签名技术保证电子商务参与者信息的相互隔离，客户的资料加密后通过商家到达银行，但是商家不能看到客户的账号和密码信息；③解决了多方认证问题，持卡人和商家相互认证，以确定通信双方的身份；④保证网上交易的实时性，使所有的支付过程都是在线的；⑤要求软件遵循相同协议和信息格式，使不同厂家开发的软件具有兼容和互操作功能，并且可以运行在不同的硬件和操作系统平台上。

SET 协议确保了网上交易所要求的身份的可认证以及信息的可认证，实现了包括订单和支付信息的保密性、完整性、交易的不可否认性。SET 协议主要使用的技术包括上文介绍的对称密钥加密、公钥加密、哈希算法、数字签名、数字信封以及数字证书等。

2. SET 协议工作流程

SET 协议的工作流程分为下面几个步骤，如图 5-17 所示。①消费者通过互联网选定所要购买的商品，并在计算机上输入订货单，订货单上需包括在线商店、购买物品名称及数量、交货时间及地点等相关信息。②通过电子商务服务器与有关在线商店联系，在线商店做出应答，告诉消费者所填订货单的货物单价、应付款数、交货方式等信息是否准确，是否有变化。③消费者选择付款方式，确认订单，签发付款指令。此时 SET 协议开始介入。④在 SET 协议中，消费者必须对订单和付款指令进行数字签名，同时利用双重签名技术保证商家看不到消费者的账号信息。⑤在线商店接受订单后，向消费者所在银行请求支付认可。信息通过支付网关到收单银行，再到电子货币发行公司确认。批准交易后，返回确认信息给在线商店。⑥在线商店发送订单确认信息给消费者。消费者端软件可记录交易日志，以备将来查询。⑦在线商店发送货物或提供服务并通知收单银行将钱从消费者的账号转移到商店账号，或通知发卡银行请求支付。在认证操作和支付操作中间一般会有一个时间间隔，例如，在每天的下班前请求银行结一天的账。

上述流程中，前两步与 SET 协议无关，从第三步开始 SET 协议起作用，一直到第六步，在处理过程中，通信协议、请求信息的格式、数据类型的定义等，SET 协议都有明确的规定。在操作的每一步，消费者、在线商店、支付网关都通过 CA 来验证通信主体的身份，以确保通信的对方不是冒名顶替，所以，也可以简单地认为，SET 协议充分发挥了认证中心的作用，以维护在任何开放网络上的电子商务参与者所提供信息的真实性和保密性。

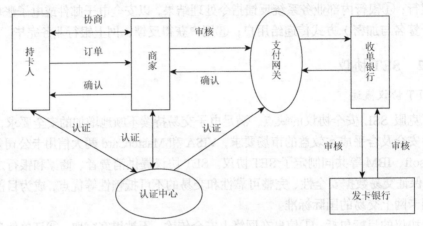

图 5-17　SET 协议的工作流程

SET 协议充分发挥了认证机构的作用，提供的安全性保障可以保证客户交易信息的保密性和完整性，确保商家和客户交易行为的不可否认性，确保商家和客户的合法性以及互操作性。但 SET 协议目前只局限于银行卡的网上支付，对其他方式的支付没有给出很好的解决方案。SET 协议只支持 B2C 模式的电子商务，暂不支持 B2B 电子商务交易。

5.4.3　SSL 协议和 SET 协议的对比

SSL 协议与 SET 协议均是目前网上安全系统中的关键技术。下面对这两种协议的优缺点进行比较分析，具体如表 5-4 所示。

表 5-4　SSL 协议与 SET 协议的区别

比较项目	SSL 协议	SET 协议
认证要求	只有商家端的服务器需要认证，客户端认证则是有选择性的	所有参与 SET 交易的成员都必须先申请数字证书来识别身份
协议层次和功能	传输层与应用层之间，可以很好地封装应用层数据，对用户是透明的	应用层，认证体系十分完善，能实现多方认证
设置成本	不需要另外安装软件，已被浏览器和 Web 服务器内置	安装符合 SET 规格的电子钱包软件
安全性	安全范围只限于持卡人到商家端的信息交换	整个交易过程都受到严密保护
处理速度	协议简单，处理速度较快	协议非常复杂、庞大，处理速度慢

（1）认证要求。早期的 SSL 协议并没有提供身份认证机制，虽然在 SSL3.0 中可以通过数字签名和数字证书实现浏览器与 Web 服务器之间的身份验证，但仍不能实现多方认

证，而且 SSL 协议中只有商家服务器的认证是必需的，客户端认证则是可选的。相比之下，SET 协议的认证要求较高，所有参与 SET 协议交易的成员都必须申请数字证书，并且解决了客户与银行、客户与商家、商家与银行之间的多方认证问题。

（2）协议层次和功能。SSL 协议属于传输层与应用层之间的安全技术规范，可以很好地封装应用层数据，对用户是透明的。而 SET 协议位于应用层，不仅规范了整个商务活动的流程，还制定了严格的加密和认证标准，具备商务性、协调性和集成性功能。

（3）设置成本。SSL 协议已被浏览器和 Web 服务器内置，无须安装专门软件；而 SET 协议中客户端需安装专门的电子钱包软件，在商家服务器和银行网络上也需安装相应的软件。

（4）安全性。SET 协议由于采用了公钥加密、信息摘要和数字签名可以确保信息的保密性、可鉴别性、完整性和不可否认性，且 SET 协议采用了双重签名来保证各参与方信息的相互隔离，使商家只能看到持卡人的订购数据，而银行只能取得持卡人的信用卡信息。SSL 协议虽也采用了公钥加密，可以提供保密性、完整性和一定程度的身份鉴别功能，但缺乏一套完整的认证体系，不能提供完备的防抵赖功能。因此，SET 协议的安全性远比 SSL 协议高。

（5）处理速度。SET 协议非常复杂、庞大，处理速度慢。一个典型的 SET 协议交易过程需验证电子证书 9 次、验证数字签名 6 次、传递证书 7 次，进行 5 次签名、4 次对称加密和 4 次非对称加密，整个交易过程可能需花费 1.5～2min；而 SSL 协议则简单得多，处理速度比 SET 协议快。

5.5 防火墙与 VPN 技术

电子商务在给人们提供高效、快捷、个性化信息服务的同时，也面临着网络安全方面的巨大挑战。在保障网络安全方面，防火墙、VPN 等都是经常使用的技术。其中防火墙技术是目前应用最为广泛的电子商务系统安全技术之一，也是应用最为普遍的网络安全技术。VPN 技术是一种网络安全传输技术，主要为数据传输和网络服务提供安全通道，目前用户使用 VPN 技术的频率也较高。

5.5.1 防火墙技术

1. 防火墙的定义

人们经常在建筑物之间修建一些墙壁，以便在火灾发生时，火势不至于从一幢建筑蔓延到另一幢建筑，这些墙称为"防火墙"。防火墙是网络安全的第一道屏障。如图 5-18 所示，防火墙是被配置在内部网（如企业内部网）和公共网络（如 Internet）之间的系统（或一组系统），通过控制内外网络间信息的流动来达到增强内部网络安全性的目的。

防火墙决定了哪些内部服务可以被外部用户访问以及哪些外部服务可以被内部用户访问。防火墙是设置在被保护网络和外部网络之间的一道屏障，以防止发生不可预测的、潜在破坏性的侵入，类似于车辆门禁系统。

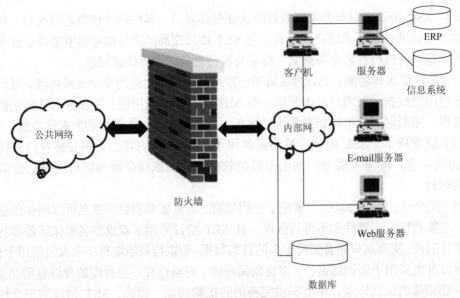

图 5-18　防火墙技术

防火墙技术是一种隔离控制技术,防火墙的作用是在某个机构的网络和不安全的网络之间设置屏障,阻止对信息资源的非法访问。它能允许企业用户"同意"的人和数据进入它的网络,同时将企业用户"不同意"的人和数据拒之门外,阻止网络中的黑客来访问企业的网络,防止他们更改、复制、毁坏企业的重要信息。防火墙技术是一种被动防卫技术,无法解决信息传递过程中的窃听、篡改、抵赖、完整性等问题,这些问题只能通过加密技术来实现,加密技术是一种主动的防卫技术。

防火墙具有以下特征:①所有的从内部到外部或从外部到内部的通信都必须经过它。②只有获得内部访问策略授权的通信才被允许通过。③系统本身具有高可靠性。

2. 防火墙的功能

防火墙一般都包含以下三种基本功能。

(1)过滤不安全的服务和非法用户。所有进出内部网络的信息都必须通过防火墙,防火墙成为一个检查点,禁止未授权的用户访问受保护的网络。

(2)控制对特殊站点的访问。防火墙可以允许受保护网络中的一部分主机被外部网访问,而另一部分则被保护起来。例如,通过设置过滤规则,使受保护网中的 E-mail、FTP、Web 服务器等不可以被外部网访问。

(3)作为网络安全的集中监视点。防火墙可以记录所有通过它的访问,并提供统计数据,提供预警和审计等功能。

3. 防火墙的分类

防火墙技术可以分为网络级防火墙和应用级防火墙。

(1)网络级防火墙。用来防止整个网络出现外来非法的入侵。属于这类的有分组过滤和授权服务器。分组过滤检查所有流入本网络的信息，然后拒绝不符合事先制订好的一套准则的数据，授权服务器则是检查用户的登录是否合法。

（2）应用级防火墙。从应用程序来进行接入控制。通常使用应用网关或代理服务器来区分各种应用。例如，可以只允许通过访问 Web 的应用，而阻止 FTP 应用的通过。

5.5.2　VPN 技术

1. VPN 的概念

VPN 是指在公共网络中建立一个专用网络，并且数据通过建立的虚拟安全通道在公共网络中传播。构建在公共网络服务平台上的专用网能够为用户提供一个虚拟的网络，通过附加的安全隧道、用户认证和访问控制等技术，实现与专用网络相类似的安全性能，从而实现对重要信息的安全传输。

虚拟（virtual），说明它是一种仿真物理连接的逻辑网络连接，没有固定的物理连接，利用的是公共网络资源。在 VPN 中，任意两个节点之间的连接并没有传统专用网所需的端到端的物理链路，而是利用公共网络资源动态组成的。专用（private），说明它在功能上等同于传统的专用网络，具有与内部网络相同的安全性、易管理性和稳定性，可被当作专用网络使用。

TCP/IP 协议的不安全性表现为：①无有效的认证机制，真实性难以保证；②缺乏保密机制，网上数据隐私性不能得到保护；③不能提供对网上数据流的完整性保护；④协议本身存在一些安全漏洞。而 VPN 可以帮助远程用户、公司分支机构、商业伙伴及供应商同公司的内部网建立可信任的安全连接，并保证数据的安全传输。通过将数据流转移到低成本的 IP 网络上，一个企业的 VPN 解决方案将大幅度地减少用户花费在专用网络连接上的费用。VPN 通过加密和验证网络流量来保护在公共网络上传输私有信息，而不会被窃取或篡改。对于用户来说，就像使用他们自己的私有网络一样。

一种典型的 VPN 连接示意图如图 5-19 所示。

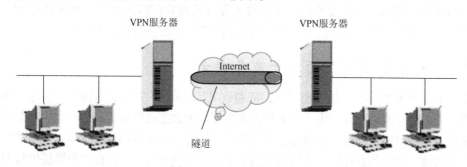

图 5-19　VPN 连接示意图

2. VPN 的访问方式

VPN 的访问方式包括远程访问 VPN 和组建内联网 VPN。

（1）远程访问 VPN。针对出差流动员工、远程办公人员，远程访问 VPN 通过公共网络与企业的内部网络建立专用的网络连接，以满足远端用户及时访问的需要。VPN 用户首先拨通本地 ISP 的网络接入服务器，然后 VPN 软件利用与本地 ISP 建立的连接，在拨号用户和企业 VPN 服务器之间创建一个跨越因特网或其他公共网络的虚拟专用网络。

（2）组建内联网 VPN。它是企业的总部与分支机构之间通过公网构筑的虚拟网，这是一种网络到网络以对等的方式连接起来所组成的 VPN。

3. VPN 技术的特点

（1）节省资金。利用现有互联网络发达的网络架构组建企业内部专用网络，从而节省了大量的投资成本及后续的运营维护成本。

（2）信息的安全性。在 VPN 应用中，通过远程用户认证以及隧道数据加密等技术保证了通过公共网络传输机密数据的安全性，因而数据的私有性和完整性得以保障。

（3）易扩展性。用户可以利用 VPN 技术方便地重构企业专用网络，实现异地业务人员的远程接入，而不必改变现有的应用程序、网络架构以及用户计算环境。

（4）方便管理。VPN 将大量的网络管理工作放到 ISP 一端来统一实现，从而减轻了企业内部网络管理的负担。

4. VPN 相关技术

VPN 至少应能提供如下功能：①加密数据。以保证通过互联网公网传输的信息即使被他人截获也不会泄露。②信息认证和身份认证。保证信息的完整性、合法性，并能鉴别用户的身份。③提供访问控制。不同的用户有不同的访问权限。要实现上述功能，需要借助隧道技术、VPN 加密与认证技术。

（1）隧道技术。隧道技术是 VPN 的基本技术，企业内部网络的私有数据通过隧道在公共网络上传输。利用网络隧道协议，将数据包重新封装为新的数据包，其中新的数据包提供了路由信息，可以使得封装的负载数据能够通过互联网络传递到目的地；在到达目的地后，数据包被解封并还原为原始数据包。

（2）VPN 加密与认证技术。加密是利用密码技术对数据进行加密然后再进行封装，以确保数据在"隧道"中是安全的。认证技术保证数据在传输过程中不被非法改动；认证技术还能提供数据来源的认证，并能够提供通信凭证，防止抵赖行为的发生。

5.6　大数据环境下的电子商务安全

随着互联网和数字技术的飞速发展，特别是"互联网＋"的推进和融合，在电子商务领域，消费者的海量购物行为产生了商务资源大数据。大数据逐渐成为新的社会生产要素，它在带来巨大潜在价值的同时，也带来了安全风险。因此，在大数据环境下应强化电子商务安全的管理力度，保证信息存储、系统运行的安全性，为电子商务平台良好发展提供帮助。

5.6.1　商务大数据的安全问题

大数据作为重要的生产要素，为数字经济的发展提供了源源不断的新动能，但网络环境下商务大数据同样也面临着一系列安全问题挑战。商务大数据资源的安全问题包括商务大数据的存储安全问题、商务大数据的传输安全问题、商务大数据的可信度分析问题和商务大数据的用户隐私保护问题。

1. 商务大数据的存储安全

商务大数据的出现，必然伴随着云计算的使用。当今，越来越多的企业选择将商务大数据存储在云端，云计算的数据和服务外包跨域共享、虚拟化和多租户的特点，使得云计算面临着前所未有的安全挑战，如信任关系的建立、管理和维护更加不易、服务授权和访问控制更加复杂等。必须对数据进行加密处理，以避免出现数据的非法获取或者出现数据泄露事故。在数据传输过程中应用云存储对数据加密，在数据存储过程中采用云安全存储编码规则，实现面向用户的数据存储安全保障。

2. 商务大数据的传输安全

海量信息的传递，给传输信道带来了新的压力和挑战。如何保证信息能够准确、完整、及时有效地发送给正确的接收方，如何保证发送方和接收方身份的不可抵赖性，信息是否被干扰篡改，是否被截获窃听，又是否被非正常中断，这些都是大数据时代需要解决的问题。在解决商务大数据资源传输的安全方面，数据加密技术、数字摘要、数字签名的信息鉴别技术和密钥管理技术作为关键技术发挥着重要作用。

3. 商务大数据的可信度分析

商务大数据的可信度分析包括数据来源的可信度分析和数据分析结果的可信度分析。首先，确保数据来源真实可靠。对所收集整理数据的真实性和可信度进行严格的监测与细致的过滤。其次，严格鉴别数据的出处和来源，正确识别并剔除掉虚假甚至恶意数据信息，真正收集整理出真实有用的数据信息。最后，确保数据分析结果真实可靠，增强数据分析结果的可解释性。

4. 商务大数据的用户隐私保护

商务大数据中蕴藏的巨大商业价值被逐步挖掘的同时，也带来了用户隐私问题。个人信息与个人行为（如位置信息、消费行为、网络访问行为等）都属于用户隐私，也是市场所关注的一类敏感信息。在大数据价值挖掘的基础上如何保护用户的隐私信息，也将当前市场亟须解决的难题。

5.6.2　大数据脱敏技术

数据脱敏是对某些敏感信息通过脱敏规则进行数据的变形，实现敏感隐私数据的可靠保护。在涉及客户安全数据或者一些商业性敏感数据的情况下，对真实数据进行改造并提供测试使用，如身份证号、手机号、银行卡号、客户号等个人信息都需要进行数据脱敏。

数据脱敏的关键要素包括敏感数据、脱敏规则、应用环境。常见的数据脱敏技术包括K-匿名、L多样性、数据抑制、数据扰动、差分隐私等。在商务大数据环境下，数据脱敏是一个在安全性和可用性之间平衡的过程。一方面，彻底的数据脱敏，需要抹去全部的用户标识信息，使得数据潜在的分析价值大大降低。另一方面，完全保留用户隐私数据信息，可最大化数据的分析价值，但同时导致用户隐私泄露的风险无法控制。因此大数据脱敏要包括以下目标：一是数据泄露风险可控。可定性定量地准确衡量数据可能发生泄露的风险,并通过审计日志查找到数据泄露的原因。二是要保留数据分析和挖掘的价值。在尽可能保护用户隐私数据,减少数据泄露风险的前提下,最大化保留数据分析挖掘的价值。

5.7　电子商务安全的管理措施

5.7.1　健全交易系统的安全管理制度

电子商务交易系统安全管理制度是用文字形式对各项安全要求的规定,是保证企业在网上经营管理取得成功的基础。交易过程安全管理制度包括:人员管理制度,保密制度,跟踪、审计、稽核制度,网络系统的日常维护制度,数据备份与应急制度,病毒防范制度等。

1. 人员管理制度

(1)严格执行人员选拔任用制度。将经过一定时间考察的责任心强、讲原则、守纪律、了解市场、具有基本网络知识的人员委派到相应岗位上。

(2)落实工作责任制。要求企业员工严格遵守网络交易安全制度,特别是在当前企业人员流动频率较高的情况下,更要明确相关人员的责任,对违反网络交易安全规定的行为应坚决进行打击,对有关人员要进行及时的处理。

(3)贯彻电子商务安全运作基本原则。具体包括:第一,双人负责原则。重要业务不要安排一个人单独管理,实行两人或多人相互制约的机制。第二,任期有限原则。任何人不得长期担任与交易安全有关的职务。第三,最小权限原则。明确规定只有网络管理员才可以进行物理访问,只有网络管理员才可进行软件安装工作。

2. 保密制度

网络交易涉及企业的市场、生产、财务、供应等多方面的机密,必须严格保密制度。保密制度需要很好地划分信息的安全级别,如绝密级、机密级及秘密级,确定安全防范重点,并提出相应的保密措施。

3. 跟踪、审计、稽核制度

跟踪制度要求企业建立网络交易系统日志机制,用于记录系统运行的全过程。系统日志文件是自动生成的,内容包括操作日期、操作方式、登录次数、运行时间、交易内容等。它对系统的运行监督、维护分析、故障恢复,防止案件的发生或为侦破案件提供监督数据有非常重要的作用。

审计制度包括经常对系统日志的检查、审核,及时发现对系统故意入侵行为的记录和对系统安全功能违反的记录,监控和捕捉各种安全事件,保存、维护和管理系统日志。

稽核制度是指工商管理、银行、税务人员利用计算机及网络系统,借助稽核业务应用软件调阅、查询、审核、判断辖区内各电子商务参与单位业务经营活动的合理性、安全性,堵塞漏洞,保证电子商务交易安全,发出相应的警示或作出处理处罚有关决定的一系列步骤及措施。

4. 网络系统的日常维护制度

网络系统的日常维护包括硬件的日常管理和维护以及软件的日常管理和维护。其中，硬件的日常管理和维护包括以下内容。

（1）Intranet 网：企业通过自己的 Intranet 参与电子商务活动，Intranet 网的日常管理和维护变得至关重要，特别是对那些执行关键任务的企业内部网，如银行、邮电、税务等。但 Intranet 的日常管理和维护又是一件非常繁重的工作，因为计算机主机机型和其他网络设备多，网管人员水平参差不齐，所以管理和维护的难度较大。

（2）网络设备：对于一些可管设备，应及时安装网管软件。网管软件可以做到对网络拓扑结构的自动识别、显示和管理，网络系统节点配置与管理，系统故障诊断、显示及通告，网络流量和状态的监控、统计与分析，还可以进行网络性能调优、负载平衡等。对于不可管设备，应通过手工操作来检查状态，做到定期检查与随机抽查相结合，以便及时准确地掌握网络的运行状况，一旦有故障发生能及时处理。

（3）服务器和客户机：这部分一般没有相应的网管软件，只能通过手工操作检查状态。

（4）通信线路：对于内部线路，应尽可能采用结构化布线。虽然采用布线系统在建网初期会增加投资，但这样可以大大降低网络故障率，即使有故障发生也较容易排除。对于租用电信部门的通信线路，网络管理员应对通信线路的连通情况做好记录，当有故障发生时，应及时与电信部门联系，以便迅速恢复通信。

软件的日常管理和维护包括以下内容。

（1）支撑软件：对于操作系统，所要进行的维护工作主要包括定期清理日志文件、临时文件；定期执行整理文件系统；监测服务器上的活动状态和用户注册数；处理运行中的死机情况等。

（2）应用软件：应用软件的管理和维护主要是版本控制。为了保持各客户机上的版本一致，应设置一台安装服务器，当远程客户机应用软件需要更新时，就可以从网络上进行远程安装。但是，远程安装应选择网络负载较低时进行，特别是安装大型应用软件，最好在网络闲时进行，以免影响网络的日常工作。

5. 数据备份与应急制度

为了保证网络数据安全，必须建立数据备份制度，定期或不定期地对网络数据进行备份。

应急措施是指在计算机灾难事件（即紧急事件或安全事故）发生时，利用应急计划辅助软件和应急设施，排除灾难和故障，保障计算机信息系统继续运行或紧急恢复。在启动电子商务业务时，就必须制订交易安全计划和应急方案，一旦发生意外，立即实施，最大限度地减少损失，尽快恢复系统的正常工作。

6. 病毒防范制度

抗病毒是电子商务安全的一个重要领域。病毒在网络环境下具有更强的传染性，对网络交易的顺利进行和交易数据的妥善保存造成了极大的威胁。从事网上交易的企业和个人都应当建立病毒防范制度，排除病毒的骚扰。

5.7.2 加强网络交易过程安全管理

1. 加强对违法犯罪行为的监管和打击力度

（1）严厉打击网上销售假冒伪劣产品。坚持线上线下治理相结合，加强风险监测，净化生产源头，依法查处利用互联网销售假冒伪劣商品违法犯罪活动；依法依规处置互联网侵权假冒有害信息。

（2）严厉打击不正当竞争行为。按照《中华人民共和国反不正当竞争法》（以下简称《反不正当竞争法》）、《电子商务法》等相关规定，严厉打击网络虚假宣传、刷单炒信、违规促销、违法搭售等行为。督促电子商务平台经营者进一步加强对刷单炒信行为的监测监控，完善商品（服务）信用评价体系，配合执法工作开展。依法查处电子商务平台经营者限制平台内经营者参与其他第三方电子商务平台经营活动等行为。

（3）整治侵害消费者权益乱象。落实《电子商务法》《中华人民共和国网络安全法》（以下简称《网络安全法》）、《中华人民共和国消费者权益保护法》（以下简称《消费者权益保护法》）、《中华人民共和国价格法》《网络购买商品七日无理由退货暂行办法》等相关规定，畅通消费投诉举报渠道，保护消费者知情权和选择权，加大对不正当价格行为、不公平格式条款、不依法履行七日无理由退货义务等侵害消费者权益行为的打击力度。

（4）全方位多渠道加大个人信息保护力度。规范涉及个人信息的合同格式条款；严肃查处未经同意收集、使用、过度收集或泄露、非法出售、非法向他人提供个人信息行为；依法查处不履行个人信息保护义务、为网络违法犯罪提供支持帮助的网络平台；严厉打击侵犯公民个人信息犯罪，切实防范大数据技术对个人信息的滥用。

（5）强化网络交易信息监测。不断强化监管技术应用，探索应用网络交易信息监测的新方式，完善监测监管流程，有效发现网络交易违法线索。重点关注网络集中促销期、节假日等重要时间节点，开展网络市场定向监测，及时发现风险，发挥部门失信联合惩戒作用，实施全网警示。

2. 加强电子商务信用体系建设

电子商务信用体系的建设，首先要得到政府部门的支持，同时要引导各级监管部门，出台相关电子商务信用体系建设方面的法律法规和标准规范，补齐目前我国诚信领域法律缺失的短板，使诚信体系建设工作做到有章可循，有法可依。其次要制定相应的奖惩制度，将信用标准和政府的奖惩制度联合在一起，对失信行为进行惩戒和约束，通过监管部门、平台企业等多方力量，让守信者一路畅通，让失信者寸步难行。此外，还需要充分发挥各大媒体平台的优势，让全社会更加了解信用体系建设的价值和意义，增加电子商务企业的诚信意识。未来信用体系的建设不仅会依赖大数据去评估，还需要从源头上治理，对电子商务企业的主体身份进行验证；监管不仅局限于事后监管，还需要向事前和事中监管转变；相应的电子商务平台还需要肩负起其社会责任，对入驻的平台商户进行约束和身份核实。只有在政府的领导下，各方联动，建立全面的、互联互通的信用体系平台，才能有效运用数据，引导全社会自觉养成诚信意识。

3. 加强物流配送环节的安全管理

加强物流企业安全防范标准和安全防范要求是保障物流服务安全的基本条件，这就要求行政主管部门加强对配送企业安全防范标准和能力建设方面的监管力度，加强信息化建设。同时，加强行政主管部门之间的协调配合，明确邮政、公安、国家安全、海关等部门的安全管理职责，并建立起部门联动的安全保障机制，确保通信及信息安全。

4. 认真落实交易安全的法律法规

目前，我国现行的涉及交易安全的法律法规主要包括综合性法律［《中华人民共和国民法典》（以下简称《民法典》）、《网络安全法》等法律法规中有关保护交易安全的条款]、规范交易主体的有关法律（如《电子签名法》《中华人民共和国公司法》等）、监督交易行为的有关法律（如《中华人民共和国审计法》等）、规范电子商务交易行为的专门法律法规（如《电子商务法》《网络交易管理办法》等），为保证电子商务交易安全进行，电子商务相关主体要严格遵守上述法律、法规和规章制度，加强企业文化建设，遵守商业道德规范与网络伦理规范。

随着电子商务的深入发展，电子商务安全问题也越来越被重视，电子商务的安全体系结构也在逐步提高和完善。在未来发展过程中，电子商务可能还会产生一些其他的安全问题，所以对于电子商务安全技术的研究也将会是一个长期的过程，当然，电子商务安全问题的解决也有赖于国家政策法规的协助。

课后练习题

（一）选择题

1. 网络安全是目前电子交易中存在的问题，（　　）不是网络安全的主要因素。
   A. 信息传输的完整性　　　　　　B. 数据交换的保密性
   C. 发送信息的可到达性　　　　　D. 交易者身份的确定性
2. 保证实现安全电子商务所面临的任务中不包括（　　）。
   A. 数据的完整性　　　　　　　　B. 信息的保密性
   C. 身份认证的真实性　　　　　　D. 操作的正确性
3. 不符合非对称密钥体制特点的是（　　）。
   A. 密钥分配简单　　　　　　　　B. 密钥的保存量少
   C. 密钥的保存量多　　　　　　　D. 可实现身份识别
4. 数字证书是一种具有权威性的电子文档，它是由 CA 颁发的，不属于数字证书的内容是（　　）。
   A. 证书的序列号　　　　　　　　B. 证书的发行机构
   C. 证书所有人的私钥　　　　　　D. 证书所有人的姓名
5. 数字证书采用非对称加密技术，即利用一对互相匹配的密钥进行（　　）。
   A. 加密　　　　　　　　　　　　B. 加密和解密
   C. 解密　　　　　　　　　　　　D. 安全认证

6. 数字证书的作用是证明证书中列出的用户合法拥有证书中列出的（　　）。

    A. 私人密钥　　　　B. 加密密钥　　　　C. 解密密钥　　　　D. 公开密钥

7. 目前功能较强的安全电子交易协议是（　　）。

    A. SET 协议　　　　B. TCP 协议　　　　C. IP 协议　　　　D. SSL 协议

8. CA 机构又称为证书授证中心，对其说明不正确的是（　　）。

    A. 在 SET 交易中，CA 对持卡人、商户发放证书，不对银行、网关发放证书

    B. CA 中心为每个使用公开密钥的用户发放一个数字证书，数字证书的作用是证明证书中列出的用户合法拥有证书中列出的公开密钥

    C. CA 机构的数字签名使得攻击者不能伪造和篡改证书

    D. 作为电子商务交易中受信任的第三方，承担公钥体系中公钥的合法性检验的责任

9. 数字签名要求必须保证（　　）。

    A. 发送者能够核实接收者对报文的签名

    B. 接收者事后不能抵赖对报文的签名

    C. 接收者和发送者不能伪造对报文的签名

    D. 发送者事后不能抵赖对报文的签名，接收者不能伪造对报文的签名

10. SET 协议运行的目标包括（　　）。

    A. 保证信息在互联网上安全传输　　　B. 保证电子商务参与者信息的相互沟通

    C. 保证网上交易的连续性　　　　　　D. 保证电子商务参与者信息的相互共享

11. 由 MasterCard 和 VISA 联合开发的一种被称为（　　）的标准，为网上信息及资金的安全流通提供了充分的保障。

    A. ATM　　　　　　B. PIN　　　　　　C. SSL　　　　　　D. SET

12. 在非对称密码体制中，加密密钥可以是（　　）。

    A. 解密密钥　　　　　　　　　　　　B. 接收方公钥

    C. 发送方公开密钥　　　　　　　　　D. 接收方私有密钥

13. 采用数字签名，不能够确认（　　）。

    A. 保证信息是由对方签名发送的，接收者不能否认或难以否认

    B. 保证信息是由签名者自己签名发送的，签名者不能否认或难以否认

    C. 保证信息签发后未曾作过任何修改，签发的文件是真实文件

    D. 保证信息接收者不能伪造文件

（二）复习与思考题

1. 电子商务安全的构成要素与具体要求有哪些？

2. 什么是对称加密技术？其优缺点是什么？

3. 什么是非对称加密技术？其优缺点是什么？

4. 什么是数字签名？其主要特征是什么？

5. CA 的基本概念是什么？简述 CA 认证机构的基本功能。

6. SSL 和 SET 分别是什么？SSL 协议与 SET 协议的主要区别是什么？

7. 商务大数据的安全问题体现在哪些方面？

第6章　电子商务支付

在电子商务活动中,支付环节是消费者付款的环节,是消费者的钱款流向卖家的过程,更是交易双方以及他方利益实现的关键环节。随着网络安全技术的不断发展,电子支付也在不断发展,第三方支付行业在规范中也逐渐成熟。支付服务已经成为数字经济产业矩阵中不可或缺的组件和模块。

6.1　电子货币概述

支付是付款人对收款人进行的当事人可接受的货币债权转让。支付与货币是紧密相关的,在任何一种经济交易中都需要使用货币进行支付。从历史上来看,每一次货币的更新都会促进支付效率的提高,每一次支付方式的革新都会对货币的内涵和外延有一个新的定义。

6.1.1　货币形式演进的历史

货币形式的演进主要体现为货币材料(即币材)的演进,其大致分为以下阶段:实物货币→金属货币→信用货币→虚拟货币。其中,电子货币是信用货币与虚拟货币的过渡阶段。

1. 实物货币阶段

实物货币指以自然界存在的某种物品(非贵金属)来充当货币。该阶段的币材包括古罗马的盐、牲畜、中国的海贝等。随着技术的发展,实物货币不足之处逐渐显现,包括不易分割、储存、运输;因为实物货币是天然存在的,所以其货币发行数量有限。

2. 金属货币阶段

金属货币阶段的币材包括黄金、白银、铸币等。黄金(白银)属于商品货币,即货币的名义价值与内在价值相一致。其中,货币的名义价值,又称为市场价值,是由该货币与其他货币的比值来确定的。货币的内在价值,是货币材料(作为商品)的价值。

金属货币制度下,货币的发行量有限。在该阶段,出现了铸币以及可兑现黄金(白银)的纸质银行券。银行券的名义价值已经远远小于内在价值。事实上,银行券背后对应的贵金属货币,是可兑现或者不完全兑现的信用货币。这个阶段称为实物支付阶段,经济交易形式一般是一手交钱一手交货。但交易所使用的黄金白银,携带起来不方便,数量不足,无法满足和适应经济迅速发展的要求。

3. 信用货币阶段

在信用货币阶段，银行券由分散发行走向集中发行，由央行发行，由不完全兑现走向不可兑现，信用货币诞生。信用货币是通过信贷机制向实体经济投放的货币。币材具体包括现钞、存款货币、电子货币。其中，现钞是法偿货币。中央银行发行的可用于偿还公司债务的货币，包括纸币和硬币。存款货币是指能够发挥货币交易媒介和资产职能的银行存款。电子货币，被视为存款货币的一种"无形"存在形式，属于虚拟货币的一种。电子货币以金融电子化网络为基础，通过计算机网络系统以传输电子信息的方式实现支付功能的电子数据。特别注意的是，电子货币属于过渡状态，既属于信用货币，又属于虚拟货币。理论上，不考虑经济约束，信用货币的发行量是无限的。

4. 虚拟货币阶段

虚拟货币出现在计算机和互联网技术之后，其货币形态为无形的。虚拟货币并无统一的定义，一般指无实体的"货币"、在某些领域执行货币职能的价值代表物。虚拟货币与实体货币相对应，包含电子货币和数字货币等。虚拟货币是无形的，看不见摸不着，而实体货币是有形的，看得见摸得着。

上述不同的货币形式，实体货币和虚拟货币更强调货币的物理属性，而信用货币更强调货币的经济属性。

6.1.2　虚拟货币的分类

1. 按照虚拟货币与实体货币之间的兑换关系分类

（1）无兑换关系。虚拟货币与实体货币之间相互隔绝，不存在兑换关系。这里的虚拟货币主要在虚拟社区或者游戏之内等封闭环境当中，脱离这个环境就不能称为"货币"，如单机游戏中的"货币"，虚拟货币不会对真实世界构成任何影响，理论而言，其发行量无限。

（2）单向兑换。实体货币可以购买虚拟货币，虚拟货币不能兑换回实体货币。如公交充值卡的余额，本质上是对某种商品或者服务的预付款。其对真实世界的影响，与一般产品和服务的出售没有本质差异。理论而言，其发行量基本可以无限。

（3）双向兑换。虚拟货币与实体货币之间双向兑换。按流通范围进一步细分，有范围较小仅限于局部特定人群的，其兑换的价格或随行就市或相对固定。如魔兽世界的金币，可以在游戏玩家之间交易。此类型虚拟货币可以视为可转手的产品或服务的预付款。它对真实世界的影响与一般产品和服务的出售没有本质区别。理论而言，其发行量基本可以无限。与上述单向兑换虚拟货币相比，这类双向兑换虚拟货币在社会上的可接受程度更高。如支付宝的余额，可以购买几乎所有的消费品。

2. 按照虚拟货币的发行机构分类

（1）由各类互联网络服务公司发行的虚拟货币。这种类型虚拟货币由各类互联网络服务公司发行，用于支持本企业产品与服务用户在企业平台及业务关联公司的平台上进行消费。用户获得这类虚拟货币一般有两种途径：一是通过法定货币直接购买，如使用人民币购买 Q 币；二是通过为平台提供特定的信息或服务或参与平台营销活动等，根据规则获得平台发行的虚拟货币。这种虚拟货币可以进行私下交易。如游戏币由游戏公司出售给玩家，玩家可以向其他玩家换取现金。这一类虚拟货币的发行不涉及金融机构。

（2）基于银行账户相关联的记账式虚拟货币。这类货币往往称为电子货币。银行卡里的资金即属于这种虚拟货币，其由金融机构发行。支付宝和微信支付账户里的"零钱"属于这类货币。这些"零钱"也属于与银行账户挂钩的虚拟货币，是金融机构的间接负债。

（3）无确定发行机构的虚拟货币。以比特币、莱特币为代表。比特币是 2009 年在互联网世界通过基于特定算法的大规模计算而诞生的，没有统一的发行者，任何人都可以通过购买或租用计算机并进行大量计算来获得。

（4）国家主权信用数字货币。近年来，全球多国都在加紧研究数字货币，中国也不例外。数字货币的功能和属性与纸钞完全一样，只不过它的形态是数字化的。数字货币与比特币等虚拟货币有着本质的区别，虚拟货币没有国家信用，不具有法偿性。中国的数字货币和瑞典的电子克朗都建立在国家信用之上，是信用货币数字化的具体体现，它们的产生顺应了数字经济潮流，更具标志意义。

数字人民币，是中国人民银行发行的法定数字货币，即"数字货币电子支付"。它是以国家信用为担保的一种法定货币，在这一点上与现金具有同样的效力。从使用场景上看，央行数字货币不计付利息，可用于小额、零售、高频的业务场景，与使用纸币差别不大。它不依托银行账户和支付账户，只要用户装有数字货币钱包即可使用。不仅如此，央行的数字货币使用最新的双离线技术，即使在没有手机信号的情况下，依然可以使用。

6.1.3　电子货币的概念及分类

1. 电子货币的概念

广义的电子货币是采用电子技术和通信手段在信用卡市场上流通的以法定货币单位反映商品价值的信用货币。也就是说，电子货币是一种以电子脉冲代替纸张进行资金传输和存储的信用货币。

电子货币与传统货币的本质都是固定充当一般等价物的特殊商品，这种特殊商品体现一定的社会生产关系。两者同时具有价值尺度、流通手段、支付手段、储藏手段和世界货币等五种职能。它们对商品价值都有反映作用，对商品交换都有媒介作用，对商品流通都有调节作用。

电子货币与传统货币的产生背景不同，如社会背景、经济条件和科技水平等。其表现形式为：第一，电子货币是用电子脉冲代替纸张传输和显示资金的，通过计算机处理和存储，没有传统货币的大小、重量和印记。第二，电子货币只能在转账领域内流通，且流通速度远远高于传统纸币的流通速度。第三，传统货币可以在任何地区流通使用，电子货币只能在信用卡市场上流通使用。第四，传统货币是国家发行并强制流通的，电子货币是由银行发行的，其使用只能宣传引导，不能强迫命令，并且在使用中要借助法定货币去反映和实现商品的价值，结清商品生产者之间的债权和债务关系。第五，电子货币对社会的影响范围更广、程度更深。

2. 电子货币的分类

电子货币按支付方式可以分为银行卡、电子现金和电子票据。

1）银行卡

银行卡包括可以透支的信用卡和不能透支的借记卡。信用卡包括贷记卡和准贷记卡，借记卡包括转账卡、专用卡和储值卡。表 6-1 详细地介绍了不同类型银行卡的概念。

表 6-1　银行卡的类型及定义

银行卡类型	定义
信用卡 （可以透支）	贷记卡是指发卡银行给予持卡人一定的信用额度，持卡人可在信用额度内先消费后还款的信用卡
	准贷记卡是指持卡人须先按发卡银行要求交存一定金额的备用金，当备用金账户余额不足支付时，可在发卡银行规定的信用额度内透支的信用卡
借记卡 （不能透支）	转账卡是实时扣账的借记卡，具有转账结算、存取现金和消费功能
	专用卡是具有专门用途、在特定区域使用的借记卡，具有转账结算、存取现金功能
	储值卡是发卡银行根据持卡人要求将其资金转至卡内储存，交易时直接从卡内扣款的预付钱包式借记卡

信用卡是一种特殊的金融商品和金融工具，1915 年起源于美国。信用卡是一种可在一定范围内替代传统现金流通的电子货币，具有支付和信贷两种功能。信用卡是银行和其他财务机构签发给那些信用状况良好的人士的一种特质卡片，是一种特殊的信用凭证。持卡人在使用其购买商品或享受服务时，无须事先在卡内存入资金。持卡人可在其被授予的信用额度内使用信用卡在商家购物，并在某个期限之内实际支付这些账单，信用卡支付的滞后性实际上是给持卡人提供了短期的信贷即透支的功能，这个信贷的额度取决于发卡机构对持卡人信用度的评价。

信用卡使用流程中的参与者主要包括发卡行、收单行、持卡人、商家（信用卡特约商家）及信用卡组织。发卡行是向持卡人签发信用卡的银行，收单行是接收商家账单并向商家付账的银行。由于发卡行和收单行往往不是同一家银行，所以就需要通过信用卡组织的国际清算网络进行身份信息的认证以及授权信息的传递，世界上主要的清算网络有 VISA 组织和 MasterCard 组织。

如图 6-1 所示，具体的交易流程为：①持卡人到信用卡特约商家处消费；②特约商家向收单行要求交易授权，收单行向发卡行要求交易授权；③特约商家向持卡人确认交易及金额；④特约商家向收单行请款；⑤收单行付款给特约商家；⑥收单行与发卡行通过信用卡组织的清算网络清算；⑦发卡行给持卡人账单；⑧持卡人付款。

银行借记卡是指商业银行向个人和单位发行的，凭此向特约商家购物、消费和向银行存取现金的银行卡。现阶段我国各银行发行的银行卡大多是借记卡，持卡人在使用借记卡支付前需要在卡内预存一定的金额，银行不提供信贷服务。

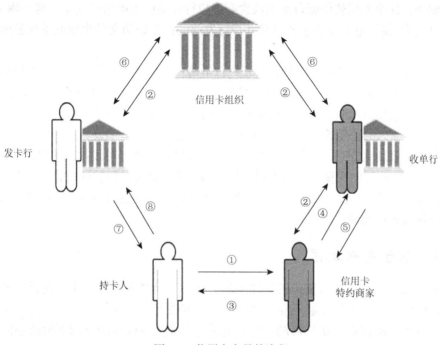

图 6-1　信用卡交易的流程

　　借记卡使用流程同样包括发卡行、收单行、持卡人、特约商家及清算网络（如银联）。收单行会先通过清算网络验证持卡人出示的卡号和密码，并查询其账户中是否有足够的资金用于支付。支付完成后资金将直接从持卡人的账户划拨到收单行，然后支付给商家。借记卡支付与信用卡支付流程有类似之处，主要区别就在于借记卡无信贷功能，是即时的支付。

　　2）电子现金

　　电子现金是一种以电子数据形式流通的，能被用户和商家普遍接受的，通过互联网购买商品或服务时可以使用的货币。电子现金是现实货币的电子化或数字模拟，它把现金数值转换成为一系列的加密序列数，通过这些序列数来表示现实中各种金额的币值。电子现金以数字信息形式存在，存储于电子现金发行者的服务器和用户的计算机终端上，通过互联网流通。在网络交易中，电子现金主要用于小额零星的支付业务，使用起来要比银行卡更为方便。

　　3）电子票据

　　电子票据是随着经济的发展而逐渐产生并发展起来的。电子票据借鉴纸质票据关于支付、使用、结算和融资等功能，利用网络将资金从一个账户转移到另一个账户，利用电子脉冲代替纸张进行资金的传输和储存。它以计算机和现代通信技术网络为基础，以数据电文形式存储资金信息于计算机系统之中，并通过互联网以目不可视、手不可及的电子信息传递形式实现传统有纸化票据的功能。

　　客户开户行审核申请人资信状况（存款是否充足，有无欺诈记录等），决定是否给予申请人使用电子支票的权利。可以通过发放开户行统一开发的电子支票生成软件来标志使用权的赋予，这个专用软件能自动生成含有开户行证明标志的电子支票。客户网上购物，填写订单完毕，使用电子支票生成器和开户行发放的授权证明文件生成此笔交易的电子支票，一并发往商家。

电子票据的使用流程：①付款人在开户行申请一个电子支付本；②付款人根据电子支票的要求生成一个电子支票，并对该支票进行签名；③付款人利用安全 E-mail 或 Web 的方式将电子支票传送给收款人，一般用收款人的公钥加密电子支票；④收款人收到该电子支票后，用付款人的公钥确认付款人的数字签名；⑤收款人背书支票，写出存款单，并签署该存款单给收款人开户行；⑥收款人开户行验证付款人签名和收款人签名，贷记收款者账号，在合适的时间向清算所发出支付清算申请；⑦付款人银行验证付款人签名，并借记付款人账号；⑧付款人银行和收款人银行通过传统银行网络进行清算，并将清算结果向付款人和收款人进行反馈。

6.2 电子支付概述

自人类诞生以来，随着货币的演变发展，支付工具越来越多样化，支付方式越来越丰富。近些年，电子支付发展迅猛，并借助互联网强大的渗透能力向传统金融领域不断拓展，支付市场正在重塑新的格局，电子支付已经成为现代金融领域不可或缺的有机组成部分。

6.2.1 传统支付方式概述

传统支付方式指的是通过现金流转、票据转让及银行转账等的流转来实现款项支付的方式。传统支付技术包括信用卡支付结算、资金汇兑、支票支付结算、自动清算系统支付、电子资金转账等。

如图 6-2 所示，在传统的支付模式中，客户首先要与各商业银行分别签订协议，再通过商业银行网银专用接口接收客户资金到账信息和订单信息，跨行支付则通过中央银行支付清算系统进行结算。在该支付模式下，由于客户不能与中央银行之间直接建立联系，客户必须分别与每一家商业银行建立联系，支付清算的效率较低。总结起来，传统支付方式的局限性主要表现在以下方面。

1. 效率问题

（1）运作速度与处理效率比较低。大多数传统支付与结算方式涉及人员、部门等众多因素，牵扯许多中间环节，并且基于手工处理，造成支付结算效率低下。

（2）很难做到为用户提供全天候、跨区域的支付结算服务。随着社会的进步和商品经济的发展，人们对随时随地的支付结算、个性化信息服务需求日益强烈，如随时查阅支付结算信息、资金余额信息等。

（3）资金的回笼有滞后期，降低资本周转效率。传统的支付结算方式并不是一种即时的结算，企业资金的回笼有一定的滞后期，增加了企业的运作资金规模；现金的过多应用给企业的整体财务控制造成一定的困难。如航空代理服务，资金回笼期一般 20 多天。

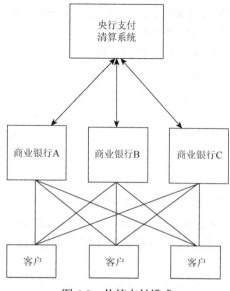

图 6-2 传统支付模式

2. 安全问题

（1）伪币、空头支票等现象。大多数传统支付结算方式在支付安全上问题较多，伪币、空头支票等现象造成支付结算的不确定性和商务风险增加，特别是跨区域远距离的支付结算。一些传统支付结算方式，如现金、支票，有时还带来人身安全的威胁，如纸质现金与支票等均是病毒的热点携带者。

（2）现金的过多应用对国家控制金融风险不利，现金交易很难留下痕迹，给偷税漏税、违法交易提供了方便。

3. 成本问题

（1）支付介质五花八门，用户使用成本高。各类支付介质五花八门，发行者众多，使用的辅助工具、处理流程与应用规则和规范均不相同，这些给用户的应用造成了困难。

（2）银行和企业运作成本较高。传统的支付结算方式由于涉及较多的业务部门、人员、设备与较为复杂的业务处理流程，运作成本较高。如邮政汇兑、支票等，不但需要设置专业柜台和人员处理，而且浪费资源。

6.2.2 电子支付的概念和特点

21 世纪网络经济时代，电子商务得到了迅速发展，在发展初期，支付问题成为制约电子商务发展的重要因素之一。传统支付方式已经不能满足随时随地、低成本、个性化、自主完成及时的在线支付需求，给电子商务顺利运作造成一些不便，因此，支付领域出现了一些变革，其中一个非常重要的变革就是电子支付，电子支付的出现比较好地弥补和满足了电子商务对支付的需求。

电子支付（electronic payment，E-Payment）指以金融电子化网络为基础，以商用电子化工具和各类交易卡为媒介，以现代计算机技术和通信技术为手段，通过计算机网络系统以电子信息传递形式来实现资金的流通和支付。这些电子化工具包括计算机、电话、POS、ATM、移动通信工具或其他电子设备等。

与传统支付方式相比，电子支付具有以下特征。

（1）采用数字化的方式完成款项支付结算。传统支付结算方式是通过纸质现金的流转、纸质票据的转让和银行的汇兑等物理实体的流转来完成款项支付的，需要在较为封闭的系统中运行，大多需要面对面处理。电子支付的工作基于一个开放的系统平台（如互联平台），其互联网应用的特点就是兼容性强，对软、硬件设施要求并不是很高，联网与应用均十分简便。

（2）具有方便、快捷、高效、经济的优势。用户只要能联网，便可足不出户，在很短的时间内完成整个支付与结算过程。支付费用仅相当于传统支付的几十分之一，甚至几百分之一。咨询公司 Booz 的调查显示，在美国，一桩通过互联网完成的电子支付结算成本仅为 1 美分，而通过 POS 专线支付或营业员柜台操作完成结算的成本分别高达 27 美分与 1.07 美元。

（3）轻便性和低成本性。与电子货币相比，一些传统的货币，如纸质货币和硬币则越来越显示出奢侈性。有数据显示，美国每年搬运有形货币的费用高达 60 亿美元，英国需要 2 亿英镑，世界银行体系之间的货币结算和搬运费用占到其全部管理费的 5%。采用电子支付方式，由于电子信息系统的建立和维护开销都很小，且互联网的应用费用很低，接入非常简便，因此普通消费者与小公司也有机会使用，无论小公司还是大企业都可从中受益。

（4）较高的安全性和一致性。支付的安全性是保护买卖双方不会被非法支付和抵赖，一致性是保护买卖双方不被冒名顶替。电子支付系统和现实的交易情况基本一致，电子支付协议充分借用了尖端加密与认证技术，其设计细致、安全、可靠。

6.2.3　电子支付的机构类型

电子支付的机构类型包括传统的金融机构、持牌的纯互联网金融机构和从事互联网业务的非金融企业。

1. 传统的金融机构

商业银行通过开通网上银行服务，与电子商务平台、旅游消费等场景服务融合，进一步改进客户体验。这种类型的网上银行可以看作传统银行的一个特殊分支机构或者营业点，又称为网上分行、网上柜台或网上分理处等。网上分行不仅可以独立开展金融业务，如财务查询、转账和在线支付等，还能为其他非网上机构提供辅助服务。同时，随着互联网技术和电子商务的快速发展，网上银行业务与电子支付工具也会更加丰富。

2. 持牌的纯互联网金融机构

持牌的纯互联网金融机构，即纯互联网银行，也称为虚拟银行。纯互联网银行是通过一种或多种移动互联网技术，借助大数据、云计算等方式，为客户提供存款、取款、转账、支付、结算、理财等传统银行业务的纯网络金融机构。全球第一家网上银行美国安全第一网上银行（Security First Network Bank，SFNB）就是完全依赖互联网发展起来的纯网上银行，用户进入该网站即可选择所需服务。

截至 2018 年底，我国已经有六家纯互联网银行，分别是腾讯系的深圳前海"微众银行"，阿里巴巴系的浙江"网商银行"，新希望集团、小米及红旗连锁共同参股的"新网银行"，美团点评参股的"亿联银行"，苏宁云商的"苏宁银行"，百度参股的"百信银行"。

纯互联网银行特征包括：①拥有商业银行牌照；②业务依靠后台；③有办公场所，但无营业柜台。纯互联网银行的优势表现为突破了时空限制、完全实现了 7×24 小时在线、经营成本较低、服务创新快。纯互联网银行同样也存在一些不足，如网络安全问题、技术条件限制、主客观排斥等。

3. 从事互联网业务的非金融机构

一般情况下，更多的是电子商务类企业依托其平台，为交易双方提供便捷支付、商务融资等金融服务与产品，其服务类型主要包括第三方支付、网络小贷、供应链金融、网络消费金融。此外，一些科技公司也从事金融服务，通过与商户和银行合作，进入个人小额支付市场。还有一些民间不持有金融牌照的类金融企业会通过注册网络信贷平台，提供 P2P 网贷交易服务，或者通过注册专门的众筹平台，为小型众筹项目提供平台服务。

6.2.4　电子支付系统的构成

电子支付系统是集购物流程、支付工具、安全技术、认证体系、信用体系及金融体系于一体的综合大系统。在该系统中，参与主体主要有交易双方、各自的资金结算工具及交易双方的账户银行来处理资金流转，数字证书认证中心来保证支付安全，互联网网络、银行专用金融网络、支付网关及支付协议等来提供支撑环境。电子支付系统的基本构成如图 6-3 所示。

（1）客户。客户是指在互联网上与商家存在交易关系并且存在未清偿的债权、债务关系的一方。客户用自己拥有的支付工具，如信用卡、电子支票等发起支付，是支付系统运作的原因和起点。

（2）商家。商家是交易活动中拥有债权的另一方，一般是网上商店的经营者，在网上提供商品或服务，在线商家可以根据客户发起的支付指令向金融体系发出给付请求。商家一般会设置专门的后台服务器来处理这一过程，包括协助身份认证及不同电子支付工具的处理。

（3）客户开户行。客户开户行是指客户在其中开设资金账户的银行，客户拥有的电子支付工具主要是由开户行提供的。客户开户行在提供网上支付工具的时候，同时也提供一种银行信用，即保证支付工具是真实可兑现的。在利用金融卡进行电子支付的体系中，客户开户行又称为发卡行。

（4）商家开户行。商家开户行是商家在其中开设资金账户的银行，其账户是整个支付过程中资金流向的地方或目的地。商家将收到的客户支付指令提交给其开户行后，就由开户行进行支付授权的请求，以及进行商家开户行与客户开户行之间的清算工作。商家的开户行是依据商家提供的合法账单来工作的，因此又称为收单行。

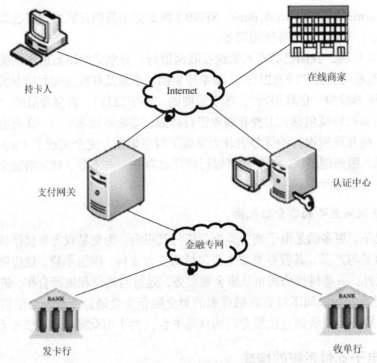

图 6-3　电子支付系统构成

（5）支付网关。支付网关是互联网公共网络平台与银行内部的金融专用网络平台之间的安全接口，电子支付的信息必须通过支付网关进行处理后才能进入安全的银行内部支付结算系统，进而完成支付的授权或获取。

（6）金融专用网络。交易的支付请求最后必须通过金融专用网络，经过商家的收单行传送到客户的发卡行，进行支付授权和扣款。金融专用网络是银行内部与银行之间进行通信的专用网络，它不对外开放，具有很高的安全性。目前我国传统商务中的电子支付应用如 POS 支付结算、ATM 资金存取等系统均运行在金融专用网络上。

（7）CA 认证中心。CA 认证机构是网络商务的准入者和市场的规范者，主要为参与电子商务活动的各方发放和维护数字证书及提供数字签名服务的支持等，以确认各方的真实身份，保证电子支付的安全性。

（8）支付工具及支付协议。支付工作的完成离不开支付工具。常用的支付工具包括银行卡、电子现金、电子发票等。此外，为了保障电子商务支付系统的安全性，还有一些常用的支付协议，包括 SSL 协议和 SET 协议。

上述电子支付系统各构成要素是电子交易顺利进行的重要社会基础设施之一，也是社会经济良好运行的基础和催化剂。

6.3　第三方支付

6.2 节主要介绍了以商业银行为主的电子支付，但广义上的电子支付其实并不仅仅指代以商业银行为主的电子支付，也包括第三方支付和移动支付，而且这两种支付形式是目前消费者和企业使用频率最高也是使用最广泛的形式。其中，第三方支付也是基于互联网运作的，移动支付是因为支付载体的变化，从计算机端转到了移动端。本节将重点介绍第三方支付。

6.3.1　第三方支付的概念

电子支付与电子商务紧密联系，极大地促进了电子商务的发展。对于小规模的商家和个人电子商务经营者而言，通过与商业银行连接的支付方式承担了较高的维护成本和交易费用，经营成本增大。对于网络消费者而言，由于缺乏对小商家的信任，提前付款模式有后顾之忧。实践中，买方受骗的事件也层出不穷，货到付款模式中，商家也往往无法承担买方大量拒收的时间成本和物流成本。为了确保电子商务活动中的等价交换，解决买卖双方互相不信任的问题，需要遵循同步交换的原则，这就要求支付方式应与交货方式相匹配。第三方支付应运而生，它既是一种廉价高效的支付方式，又能发挥担保功能，消除了买方与卖方的担忧。第三方支付是指由独立于商户与银行的、具备一定实力和信誉保障的第三方独立机构通过与产品所在国家以及各大银行签约而提供的交易支付服务。

采用第三方支付的优点如下。

（1）对商家而言，通过第三方支付平台可以规避无法收到客户货款的风险，同时能够为客户提供多样化的支付工具。尤其为无法与银行网关建立接口的中小企业提供便捷的支付平台。

（2）对客户而言，不但可以规避无法收到货物的风险，而且货物质量在一定程度上也有了保障，增强了客户网上交易的信心。

（3）对银行而言，通过第三方平台可以扩展业务范畴，同时也节省了为大量中小企业提供网关接口的开发和维护费用。可见，第三方支付模式有效地保障了交易各方利益，为整个交易的顺利进行提供支持。

在我国，第三方支付平台必须经过中国人民银行的认证才能取得开展相应业务的资质，这个资质就是"非金融机构支付业务许可证"，即一般所说的"第三方支付牌照"。

6.3.2　第三方支付的运作流程

第三方支付诞生以后，客户与第三方支付公司建立联系，第三方支付代替客户与商业银行建立联系，这时第三方支付公司成为客户与商业银行支付结算的对手方，第三方支付公司通过在不同银行开立的中间账户对大量交易资金实现轧差，少量的跨行支付则通过中央银行的支付清算系统来完成，如图6-4所示。第三方支付机构在一定程度上承担了类似中央银行的支付清算功能，同时也起到了信用担保的作用。

第三方支付的运作流程：①付款人、收款人分别在第三方支付平台上开立账户；②付款人将实体资金转移到支付平台的支付账户中；③付款人购买商品（或服务）；④付款人发出支付授权，第三方平台将付款人账户中相应的资金转移到自己的账户中保管；⑤第三方平台通知收款人已经收到货款，可以发货；⑥收款人完成发货许诺（或完成服务）；⑦付款人确认后通知第三方平台可以付款；⑧第三方平台将临时保管的资金划拨到收款人账户中。

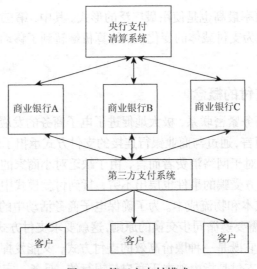

图6-4   第三方支付模式

6.3.3   第三方支付平台的类型

对于第三方支付平台来说，在支付环节中，其扮演的角色可能是不同的。根据第三方支付平台在交易过程中所扮演角色以及参与程度的不同，第三方支付方式可以分为支付网关模式和账户支付模式。

1. 支付网关模式

银行网关代理支付类型，即第三方支付机构与各大银行签订代理网关的合同，将银行提供的支付网关接口与本企业的支付系统进行无缝连接，建立集成了众多银行支付网关的支付系统平台，从而为用户提供跨银行的支付服务。这里的支付网关是指银行金融网络系统和互联网之间的接口，是由银行操作的将互联网上传输的数据转换为金融机构内部数据的一组服务器设备。其主要作用是完成两者之间的通信、协议及数据的转化，包括数据加密和解密，它既可以保护银行内部的安全，也可以实现信息的发送和资金的转移。如支付宝绑定银行卡。

2. 账户支付模式

账户支付类型是基于用户账户进行支付的方式。账户具有存储功能，所以可以先充值，安全性高，充值一次，满足多次支付需要，避免银行卡号在互联网中传输的危险，减少传输次数，如支付宝余额。

6.3.4   第三方支付的优势

第三方支付的优势表现为成本优势、竞争优势、创新优势和安全优势。第三方支付借助以上优势提升了支付体系和社会整体运行的效率。

（1）成本优势。支付平台降低了政府、企业、事业单位直连银行的成本，满足了企业专注发展在线业务的收付要求。第三方支付平台采用了与众多银行合作的方式，从而大大地方便了网上交易的进行，对于商家来说，不用安装各个银行的认证软件，在一定程度上简化了费用和操作。对于银行，可以直接利用第三方的服务系统提供服务，帮助银行节省网关开发成本。

（2）竞争优势。第三方支付平台的利益中立，避免了与被服务企业在业务上的竞争。

（3）创新优势。第三方支付平台的个性化服务，使得其可以根据被服务企业的市场竞争与业务发展所创新的商业模式，同步定制个性化的支付结算服务。

（4）安全优势。第三方支付平台可以对买卖双方的交易进行详细记录，从而防止交易双方对交易行为可能的抵赖以及为在后续交易中可能出现的纠纷问题提供相应的证据。

6.3.5　第三方支付场景

第三方支付覆盖的场景越来越多，在这些场景中可以实现无现金支付，具体场景可以分为四类：个人类交易、线下消费类交易、线上消费类交易及金融类交易。个人类交易包括话费充值、转账、发红包、生活缴费、信用卡还款、城市公交卡充值等，线下消费类交易包括线下餐饮支付、线下商超零售、团购、日常出行订单、景点门票、旅游、境外购物、个人健康护理、票务等，线上消费类交易包括网购支付、线上休闲娱乐预订、线上航旅产品预订、游戏充值等，金融类交易包括基金申购、保险购买、小额网贷等。

第三方支付市场竞争异常激烈，各大支付平台为抢占市场份额花样频出，如支付宝与财付通之间的红包大战、打车软件补贴大战等。这些动作背后的根本目的其实只有一个，即争夺支付场景。

任何支付场景都由收款方和付款方组成。因此，争夺支付场景实则为对付款方和收款方的争夺。对收款方的争夺表现为通过各种手段拉拢收款方使其支持该支付平台，并将该支付平台提供的支付工具放在最优先的位置上。对于付款方的争夺核心在于通过打折，提高付款方支付体验等方式培养支付习惯，使付款方在支付时，不自觉地使用该平台的支付工具。

从某种角度上讲，收款方在支付场景中更具有垄断力，因此对于收款方的争夺才是争夺支付场景的核心。目前在国内的第三方支付市场中，支付宝和财付通占据了较大的比例。成功的第三方支付平台，必须背靠节点型企业。节点型企业是指在实体经济中掌握支付场景或掌握渠道优势的企业。换句话说，节点型企业必须离支付场景很近。如 eBay、淘宝网、腾讯、家乐福、肯德基等。节点型企业所提供的支付场景是第三方支付平台的核心资源，或者说专属支付场景。例如，淘宝电子商务平台为支付宝提供重要的支付场景；腾讯拥有两大社交软件：QQ 和微信。尽管腾讯的电商成交额相对阿里巴巴几乎可以忽略不计，但是它依然占据了互联网支付市场部分份额，靠的就是 QQ 和微信所带来的渠道优势，腾讯的两大社交软件培养了买方的支付习惯。总结起来，第三方支付平台的出现并不是付款方的需求，而是节点型企业扩张产业链、抢占支付业务的结果。

6.4　移动支付

移动支付是电子支付方式的另一种表现形式。随着手机用户的增加和移动通信技术的发展，作为通道和载体，移动支付已经渗透到衣食住行，覆盖和触达存在刚性需求的零售、交通出行、医疗社保、公共缴费等生活场景。在人脸识别为代表的生物识别技术、小程序创新的加持下，移动支付的快速连接能力，呈现出多维度、轻量化、私域化的发展趋势。

6.4.1　移动支付的概念

移动支付也称为手机支付、移动电话支付。关于移动支付，国内外相关组织给出了相应解释，下面列举一些代表性定义。国外权威调研机构 Gartner 认为：移动支付是在移动终端上使用包括银行账户、银行卡和预付费账号等支付工具完成交易的一种支付方式。但其中不包括基于话费账户的手机支付、电话银行语音系统支付（interactive voice response, IVR）以及智能手机外接插件实现 POS 功能等三种方式。

国外调研机构 Forrester 认为：移动支付是通过移动终端进行资金划转来完成交易的一种字符方式，但其中不包括移动终端语音支付方式。

根据移动支付论坛（Mobile Payment Forum）的定义，移动支付是指交易双方为了某种货物或业务，通过移动设备进行的商业交易。移动支付所使用的移动终端可以是手机、平板电脑和笔记本电脑等。

综合上述观点，本书将移动支付的概念归纳为：移动支付是指消费者通过移动终端对所消费的商品或服务进行账务支付的一种方式。用户通过移动设备、互联网或者近距离传感技术直接或间接向银行金融机构发送支付指令产生货币支付和资金转移，实现终端设备、互联网、应用提供商以及金融机构的融合，完成货币支付、缴费及理财等金融业务。常见的移动支付应用提供商包括支付宝、微信钱包、云闪付等。

随着身份认证和数字签名等安全防范技术的发展，移动支付不仅能解决日常生活中的小额支付，还能解决企业之间的大额支付，完全替代现在的现金、支票、信用卡等银行结算支付手段。

6.4.2　移动支付分类

移动支付不仅可以广泛运用于移动商务，还可以运用于电子商务及物理销售点的付款。移动支付的发展可以使消费者在任何时间、任何地点都能进行即时支付的行为，这种超越时间和地点限制的付款方式能够为消费者带来极大的便利。移动支付最常见的分类为近场支付和远程支付。

1. 近场支付

近场支付是指移动终端上内嵌的智能卡通过非接触方式和支付受理终端进行通信，实现货币支付与资金转移的行为。近场支付应用场景集中于线下，如公交、便利店、超市等。

移动终端使用手机射频、红外、蓝牙等通道，实现与自动售货机以及 POS 机的本地通信。NFC 是目前近场支付的主流技术，它是一种短距离的高频无线通信技术，允许电子设备之间进行非接触式点对点数据传输交换数据。该技术由射频识别技术演变而来，并兼容射频识别技术。

　　根据是否需要连接网络，近场支付可以分为联机近场支付和脱机近场支付。联机近场支付，又称为在线近场支付，需要联网才能支付的一种方式，主要包括条码和二维码支付。具体的流程如图 6-5 所示。

　　近场支付（联机消费）流程：①用户携带移动终端在商家店内选购商品或服务；②用户到商户收银台结账；③商户在现场受理 POS 终端上输入消费金额，通过近场通信技术，向移动终端/智能卡发起账户信息读取请求；④移动终端/智能卡将账户信息发送给现场受理终端；⑤现场受理终端发送支付请求指令给交易系统；⑥交易系统发送账户扣款请求给账户系统；⑦账户系统收到扣款请求后，进行用户账户鉴权，返回扣款确认信息；⑧交易系统返回支付确认信息给受理终端；⑨完成结账过程。

　　脱机近场支付不需要连接网络就可以完成支付的整个过程，如中国人民银行推出的闪付。近场支付（脱机消费）流程如图 6-6 所示。

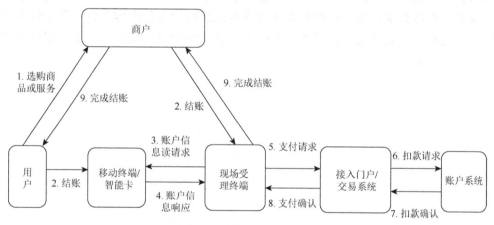

图 6-5　联机近场支付流程

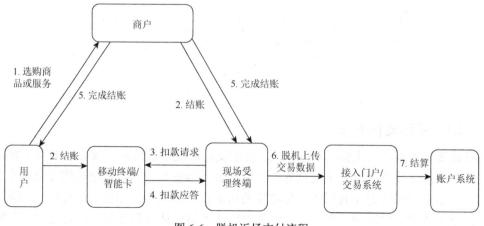

图 6-6　脱机近场支付流程

　　脱机近场支付流程为：①用户在商家店内选择商品和服务；②用户到商户收银台结账；③商户在现场脱机受理 POS 终端上输入消费金额，通过近场通信技术向移动终端/智能卡发起账户扣款请求；④移动终端/智能卡收到扣款请求后，进行扣款的鉴权，通过后直接在其离线钱包中扣款，并返回扣款应答给受理终端；⑤用户完成支付过程；⑥脱机现场受理终端定时上传交易数据，第三方支付机构每日与特约商户对账；⑦第三方支付机构的结算部门按照商户的结算周期，根据系统的结算数据，向银行发付款请求。

2. 远程支付

远程支付是指移动终端以短信、WAP、客户端软件以及客户端软件加智能卡等方式，通过无线通信网络发出支付指令，实现货币支付与资金转移的行为。

如图 6-7 所示为远程支付的具体流程：①用户通过移动终端的客户端、WAP 或者短信形式在支付内容平台订购商品或服务；②支付内容平台向移动支付交易系统提交订单；③用户通过移动终端向移动交易系统发起支付请求；④移动支付交易系统接收用户支付请求，检查用户的订单信息，向账户系统发起扣款请求；⑤账户系统接收扣款请求，并对用户账户信息进行鉴权，鉴权通过后，完成转账付款，并发送扣款确认信息给支付交易系统；⑥支付交易系统将支付结果通知支付内容平台；⑦支付内容平台向支付交易系统返回支付结果确认的应答；⑧支付交易系统为支付客户端返回支付成功确认，完成交易流程。

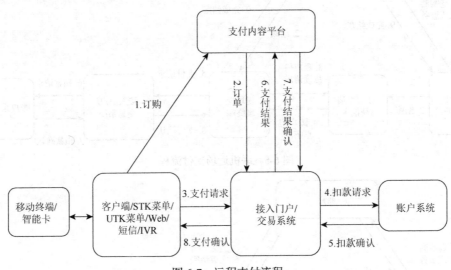

图 6-7　远程支付流程

6.4.3　移动支付方法

移动支付本身具有很强的科技基因，移动支付系统不仅应用了现代通信与计算机技术，在安全性保障方面也在采用世界上先进的服务器安全技术、网络通信安全技术等，与用户关系最为密切的还有用于身份鉴定的认证技术方法等，如指纹、人脸、声波、虹膜、静脉等各项生物识别技术。目前常见的移动支付包括短信支付、扫码支付、生物识别支付等。

1. 短信支付

手机短信支付是手机支付的最早应用，将用户手机 SIM 卡与用户本人的银行卡账号建立一种一一对应的关系,用户通过发送短信的方式在系统短信指令的引导下完成交易支付请求,操作简单,可以随时随地进行交易。手机短信支付服务强调了移动缴费和消费。

2. 扫码支付

扫码支付是一种基于账户体系搭起来的新一代无线支付方案。在该支付方案下,商家可以把账号、商品价格等交易信息汇编成一个二维码,并印刷在各种报纸、杂志、广告、图书等载体上发布。用户通过手机客户端扫拍二维码,便可实现与商家支付宝账户的支付结算。最后,商家根据支付交易信息中的用户收货、联系资料,就可以进行商品配送,完成交易。

3. 生物识别支付

随着生物识别技术日趋成熟,以及移动服务通过开放和互通标准运行,并搭配安全模块解决方案,使用户无须用传统输入密码方式进行身份识别,大幅改善了使用者体验,降低了用户受骗风险。如今生物识别已渐渐替代密码支付成为一大支付趋势。指纹支付和刷脸支付相较于密码支付更加方便且极大地缩短了支付时间。

生物识别技术,通过计算机与光学、声学、生物传感器和生物统计学原理等高科技手段密切结合,利用人体固有的生理特性(如指纹、脸相、虹膜等)和行为特征(如笔迹、声音、步态等)来进行个人身份的鉴定。

(1)指纹支付。在众多生物识别技术中,指纹识别可以说是目前应用比较广的一种。随着移动互联网和智能手机的发展,指纹识别技术在苹果公司的带领下逐渐进入手机领域,解锁的同时也在各种支付中实现指纹支付。

(2)声波支付。声波支付则是利用声波的传输,完成两个设备的近场识别。其具体过程是,在第三方支付产品的手机客户端里,内置有"声波支付"功能,用户打开此功能后,用手机麦克风对准收款方的麦克风,手机会播放一段"咻咻咻"的声音,然后交易设备听到这段声波之后就会自动处理完成交易。

(3)人脸支付。人脸与人体的其他生物特征(指纹、虹膜等)一样与生俱来,它的唯一性和不易被复制的良好特性为身份鉴别提供了必要前提,与其他类型的生物识别比较,人脸识别具有如下特点:①非强制性。用户不需要专门配合人脸采集设备,几乎可以在无意识的状态下获取人脸图像,这样的取样方式没有"强制性"。②非接触性。用户不需要和设备直接接触就能获取人脸图像。③并发性。在实际应用场景下可以进行多个人脸的分拣、判断及识别。④符合视觉特性。即"以貌识人"的特性,以及操作简单、结果直观、隐蔽性好等特点。识别准确率会受到环境的光线、识别距离等多方面因素影响,另外,当用户通过化妆、整容等对面部进行一些改变时也会影响人脸识别的准确性。

(4)虹膜支付。人的眼睛结构由巩膜、虹膜、瞳孔晶状体、视网膜等部分组成。虹膜在胎儿发育阶段形成后,在整个生命历程中将是保持不变的。这些特征决定了虹膜特征的唯一性,同时也决定了身份识别的唯一性。因此,可以将眼睛的虹膜特征作为每个人的身份识别对象。虹膜识别的错误识别可能为 150 万分之一,而苹果 Touch ID 的错误识别可能为五万分之一,虹膜识别的准确率是当前指纹方案的 30 倍左右,而虹膜识别又属于非接触式的识别，识别非常方便高效。此外，虹膜识别还具有唯一性、稳定性、不可复制性、活体检测等特点，综合安全性能上占据绝对优势，安全等级是目前最高的。

目前，虹膜识别凭借其超高的精确性和使用的便捷性，已经广泛应用于金融、医疗、安检、安防、特种行业考勤与门禁、工业控制等领域。但是虹膜识别因其技术难度价格也较高。

6.4.4　移动支付的运营方式

移动支付的运营方式大体可以划分为三大类型，分别是移动运营商独立运营、银行独立运营和第三方服务商独立运营。除了这三种主要的运营方式，还有移动运营商和银行联合运营、技术供应商参与运营两种方式。以下主要介绍前三类。

1. 移动运营商独立运营

对于移动运营商推出的移动支付业务，大多可以提供三种账户设置方式：手机账户、虚拟银行账户和银行账户。除了银行账户，消费者可以选择手机账户，即账户与手机进行绑定，支付款项将从手机话费中扣除。消费者也可以选择虚拟银行账户，这是一种过渡时期的账户形式，消费者开户后可以通过指定方式向移动支付平台存入现金，形成一个只能用于移动支付的虚拟的银行账户，账户信息将保留在支付平台本地，支付时金额将从这个虚拟账户中扣除，在发展初期，尤其是还没有得到银行支持的时候，虚拟账户在小额度的移动支付业务中发挥作用。

总体来说，移动运营商独立运营的移动支付业务具有如下特点：①给运营商带来非常好的社会效益、经济效益和品牌效益，运营商非常愿意做；②直接与消费者发生关系，不需要银行参与，技术实现简便；③运营商需要承担部分金融机构的责任，如果发生大额交易将与国家金融政策相抵触；④无法对非话费类业务出具发票，税务处理复杂。

2. 银行独立运营

银行通过专线与移动运营商进行系统接入，消费者通过银行账户进行移动支付，或者将银行账户与手机账户绑定。银行有足够在个人账户管理和支付领域的经验，以及庞大的支付消费者群体和他们对银行的信任，移动运营商不参与运营和管理，由银行独立享有移动支付的消费者，并对他们负责。

以银行为运营主体的移动支付业务具有如下特点：①各银行推出的手机银行项目所提供的内容大多雷同，只能为本行消费者提供手机银行服务，不能实现如异地、跨行划拨等功能，移动支付业务在银行之间不能互联互通，在业务内容上有一定的局限性；②各银行都要购置自己的设备并开发自己的系统，因而会造成较大的资源浪费；③对终端设备的安全性要求很高。

3. 第三方服务商独立运营

第三方服务商独立于银行和移动运营商，利用移动的通信网络资源和金融组织的各种支付卡,进行支付的身份认证和支付确认,并负责消费者银行账户与服务提供商银行账户之间的资金划拨和结算。

第三方服务商提供移动支付业务具有如下特点:①银行、移动运营商、平台运营商以及服务提供商之间分工明确、责任到位;②平台运营商发挥着"插转器"的作用,将银行、运营商等各利益群体之间错综复杂的关系简单化,将多对多的关系变为多对一的关系,从而大大提高了商务运作的效率;③和手机银行相比,消费者有了多种选择,只要加入平台中即可实现跨行之间的支付交易;④平台运营商简化了其他环节之间的关系,但在无形中为自己增加了处理各种关系的负担;⑤在市场推广能力、技术研发能力、资金运作能力等方面,都要求平台运营商具有很高的行业号召力。

6.5　电子支付发展中的问题

伴随着电子商务的蓬勃发展,电子支付业务快速增长,电子支付与数字经济的深度结合,不仅使资金流转加快、信息传递爆发,更为电子支付的安全性带来了机遇和挑战,实践中电子支付的发展仍然存在一系列问题。

1. 移动支付领域法规体系建设滞后

虽然当前我国的《电子签名法》《电子支付指引》《电子商务法》为电子支付业务创造了必要的法律制度环境,但移动支付业务在互联网技术及通信技术创新进步的速度远高于相关法律法规制度的完善速度。由于现行移动支付相关法律法规对于交易各方的权责规定缺乏明晰性,因此以第三方支付、小额支付等业务为主要特征的移动支付业务在运行中暴露出诸多问题。其中部分移动支付业务处于现行法律法规管辖范围的边缘地带,这不仅造成了移动支付行政管理部门的市场管理执法行为的紊乱,还给电子商务环境下移动支付业务的健康发展造成了一定的隐患。

2. 第三方支付平台监管有待加强

首先,为实现有效监管,在法律中必然要明确第三方电子支付平台的业务范围与性质。2010 年 6 月中国人民银行制定的《非金融机构支付服务管理办法》将第三方电子支付平台的性质定义为非金融机构,而 2015 年底中国人民银行颁布的《非银行支付机构网络支付业务管理办法》则将第三方电子支付平台定义为非银行机构,两份规范文件中对第三方电子支付平台的定义存在一定的逻辑悖论。因此,只有具备明确的定位,才能明确监管对象和监管方式。

其次,现有的监管结构过于单一,第三方支付机构产生巨额存款,互联网金融自我管理能力薄弱,风险较高。现阶段,在第三方支付机构的监管上,主要由央行下属的支付结算司负责,其中全国支付体系发展计划的拟定和支付许可证的发放均由总行负责;中央分支机构负责其辖区内第三方支付机构的具体管理。作为一个新兴的金融行业,单一的监管机构远不能高效解决复杂的资金监管问题。一旦单一监管主体出现判断失误,将无法确保资质良好的第三方电子支付平台进入市场,不利于防止系统性风险扩展,会因第三方支付市场自身的脆弱性而产生巨大成本,对其监管也将是无力的。

3. 第三方支付平台沉淀资金存在潜在风险

虽然第三方电子支付平台的用户在法理上享有沉淀资金的利息,然而在实践当中用户却并未获得利息收入。在实践中,第三方电子支付平台的用户不断增加,沉淀资金规模逐渐扩大,但是平均到每个用户能够获得的利息收入数额却非常小。把沉淀资金利息分配给每个用户,现行规定没有确定合理的计算方法,使得实际操作分配困难且成本很高。而且《支付机构客户备付金存管办法》中并没有规定剩余备付金利息的归属,仅仅保留了用户沉淀资金利息10%计提风险准备金的规定。央行对于沉淀资金利息归属问题的模糊态度,使得第三方支付机构频繁侵占消费者权益。

支付工具变相吸储产生的沉淀资金如商家缴纳的保证金、用户主动存入的充值资金等则不在备付金的监管范围内,这对于沉淀资金的监管十分不利,并将直接导致实际操作过程中的错误,部分沉淀资金也将脱离法律的控制范围。第三方支付机构在监管范围不到位的情况下,可能会将保证金、充值资金等沉淀资金挪用作金融理财、财务开支等行为,增加了客户沉淀资金的外在风险。

4. 电子货币的法律规范有待完善

电子货币作为电子支付体系的核心要素,它的进一步普及拓宽了网络经济的发展空间。作为网络结算的工具,电子货币的安全性是各大商业银行和使用者所关注的重要问题,其在使用过程中由于其虚拟性,具有很大的风险,如行为人非法盗用消费者和商户的POS机设备、通过伪造的支付设备对消费者的电子货币数据信息进行非法复制、通过非法设备对电子货币的交易数据进行篡改等,如何进一步提高电子货币的安全性,已经成为亟须解决的焦点问题。此外,对于电子货币发行主体的资格、对发行主体的监管、发行主体破产时的应急对策,都有待法律明确规范,法律规范的完善将有利于提高参与者的信任感。在后续电子货币立法过程中,既要充分考虑维护金融秩序,保证电子货币运行的稳定性,又要注意保护消费者的权益。

课后练习题

(一)选择题

1. 电子支付是通过( )方式来进行款项支付的。
   A. 现金流转　　　　B. 票据转让　　　　C. 数字化　　　　D. 银行汇兑
2. 目前电子支付方式中,使用频率最高的是( )。
   A. 电子现金　　　　B. 电子钱包　　　　C. 银行卡　　　　D. 电子支票
3. 1995年10月,全球第一家网上银行"安全第一网络银行"在( )诞生。
   A. 美国　　　　　　B. 英国　　　　　　C. 瑞典　　　　　D. 日本
4. 不属于传统支付工具的是( )。
   A. 现金　　　　　　B. 银行卡　　　　　C. 支付宝　　　　D. 支票

5. 支付宝主要提供的服务属于（　　　）。

    A. 比较购物助手　　　　　　　　　　B. 购物门户

    C. 消费者社团网　　　　　　　　　　D. 第三方担保服务

6. 不属于第三方支付平台的是（　　　）。

    A. 支付宝　　　　　B. 财付通　　　　C. Paypal　　　　D. 网上银行

7. 目前，困扰电子支付发展的最关键的问题是（　　　）。

    A. 技术问题　　　　B. 安全问题　　　C. 成本问题　　　D. 观念问题

8. 负责将电子商务服务器传来的付款信息转送到银行内部网络进行处理的是（　　　）。

    A. 支付网关　　　　B. 收单银行　　　C. 发卡银行　　　D. 金融专用网

9. 用于开放网络进行信用卡电子支付的安全协议是（　　　）。

    A. TCP/IP　　　　　B. SET　　　　　C. SSL　　　　　D. HTTPS

（二）复习与思考题

1. 电子货币的概念是什么？电子货币与传统货币的主要区别体现在哪些方面？

2. 电子支付的概念及特点是什么？

3. 电子支付系统的基本构成是什么？

4. 第三方支付的概念及运作流程是什么？

5. 请分析电子支付发展中存在的问题。

第7章 电子商务物流与供应链管理

7.1 电子商务物流管理

数字经济时代，伴随着电子商务商业模式的迭代和创新，零售业从线下走向线上，从线上走向线上与线下的融合，批发业从线下走向了"互联网+"。作为配套服务，电商物流也在加快应用数据技术创新发展，"互联网+"干线运输、"互联网+"城配、"互联网+"最后一公里众包、驿站、自提柜等创新物流模式如雨后春笋般涌现，数字经济对电商物流的发展提供了有力支撑，实现了货、运输工具、场等物流要素的数字化，并从服务、客户、员工等维度进行了数字化实施，极大地提升了电商物流的运作效率和覆盖率。数字经济的快速发展，给电子商务物流行业带来了前所未有的发展机会和动力。

本节将重点介绍电子商务物流的基本概念、物流模式、运作流程、信息技术及发展趋势。

7.1.1 电子商务物流基本概念

1. 物流概念的由来与含义

物流活动随商品交换而出现，贯穿着整个人类的社会经济活动，是社会经济活动的基础。但不同国家和不同机构在不同时期对"物流"的定义和理解有所不同。古代，人类进行物物交换活动的时候就开始有了物流活动。在第二次世界大战期间，由于军事的需要，美国军方首先采用了"物流管理"一词，并对军火的运输、补给、屯驻等进行了全面管理。20世纪50年代以后，日本引入了美国的物流概念，设立了物的流通（physical distribution，PD）研究会，积极开展各种形式的启蒙教育活动。随着物流科学的发展，很多企业把物流提到了经营战略的高度。社会学者把物流系统研究从简单的流通领域扩展到了供应、生产和流通的全过程。同时 Logistics 逐步取代 PD 成为物流科学的名词。1979 年，物流这个名词正式引入中国。

国内外对物流的界定比较多元，比较权威的是美国物流管理协会对物流的定义。随着物流的发展，该协会对物流的定义进行了多次修订，1998 年修订为：物流是供应链过程的组成部分，是为满足客户需求而对商品、服务及相关信息从产地到消费地的高效、低成本流动和储存而进行的规划、实施和控制过程。中华人民共和国国家标准《物流术语》（GB/T 18354—2021）将物流的概念定义为：根据实际需要，将运输、储存、装卸、搬运、包装、流通加工、配送、信息处理等基本功能实施有机结合，使物品从供应地向接收地进行实体流动的过程。

综上，物流是为了满足客户需要而对商品、服务以及相关信息从产地到消费地的高效、低成本流动和储存进行的规划、实施与控制的过程，包括运输、储存、装卸搬运、包装、配送、流通加工和物流信息管理等一系列活动。

2. 物流的功能要素

物流的基本功能是指物流系统所具有的基本能力,将这些基本能力有效地组合便能合理地实现物流系统的总目标。物流的基本功能包括运输、储存、装卸搬运、包装、配送、流通加工、物流信息管理等。

(1)运输。运输是物流业务的中心活动。运输过程不改变产品的实物形态,也不增加其数量,物流部门通过运输解决物资在生产地点和消费地点之间的空间距离问题,创造商品的空间效用,实现其使用价值,满足社会需要。常见的物流运输方式包括铁路运输、公路运输、水路运输、航空运输及管道运输。

(2)储存。储存是物流活动的一项重要业务,通过存储保管货物解决生产与消费在时间、数量上的差异,以创造物品的时间效用。储存是一切社会所共有的经济现象,对储存活动的管理要求正确确定库存数量,确定合理的保管制度和流程。

(3)装卸搬运。装卸搬运是各项物流过程中不可缺少的一项业务活动。特别是在运输和保管工作中,几乎都离不开装卸搬运(有时是同步进行的),在物流活动中,装卸搬运活动发生的频率是最高的。装卸本身虽不产生价值,但在流通过程中,货物装卸好坏对保护货物使用价值和节省物流费用有很大影响。对装卸搬运活动的管理,主要是确定最恰当的装卸搬运方式,力求减少装卸搬运次数,合理配置及使用装卸搬运机具,以达到节能、省力、减少损失、加快速度等效果。

(4)包装。包装是指为在流通过程中保护商品、方便运输、促进销售,按一定技术方法而采用的容器、材料及辅助物等的总体名称。包装分工业包装和商业包装,以及在运输、配送当中,为了保护商品所进行的拆包再装和包装加固等业务活动。

工业包装是实现运输、储存、装卸过程中对商品的保护,强调包装的实用性和费用的低廉性,一般在 B2B 运营模式中,工业包装是最重要的。商业包装也称作消费者包装、内包装、销售包装,其作用是吸引消费者,促进销售。商业包装一般要求造型美观大方,拥有必要的修饰、详细的说明,包装单位适合购买及柜台摆设。在 B2C 运营模式中,商业包装是最重要的。在物流活动中,科学合理的商业包装对于提高物流效率、降低物流费用有着非常重要的作用。

(5)配送。配送是指物流进入最终阶段时,以配货、送发形式完成社会物流,最终实现资源配置的功能。配送是物流活动中接触千家万户的重要作业。它和运输的区别在于,运输一般是指远距离、大批量、品类比较复杂的活动,配送主要是从批发企业或物流中心、配送中心到零售商店和用户的配送服务。配送属于二次运输、终端运输。

(6)流通加工。流通加工主要是指在流通领域中的物流过程中的加工,是为了销售或运输以及提高物流效率而进行的加工。流通加工是物品从生产地到使用地的过程中,根据需要施以包装、分割、计量、分拣、刷标志、检标签、组装等简单作业的总称。

(7)物流信息管理。通过物流信息传递,把运输、储存、装卸搬运、包装、配送、流通加工等业务活动联系起来,协调一致,以提高物流整体运作效率,取得最佳的经济效益。没有物流环节信息的通畅和及时供给,就没有物流活动的时间效率和管理效率,就失去了物流的整体效率。对物流信息活动的管理，要求建立信息系统和信息渠道，正确地选定信息点及其内容，以及信息的收集、汇总、统计、使用方式，以确保其可靠性和及时性。

3. 物流与电子商务的关系

物流与电子商务的关系极为密切。电子商务中的交易离不开物流的支撑，物流是电子商务活动得以最终实现的必要条件。同时，电子商务的兴起，为物流产业带来了更为广阔的增值空间，网络技术为物流企业建立高效、节省的物流信息网提供了最佳手段。

从两者的关系来看，现阶段电子商务公司物流能力的不足制约着电子商务的发展，而电子商务的发展扩大了消费需求，增加了产品流动范围，这就需要相应的物流与之适应，从而带动物流的发展和提高。

1）物流在电子商务中的作用

（1）物流是实现电子商务的保证。在整个电子商务的交易过程中，包括了商流、资金流、信息流和物流，其他的三流都可以在线上实现，而物流是唯一需要线下实现的，它实际上是以商流的后续者和服务者的姿态出现的，是实现电子商务的关键。不管是 B2B 还是 B2C 运营模式，消费者购买产品，商品能够安全迅速地送到手中才是他们最关心的问题，这就需要解决物流及配送等问题，所以电子商务的发展需要物流做基础。

（2）物流是实现以客户为中心理念的根本保证。电子商务的出现，在很大程度上方便了最终消费者。消费者不必到拥挤的商业街挑选自己所需的商品，而只要坐在家里，上网浏览、查看、挑选，就可以完成购物活动。物流是电子商务实现以客户为中心理念的最终保证。缺少现代化物流技术与管理，电子商务给消费者带来的便捷等于零，消费者必然会转向他们认为更为可靠的传统购物方式上。

（3）物流是实现电子商务企业盈利的重要环节。良好的物流管理可以大大降低企业的成本，在传统的商品成本中，物流成本可以占到商品总价值的 30%～50%。随着电子商务企业在社会中的竞争日益增大，控制电子商务企业的物流成本可以使企业的竞争力大幅度提升。物流是电子商务不可或缺的部分，也是电子商务优势正常发挥的基础，物流支持电子商务的快速发展。

2）电子商务对物流的影响

（1）推动物流业地位的提升。电子商务是一次高科技和信息化的革命，这将导致产业大重组，产业重组的可能使得社会上剩下两类行业，一类是实业，包括制造业和物流业；另一类是信息产业，包括服务、金融和信息处理业。在实业中，物流企业会逐渐强化，因为在电子商务环境下，物流必须承担更重要的任务，既要把虚拟商店的货物送到用户手中，又要从生产企业及时进货并进行材料入库。

（2）促进物流基础设施的改善和物流技术的提高。电子商务高效率和全球性的特点要求物流必须达到这一目标，良好的交通运输网络和通信网络等基础设施是顺利达到目标的最基本保证。物流技术水平是影响物流效率的重要因素，物流技术不仅包括在组织物流过程中所需的各种材料、机械和设施等硬技术，也包括组织高效率的物流活动所需的计划、管理、评价等方面的软技术。

综上，电子商务与现代物流业的关系是一种互为条件、互为动力、相互制约的关系。

关系处理得当，采取的措施得力，二者可以相互促进，共同加快发展，反之也可能互相牵制。

随着电子商务与物流业的发展，一些电子商务企业开始涉足物流业务，如京东集团的京东物流、阿里巴巴集团的菜鸟物流等；一些物流公司凭借较为雄厚的实力以及全自营的强大物流服务体系，也开始进军电子商务行业，如顺丰优选等。

4. 电子商务物流的概念

电子商务物流起源于物流，是基于信息流、商流、资金流网络化的物资或服务的配送活动，其不是简单的物流电子化，有部分是传统物流电子化，有部分是根据电子商务的属性重新规划设计而来的。电子商务物流是利用现代信息传递和处理工具，集成物流中的所有供应链环节，提供物流全过程的信息跟踪服务。在这一概念的理解上，特别强调以下几点。

（1）电子商务物流的实现过程是利用如互联网、EDI 等多种现代信息传递和处理工具，如商品在出库及入库的过程中要利用条码技术对商品进行扫描，物流商品配送要利用 GPS 对产品进行跟踪，以便向客户实时提供产品配送位置信息等。

（2）电子商务的整个运作包含信息流、商流、资金流和物流在内的一系列流动过程。以物流过程的信息流管理为起点，同时大规模集成物流中的所有供应链环节，只有通过物流配送，将实物真正转移到消费者手中，商务活动才算结束。

（3）电子商务物流过程是向客户提供物流全过程的信息跟踪服务，包括商品从仓储、分拣、包装到配送的整个物流过程都可以通过物流信息系统进行物流跟踪，了解商品所处的位置和状态，从而使物流业做到真正意义上的及时响应，使企业零库存成为可能，最终也可以更有效地满足消费者的需求，提高客户满意度。

5. 电子商务物流的特点

电子商务给全球物流带来了新的发展，使物流具备了一系列新的特点。

（1）自动化。自动化是电子商务物流的特点之一，表现为机电一体化或无人化。自动化使得物流作业能力不断扩大，劳动生产率大幅度提高，物流运作时间缩短。自动化设备包括射频识别系统、自动分拣系统、自动导向车、货物自动跟踪系统等，这些自动化设备已经在物流作业中得到广泛应用。2016 年 8 月，阿里菜鸟联盟首个全自动化仓库在广州开始运转，仓库占地面积超过 10 万平方米，通过一整套自动化系统，每天可高效处理超百万级商品，保障华南地区的消费者网购当日达和次日达服务。

（2）网络化。物流信息化的高层次应用表现为网络化。这里网络化有两层含义：①物流系统的计算机通信网络化，包括物流配送中心与供应商或制造商的联系和上下游客户之间的联系。②物流组织的网络化，即企业内部网的形成。这一过程需要有高效的物流网络支持，其基础是物流系统的网络化。

（3）智能化。物流自动化与信息化的高层次应用表现为智能化。物流作业过程大量的运筹和决策，如库存水平的确定、运输（搬运）路径的选择、自动导向车的运行轨迹和作业控制、自动分拣机的运行、物流配送中心经营管理的决策支持等问题都需要借助大量的知识和经验才能解决。为了提高物流现代化的水平，物流的智能化已成为电子商务物流发展的一个新趋势。

（4）信息化。物流信息化是电子商务的必然要求。物流信息化表现为物流信息的商品化、物流信息收集的数据库化和代码化、物流信息处理的电子化和计算机化、物流信息传递的标准化和实时化、物流信息存储的数字化等。

（5）柔性化。物流柔性就是为了适应电子商务环境下消费需求而发展起来的。随着市场变化的加快，产品生命周期正在逐步缩短，小批量多品种的生产已经成为企业生存的关键。目前，国外许多适用于大批量制造的刚性生产线正在逐步改造为小批量多品种的柔性生产线。

7.1.2　电子商务物流模式

1. 电子商务物流模式的类型

电子商务物流模式是指电子商务企业在处理企业物流业务时所采用的较为有效的物流运作方式。电子商务环境下，按照物流配送的实施主体，可以把电子商务物流分为三大类型：自营物流模式、第三方物流模式和第四方物流模式。

1）自营物流模式

自营物流又称自建物流，电子商务企业借助自身物质条件（包括物流设施、设备和管理机构等）自行组织的物流活动。如苏宁物流，苏宁云商一直有自己的物流体系，2017年1月，苏宁云商子公司苏宁物流收购天天快递，完善其最后一公里配送能力，形成自建物流（仓配中心）+外延（天天快递）并重的结构。

电子商务企业实施自营物流模式运营可以准确地把握企业的经营目标，对物流过程和物流成本进行有效的控制，提高客户服务水平，满足消费者即购即得的购物需求。

自营物流模式的优势具体表现为：①可控程度高。企业可以直接控制物流活动的每个环节，效率高，管控力度强。②提高企业品牌价值。采用自营物流模式，一方面，物流水平高，客户体验好，另一方面，企业可以直接获取客户数据，通过数据挖掘技术指导管理者调整生产、营销等策略，提升企业竞争力。③避免客户信息泄露。近几年，客户信息被快递公司泄露的事件频繁发生，自营物流在一定程度上可以避免此类事件发生。④资金周转较快。自营物流回款速度快于第三方物流，可提高资金利用效率。

自营物流模式的劣势具体表现为：①需具备雄厚的资金和技术实力。自营物流模式是一种重投资模式，只要企业开展物流业务，就必须具备车辆、仓库、运储人员等，这些需要占用大量的资金。这种高投入、大规模的特点也使企业缺乏柔性，与电子商务的灵活性有一定的矛盾。②管理能力需求高。建成一个庞大的物流体系需要具备专业化物流管理能力的工作人员和制度，从事不擅长的业务会使得企业整体效率降低，甚至影响企业的核心竞争力。

综上，自营物流适用于资金比较雄厚、业务规模较大的电子商务企业，这类电子商务企业对物流成本控制目标和客户服务水平的要求都比较高，然而第三方物流又无法满足这样的要求，电子商务企业可以自行建立物流系统。在满足自身物流服务需求的同时，也可以向其他物流服务需求方提供综合物流服务，以充分利用物流资源，实现规模效益下的最小成本。还有一类是由传统实体制造者和零售业企业转型而来的"鼠标＋水泥"型的企业，这类企业在长期的经营业务中已经建立了初具规模的营销网络和物流配送服务体系，在开展电子商务时只需要加以改进和完善就可以满足物流配送的要求。

自建物流必不可少的是配送中心和自动化仓库。配送中心是企业物流、商流、信息流的交汇点，是集货中心、分拣中心和加工中心的综合体。自动化仓库指借助计算机控制系统自动地完成物品的出入库、检索、显示、管理和报警等过程的高层立体仓库。

2）第三方物流模式

企业从事物流需要大量的人力、物力、财力，对于缺乏资金的企业特别是中小企业而言，建立物流系统是非常困难的。对于制造、零售等类型企业，物流也不具有优势，将非核心业务转移给具有竞争优势的物流企业有助于提高效率。这类专门从事外包物流业务的企业称为第三方物流企业。

第三方物流也称外包物流或合同物流，是指物流活动和配送工作由商品的供方及需方之外的第三方提供，第三方不参与商品的买卖，而是提供从生产到销售的整个流通全过程的服务，包括商品运输、储存配送以及一系列增值服务。第三方物流一般是以签订合同的方式达成合作意向，有外包需求的企业在一定期限内会将部分或全部物流活动委托给专业的第三方物流企业来完成。

外包物流又可以分为两种：一种是物流配送外包，如当当的外包物流模式；一种是仓储及物流配送全部外包，如亚马逊的 FBA 模式（Fulfilment by Amazon 的缩写，它是由亚马逊提供的包括仓储、拣货打包、派送、收款、客服与退货处理的一条龙式物流服务），京东的 FBP 模式（Fulfillment by POP，它是由商家负责提供商品信息上传、咨询答复、商品推广宣传等事宜。用户下单成功后，京东根据双方签订的协议提供仓储及配送等供应链管理服务，并由京东给消费者开具商品发票）。

电子商务企业采用第三方物流方式，通过信息系统与第三方物流企业对接，以实现物流配送管理与控制的模式，它对于提高企业经营效率具有重要作用。第三方物流模式的优势主要表现为以下几点。

（1）降低成本。专业的第三方物流提供者利用规模生产的专业优势和成本优势，使企业能从中获益。第三方物流提供者借助精心策划的物流计划和适时运送手段，最大限度地降低库存，改善企业的现金流量，实现成本优势。

（2）提升企业形象。第三方物流提供者是物流专家，通过量体裁衣式的设计，制订出以客户为导向，低成本高效率的物流方案，使客户自同行中脱颖而出，为企业在竞争中取胜创造了有利条件。

（3）集中主业，提高企业竞争力。第三方物流企业主要面向社会众多企业提供物流服务，可以站在比单一企业更高的角度，在更大的范围扩展业务。每个企业都有自己的核心业务和专长，同时也面临着资源有限、管理能力有限等实际问题，通过对自己不擅长业务的剥离，企业能够实现资源优化配置，将有限的人力和财力集中在核心业务上。

但其劣势也是显而易见的，即电商企业缺乏一手的物流信息，信息融合程度不足，会增加对物流外包的依赖风险。这种配送模式比较适用于一些中小企业，这是我国一些 B2C 或 C2C 网上零售商的首选模式。

电子商务企业将自身不擅长或成本较高的物流活动外包给第三方物流企业来完成，自己承担能够胜任的或者成本较低的物流活动。通常来讲，电子商务企业拥有自己的仓库和区域配送中心，但是物流设施和物流网络不完善，所以将最后的配送环节交由专业的物流公司来完成。采用自营和外包相结合的模式，既可以使企业实现资源利用的合理化和最优化，又能保证服务质量，充分节约成本。

3）第四方物流模式

电子商务发展规模的不断扩大，对物流专业服务的要求越来越高，促使原来各执一端的电商和物流企业开始整合各自的优势资源，通过社会化的渠道去寻求合作和共赢，向专业化和高端化发展，即出现了第四方物流。

A. 第四方物流的概念

根据美国埃森哲咨询公司的定义，第四方物流是一个供应链的整合者以及协作者，调配管理组织本身与其他互补性服务所有的资源、能力和技术来提供综合的供应链解决方案。第四方物流是专门为第一方、第二方和第三方提供物流规划、咨询、物流信息系统、供应链管理等活动的机构。第四方物流既可以是货主的物流方案供应商，也可以成为第三方物流的协助提供者，为其提供物流系统的分析和诊断，或提供物流系统优化和设计方案等。因此，第四方物流公司并不需要从事具体的物流活动，更不用建设物流基础设施，而是为物流客户提供一整套的物流系统咨询服务。

第四方物流服务供应商实际上具有比较强的领导力，通过提供综合的供应链解决方案来影响整个供应链的物流活动，从一个更加宏观的角度来安排社会物流运作。作为第四方物流的代表企业，阿里的菜鸟物流想要实现的就是网络化运营，天网、地网和人网的三网合一。在菜鸟的理念中，天网就是要打通物流平台、电商体系、物流公司、商家、消费者之间的数据分享平台。地网则是要搭建连通全国的高标准仓储体系，将现在散乱的、各自为政的仓储和运输资源形成一张社会化物流大网。人网要整合各大快递公司的快递员以及大量针对消费者的线下实体服务体系的建设，包括进到小区或企业的服务站、自提点等体系。

B. 第四方物流的优劣势

第四方物流的优势具体体现为：①成本及交易费用低。基于大数据和最优算法给出最优的拣货、包装、配送等路线和方式，节约成本费用。②供应链"共赢"。使供应链上的卖家、买家、物流企业以及平台、服务商实现多方共赢。③管理"软""硬"分离。平台通过整合各种数据提供最优的供应链解决方案，真正的仓储、配送由原来一些物流公司负责，进行有效分工、提高效率。④人本服务。第四方物流模式是数据驱动的，可以根据实际情况进行柔性化运作。⑤知识化管理。第四方物流模式是基于数据和智能技术的，体现了智能化管理的特点。⑥客观适应商品流通新趋势。第四方物流模式主要整合协调社会各种物流资源，重构物流体系，优化供应链，打造生态闭环，这将是未来的商品流通新趋势。

第四方物流的劣势具体体现为：①协调难度大。主体比较繁杂，统筹协调的难度较大，参与主体间的利益如何分配，如何分工协调，这些对管理来说都比较棘手。②不同品类的商家、不同级别的商家对仓储物流的要求也不一致，如何通过标准化建设提升服务质量，也是管理所要面临的难题。

C. 第四方物流发展中存在的问题

①我国物流基础设施有待充分利用。我国的物流基础设施虽然进步较快、总量较大，但是并没有得到更加充分的利用。主要表现在：市场范围交叉严重，各种运输方式尚未形成合理的分工关系，使得部分运输方式没有得到很好的应用，不能合理地发挥各自的优势，物流资源浪费严重；此外，物流发展不均衡，从区域性上划分，中部地区及沿海地区物流企业发展稳定性好，差距小，从类型上划分，以陆上业务为主的物流企业发展均衡性较好；高浪费、高成本的现象在物流企业还广泛存在。

②我国物流体制不规范。我国现代物流的发展仍处于起步阶段，相关制度和法规有待完善。不健全的法律制度给我国第四方物流的发展带来了很大的阻碍。

③第三方物流无法有效地支撑第四方物流的发展。第四方物流得以发展的基础之一是拥有成熟的第三方物流市场。第四方物流的产生要以高度发达、具有强大竞争力的第三方物流市场为基础，是在对第三方物流的社会资源整合基础上的更高层次的发展。而从以上的分析可知，目前我国第三方物流服务还有很多不足。

④高级物流人才及复合型物流人才缺乏。我国物流人才需求缺口很大，尤其是物流规划咨询人才、物流外向型国际人才、物流科研人才。另外，由于物流人才缺少先进物流企业的工作经历、缺乏系统的专业知识，因此行业内既掌握物流知识和经验，又具备物流信息技术、物流系统集成和管理能力的复合型人才也明显缺乏。

⑤第四方物流的需求和供给市场尚未成熟。大宗的跨区域贸易是产生第四方物流需求的前提。然而在我国物流市场化程度不高，物流产业还不成熟，大部分企业还保留着"大而全，小而全"的经营模式，由企业自身提供物流服务，并且一般由企业内的物流水平决定贸易程度，而不是从物流的需求量出发设计物流运作，这在一定程度上限制了社会对第四方物流的需求。另外，大多数第三方物流企业仅提供仓储、运输等基础服务，也在一定程度上限制了社会对第四方物流的需求。所以，目前对第四方物流的市场需求度明显不足。

总的来说，目前我国发展第四方物流还存在一定的局限性。供应链管理技术尚未发育成熟，供应链、物流管理专业人才稀缺，企业组织变革管理的能力也较差，同时整个物流运作的基础设施利用不足，因此第四方物流还难以实现较大规模的发展。但是，第四方物流的出现是符合市场需要的，是节约物流资源、提高物流效率的先进模式。随着经济区域化和全球化的发展，我国第四方物流必将得到跨越式的进步，为社会物流运作提供重要保障。

2. 电子商务物流模式选择的影响因素

在电子商务物流模式选择前，不仅要了解每种模式的优劣势，还需要了解影响电子商务物流模式选择的具体因素，如表 7-1 所示。影响企业电子商务物流模式选择的具体因素包括以下几方面。

表 7-1 电子商务物流模式选择的影响因素

影响因素		自营物流	物流外包
企业规模或实力	大	✓	
	小		✓
物流是否为其核心竞争力	是	✓	
	否		✓
企业对物流的控制力	强	✓	
	弱		✓
产品自身物流特点	食品类产品		✓
	市场或地域跨度大的产品		✓
	技术性强的物流服务		✓
	规格统一的产品	✓	
物流系统总成本	自营物流系统总成本低	✓	
	外包物流总成本低		✓

（1）物流对企业成功的影响度，也即物流是否为其核心竞争力。物流对企业成功的重要度较高，企业处理物流的能力相对较低，则采用第三方物流；物流对企业成功的重要度较低，企业对物流的管理能力也较弱，则外购物流服务；物流对企业成功重要度很高，且企业处理物流能力也高，则自营物流。

（2）企业对物流控制力的要求。越是竞争激烈的产业，企业越是要强化对供应和分销渠道的控制，此时企业应该自营物流，一般指的是一些行业龙头企业，他们可以凭借着自己对市场占有的绝对优势组织全过程的物流活动和制订物流服务标准。

（3）企业产品自身的物流特点。企业可以根据自身企业的物流特点来选择性地做出决策，一般食品类产品、市场或地域跨度较大的产品、对物流服务技术性要求比较强的企业选择物流外包，而对于规格统一的产品可以使用自营物流。例如，对于生鲜品类考验的是电商供应链管理的能力，而冷链则是其中的核心环节。这类产品配送对企业冷链系统要求非常高，如果企业自身冷链系统管理发展比较完善，可以选择自营，否则可以选第三方物流模式。如在冷链配送方面实力比较雄厚的顺丰就依托自身强大的冷链运输网和温控管理系统，为食品和医药冷链客户提供专业的冷运服务。

（4）企业规模或实力。大型企业由于实力较雄厚，有能力建立自己的物流系统，制订合适的物流需求计划，保证物流服务的质量，做到一定程度还可以开放为第三方物流公司。但是中小企业实力有限，采用第三方或者第四方这种轻投资的模式更为合适。

（5）物流系统总成本。在选择是自营还是物流外包时，还必须要考虑几种模式下的物流系统总成本的情况，一般选择成本最小的物流系统。

7.1.3 电子商务物流运作流程

1. 电子商务物流全流程处理分析

在电子商务环境下，供应商通过互联网接受客户订单，与客户进行交易谈判，双方达成一致意见后，供应商从采购原材料开始，按照客户的要求生产出相应的产品，最后通过物流配送网络将商品送到客户手中，这是电子商务物流的一般过程。具体过程如下。

（1）提交订单。客户通过网络系统提交订单，然后依据系统中设定的流程逐步确认订购的品种、数量、付款方式、运输方式、无货处理方式等项目，提交订单成功以后，系统会自动生成一个流水订单号码，同时通过电子商务物流配送公司的服务器向客户发送一封电子信件确认订单提交成功。

（2）订单处理。通过订单系统进行订单处理，首先是从网络系统中将订单接收完成，然后对客户提交的订单进行逐项检查，如果有问题，需要与客户联系进行修正，检查完毕后需要进行复核，确认无误后将订单投入自动配货系统。

（3）配货处理。通过自动配货系统完成配货处理。订单进入配货系统以后，根据库存情况对货物进行自动分配。如果遇到库存无货的情况，根据客户的要求，如果可以等候的，系统会自动生成一份采购申请单，并由系统在采购部门自动打印，然后由采购部门与厂家联系，在规定的时间内完成线上或线下采购；如果客户不想等候，取消订单并通过电子邮件通知客户。

（4）库房管理。通过进销存系统实现库房管理，包括以下几个程序：①货物入库。对于厂家的到货，根据验收标准进行相应检查，办理实物和账面的入库手续，进行条形码制作和序列号登记等管理。②货物出库。根据系统配货成功订单的货架号，进行实物配送，完成以后需要经过系统核对，核对是通过条码扫描实现的，同时进行相应的序列号处理，最后进行确认完成出库。③库存管理。根据入库时间进行库存商品的库龄分析和先进先出控制；根据序列号进行库存盘点；根据商品有效期进行库存商品预警报告等。

（5）运输安排。根据运输系统对运输方式进行选择和安排。系统中对每一种运输方式的运输费用和运输时间进行存储。输入运输的地点，系统会调出每一种运输方式的费用和时间，最后由运输人员决定采用哪种运输方式。

（6）全程跟踪。从客户提交订单→订单确认→财务确认→订单处理→库房配货→客户收货等各个环节，系统会记录操作时间并进行自动计算，可以调出并进行运作分析，同时系统对每一段的处理时间进行标准化，如果超过标准化时间，系统会自动通过报警系统发送电子邮件给相关人员。

2. 电子商务的物流配送

电子商务模式下除了虚拟产品，网络销售末端的物流服务和产品都要靠配送来提供。配送模式是现代物流的一个核心内容，是现代市场经济体制、现代科学技术和系统物流思想的综合产物。电子商务物流配送是指物流配送组织采用网络化的计算机技术和现代化的硬件设备、软件系统及先进的管理手段，按用户的订货要求，进行一系列分类、编配、整理、分工、配货等理货工作，定时、定点、定量地交给配送用户，满足他们对商品的需求。

1）电子商务物流配送与传统物流配送的区别

电子商务物流配送具有管理信息化、流程整体化、配送高效化、成本可控化及运作自动化的特点。相对于传统的物流配送模式而言，电子商务物流配送模式具有以下优势。

（1）实现货物的高效配送。在电子商务系统中，配送体系的信息化集成可以将散置在各地的仓库通过网络系统连接起来，成为集成的仓库，在统一的调配和协调管理之下，服务的半径及货物的集散空间就会被放大，作业的集成化程度也较高。在这种情况下，货物配置的速度、规模和效率都大大提高，成本也相对可控。

（2）能够实现配送的实时控制。电子商务物流配送模式更多地借助网络系统实现配送过程的实时监控和实时决策，配送信息的处理、货物流转的状态、问题环节的查找、指令下达的速度等都是传统物流配送无法比拟的，配送系统的自动化程序化处理、配送过程的动态化控制、指令的瞬间到达都使得配送的实时控制得以实现。

（3）物流配送过程得到简化。电子商务物流配送模式下，借助网络可以实现物流配送管理过程的简单化和智能化，用户找寻物流信息和决策的速度大大加快。

2）电子商务物流配送模式

网络快递模式和仓配模式的出现，代替了传统的多层渠道分销模式。在多层分销模式下，商品以一定批量的仓到仓形式在厂商、分销商、零售商、消费者之间实现逐级转移。电子商务的出现，将分销渠道由多层变为扁平结构，网络快递模式与仓配模式就成为电子商务物流配送的两种主要模式。

（1）网络快递模式。网络快递模式指点对点的快递传输，如图 7-1 所示，传统的通达系和顺丰都属于网络快递模式。这种模式一般包括揽收、中转、干线运输、配送等。在电商发展早期，网络快递模式占据主要地位，其原因主要有两个：第一，电商发展早期的卖家以个人商户为主，卖家售卖的服装、日用品等商品以非标品为主，SKU 单品很多，销量不具有规模性，难以承担全国分仓＋落地配的成本。第二，电商发展早期，不管是卖家还是消费者，对商品的流通成本的敏感度都很高，而网络快递模式相较于仓配模式，更具有价格优势。

所以网络快递模式适合非标品供应链，即低流量、多单品的货物，最典型的例子是淘宝。非标品库存成本高，销售预测较难，无法设置分仓，多见于服装、食品、百货等。

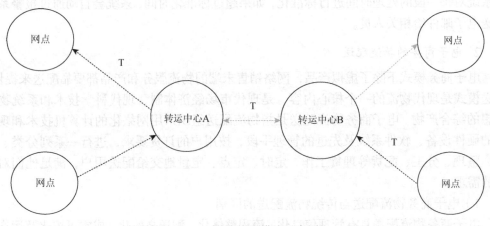

图 7-1   网络快递模式示意图

（2）仓配模式。随着电子商务的发展，一些规模较大的企业卖家也开始采用线上销售的模式。这类企业卖家规模较大，将商品分布到各分仓，可以分担仓库管理压力、订单处理压力和发货压力，如图 7-2 所示。而且这类企业卖家的商品大多以标品为主，单品的仓储量大，可以靠较高的订货量来分摊仓配成本。企业卖家的兴起和电商自营的出现，推动了仓配模式的发展。

仓配模式包括仓储和配送两个环节，代表企业有京东物流等，这种模式一般隶属于 B2C 电子商务平台。与网络快递模式的不同之处在于电子商务平台事先分仓、统一仓储，然后根据订单需求，利用智能化管理，最大限度地降低出库成本，在短时间内完成出库，给消费者带来更好的物流服务体验。仓配模式适合标品供应链，一般是指高流量、少单品的货物，如京东、苏宁易购、唯品会等，主要经营包括家电、化妆品、团购在内的产品，由于规模较大，单件库存成本相对较低，一般会选择设置分仓靠近客户。

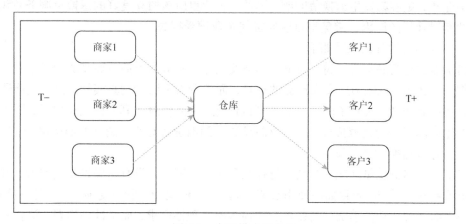

图 7-2　仓配模式示意图

3）网络快递模式与仓配模式的区别

网络快递模式和仓配模式的不同特点主要可以总结为以下三个方面。

（1）仓配模式更适用于货品为标品、单品销量高的情况；而网络快递模式更适用于货品为非标品、单品销量低的情况。

（2）网络快递模式企业具备全网络的规模效应，价格更为便宜且灵活便利；而仓配模式因包括很大一部分的仓储固定成本，所以履单成本较高。

（3）仓配模式缩短了平均配送距离，相较于网络快递模式具有时效优势，而且仓配企业配送环节主要由电商自营物流负责，服务质量相对较高。

网络快递模式和仓配模式各有利弊，对多数的电子商务平台和物流企业而言，面对如今电商物流竞争的局势，更希望通过社会化整合配送实现降本增效。社会化整合配送仍采用"仓＋落地配"模式，但各电子商务平台和物流企业，通过社会化渠道整合各自优势资源，进行集中配送，也就是菜鸟网络采用的模式。

总体而言，国内电子商务物流行业已经意识到电商物流最后一公里配送中存在的诸多问题，能否以低成本、高效率、快速响应来实现物流配送是电子商务能否顺利进行和发展的关键因素。需要结合各自平台特点探索出适合自身需求的物流配送策略。

3. 电子商务物流客户支持

1）物流状态跟踪查询服务

客户下订单后，客户希望跟踪整个订单的执行过程，物流状态跟踪是订单履行和现代物流管理的一大特色，已经成为订单履行和物流管理的一项标准服务，包括生产状态、运输状态的查询等。当客户办理了物流配送后，会收到一个订单号或包裹号，客户可依据此编号完成状态跟踪。状态信息获取途径包括访问企业网站查询、APP 查询等。

2）客户退换货物流支持

当物品被运送给客户后，如果客户发现物品不能满足自己的要求或没有达到商家的承诺水平，就有可能请求退换。

无论是线上还是线下商务活动，都会涉及退换货问题，特别是网络零售借助互联网开展相关业务，更容易发生退换货问题，因此，企业更应该树立良好的退换货服务意识，分析消费者退换货的原因，避免盲目退换货使企业遭受损失。

客户退换货的常见原因如下。

（1）描述与商品本身不符。在电子商务交易中，一般商家拥有商品的全部信息，它们通过图片、文字、视频形式发布产品的信息，而消费者无法看到真实的商品，只能通过商家的描述或者图片、视频了解商品的外观或性能，商品信息的真实性无法保证，所以非常容易产生商品实物与商家描述不符，或商品达不到消费者对购买商品的期望水平，进而产生不满，导致退换货情况发生。

（2）商品本身质量问题。商品本身存在瑕疵，但销售时没有明确告知消费者；或者商品接近或超过保质期，导致商品使用价值不高，最终使消费者利益受损，引发退换货问题。

（3）消费者冲动性消费。消费者购物很多不是理性需求，而是冲动消费。消费者受到商家营销信息与营销氛围刺激，或者在消费者个人情绪影响下，而产生了冲动购买行为。但当商品到货后，消费者过了冲动期，发现商品并不是真正需要而产生自责心理，导致退换货情况发生。

（4）物流服务质量不高。用户选择物流是因为物流公司方便快捷，可以实现商品送货上门，但当一些物流公司在运输过程中发生各种问题，如商品丢失、商品破损、运送时间过长等，消费者就会选择退货退款。

制订有效的退换策略，能够帮助企业更快地进行退货处理，同时提高消费者对企业的好感度。电子商务常用的退换策略如下。

（1）原处退换。原处退换就是哪里买哪里换。买方往往为了退换，需要重新包装、托运、等待退款或调换的商品，这种方式往往使得买卖双方都因退换问题而增加费用。

（2）建立退货中心。企业将配送与退货分离处理，建立退货中心，所有退换商品均先退回到退货中心再处理。

（3）利用零售店铺。类似沃尔玛零售商有众多实体店的电子商务企业退货，则可以利用传统零售店铺接收退货。客户可以在最近邻的零售店办理物品退换手续，这对客户比较有利，但企业必须有明确的渠道利益管理办法，因为零售店接收退换，额外地增加了经营成本。

（4）建立退货合作伙伴。没有零售店铺的电子商务企业，可以与其他有店铺的企业建立合作关系，指定某伙伴企业作为退货接收渠道，如星巴克就承担过这方面的业务。

（5）外包。选择物流服务水平较高的第三方物流公司运作退货物流，可使电商企业有效节约逆向物流成本，缩短退货时间，如由中国邮政等专业物流企业承担逆向物流服务。

7.1.4　电子商务物流信息技术

20 世纪末，电子商务的出现和发展，使得物流企业的外界市场环境发生了很大的变化，物流活动在管理方法、技术应用、信息处理等方面也产生了新的变革。物流是电子商务不可或缺的部分，也是电子商务优势正常发挥的基础。物流的发展最终推进电子商务的快速发展，在数字经济时代，物流的信息化是电子商务的必然要求，因此，如条码技术、数据库技术、电子订货系统、电子数据交换、快速反应以及有效的客户反应等技术与观念在物流中得到了普遍的应用。

物流信息技术是指在物流各个作业环节中应用的现代信息技术。物流信息技术包括仓储管理系统、运输管理系统、配送管理系统、自动识别技术、全球定位技术、GIS 技术、GPS 技术、机器人技术、数据挖掘技术等。

1．自动识别技术

自动识别技术是目前应用最为广泛的物流信息技术。自动识别技术就是应用一定的识别装置，通过被识别物品和识别装置之间的接近活动，自动地获取被识别物品的相关信息，并提供给后台的计算机处理系统来完成相关后续处理的一种技术。无人超市主要采用的就是自动识别技术。自动识别技术能实时采集和识别物品的状态属性、环境属性和运作属性等重要信息，并能够实现数字化信息和可视化图像的实时传输。自动识别技术主要包括条形码技术和射频识别技术。

1）条形码技术

对于大量物品的场合，用传统的手工记录方式记录物品的流动状况，既费时又费力，准确度又低，在一些特殊场合，手工记录是不现实的。况且手工记录的数据在统计、查询过程中的应用效率也相当低。应用条形码技术，可以实现快速、准确地记录每一件物品，采集到的各种数据可实时地由计算机系统进行处理，使得各种统计数据能够准确地、及时地反映物品的状况。

条形码是由一些规则的、宽度不同的条和空组成的标记。其中，黑色的"条"对光线的反射率低而白色的"空"对光线的反射率高，再加上"条"与"空"的宽度不同，就能使扫描光线产生不同的反射接收效果，在光电转换设备上转换成不同的电脉冲，形成了可以传输的电子信息。由于光的运动速度极快，因此能准确无误地对运动中的条形码予以识别。当计算机接收到条形码信息时，就可以通过数据库中建立的条形码与订单或包裹的对应关系对相关数据进行处理。目前物流作业中主要使用的条码有一维条码和二维条码。

一维条码（1D Barcode）只是在一个方向（一般是水平方向）表达信息，而在垂直方向则不表达任何信息，其一定的高度通常是为了便于阅读器的对准。一维条码的应用可以提高信息录入的速度，减少差错率，但是一维条码数据容量较小（30 个字符左右），只能包含数字和字母，条码尺寸相对较大（空间利用率较低），条码遭到损坏后便不能阅读。

二维条码（2D Barcode，英文标准名称 417 Bar code）是在水平和垂直方向的二维空间存储信息的条码。它可直接显示英文、中文、数字、符号和图形，储存数据量大，可存放 1K 字符，描述货物的详细信息；并且它容易打印，可以采用原来的标签打印机打印，同时可以根据需要进行加密，防止数据被非法篡改。

借助条码技术，可以实现物流状态的跟踪，当客户将包裹委托给物流公司后，就会获取包裹编码，同时该编码以条形码的形式印刷在包裹上，并在计算机系统内建立一条对应的记录，当包裹从托运地开始向目的地转运时，每经过一个转运中心，条形码识别系统都会扫描该包裹，计算机系统就会对该条形码对应的记录进行更新，修改信息。托运方或接收方均可利用客户编码查询包裹当前的运输状态。

2）射频识别技术

射频识别俗称电子标签。射频识别技术的基本原理是电磁理论。射频系统的优点是不局限于视线，识别距离比光学系统远，射频识别卡具有读写能力，可携带大量数据，难以伪造。

如图 7-3 所示，射频识别系统包括识读器、标签、天线、计算机系统四部分。工作原理源于电磁反应，通常情况下，物品会有一个射频标签，这个标签进入磁场之后，如果接收到识读器发出来的射频信号，就能凭借感应电流所获得的能量发送出存储在芯片当中的产品信息，或者是主动发送某一频率的信号，识读器采集信息并解码后，就会送到计算机中央信息系统来进行有关数据的处理。

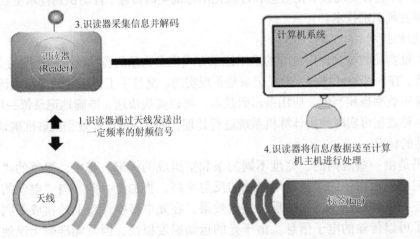

图 7-3　射频识别系统的构成

射频识别技术应用非常广泛，适用于物料跟踪、运载工具和货架识别等要求非接触数据采集和交换的场合，由于射频识别标签具有可读写能力，对于需要频繁改变数据内容的场合尤为适用。

从概念上来说，条形码技术与射频识别技术很相似，目的都是快速准确地确认追踪目标物体。主要的区别是有无写入信息或更新内存的能力。条形码的内存不能更改，射频标签不像条形码，它特有的辨识器不能被复制。

标签的作用不仅局限于视野之内，因为信息是由无线电波传输的，而条形码必须在视野之内。由于条形码成本较低，有完善的标准体系，已在全球散播，所以已经被普遍接受，从总体来看，射频识别技术只被局限在有限的市场份额之内。

2. GIS 技术

1）GIS 的概念

GIS 是多种学科交叉的产物，它以地理空间数据为基础，采用地理模型分析方法，适时地提供多种空间的和动态的地理信息，是一种为地理研究和地理决策服务的计算机技术系统。其基本功能是将表格型数据（无论它来自数据库、电子表格文件或直接在程序中输入）转换为地理图形显示，然后对显示结果浏览、操作和分析。其显示范围可以从洲际地图到非常详细的街区地图，显示对象包括人口、销售情况、运输线路以及其他内容。

2）GIS 技术在物流中的应用

GIS 应用于物流分析，利用 GIS 强大的地理数据功能来完善物流分析技术。国外公司已经开发出利用 GIS 进行物流分析的专门工具软件。完整的 GIS 物流分析软件集成了车辆路线模型、网络物流模型、分配集合模型及设施定位模型等，这些方法工具在物流中的具体应用主要体现在以下方面。

（1）物流网络布局和运输路线的模拟与决策。可利用长期客户、车辆、订单和地理数据等建立模型来对物流网络布局进行模拟，根据实际的需求分布规划出运输线路，使显示器能够在电子地图上显示设计线路，并同时显示车辆运行路径和运行方法，同时利用 GIS 的网络分析模型优化具体运行路径，使资源消耗最小化，并以此来建立决策支持系统，以提供更有效而直观的决策依据。

（2）车辆和货物跟踪与导航。利用 GPS 和电子地图可以实时显示出车辆或货物的实际位置从而为车辆提供导航服务，并能查询出车辆和货物的状态，以便进行合理调度和管理。在时间紧迫的情况下，找出可替代的行车路线，使所从事的物流活动可以安排在恰当的时间出发并按照规定的时间到达目的地。

（3）配送区域划分。企业可以参照地理区域，根据各个要素的相似点把同一层上的所有或部分要素分为几个组，用以确定服务和销售市场范围。例如，某一公司要设立若干个分销点，要求这些分销点覆盖某一地区，而且要使每个分销点的客户数目大致相等，此时，可以充分利用 GIS 技术进行配送区域划分。

（4）客户定位。使用 GIS 对某个城市或地区按管理的要求建立电子地图，准确地反映出街道、道路等情况，由于地理地图已具有了地理坐标，通过对地理坐标的描述，可以在地图上对新客户进行地理位置的定位或者修改老客户的地理位置，从而使企业能精确地确定配送点和客户的位置。

（5）信息查询。对配送范围内的主要建筑、运输车辆、客户等进行查询，查询资料可以以文字、语言及图像的形式显示，并在电子地图上显示其位置。

3. GPS 技术

1）GPS 的概念

GPS 是结合了卫星及无线技术的导航系统，具备全天候、全球覆盖、高精度的特征，能够为全球范围内的各类目标提供实时的三维定位。

GPS 由美国于 20 世纪 70 年代开始研制，历时二十多年，耗资 200 亿美元，于 1994 年全面建成。最近二十多年，GPS 已广泛应用于大地测量、工程测量、资源勘察、运载工具导航等多个领域。随着计算机和网络技术的普及，GPS 的应用领域正在不断地开拓，目前已应用到国民经济各种部门，特别是在物流系统中的应用获得显著成功。

2）GPS 的物流功能

（1）实时监控功能。调度人员可以利用 GPS 进行运输控制管理。通过发出指令查询运输工具所在的地理位置和速度等信息，了解货物到达的地点和运输状况。

（2）动态调度功能。调度人员可以利用 GPS 进行动态调度，通过分析运输工具的运能信息、在途信息、驾驶人员信息，降低空车率，减少空车时间和空车距离，充分利用运输工具的运能。

（3）数据存储、分析功能。各类运输信息记录在数据库中，不仅可以方便查询，还可以用于分析决策。通过分析运输工具的运行状态，了解运输工具是否需要较大的修理，预先做好修理计划；通过计算运输工具平均每天差错时间，动态衡量该型号车辆的性能价格比；可进行服务质量跟踪；通过调阅每台运输工具以前的工作资料，分析各部门的不同报表，使管理部门能更快速、更准确地做出判断及提出新的指示。

4. 机器人技术

机器人是能自动控制、可重复编程、多功能的操作机。机器人通常配有机械手或其他装配的工具，代替人完成物流中的搬运材料或分拣等作业。在物流领域只有快速提高生产运输效率，提高产品质量，降低生产成本，方可快速对市场的变化做出反应，从而适应瞬息万变的环境。机器人可以很好地解决劳动力不足、生产效率偏低、产品质量较差以及生产成本过高等问题。

机器人技术在物流中的应用主要集中在包装分拣、装卸搬运和无人机送货等三个作业环节。

1）机器人技术在包装分拣作业中的应用

机器人包装码垛自动化物流线能够实现快递从包装、称重直到码垛的全过程的自动化，整个过程无须人工参与，自动化程度高，节省了大量的劳动力，提升了包装合格率，克服了传统机械式包装占地面积大、程序更改复杂、耗电量大等缺点，同时避免采用人工包装造成的劳动量大、工时多、无法保证包装质量等问题。

机器人在拣选作业的应用主要指由自动导引小车（automated guided vehicle，AGV）分拣机器人来进行商品的拣选不再是人追着货架跑，而是由 AGV 顶起货架自动有序跑到拣货作业人员这里。它的优点是以最小的占地面积实现最大的分拣效率,可以 24 小时不间断分拣,大幅度减少了拣选作业人员的行走距离,实现了高于"人到货"模式数倍的拣选效率,大幅度降低了劳动强度,在存储密度、节省人力等方面拥有突出优势。

2)机器人技术在装卸搬运中的应用

装卸搬运是物流系统中最基本的功能要素之一,存在于货物运输、储存、包装、流通加工和配送等过程中,贯穿于物流作业的始末。目前,机器人技术正在越来越多地被应用于物流的装卸搬运作业,从而直接提高了物流系统的效率和效益。

搬运机器人的出现,不但可以充分利用工作环境的空间,而且提高了物料的搬运能力,大大节约了装卸搬运过程中的作业时间,提高了装卸效率,减轻了人类繁重的体力劳动。目前已广泛应用到工厂内部工序间的搬运、制造系统和物流系统连续的运转以及国际化大型港口的集装箱自动搬运。

3)机器人技术在无人机送货中的应用

无人机送货,即通过利用无线电遥控设备和自备的程序控制装置操纵的无人驾驶的低空飞行器运载包裹,自动送达目的地,其优点主要在于解决偏远地区的配送问题,提高配送效率,同时减少人力成本。自动化无人机快递系统利用无人机替代人工投送快递,旨在实现快递投送的自动化、无人化、信息化,提升快递的投递效率和服务质量,以便缓解快递需求与快递服务能力之间的矛盾。

7.1.5　电子商务物流的发展趋势

数字经济时代,由于企业的销售范围逐渐扩大,企业的商业模式不断创新以及最终消费者购买方式的转变,电子商务物流企业的发展有着广阔的前景,其发展趋势主要体现在以下方面。

(1)智慧化。现代信息技术和智能装备的大规模深度应用,将推动物流数字化、在线化、协同化、个性化和智能化。预计未来 5~10 年,物联网、云计算、大数据等新一代信息技术将进入成熟期,全覆盖、广连接的物流互联网将加快形成,物流数字化程度将显著提升,众包、众筹、共享等新的分工协作方式将得到广泛应用,人工智能技术将快速迭代,物流机器人将赋能物流,推动物流社会化、专业化,提升物流信息化、标准化、网络化、智慧化水平,形成高效便捷、通达顺畅、绿色安全的现代物流服务体系。

(2)定制化。现代物流将延伸服务链条,有效引导生产模式适应消费者和客户个性化、多样化升级需求,推动物流业与上下游企业战略合作,未来供应链与互联网深度融合,以智能技术倒逼物流产业链各环节强化供应链协同,智能协同的智慧定制供应链体系得以形成。

(3)生态化。智慧交通与物流融合发展,物流基础设施规划布局完善,具有多式联运功能、支撑区域经济发展的综合物流枢纽形成,促进多种运输方式无缝对接、各类物流园区互联互通,城市末端物流微循环得到完善,布局合理、衔接一体、功能齐全、绿色高效的生态物流基础设施网络体系进一步完善。

(4)国际化。单元化物流和多式联运、冷链物流、城乡配送和港航服务将得到大力发展。物流基础设施建设、重点物流节点城市综合枢纽功能将得到重点发展。交通与物流得到融合发展，物流衍生服务、国际物流大通道和境外仓布局将得到大力发展。

7.2 电子商务供应链管理

供应链管理是当前企业管理实践与企业管理理论研究的新前沿和新理论，供应链和供应链管理正深深地影响着当前企业的经营模式与经营效率，供应链管理已经变成了所有企业甚至一个国家研究经济运行模式、研究市场竞争的重要方法。

数字经济时代，数据驱动的全供应链，从上游原材料到生产环节，再到下游分销端全部数据化，必然会导致全产业链条的重新组合，原来线性或树状供应链结构变成网状供应链结构。过去商家生产商品之后，通过经销商把商品推给消费者，现在可以形成 C2B 定制，直接送到消费者手里，数字技术沿着供应链强化了对用户端实时状态的追踪，对消费者所处具体场景的把握越来越精准。总之，建立在数据基础之上的供应链的平台化战略和智能化策略将成为现代电子商务供应链的发展趋势。

7.2.1 电子商务供应链概述

英国供应链管理专家马丁·克里斯托弗在 1992 年曾指出："21 世纪的竞争不再是企业和企业之间的竞争，而是供应链和供应链之间的竞争。"在供应链中，企业仅仅作为这个产业上的一个环节而存在，它的发展完全依赖于源头及上中下游整体经营活动的状态。只有当供应链上的所有企业达到管理最佳、技能最优、效率最高的境界，或达到供应链整体最优的程度，才能居于市场领先的地位。所以对于企业而言，竞争已经扩大到整个供应链，特别是战略合作伙伴无疑是企业要去共同扶持和发展的伙伴。

电子商务是将先进的管理思想运用到企业内外各个层面，实施企业流程再造，应用信息技术，借助计算机实现供应链管理的全过程。电子商务和企业供应链管理是企业提高自身竞争力的两个最重要的方面，只有两者相互结合，才能有效地提高企业的核心竞争力。

1. 供应链的概念、结构和特征

1）供应链的概念

供应链是围绕核心企业，通过对信息流、物流、资金流的控制，从采购原材料开始，制成中间产品以及最终产品，最后由销售网络把产品送到消费者手中，并将供应商、制造商、分销商、零售商直到最终用户连成一个整体的功能网链结构。

从供应链的定义可以看出：①供应链是有一个核心企业主导的。核心企业是指供应链中某一成员的节点企业，它在整个供应链中占据主导地位，对其他成员具有很强的辐射能力和吸引能力，可以是制造型企业，如华为，也可以是零售企业，如沃尔玛。②供应链是一个范围更广的企业结构模式。它包含了所有加盟的节点企业，从原材料的采购开始，经过企业的制造加工、组装、分销等过程直达用户。③供应链不仅是一条物流链、信息链、资金链，还是一条增值链。物料在流通过程中获得了增值，给相关节点上的企业带来了收益。

2）供应链的结构模型

供应链由所有加盟的节点企业组成，一般有一个核心企业，节点企业在需求信息的驱

动下，通过供应链的职能分工与合作实现整个供应链的不断增值。从图 7-4 所示供应链的结构模型可以看出，供应链是一个网链结构，由围绕核心企业的供应商、供应商的供应商、用户、用户的用户组成，彼此存在供应与需求关系。

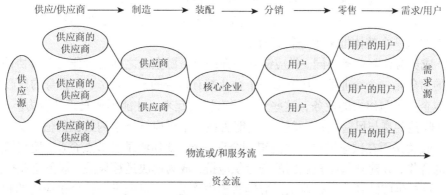

图 7-4　供应链的结构模型

3）供应链的特征

供应链主要具有以下特征。

（1）复杂性。因为供应链节点企业组成的跨度（层次）不同，供应链往往由多个、多类型甚至多国企业构成，所以供应链结构模式比一般单个企业的结构模式更为复杂。要建立一种稳健的供应链体系，可能需要很长时间的磨合。

（2）动态性。供应链管理因企业战略和适应市场需求变化的需要，其中的节点企业需要动态更新，这就使得供应链具有明显的动态性。

（3）面向用户需求。供应链构建的本质是满足用户需求，所以供应链的形成、存在、重构都是基于一定的市场需求而发生的，并且在供应链的运作过程中，用户的需求拉动是供应链中信息流、产品/服务流、资金流运作的驱动源。

（4）交叉性。节点企业可以是这个供应链的成员，同时又是另一个供应链的成员，众多的供应链形成交叉结构，增加了协调管理的难度。

2. 供应链管理的概念及特征

1）供应链管理的定义

供应链管理是利用计算机网络技术全面规划供应链中的商流、物流、信息流、资金流等，并进行计划、组织、协调与控制。供应链管理是一种集成的管理思想和方法，执行供应链中从供应商到最终用户的物流计划和控制等职能。现代供应链管理为了最大限度地满足用户需求，使整个供应链系统获得总体竞争优势，将供应商、制造商、分销商、零售商及客户等有效地组织成为一个协调发展的有机整体，从而使成本降低，并使供应链每个成员企业自身效率与效益大幅提升。

供应链管理的目标是从系统角度出发，对具有密切联系的不同环节进行统筹管理，全面提升整条供应链的运营效率，特别是节点连接处的效率，形成链条节点企业共赢的合作关系，以降低总体运营成本，增强供应链整体的核心竞争力。

2）供应链管理的特征

与传统的企业管理模式相比，供应链管理具有以下特征。

（1）资源整合和集成管理。供应链管理强调从供应链整体出发，寻求最佳的市场资源整合模式来满足市场需求。一方面，企业要拓展新的业务或市场，会从外部寻找最佳资源，并将自身不擅长的业务外包出去，另一方面，当企业把一部分业务外包出去后，还需要将合作伙伴纳入一个整体框架中进行管理。

（2）成员合作与业务协同。供应链管理强调上下游企业之间的合作与业务协同。供应链管理的对象是一个企业群，其中每一个企业都有自身的核心业务，而自身的核心业务可能是其他企业外包出去的业务，这些业务只有协同起来，才能形成真正的合力。

（3）收益共享与风险共担。企业之间能否在一个供应链体系内共创价值，取决于共创的价值和收益是否在供应链成员之间得到合理分配。如何激励各节点企业，使它们主动参与更多的合作，并建立起比较稳固的安全供应链，成为解决道德风险、规范企业行为的首要问题。只有供应链各节点企业从供应链管理中受益，才可能维护整个供应链的利益，整个供应链才会更加稳固，风险因素才有可能减到最少。

（4）全流程的战略管理。供应链强调集成思想，无论从信息角度还是业务角度，局部信息和局部流程的优化，都可能会导致供应链整体绩效降低，某个成员或环节的最优不代表供应链全过程的最优。因此，运用战略思想，从供应链角度出发，优化供应链全流程，才能使供应链效率得以提升。

（5）以消费者为中心。买方时代，不管供应链的节点企业有多少类型，也不管供应链条的长短，供应链最终都是由消费者驱动的，而正是消费者创造的需求，才使得供应链得以存在。

3. 电子商务对供应链管理的影响

电子商务的兴起是一场由技术手段飞速发展而引发的商品运作模式的革命，它改变了传统经济活动的生存基础、运作方式和管理机制，对供应链管理的发展产生了深远的影响。其主要表现在两个方面：对客户的影响和对供应商的影响。

1）对客户的影响

（1）建立新型的客户关系。电子商务使供应链管理者通过与它的客户和供应商之间构筑信息流与知识流来建立新型的客户关系，基于电子商务的供应链管理直接沟通了供应链中企业与客户间的联系，并且在开放的公共网络上可以与终端消费者进行直接对话，从而有利于满足客户的各种需求，留住现有客户。

（2）开辟了解消费者和市场需要的新途径。应用电子商务交换有关消费者的信息成为企业获得消费者和市场需求信息的有效途径。特别对于全球经营的跨国企业来说，电子商务的发展可以使它们的业务延伸到世界的各个角落，借由全球化网络可以收集消费者的信息。

（3）开发高效率营销渠道。企业利用电子商务与它的经销商协作建立零售商的订货和库存系统。通过它的信息系统可以获知有关零售商商品销售的信息，在这些信息的基础上，进行连续库存补充和销售指导，从而与零售商一起改进营销渠道的效率，提高客户满意度。

2）对供应商的影响

（1）构筑企业间或跨行业的价值链。通过利用每个企业的核心能力和行业共享的做法，电子商务开始用来构筑企业间的价值链。当供应链上的企业开始利用第二方服务时，供应链上的生产商、零售商以及由物流、信息服务业者组成的第三方服务供应商形成了一条价值链。

（2）实现资源配置全球化。电子商务的发展使得供应链管理者在进行经营改革或模拟决策结果的时候可以利用大量有效信息，在全球范围内合理分配利用资源，供应链管理者基于这些信息和资源可以对供应链进行有效的管理。

4. 电子商务供应链管理的优势

电子商务环境下的供应链管理，是依托现代信息技术形成的由信息采集到市场终端全程式的新型经营管理模式。电子商务与供应链相结合，极大地促进了经济全球化的进程，被誉为信息化社会引发经济领域革命的关键推动力。

（1）有利于降低成本。电子商务技术可以缩短企业的采购周期。在电子商务平台上，企业可以直接联系供货商、工厂、分销商和客户。这不仅加快了订单处理和产品的发送速度，还缩短了商品的循环周期；供应链中各企业通过电子商务手段实现有组织、有计划的统一管理，减少流通环节，降低企业之间的商务合作成本，减少企业内耗，降低成本，提高效率，使供应链管理达到更高的水平，促进各相关企业的业务发展。

（2）有利于推动业务稳步增长。电子商务使企业间的竞争逐渐演化为供应链之间的竞争。而电子商务环境下的供应链管理直接沟通了供应链中企业与客户间的联系，并且在开放的公共网络上可以与最终消费者进行直接对话，从而有利于满足客户的各种需求，提升客户的满意度与忠诚度，保留住现有客户。

（3）有利于开拓新业务。电子商务环境下的供应链管理，不但可以实现企业的业务重组，提高整个供应链效率，保留现有客户，而且由于能够提供更多的功能、业务，必然会吸引新的客户加入供应链，同时也带来新的业务。本质上，电子商务环境下的供应链管理，无论是企业还是客户都会从中获得利益，产生新的业务增值，降低成本，实现"双赢"目标。

（4）有利于提高运营绩效。电子商务环境下的供应链管理，不仅能使供应链各个企业降低生产成本，缩短需求响应时间和市场变化时间，还能为客户提供全面服务，使客户能够获得最好品质的产品和服务，同时实现最大增值；更能为供应链中各个企业提供完整的电子商务交易服务，实现全球市场和企业资源共享，及时供应和递送订货给客户，提高运营绩效。

（5）有利于信息资源共享。电子商务环境下的供应链交易涉及物流、资金流和信息流。供应链中的各企业借助电子商务手段可以在互联网上实现部分或全部的交易，从而有利于各企业掌握跨越整个供应链的各种有用信息，及时了解客户的需求以及供应商的供货情况，也便于让客户网上订货并跟踪订货情况。

7.2.2　电子商务供应链管理策略

供应链管理的目标是要在满足客户需要的前提下，对整个供应链的商品流、资金流、信息流进行管理,从而降低供应链的运营成本,提升其运营效率,并实现二者之间的均衡。那么针对上述目标,就产生了供应链管理的策略。最常见的供应链管理策略包括快速反应、有效客户反应、电子订货系统、企业资源计划四种。

1. 快速反应

快速反应(quick response,QR)是指以供应链各节点建立战略合作伙伴关系为基础,以信息技术的应用为支撑,以缩短交货周期、减少库存、提高企业竞争力为目标,以为客户提供优质、准确、及时的产品为最终落脚点的柔性供应链管理策略。这种管理策略是美国纺织服装业发展起来的一种供应链管理方法。

可以从三个方面理解快速反应的含义:良好的供求关系是快速反应成功的前提;标准化信息技术的应用是快速反应成功的支撑;系统的柔性是快速反应成功的关键。

快速反应并不是作业速度快这么简单,如图7-5所示,实际上其是通过信息采集与传递、智能补货、零售空间管理以及联合产品开发系统的综合运用来实现的。其中,信息采集与传递系统包括射频识别等信息采集技术及先进的信息传递技术,零售空间管理系统包括产品种类管理、产品陈列管理及售货员管理。

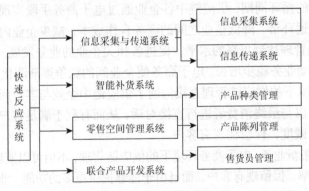

图 7-5　快速反应系统

利用电子商务,核心企业可以形成对于产品管理的系统网络,形成系统内部相关信息的有效传递与共享,并通过产品的统一编码开展科学的供应链管理工作。良好的供应链管理模式,能够帮助核心企业实现链条上下游环节的快速反应,当用户需求发生变化时,供应链能够做出高效反应,通过与上游供应商之间的即时沟通与合作,快速调整产品供应战略,改善业务流程,从而确保为客户提供最优质的、最符合需求的产品。

随着全球化趋势和信息技术的冲击,企业必须建立能够应对外界环境改变的快速反应系统以维持竞争优势,快速反应系统的建立帮助大量企业大大减少原材料到销售点的时间和整个供应链上的库存,最大限度地提高供应链管理的运作效率,是电子商务环境下供应链管理的一种非常重要的方法。

2. 有效客户反应

有效客户反应(efficient consumer response,ECR)是 1992 年从美国的食品杂货业发展起来的一种供应链管理策略。有效客户反应是一个通过生产厂商、批发商和零售商等供应链上各节点的相互协调与合作，以及业务流程的自动化，实现提高反应能力、降低系统成本、减少库存、提升消费者满意度等目标的供应链管理策略。

可以从两个方面理解有效客户反应的含义：①有效客户反应是由供应链上各节点的合作实现的；②业务流程自动化是实现有效客户反应的重要渠道。

有效客户反应的降低成本也不是削减作业成本那么简单，如图 7-6 所示，它借助基础设施的支持和管理系统的革新，通过信息系统、物流管理、营销管理和组织革新的综合运用而实现成本的降低。

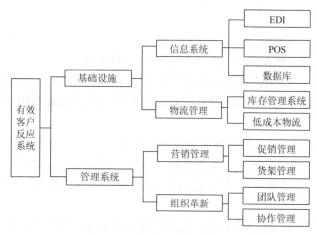

图 7-6　有效客户反应系统

快速反应与有效客户反应战略都是在供应链内部整合的基础上，通过信息技术和改善合作伙伴关系重组供应链流程，两者既有联系又有区别。

快速反应和有效客户反应的共同点体现为：①都需要建立供应商和销售商之间的紧密联系，共同完成整个供应链的目标；②其实现都需要信息技术的支持，实现信息收集、处理以及传递。

快速反应和有效客户反应的区别：①实现的目标不同。快速反应是对消费者的需求做出快速响应，有效客户反应目的在于缩小整个供应链上的成本；②应用的行业不同。快速反应主要应用于销售普通商品的零售店铺，有效客户反应主要应用于日杂百货业。

3. 电子订货系统

电子订货系统（electronic ordering system，EOS）是零售业将各种订货信息，使用计算机并通过网络系统传递给批发商或供应商，完成从订货、接单、处理、供货、结算等全过程在计算机上进行处理的系统。

供应链之所以能够对市场变化形成快速反应，自然离不开互联网技术的支持。其中，搭建电子订货系统，可以实现链条上所有信息的快速流动，通过商品资料及时传递，可以大大缩短订货时间，同时以订货信息为基础，可以免去许多不必要的中间运输环节，由此节约了大量的运费和仓储费用，对于企业经营成本的降低效果明显。此外，依托电子订货系统，企业业务流程的自动化程度大大提升，将固定经营公式、成本及利润算法录入系统中，可以实现对用户需求的快速反应，实现需求信息向企业、供货商、制造商、分销商等环节的自动发送，从而保证链条内的信息共享。

4. 企业资源计划

ERP 是建立在信息技术基础上，利用现代企业的先进管理思想，为企业提供决策计划、控制与经营业绩评估的全方位、系统化的管理平台。它是一整套企业管理系统体系标准，其实质是在制造资源计划基础上进一步发展而成的面向供应链的管理思想。ERP 是集企业管理理念、业务流程、基础数据、人力物力、计算机硬件和软件于一体的企业资源管理系统。

电子商务环境下的 ERP 除了具有传统的 ERP 制造、供销、财务功能，还包括供应商管理和客户关系管理、移动办公、商业智能和电子营销等。电子商务环境下 ERP 系统能够采集到非常全面的企业基础数据，采用扩展的决策支持技术，引入数据挖掘、人工智能技术、专家系统理论与方法，探索企业中新的决策域，提高决策效能，更好地支持企业开展电子商务。

在电子商务环境下，ERP 以网络为载体系统有效地将企业内外的业务进行合理化衔接，一方面，收集有用信息使得企业管理模式与时俱进，另一方面，在电子商务活动中免去麻烦，在确保企业效益和效率最大化的同时为企业的电子化管理与运作提供最基本也是最重要的保障。

为了适应电子商务时代新的需求：①ERP 系统要具备一定的系统继承性，能对企业内部业务及供应链外部资源进行有效地整合；②ERP 系统应具有开放的与电子商务平台集成的能力，这对于帮助企业实现真正意义上的供应链管理至关重要；③ERP 系统还要具备一定的系统可延伸性，以便企业可以在未来随市场环境的变化及时调整相应的业务流程；④ERP 系统要具备一定的理念先进性和前瞻性，如应用的个性化、全方位协同商务等。

7.2.3　电子商务供应链管理的发展趋势

在电子商务蓬勃发展的热潮中，供应链不再是人、流程、硬件设施等要素的简单堆砌和叠加，而是要实现供应链的数字化和技术化的变革，让供应链变得更加智慧和全能。新时代背景下的供应链是由消费者驱动的，其未来发展趋势表现为以下几个方面。

（1）以消费者为中心，供应链服务化特性增强。

近年来，新零售概念、新技术等的发展使得供应链向着以消费者为中心的方向发展。未来消费者将成为供应链"话语主导者"。消费者对购买商品的售前和售后服务要求越来越高，越来越注重个性化、定制化。消费者需求的变化，重塑了品牌商与消费者的链接，驱动整个供应链向消费者驱动转型，企业内部供应链进行自我迭代，供应链的专业化、服务化能力增强。从传统供应链到智慧供应链，不再是某一个环节或实现单一功能，而是从多功能服务到场景化服务，满足不断变化的客户消费需求。

（2）科技赋能供应链，智慧供应链变革趋势明显。

新经济背景下，新零售商业模式崛起，在其快速发展的驱动下，传统供应链领域亟需新的变革。例如，新零售对配送行业的革新需求，高频次、高效率的订单需求大大增多。

面对新的发展模式，柔性、敏捷、智慧将成为未来供应链非常重要的特征，打造大数据支撑、网络化共享、智能化协作的智慧供应链体系也将是未来供应链的发展趋势。

人工智能在整个供应链领域的每个环节都将发挥非常关键的作用。例如，利用机器学习，通过分析生产交货时间的历史变化，更好地预测交货日期和物流提供商的表现；借助人工智能，实现自动化作业，为供应商提供更好的决策，为消费者提供更专业的服务。人工智能赋能零售行业，智能零售以大数据和智能技术驱动市场零售新业态，优化从生产、流通到销售的全产业链资源配置与效率。美国的联合包裹速递服务公司（United Parcel Service，UPS）在佛罗里达州测试了无人机送货；沃尔玛的"自提塔"正在全美大范围铺设；美团点评推出无人配送开放平台；京东正在打造以无人配送站、无人仓"亚洲一号"以及大型货运无人机"京鸿"等为一体的全生态智能零售物流体系。未来人工智能对于供应链的影响将不容忽视。

区块链、3D 打印、无人驾驶等技术的成熟，将为供应链带来巨大的影响和变革。运用新技术，推进供应链领域标准化进程，物联网技术赋能硬件，逐步实现真正的万物互联。利用技术为供应链赋能，如实现供应链可视化发展，包括销售、市场、采购等业务，对消费者需求、网上库存、物流信息等进行可视化展示，进行更高效的管理。

数据挖掘与机器算法将会普遍用于供应链管理，让品牌商的实时供应链与市场的实际需求完美地连接起来，实现网络化共享，供应链各个环节的智能化协作，使整个供应链更具灵活性和敏捷性。

（3）弹性网状协同结构，供应链全球化程度加深。

当消费者海量个性化需求出现，数据也是海量、非结构化时，链式的供应结构是很难满足市场需求的。因此，未来供应链是向着网状的供应结构发展的，网状结构具有弹性，且相对于单一链式结构反应速度更快，每一个网络节点都可以单独或联合供给。

随着分销渠道整合，供应链企业由单一线性结构转向动态网状拓扑结构，由单一的"串联"转向"并联"，同时随着"一带一路"倡议等的推进，供应链行业将逐步建立互联互通的全球供应链体系。以全球化的视野，将供应链系统延伸至整个世界范围。"一带一路"倡议的稳步推进，跨境电商也在快速发展。中国人口红利优势变弱，生产更趋向于本地化，国际产能转移，供应链呈现全球化趋势。

（4）践行环保理念，全方位打造绿色供应链。

随着消费升级、环保理念的传播，消费群体在追求产品服务质量的同时，也开始注重产品、消费行为以及消费方式的环保性，越来越关注绿色化，消费者与企业进行良性互动，注重构建绿色供应链体系，即产品从物料获取、加工、包装、仓储、运输、使用到报废处理的整个过程中，对环境的影响（负作用）最小，资源效率最高。

供应链整体绿色化水平对于物流绿色化发展起着至关重要的作用。物流环节如何实现环保和绿色化不单单是做到技术的升级，更是要在新时代全面加强规模效应的形成。

（5）社交媒体影响深化，数据驱动供应链创新。

社交媒体数据无处不在。如小红书、微博、抖音等，网络平台的意见领袖定期讨论的产品和服务需求，对消费者的导向作用不容忽视。同时，社会媒体数据也会影响相关制造商的生产计划，制造商将根据大众通过社交媒体向他们提供的数据制定相应的供应链规划。

未来，企业对于供应链节点数据分析会越来越重视，深入挖掘数据背后的巨大价值，便于进行供应链管理以及及时应对消费者需求。未来的供应链是数据驱动的供应链。在数据驱动下，优化仓储点及物流路线布局以提升效率。基于大数据提升供应链预测能力，提高数据收集能力和数据质量，结合算法优化手段提升需求预测准确度。数字化将为企业带来业务增长，提升产品及客户体验，助力实现流程自动化。

课后练习题

（一）选择题

1. SCM 指的是（   ）。

   A. 企业资源规划　　　B. 人力资源管理　　　C. 供应链管理　　　D. 客户关系管理

2. 物流运输车上常用的全球卫星定位系统的英文缩写是（   ）。

   A. GIS　　　　　　B. GPS　　　　　　C. GDP　　　　　　D. MRP

3. 供应链是指围绕（   ）构成的一条整体的功能网链结构。

   A. 核心企业　　　　B. 制造商　　　　C. 零售商　　　　D. 分销商

4. 亚马逊中国采取的主要物流配送模式为（   ）。

   A. 自营物流　　　　　　　　　　　B. 物流外包

   C. 自营物流与外包结合　　　　　　D. 物流仓储外包

5. 供应链的（   ）特征决定了供应链的市场目标价值定位能够与时俱进。

   A. 动态性　　　　　B. 复杂性　　　　C. 面向用户需求　D. 交叉性

6. 不属于物流活动的是（   ）。

   A. 武器、弹药的供应　　　　　　　B. 网上转账购买网课

   C. 救灾物资的输送　　　　　　　　D. 坐飞机行李托运

7. 物流属于典型的（   ）的活动。

   A. 加工领域　　　　B. 生产领域　　　C. 消费领域　　　D. 流通领域

8. 商业包装的主要作用是（   ）。

   A. 促进销售　　　　B. 促进采购　　　C. 促进生产　　　D. 便于物流

9. 供应链管理是指对供应链涉及的全部活动进行计划、组织、协调与（   ）。

   A. 加工　　　　　　B. 控制　　　　　C. 开展　　　　　D. 准备

10. 当物流对企业的重要程度高，并且企业具备很强的经营物流的能力时，企业选择的物流模式是（   ）。

    A. 寻求强有力的合作伙伴　　　　　B. 自营物流

    C. 第三方物流　　　　　　　　　　D. 主导物流合作

11. 我国国家标准《物流术语》中这样表述（   ）："由供方与需方以外的物流企业提供物流服务的业务模式。"

    A. 第一方物流　　　B. 第二方物流　　　C. 第三方物流　　　D. 第四方物流

12. 在物流应用中常用的自动识别技术是（　　　）。
  A. 光字符识别技术   B. 条码技术和射频识别技术
  C. 磁识别技术   D. 条码技术和磁识别技术

（二）复习与思考题

1. 物流的基本概念及构成要素是什么？
2. 简述物流与电子商务的关系。
3. 电子商务物流的特点是什么？
4. 企业电子商务物流模式选择的具体影响因素有哪些？
5. 电子商务物流配送模式有哪些？不同物流配送模式的主要区别是什么？
6. 供应链的概念及特点是什么？
7. 简述常见的供应链管理策略。

第8章 电子商务法律法规

随着数字经济时代的到来，电子商务在为企业和消费者提供全新商业渠道与购物方式的同时，也在不断推动科学技术和商业模式创新，极大地改变了人们的生活方式。然而，网络欺诈、虚假促销、个人信息被泄露引发的合同、知识产权、信息安全、税收以及互联网支付等问题，也伴随着电子商务的高速发展，正变得越来越突出。如何通过法律保护消费者权益，规范数字经济时代电子商务经营者行为，对促进电子商务行业良性发展至关重要。

本章将介绍电子商务法的基本知识，包括电子商务法的基本概念、电子商务法律关系的构成等，并针对电子商务税收制度、消费者权益保护、电子合同与电子签名、知识产权保护、电子商务争议解决机制等问题展开具体内容介绍。

8.1 电子商务法律法规概述

8.1.1 电子商务法基本概念

1. 电子商务法的定义

电子商务法是一个新兴的综合法律领域。电子商务法是指以电子商务活动中所产生的各种社会关系为调整对象的法律规范总称。这里的社会关系指的是电子商务信息流、物流、资金流三个环节互动所产生的商事交易关系、社会关系及政府管理关系的总称。

电子商务法不仅指 2019 年 1 月 1 日开始执行的《电子商务法》，还涵盖了与电子商务活动相关的一系列法律法规，包括《电子合同法》《电子签名法》等。《电子商务法》既不是电子商务法的全部，甚至也不是大部分。这个领域的大量立法是来自国务院和各部委对电子商务领域中特殊法律问题的特别规定，以及许多现行法律中对电子商务问题的专门规范。这些现行立法也是《电子商务法》起草和审议过程中需要参考和必须理顺的最为重要的法律渊源。上述所有的电子商务法律法规是市场健康发展的有力保障，是数字经济时代互联网安全的有力保障，也是规范电子商务活动的有力保障。

作为我国网络和信息领域立法的里程碑性成果，2019 年 1 月 1 日开始施行的《电子商务法》是指导电子商务产业发展、规制电子商务行业秩序的纲领性法律文件，是我国电子商务领域的第一部综合性、基础性法律，也是数字经济时代最重要的立法之一。《电子商务法》的颁布与实施，不但对中国未来的网络和信息立法有着重要的示范作用，而且给世界范围内网络与信息领域立法的开展提供了借鉴样本。

2. 电子商务法的特点

（1）国际性。电子商务固有的开放性、跨国性，要求全球范围内的电子商务规则应该是协调和基本一致的。电子商务法要以适应国际化的要求为特征，以同国际接轨为必要的特点，应当而且可以通过多国的共同努力予以发展。

（2）技术性。在电子商务法中，许多法律规范都是直接或间接地由技术规范演变而成的。例如，一些国家将运用公开密钥体系生成的数字签名规定为安全的电子签名，这样就将有关公开密钥的技术规范转化成了法律要求，对当事人之间的交易形式和权利义务的形式，都是具有重要影响的。

（3）开放性和兼容性。数字技术与通信技术日新月异，因此在电子商务立法上必须以开放的态度对待各种技术手段和信息媒介，设立开放性的规范，只有包容不断发展变化的电子商务技术才能适应电子商务发展的需求。目前，国际组织及各国在电子商务立法中，大量使用开放性条款和功能等价性条款，其目的就是开拓社会各方面的资源，以促进科学技术及其社会应用的广泛发展。

3. 电子商务法的基本原则

1）意思自治原则

意思自治是指参与电子商务交易的各方当事人可以完全按照自己的真实意愿进行协商，确定各自的权利和义务，自主选择交易与履行方式，不含有被强迫的成分和国家强制执行。在电子商务法的立法与司法过程中，都要以自治原则为指导，为当事人全面表达与实现自己的意愿预留充分的空间，并提供切实的保障。

2）中立原则

电子商务法的基本目标就是要在电子商务活动中建立公平的交易规则，这是商法的交易安全原则在电子商务法中的必然反应。

（1）技术中立。电子商务中的电子技术既包括电报、传真、口令等传统技术，也包括现代信息技术、身份识别技术、安全加密技术、网络技术等先进技术和未来可能出现的技术规范。技术中立要求在电子商务立法中不可厚此薄彼，产生任何歧视性要求。同时，还要给未来技术的发展留下法律空间，以免阻碍电子商务发展。

（2）媒介中立。媒介中立是中立原则在各种通信媒体上的具体表现。技术中立侧重信息的控制和利用手段，而媒介中立则着重信息所依赖的载体。电子商务法应中立地对待媒介，允许各种媒介根据技术和市场发展规律而相互融合、互相促进。

（3）实施中立。实施中立是指在电子商务法与其他相关法律的实施上不可偏废；在本国电子商务活动与跨国性电子商务活动的法律待遇上应当一视同仁；特别是不能将传统书面环境下的法律规范效力置于电子商务法之上，而应当中立对待，根据具体环境特征的需求来决定法律的实施。

（4）同等保护。它是实施中立原则在电子商务交易主体上的延伸。电子商务法对商家与消费者、国内当事人与国外当事人等都应尽量做到同等保护。因为电子商务市场本身是国际性的，在现代通信技术条件下，割裂的、封闭的电子商务市场是无法生存的。

3）安全原则

保障电子商务的安全进行，既是电子商务法的重要任务，又是其基本原则之一。电子商务以其高效、快捷的特性，在各种商事交易形式中脱颖而出，具有强大的生命力。而这种高效、快捷的交易工具必须以安全为前提，它不仅需要技术上的安全措施，同时也离不开法律上的安全规范，通过法律保障电子签名的合法性。

4）保护消费者权益原则

保护消费者权益原则，是指网络上对于消费者的保护不能小于其他环境下对于消费者的保护。国家应提供清楚、一致且可预测的法律架构，以促进对网络交易当事人的保护。

8.1.2　电子商务法律关系的概念与构成

电子商务法律关系是指由各种相关的电子商务法律规范所确认的电子商务活动中的当事人之间具有权利义务内容的经济关系。电子商务法律关系由主体、客体与内容构成。

1. 电子商务法律关系的主体

电子商务法律关系主体是指电子商务的各方参与者，是享有权利、承担义务的当事人。基本范畴是电子商务经营者和电子商务消费者，其中电子商务经营者包括电子商务平台经营者、平台内经营者和其他电子商务经营者，电子商务消费者分别与电子商务平台经营者发生平台服务合同关系，与平台内经营者发生买卖、服务合同关系。

电子商务法律关系主体类型包括电子商务经营者、电子商务平台经营者、平台内经营者、其他电子商务经营者以及电子商务服务提供者。

电子商务经营者是指通过互联网等信息网络从事销售商品或者提供服务的经营活动的自然人、法人和非法人组织，包括电子商务平台经营者、平台内经营者以及通过自建网站、其他网络服务销售商品或者提供服务的其他电子商务经营者。

电子商务平台经营者是指在电子商务中为交易双方或者多方提供网络经营场所、交易撮合、信息发布等服务，供交易双方或者多方独立开展交易活动的法人或者非法人组织。如淘宝、京东等电子商务平台的运营者，运用技术、设备等创建网络经营空间，为众多的第三方商家提供网络经营场所。

平台内经营者是指通过电子商务平台销售商品或者提供服务的电子商务经营者，如入驻天猫平台的众多商家。也可以理解为在平台上进行电子商务经营的站内商户经营者，如海尔商城、戴尔官方商城。

其他电子商务经营者是指除了电子商务平台经营者和平台内经营者，通过自建网站、其他网络服务销售商品或者提供服务的电子商务经营者。如通过微信、微博等社交 APP 销售产品的"微商"，通过抖音或直播类 APP 提供服务的主体。

电子商务服务提供者包括互联网服务提供商（internet service provider, ISP）、互联网内容提供商（internet content provider, ICP）、应用服务提供商（application service provider, ASP）等。服务提供主体，是指为电子商务运行提供技术支持，以便有效地进行网络接入、信息控制从而快速达成双方交易。正是这一主体的存在，使得电子商务法律法规与传统商法有了很大的差异，它在电子商务的运行过程中有着不容小觑的影响，对部分纠纷更是具有决定性意义。

2. 电子商务法律关系的客体

电子商务法律关系的客体是指电子商务法律关系主体享有的权利和承担的义务所共同指向的对象。具体包括实体商品、数字化商品和网络服务等，其中，实体商品是指任何有形商品或物品，数字化商品主要是电子书刊、软件、游戏等，网络服务涵盖网上旅游服务、咨询服务、教育等。

3. 电子商务交易法律关系与传统交易法律关系的区别

与传统交易法律关系不同的是，在电子商务交易法律关系中，消费者不仅要与销售商品和提供服务的经营者进行交易行为，还要与电子商务平台经营者发生法律关系，即首先要获得电子商务平台经营者的准许，能够进入电子商务平台，才能与销售商品和提供服务的平台内经营者进行交易。

电子商务消费者首先针对的是平台内经营者，在平台内经营者通过电子商务平台进行的销售商品或者提供服务的经营活动中，与平台内经营者缔结交易合同关系，购买商品或者接受服务，取得电子商务消费者的身份。

电子商务消费者其次与电子商务平台经营者之间也发生交易关系。这种交易关系的特点是：①交易关系的性质是电子商务平台的服务合同关系，即消费者取得这个资格之后，可以在电子商务平台上进行交易活动。②这种交易关系的性质是无偿的，即电子商务消费者进入电子商务平台上接受平台服务，无须支付对价，电子商务平台经营者并不通过收取平台服务价金的方式营利，而是通过电子商务消费者加入电子商务平台与平台内经营者进行交易活动，而使其增加流量等获得利益。③电子商务消费者利用电子商务平台进行交易，应当遵守电子商务平台的交易规则和用户协议，接受电子商务平台经营者对交易活动的管理，如果违反交易规则和用户协议，电子商务平台经营者有权依照交易规则和用户协议对其进行处罚。

综上，电子商务法律关系涉及三对概念框架：①电子商务平台（P）和站内商户（B）与消费者（C）相对，作为电子商务法律关系的三个基本主体。主要是围绕三者关系，在现行法律的框架下探寻三者利益的平衡。②线上与线下相对。基于和针对传统商业模式的法律规则，规范的也是传统线下的各类行为，称为线下规则。基于和针对电子商务模式的法律规则，则称为线上规则。③纵向与横向两类法律关系。电子商务的纵向法律关系，是参与主体之间的不平等的法律关系。典型的如各类行政监管关系。电子商务的横向法律关系则是平等的参与主体之间的权利义务关系。这种关系尤其体现为电子商务平台和站内商户与消费者之间的关系。

8.1.3　电子商务经营主体法律规范

1. 电子商务平台经营者的一般性义务

电子商务中最为特殊的一类主体是电子商务平台。电子商务平台是指为企业或个人提供网上交易洽谈的平台,是建立在网上进行商务活动的虚拟网络空间和保障商务顺利运营的网络环境,是协调与整合信息流、货物流、资金流有序、关联、高效流动的重要场所。随着电子商务在整个国民经济中的作用越来越大,平台已经成为社会经济生活的中枢神经,对于社会生活具有举足轻重的影响力。平台企业已经具有了"准公共"企业的特征。因此,国家不可能再任由电子商务平台"野蛮生长",有必要通过法律法规和具体行政行为对电子商务平台进行监管,确保各平台都履行自己的法定义务,共同维护良好的电子商务发展环境。

电子商务平台对站内商户的"平台监管权"有两个主要的来源:一方面,站内商户利用平台进行电子商务活动,与平台签订了入驻协议,自然要受到协议条款的约束。另一方面,电子商务平台的法定义务,尤其是其中的管理义务、监管义务,常常会成为"平台监管权"的基础。这是由电子商务中"国家—平台—商户"的双层监管结构所决定的。

法律法规对于电子商务平台设置了相当多的义务,这些义务大致可以分为两类:一类是电子商务平台自身必须尽到的义务,可以称为自身义务;另一类是电子商务平台必须采取必要措施,通过对商户的监管或是通过技术手段提供帮助,保证自己平台内的站内商户尽到相关法定义务,可以称为管理义务。当然,电子商务平台作为市场主体,还要尽到市场主体所必须履行的依法纳税的义务、消防安全义务、环境保护义务等。

电子商务平台的自身义务:①平台作为一个经营实体和监管对象,需要在法律上作为一个独立的实体存在,并能够独立地承担责任。因此平台需要进行主体登记,并在网站或移动 APP 上公开自己的主体信息。②电子商务平台一般是以网站或 APP 的形式存在的,因此需要取得相关的行政许可。作为一个关系到站内经营者和消费者在内众多当事人利益的关键环节,电子商务平台需要完善相关的软硬件建设,确保能够安全、平稳运营。③电子商务交易还需要其他相关服务提供者的辅助,因此电子商务平台还需要与电子签名、电子支付、快递服务提供者进行协调,实现这些服务的顺畅接入。④在经营过程中,电子商务平台应当规范自身的经营行为,如不能进行垄断或不正当竞争。

电子商务平台的管理义务:法律法规还给电子商务平台设置了对平台内商户的管理义务。这种监督、管理贯穿了商户入驻、商品展示、广告发布、商品搜索、交易支付、物流配送、售后服务的整个过程,也是前面提到平台监管权的具体实现。平台履行这些义务的方式则主要是通过在交易规则中设置相应的监管规则。因此应当将这些管理义务视为许多平台交易规则的平台监管权来源。这些管理义务又分为两类:第一类是法律法规对电子商务平台设置了必须要达到的目标,如"不得销售法律法规所禁止的商品",而平台经营者需要采取适当措施确保平台内经营者的经营行为实现目标,可以称为监管义务;第二类是法律法规对平台内经营者设置了某种义务,同时规定平台经营者有义务协助、监督或提供技术途径保证平台内经营者履行此类义务,可以称为协助义务。

2. 电子商务快递与支付提供商的基本义务

快递物流服务提供者就是在电子商务交易法律关系中,为平台内经营者销售商品以及物型服务合同中的标的物等代为履行交付义务的义务主体。在电子商务交易法律关系中,快递物流服务提供者应当履行的义务,应当遵守法律、行政法规,并应当符合承诺的服务规范和时限。在交付商品时，应当提示收货人当面查验，交由他人代收的应当经收货人同意。快递物流服务提供者应当按照规定使用环保包装材料，实现包装材料的减量化和再利用。快递物流服务提供者在提供快递物流服务的同时，可以接受电子商务经营者的委托，提供代收货款服务。快递物流服务提供者在接受平台内经营者销售商品快递物流服务的委托后，应当按照上述要求履行义务，完成交付行为。

在电子商务交易法律关系中，由于进行的是背靠背的线上交易，因而在资金支付方面存在风险。防止电子商务交易中现金支付风险的最有效方法，就是采用第三方提供电子商务交易的支付渠道，完成价金的托管和支付，使第三方支付平台成为交易风险的调控者，在消费者与销售者、服务者之间设立中间过渡账户，使汇转款项实现可控性停顿，只有在双方的交易行为完成时，才能决定价金的去向。因而，第三方成为价金支付的中介，发挥电子支付结算代理的作用，通过第三方对价金的托管和支付，能够有效地控制风险，保障价金支付的安全。这种对价金进行托管和支付的第三方主体，就是电子支付服务提供者。

电子支付服务提供者是价金托管、支付的中介，发挥电子支付结算代理的作用，并承担价金的保管责任，同时对交易双方的交易活动进行监控，防范交易风险，通过托管、支付实现价金支付保证，能够杜绝网络交易中的欺诈行为。因此，电子支付服务提供者是辅助电子商务平台交易主体进行交易的第三方主体，在电子商务交易法律关系中具有重要地位。

3. 电子商务市场经营者的准入制度

为了维护市场交易秩序和保护消费者权益，法律法规会对各类经营者设置准入资格的限制。这些限制既有一般的法律主体资格和商事登记的要求，也有关系到人民群众生命、健康、财产安全、国家舆论、环境等特别重要市场的特殊行政审批。

经营者市场准入制度，是指在经营者进入市场、展开经营活动之前对其是否具有从事特定经营活动的法律资格进行审查，其目的是维护市场交易秩序。经营者进入某一市场所需要取得的各种资质、资格、证照，都属于市场准入。

电子商务经营者准入分为一般经营者市场准入和特殊经营者市场准入，一般经营者市场准入是指电子商务经营者，包括平台经营者和站内经营者的市场主体登记。特殊经营者市场准入则指涉及食品、药品、出版发行等国家进行特别规制的经营内容时，法律规定经营者需要取得行政许可，因此还要对经营者进行特殊的准入审查。

1）一般经营者市场准入制度

电子商务经营者应当依法办理市场主体登记。个人销售自产农副产品、家庭手工业产品，个人利用自己的技能从事依法无须取得许可的便民劳务活动和零星小额交易活动，以及依照法律、行政法规不需要进行登记的除外。可见，电子商务法是将市场主体登记规定为所有电子商务经营者的一般义务，同时，出于现实考虑，又通过例外规定，免除了一部分经营登记者的义务。国家工商行政管理总局出台的《网络交易管理办法》采取了不同的规则设置。

从事网络商品交易的自然人，应当通过第三方交易平台开展经营活动，并向第三方交易平台提交其姓名、地址、有效身份证明、有效联系方式等真实身份信息。具备登记注册条件的，依法办理工商登记。从事网络商品交易及有关服务的经营者销售的商品或者提供的服务属于法律、行政法规或者国务院决定规定应当取得行政许可的,应当依法取得有关许可。

从上面的表述来看,从事网络商品交易及有关服务的经营者与从事网络商品交易的自然人是并列的主体,对从事网络商品交易的自然人实际上采取的是豁免登记的制度。而《电子商务法》采用的是强制登记制度,这一点是值得商榷的,如微商、代购等利用其他网络的电子商务经营者存在登记难的现实问题,可以对以平台为核心的市场准入制度进行相应的设计,如平台内商户的主要义务是向平台提交自己的身份信息和经营信息,平台需要审核这些信息,并将这些信息打包报送给市场监督管理机关,从而实现平台上的实名登记。

2)特殊经营者市场准入制度

因某种商品或服务对消费者的人身和财产有特殊影响,而进行的特殊市场规制,典型的领域如食品、药品、医疗器械以及出版发行等。电子商务特殊经营者市场准入的监管模式包括:①平台免予许可,如食品网络经营。法律法规不作规定,实际上平台可以不必获得许可,也没有专为平台设置的许可。②平台许可或备案,典型的如药品网络经营、餐饮网络经营、医疗器械网络经营等行业。法律法规设置一种特殊的专门针对平台的经营许可证,或是平台需要事先获得备案。③网络出版物的一种特殊模式,单纯平台备案。即具体"商品"的提供者不需要许可或备案,仅平台需要备案。平台有审核商户经营者许可证的义务。但这种审核仅限于形式审核,如何强化后续监管,需要在未来明确。

8.1.4 《电子商务法》的核心内容

电子商务法涉及众多领域,法律体系非常庞杂,既包含传统的民法领域,如《合同法》《中华人民共和国著作权法》(以下简称《著作权法》)《消费者权益保护法》等,又有新的领域,如《电子签名法》《数字认证法》。随着《电子商务法》的出台,电商行业正式有法可依,彻底结束了曾经的"灰色地带",同时也标志着电子商务被国家和法律所认可。

《电子商务法》作为我国第一部关于电子商务领域的基础性、综合性法律,对于保障电子商务各方主体权益、规范电子商务行为、维护市场秩序、促进电子商务行业持续健康发展具有极其重大的意义。其核心内容主要包括以下几方面。

(1)《电子商务法》以线上线下平等为原则,明确了我国电子商务产业的法律地位,其立法的重要任务是解答电子商务这种新的模式、新的业态与传统商务模式之间的关系。《电子商务法》以一系列具体的法律规范,确认了法律面前不同商业模式地位等同的原则。

(2)《电子商务法》规定了电子商务平台经营者、平台内经营者、自建网站经营者以及通过其他网络进行经营活动的电子商务经营者。在此基础上,对不同的电子商务经营者提出了合规经营的基本要求。

(3)《电子商务法》着重对电子商务平台经营者这种新型的电商主体,提出了一系列比较明确具体的要求。这一系列的关于平台责任的规定,明确了中国语境下的电子商务平台经营者法律上的地位。

(4)《电子商务法》重视对消费者保护的规范。在《电子商务法》中,针对电商领域当前突出的消费维权问题做出专门规定。其中,对刷单炒信问题、大数据杀熟问题、强制搭售问题、广告推送问题、快递物流中的交付问题、个人信息保护问题都做出了专门规定。

《电子商务法》是电子商务领域的综合性法律，涵盖电子商务各个环节，其中合同订立与履行、知识产权保护、消费者权益保护、广告等内容涉及多部由市场监管部门主要执行的法律。做好《电子商务法》与其他相关法律法规的衔接工作，是市场监管部门依法履行监管职责，贯彻落实《电子商务法》的前提和关键。

《电子商务法》第二条规定，法律、行政法规对销售商品或者提供服务有规定的，适用其规定。也就是说，现行法律、行政法规中已经有较为成熟、全面的规定，可以延展至电子商务领域适用；如果《电子商务法》根据电子商务特点对同一行为做出补充性规定，应与一般法律规定配套适用。如果《电子商务法》中对同一种交易行为的规定与一般法律规定不一致，则应当根据《中华人民共和国立法法》规定的特别法优于一般法、新法优于旧法的法律适用原则确定。在原有法律规范未对电子商务领域做出特殊规定的情况下，《电子商务法》的规定应当属于特别法，优先于原有法律规范适用；在原有专门法律规范已对某领域电子商务经营行为做出特殊规定的情况下，应当属于特别规定，优先于《电子商务法》中的一般规定。

8.2　电子商务税收制度

8.2.1　电子商务对税收征管的影响

随着经济全球化的发展，电子商务显示出越来越强大的生命力。但同时也对传统的商业经济管理模式和方法形成了巨大的冲击，特别是对现行税制、税收征管、税收法制等提出了全面挑战。事实证明，电子商务征税远比其治理与管辖复杂得多。

电子商务对税收征管的冲击体现在以下三个方面。

（1）纳税主体虚拟化。电子商务作为一种以网络为载体的交易方式，交易双方依托虚拟账户实现和进行交易。同一虚拟账号可以由多个经营者使用；电子商务的发展使得原来的多重流通环节被替代，进口国无法再从中间商那里收取税赋；同时物流企业快速发展，传统交易中的部分纳税主体被替代；此外，随着交易模式的变化，纳税主体也发生了转移，造成了纳税主体难以明确和具体化。

（2）纳税对象模糊化。对交易客体的监管难度增强。监管部门难以判断某交易客体的真实内容和用途，难以判断所界定的征税对象是否准确。

（3）传统税法上的地点和地域不明确。电子商务彻底打破地域限制的特点和网络交易的跨地域性以及物流的快速发展，使传统税收中地域之间的清晰界限模糊化。因此电子商务的税收该如何解决地域的确认问题，成为相关税收制度得以有效运行的关键。树立以"联结"为核心标准的地域管辖观念，引入以网络交易平台所在地的专门机构集中管辖模式，在组织法层面设立专门的、专业化的网络监管机构，赋予其统一的监管管辖权。

8.2.2　电子商务相关税种及其法律规范

电子商务经营者应当依法履行纳税义务，并依法享受税收优惠。依照前条规定不需要办理市场主体登记的电子商务经营者在首次纳税义务发生后，应当依照税收征收管理法律、行政法规的规定申请办理税务登记，并如实申报纳税。

1. 增值税

增值税是以商品在流转过程中产生的增值额作为计税依据而征收的一种商品税。在中华人民共和国境内销售货物或者加工、修理修配劳务，销售服务、无形资产、不动产以及进口货物的单位和个人，为增值税的纳税人，应当依照本条例缴纳增值税。另外还有一种特殊的纳税主体，即小规模纳税人，它是指年销售额在规定标准以下，并且会计核算不健全，不能按规定报送有关税务资料的增值税纳税人。

对于非自然人经营者，因为已完成税务登记，税务缴纳可以完全参照线下规范。自然人经营者应通过电子商务平台完成身份信息认证和登记，从而进一步完成工商登记和税务登记，就可以实现以经营者个人户籍所在地为纳税地点的税收缴纳。与此同时，可参照适用小规模纳税人的相关规范，进一步细化电子商务的自然人经营者的纳税流程。

增值税的征收范围、税率、起征点、申报机关和纳税地点按照《中华人民共和国增值税暂行条例实施细则》执行。

2. 消费税

消费税也称货物税，是以特定的消费品的流转额为计税依据而征收的一种商品税。其纳税人是在中华人民共和国境内生产、委托加工和进口《中华人民共和国消费税暂行条例》规定的消费品的单位和个人，以及国务院确定的销售《中华人民共和国消费税暂行条例》规定的消费品的其他单位和个人。消费税的税目、税率等，依照《消费税税目税率表》执行。

此外，对于跨境电商出口商品，《关于实施支持跨境电子商务零售出口有关政策的意见》提到："对符合条件的电子商务出口货物实行增值税和消费税免税或退税政策。"

3. 关税

关税是以进出关境的货物或物品的流转额为计税依据而征收的一种商品税。其纳税人是进口货物的收货人、出口货物的发货人、进境物品的所有人。跨境电子商务零售进口商品按照货物征收关税和进口环节增值税、消费税，购买跨境电子商务零售进口商品的个人作为纳税义务人，电子商务企业、电子商务交易平台企业或物流企业可作为代收代缴义务人。

传统关税征管主要依靠对单证的核算和检查，而电子商务交易主要依靠电子数据和信息，这对传统税收的征收和监管带来了直接挑战。关税的征收包含在《跨境电子商务零售进口商品清单》内并通过与海关联网的电子商务平台或快递、邮政企业，能够提供交易、支付、物流等电子信息的进口商品。跨境电子商务零售进口商品税收情况依据《关于跨境电子商务零售进口税收政策的通知》执行。

关于电子商务税收问题，美国倾向于采取免税政策，以鼓励电子商务的发展。发展初期，为确保美国电子商务优势地位，禁止对电子商务征收联邦税，指定互联网为免关税区，免征国际关税或其他贸易壁垒。但随着近年来金融危机的爆发，地方政府迫切需要寻找新的税源。根据现行的美国法律，只有当某家零售商在美国某个州有实体店的情况下，该州政府才能向用户征收销售税。而欧盟国家为了保证交易公正和国家税收，要求对电子商务平台征收增值税。

8.2.3　我国电子商务税收立法

1. 电子商务税收立法原则

（1）税收不应干预经济活动的税收中性原则。税收中性旨在使超额负担最小化，其含义包括：①国家征税应使社会所付出的代价以税款为限，尽可能不给纳税人或社会带来其他的额外损失或负担；②国家征税应避免对市场经济正常运行的干扰，特别是不能使税收超越市场机制而成为资源配置的决定因素。体现在电子商务交易中，此领域的税收政策不应影响电子商务的快速发展，尤其在我国的现有市场环境中，电子商务的迅速发展不仅带动了我国整体经济的发展，并且在就业、产业结构转变的方面对我国经济和社会具有不可忽视的意义，在这一背景下，制定电子商务领域的税收政策，要以充分保证电子商务的持续发展为前提。

（2）线上线下税收政策一致的税收中性原则。1996 年 11 月美国财政部颁布了《跨境电子商务税收政策建议》(*Selected Tax Policy Implications of Global Electronic Commerce*)，其中提出在电子商务领域和传统交易领域的税收中性原则，表明税收规则将不会影响市场结构和商业活动。

（3）发达国家与发展中国家一致的税收中性原则。1998 年 10 月联合国经济合作与发展组织在渥太华召开会议，通过了题为《电子商务：税务政策框架条件》的报告，报告中指出，以传统交易为基础而产生的税收制度对快速发展的电子商务领域也应当适用，新的税收政策和法律规则虽然不被排斥，但是其制定和实施要以辅助旧有制度的运行为前提，而不得对电子商务交易征收额外的、歧视性的税收。

2. 我国电子商务税收法律规定

（1）长远来看，为了维持经营主体之间的竞争公平，保证交易公正的基本目标，以及税收公平原则的要求，应当对电子商务经营者适用与传统经营者同等的税收政策。例如，《电子商务法》中明确了电子商务经营主体的纳税义务。

（2）考虑到我国电子商务正处于快速发展和上升阶段，国家应当给予相应的照顾和优惠，在宏观政策上促进电子商务的发展。体现在税收政策上，国家应当提供给电子商务经营者一定程度的税收优惠，而不应完全比照常规交易中旧有的税率。《电子商务法》第十一条规定，电子商务经营者应当依法履行纳税义务，并依法享受税收优惠。

8.3　电子商务中的权益保护

8.3.1　电子商务消费者的基本权益

一般认为，消费者是指为生活需要，购买、使用商品或接受服务的单位或个人，传统上认为消费者限于自然人，但近年来有向法人和其他组织扩展的趋势。

关于电子商务领域的消费者权益保护，目前我国法律中仍以线上、线下统一规定为主。

由于电子商务线上交易具有虚拟性，消费者难以真实了解商品和服务的真实信息，相比于线下交易，权益更容易受到侵害。《消费者权益保护法》《电子商务法》中做出了针对性的规定。

消费者权益保护规则是指保护消费者知情权、合理退货权、获得赔偿权等合法权益，保护消费者个人信息及交易记录的规则。目前，各零售平台根据《消费者权益保护法》相关条款规定，都明确了保护消费者的知情权、获得安全保障的权利、自主选择权、公平交易权、求偿权等基本权利。

1. 电子商务消费者权利

（1）知情权。知悉真情权即消费者知情权，消费关系本质上是合同关系，合同双方应对合同内容明确知悉，意思表示真实一致。消费者知情权是诚实信用原则在消费中的体现，是保护消费者利益的重要权利。

（2）获得安全保障的权利。安全保障权在权利内容上包括生命健康权和财产安全权，同时包括对经营场所的安全保障和出售产品的安全保障要求。同时，线上交易经营者的安全保障义务针对的不再仅是消费者的有形身体、财产，还包括消费者的数据安全和个人信息安全。

（3）自主选择权。自主选择权是指消费者有按照自己意愿，不受强迫或误导，自主选择商品或服务的权利。自主选择权是意思自治原则在消费活动中的体现。线上交易中，要特别防范电子商务网站利用技术手段或消费者不仔细阅读格式合同条款、不熟悉网站功能布局以诱骗、误导消费者等行为。例如，搭售行为在互联网环境中就改头换面，通过默认勾选的方式诱导消费者。

（4）公平交易权。公平交易权是指经营者和消费者进行交易时，应遵循自愿、平等、公平、诚实信用原则。公平交易权是消费者的一项重要权利，也是公平原则、诚实信用原则在消费活动中的体现。判断是否公平的标准，应根据社会公众的一般认知。同时，公平交易并不构成对市场自由的限制，如部分奢侈品价格极高，但只要交易条件公平，消费者自愿购买，就不能认为侵犯了消费者的公平交易权。

（5）求偿权。求偿权是指消费者因购买、使用商品或接受服务而受到人身、财产损害，有权依法获得赔偿，消费者的求偿权是消费者权益的保证。线上和线下交易，消费者都享有求偿权。

（6）依法结社权。《消费者权益保护法》第十二条规定：“消费者享有依法成立维护自身合法权益的社会组织的权利。”中国消费者协会和各地方消费者协会均是依法成立的保障消费者权益的组织，消费者协会对消费者的保护并不局限于线下。但在实践中，线上交易跨地域、跨国境和数量巨大的特点，制约了消费者协会对消费者权益的保护，未来需要发展出专门面向线上消费者的维权组织。

（7）获得知识权。获得知识权是指消费者享有获得有关消费和消费者权益保护方面知识的权利。消费者合法权益保护，不仅要靠法律规范、依法行政监管和消费者组织的监督，消费者自身也应提高权利意识，增强维权能力。

（8）获得尊重权和个人信息保护权。获得尊重权是指消费过程中，消费者的人格尊严应受尊重，个人信息不遭泄露。其中人格尊严包括消费者的名誉权、姓名权、隐私权、肖像权等。线上交易中，卖家必然要获知消费者的部分信息，如何保障消费者的隐私和信息安全是一个重要的课题。

（9）批评监督权。批评监督权是指消费者有权对经营者和消费者权益保护工作进行批评、监督、建议、检举或控告的权利。此外，消费者组织有权对价格行为进行社会监督，常见的如向物价局举报哄抬物价行为等。电子商务的一大特征是平台经营者获得了准监管者的地位。电子商务实践中，消费者批评监督权往往是通过向平台经营者投诉实现的。

2. 消费者权益的维权对象

消费者维护自身合法权益的前提是明确权利主张的对象。根据侵权的不同情况，有时法律会规定某些在侵犯消费者合法权益过程中起到帮助作用的主体承担责任，因此会出现某些生产者、经营者之外的责任主体，消费者可以向他们主张权利。另外，在消费者通过司法途径提起诉讼、仲裁的方式维护权利的情况下，也存在明确被告和法院管辖的问题。

（1）经营者或服务提供者。在商品或服务消费中，经营者往往是侵害消费者权益的直接主体，消费者可以首先向经营者主张权利。

（2）生产者和销售者。在商品或服务消费中，为了保障消费者的求偿权，《消费者权益保护法》特别规定了消费者可以向销售者和生产者要求赔偿。

（3）产品推荐人。产品推荐的责任，一般为机构、团体或个人代言、推荐商品，但涉嫌虚假宣传造成消费者损失时所应承担的责任。

（4）广告经营者、发布者。《消费者权益保护法》规定消费者因受广告欺骗误导而遭受权益损失，广告经营者、发布者不能提供经营者的真实名称、地址和有效联系方式的，应承担赔偿责任（第四十五条）。特别地，关系消费者生命健康的商品或者服务，如食品、药品等，消费者因受广告欺骗误导而遭受权益损失，广告经营者、发布者应与食品生产经营者承担连带责任。（《中华人民共和国食品安全法》第一百四十条。）

（5）电子商务平台提供者、销售者或服务者。针对互联网销售，修订后的《消费者权益保护法》规定了电子商务平台的责任，平台经营者应提供销售者或服务者的真实名称、地址和有效联系方式，换言之应协助消费者维权，否则消费者可以向其主张权利。电子商务平台如果存在过错，则承担连带责任。

如果出现侵犯消费者权益的行为，则可以通过多种途径获得救济。如《消费者权益保护法》规定了消费者获得救济的主要途径，包括与经营者协商和解，请求消费者组织调解，向行政机关投诉，提起仲裁、诉讼。在电子商务中还增加了通过电子商务平台提供的纠纷解决机制解决纠纷这一途径，如电子商务平台站内维权、请求消费者协会调解等。

8.3.2　电子商务中的个人信息保护

在数字经济时代，个人信息已经成为一种重要的经济资源。电子商务企业在经营过程中，基于客户信息完成企业经营决策，以提高决策的科学性与有效性。但在利益驱动下，各种非法收集、买卖、窃取等滥用个人信息的行为频繁发生，这不仅给消费者造成了财产损失，甚至带来了人身损害，在一定程度上放大了电子商务交易活动的社会风险。因此，用户的个人信息如何保护应是电子商务法的主要问题。

1. 个人信息保护概念

2017年6月1日正式施行的《网络安全法》在现行网络信息安全管理有关制度和实践的基础上，强化了对数据安全和个人信息保护的规定，奠定了数字经济时代个人信息安全的坚实法律基础。《网络安全法》第七十六条第五款对"个人信息"作了明确定义，并列举了部分个人信息种类："个人信息，是指以电子或者其他方式记录的能够单独或者与其他信息结合识别自然人个人身份的各种信息，包括但不限于自然人的姓名、出生日期、身份证件号码、个人生物识别信息、住址、电话号码等。"其他法律法规如《电信和互联网用户个人信息保护规定》《互联网企业个人信息保护测评标准》定义相似。个人信息概念的核心是个人身份的可识别性，即通过这些信息就可识别出唯一特定的个人。

最高人民法院《关于审理利用信息网络侵害人身权益民事纠纷案件适用法律若干问题的规定》中没有直接定义"个人信息"，而是在第一条中规定了利用信息网络侵害人身权益的权利范围，包括姓名权、名称权、名誉权、荣誉权、肖像权、隐私权等人身权益。同时在第十二条列举了一些常见的个人信息形式，包括基因信息、病历资料、健康检查资料、犯罪记录、家庭住址、私人活动等个人隐私和其他个人信息。

欧盟在《一般数据保护条例》第四条中，将个人信息定义为："已识别到的或可被识别到的自然人（'数据主体'）的各种信息。特别是指向数据主体的姓名、身份识别号码、定位数据、在线身份或者一项或多项特征，明确指向自然人的物理的、心理的、基因的、精神的、经济的、文化的或社会的身份。"条文中使用的概念是"个人数据"（personal data），但在定义中将其定义为"信息"（information），可见《一般数据保护条例》的保护对象重在信息的载体——数据。

2. 个人信息权利的内容

《网络安全法》第四十一条第一款规定："网络运营者收集、使用个人信息，应当遵循合法、正当、必要的原则，公开收集、使用规则，明示收集、使用信息的目的、方式和范围，并经被收集者同意。"明确了个人信息收集、保存和使用的原则，即合法、正当、必要和知情同意。

在四十一条第二款更具体地规定了这些原则："网络运营者不得收集与其提供的服务无关的个人信息，不得违反法律、行政法规的规定和双方的约定收集、使用个人信息，并应当依照法律、行政法规的规定和与用户的约定，处理其保存的个人信息。"

从以上个人信息收集使用的原则中，可以总结出网络用户在个人信息权利的两项内容：①对信息收集、使用方式的知情同意权；②个人信息不被泄露及滥用的权利。对应的是网络运营者的三项义务：①依法收集用户信息的义务；②对用户信息的保密义务；③信息数据安全保障义务。这里的保密义务主要是指不得违法主动出售、泄露、篡改、销毁信息，而安全保障义务则指采取必要措施防止信息泄露。

此外,《网络安全法》《电信和互联网用户个人信息保护规定》等法律法规还对网络个人信息的收集、使用的具体流程作了规定。

3. 域外个人信息保护立法

欧盟各国对个人信息保护的权利基础理解不同,个人信息保护立法也有不同的模式。欧盟将个人信息规定为一种独立的权利,其立法也采取的是集中立法模式。而美国更重视市场调整和行业自律,除了前面提到过的隐私权范围内的个人信息,采取的是在各个行业领域分散立法的模式。

欧盟个人信息保护立法采取集中立法的模式,欧盟议会于2016年4月14日通过了《一般数据保护条例》(*General Data Protection Regulation*),并于2018年5月25日在欧盟成员国内正式生效实施。在此之前,欧盟的个人信息保护立法是《欧洲数据保护指令(95/46/EC)》。《一般数据保护条例》堪称有史以来最严格的个人信息权利保护规范,关于个人信息权利的主要内容,《一般数据保护条例》也将"知情同意"作为个人信息保护最核心的原则,并具体规定了知情和同意的主要内涵。除了同意,个人信息权利的另一个主要内容是"知情",其措辞为"信息透明度及其形式"。此外,除了同意权、知情权,数据主体权利还包括其他一些个人信息权利,这些权利贯穿了数据传输、使用、处理的全部过程,如访问权、纠正权、删除权、限制处理权、移植权、拒绝权和自主决定权。

美国对个人信息采取了积极利用的态度。在监管上采取行业自律的模式,更符合高效、便捷、与时俱进的市场需求。只对政府收集、处理、使用个人信息采取立法规制,个人信息保护立法采取的则是分散的模式,即在各领域分别对个人信息保护加以规定,总体上放在隐私权的权利项下予以保护。整体的隐私权保护在美国主要依据的是1974年的《隐私权法》。该法适于联邦政府对个人信息的处理,而不适于州政府和私营部门。该法规定联邦政府机构应当尽可能直接向相关的个人收集和持有相关且必要的个人信息,应保持信息的准确和完整记录,并赋予个人查询和纠正其信息记录的权利,同时应采取安全措施确保个人信息的安全。

4. 个人信息权利与隐私权的关系

保护个人信息的权利基础,不同国家的立法实践和学术理论有不同的理解。在美国,个人信息不被滥用和非法披露属于隐私权的一部分。但也有学者认为个人信息是一种财产权益,个人信息保护的权利基础应当是财产权。欧盟立法将个人信息权利规定为公民的一项基本权利,属于人格权的范畴。我国立法明确了个人信息权利的界限,将个人信息获得保护规定为一项独立的权利,与隐私权相区别。

隐私权和个人信息权的主要共同点包括:①两者的权利主体都仅限于自然人,而不包括法人;②两者都体现出个人对其私人生活的自主决定;③两者在客体上存在关联,不希望被他人获知的个人信息属于隐私,部分个人信息的保护客体也属于隐私的范畴;④侵权后果存在竞合性,披露隐私个人信息可能导致两种侵权责任的竞合。

但隐私权和个人信息权在内涵、外延上都存在差异,主要包括以下几个方面。

（1）权利属性的区别。从权利属性上看，隐私权主要体现的是人格利益，侵害隐私权主要导致的是精神损害。而个人信息权属于集人格属性和财产属性于一体的综合性权利，在市场经济社会具有明显的经济价值。隐私权是一种消极的、防御性的权利，在该权利遭受侵害之前，个人无法积极主动地行使权利，而只能在遭受侵害的情况下请求他人排除妨害、赔偿损失等。而个人信息权除被动防御，权利人的个人信息即使未受到侵害，也有权请求行为人更改或删除其个人信息，因此，个人信息权是一种能动的、积极的控制权利和利用权。

（2）权利客体的区别。在客体上，隐私权和个人信息权并不完全重合。隐私主要是一种私密性的信息或私人活动，而个人信息注重的是身份识别性。有的个人信息经本人同意公开，不属于隐私；有的隐私内容并没有形成信息。

（3）权利内容的区别。隐私权的内容主要包括维护个人的私生活安宁、个人私密不被公开、个人私生活自主决定等，注重保护个人不受干扰的状态。而个人信息权更注重对个人信息的支配和自主决定。

（4）保护方式的区别。首先，对个人信息的保护应侧重于预防，而对隐私的保护则侧重于事后救济。因为个人信息不仅仅关系到个人利益，还有可能涉及公共利益、公共安全，而隐私则更多的是涉及个人，并不涉及公共利益或公共安全。其次，隐私权侵害主要采取精神损害赔偿的方式，而个人信息权也可采用财产救济的方式。

8.3.3　电子商务经营者的义务

电子商务法律关系中双方当事人的权利与义务是对等的。电子商务经营者义务的履行是网络消费者实现权利的前提。

（1）遵守法律法规、履行合同的义务。《消费者权益保护法》规定了经营者从事经营活动的基本原则，包括依法履行义务，遵守法律法规，恪守社会公德、诚信经营等。这也是诚实信用原则的具体体现。显然，线上和线下的交易都应遵循这些原则，如《商务部关于规范网络购物促销行为的通知》也确认了这一基本原则。

（2）接受消费者监督的义务。这项义务与消费者批评监督义务相对应。消费者对经营者的监督是全方位的，包括对提供商品或服务的合法性、质量，价格的合理性等各个方面。经营者接受监督的方式还包括听取消费者的意见，如邀请消费者代表实地参观，听取消费者反馈等形式。

（3）保障人身和财产安全的义务。这项义务与消费者的人身安全保障权相对应，即经营者有保障消费者人身财产安全的义务。因为如果商品的缺陷非常严重，可能会危及消费者人身、财产安全，《消费者权益保护法》第十九条还规定了缺陷信息报告、告知和召回的义务。

（4）提供真实信息的义务。经营者提供真实信息的义务与消费者的知情权对应，即经营者应向消费者提供有关商品或服务的真实信息。具体而言，提供真实信息的义务又包括两个方面：一是不能做出夸大事实的虚假宣传；二是不能隐瞒商品、服务的缺陷信息。除了信息本身的真实性，经营者提供信息的方式要适当，信息的载体应是直观易见的。

（5）出具购物凭证和服务单据的义务。发票等购物凭证或服务单据具有合同证明、税务管理、账目管理等多种功能，对维护消费者合法权益，监管经营行为有重要意义。电子化的购物凭证或者服务单据，可以作为处理消费投诉的依据。

（6）保证商品、服务质量的义务。《消费者权益保护法》规定了经营者的产品质量保证义务，即经营者向消费者提供的商品或服务，应保证合法并具有相应的质量与性能。《消费者权益保护法》修订后针对网购、电视购物和电话购物规定了无理由退货义务，除了某些退货后影响销售的商品，消费者有权无理由退货。

（7）公平交易义务。经营者的公平交易义务是指在与消费者进行交易时，应公平地确定双方的权利义务。《消费者权益保护法》中关于经营者公平交易义务的主要内容包括：第一，经营者不得不当免责；第二，价格公道；第三，计量准确；第四，不得进行不正当竞争。

（8）尊重消费者人格权的义务。尊重消费者人格权的义务与消费者人格受尊重的权利对应。由于线上交易需要通过物流完成，经营者必然要获悉消费者部分个人信息。为此，《网络安全法》《消费者权益保护法》修订规定了对消费者个人信息的保护内容，规定信息采集应经消费者同意，并严格保密，不得泄露。对个人信息的保护，一个重要的目的就是避免出现侵犯消费者人格权的行为。

8.4　电子合同与电子签名

8.4.1　电子合同概述

电子商务作为数字经济时代高度活跃的领域，纠纷和问题也就产生得更多，电子合同作为依托于数字技术而诞生的新兴产物，对传统合同法的原有框架发起了一定的冲击。为适应现有的互联网交易环境，中国在立法层面做出了相应的回应。例如，《电子签名法》和《民法典》是数字经济时代民事权益保护的基础，它对电子合同的意思表示、订立与成立做出规制，2019 年 9 月 1 日施行的《电子商务法》对电子合同进行了补充和完善。

1. 电子合同的概念

广义的电子合同，是指平等民事主体之间通过互联网等信息网络设立、变更、终止民事权利义务关系的协议，既包括为电子商务活动（经营性、营利性）所签订的协议，也包括为非经营、非营利性活动所签订的协议。狭义的电子合同，仅指电子商务合同，即在电子商务中，平等民事主体之间通过电子形式设立、变更、终止民事权利义务关系的协议。本书对电子合同作狭义理解，仅研究电子商务合同。

2. 电子合同的特点

电子合同虽然也是对合同当事人权利和义务做出约定的文件，但因为其载体和操作过程不同于传统书面合同，所以其具有自身的一些独特性，具体表现如下。

（1）合同形式电子化。电子合同区别于传统的纸质书面合同，当事人可以直接通过电子邮件和电子数据等在网络上签订合同，以明确双方权利义务关系。

（2）原件与复制件难以直接区分。电子合同所载信息是数据电文，不存在原件与复印件的区别，无法用传统的方式进行签名和盖章。

（3）合同的订立以"非面对面"方式为主。传统合同的订立发生在现实世界里，交易双方可以面对面进行协商；而电子合同的订立发生在虚拟空间中，交易双方一般互不见面，甚至不能确定交易相对人，其身份仅依靠密码的辨识或认证机构的认证。

（4）合同成立和生效方式具有新颖性。在电子合同中，表示合同成立的传统的签字盖章方式被电子签名所代替。一般认为，电子合同采取到达生效的原则更为合理，联合国《电子商务示范法》同样采取这种做法。

（5）格式合同、格式条款广泛运用。格式合同、格式条款的广泛运用节省了反复磋商的时间，可以在一定程度上降低商家与消费者之间的交易成本，提高交易效率。如"点击合同"，用户只要点击"确认""YES""我同意"或者相类似的按钮就可以进入合同签订的下一步，或者直接就决定合同成立。

8.4.2 电子合同的成立与生效

电子合同的成立，是指当事人之间通过电子意思表示对合同的主要条款达成合意而建立电子合同关系。根据我国《民法典》第三篇合同编制的相关规定，合同依法成立的要件之一是合同当事人经过要约和承诺两个阶段，并达成一致的意思表示。因此，电子合同的订立也表现为意思表示交互进行的要约与承诺过程。

要约又称发盘、发价或报价等。电子合同的要约是指表意人通过网络发出希望与他人订立合同的意思表示。该意思表示应当符合下列规定：①内容具体确定；②表明经受要约人承诺，要约人即受该意思表示约束。

承诺又称为接受或接盘。根据《民法典》第四百七十九条的规定："承诺是受要约人同意要约的意思表示。"要约经受要约人承诺，表明当事人之间达成协议，合同即宣告成立。通过网络做出承诺，一般都是针对网络上发出的要约而做出的。承诺人既可以电子邮件的形式，也可以点击的方式做出承诺。

对于附带期限要求的要约，《民法典》第四百八十二条规定："要约以信件或者电报作出的，承诺期限自信件载明的日期或者电报交发之日开始计算。信件未载明日期的，自投寄该信件的邮戳日期开始计算。要约以电话、传真、电子邮件等快速通讯方式作出的，承诺期限自要约到达受要约人时开始计算。"

《民法典》第四百八十三条规定："承诺生效时合同成立，但是法律另有规定或者当事人另有约定的除外。"同时第四百八十四条规定："以通知方式作出的承诺，生效的时间适用本法第一百三十七条的规定。承诺不需要通知的，根据交易习惯或者要约的要求作出承诺的行为时生效。"

《民法典》第四百九十一条规定："当事人采用信件、数据电文等形式订立合同要求签订确认书的，签订确认书时合同成立。当事人一方通过互联网等信息网络发布的商品或者服务信息符合要约条件的，对方选择该商品或者服务并提交订单成功时合同成立，但是当事人另有约定的除外。"电子合同主要通过网络进行，鉴于信息网络中数据传输的瞬时性以及网络数据内容的变动性，为了确保电子合同交易的安全，合同成立之前的确认具有一定实践意义。同时《民法典》的规定又尊重电子商务交易习惯，规定电子商务经营者发布信息条件符合要约要求时，买方提交订单成功合同即成立，也简化了众多电子合同的订立过程。

对于合同成立的地点，《民法典》第四百九十二条规定："承诺生效的地点为合同成立的地点。采用数据电文形式订立合同的，收件人的主营业地为合同成立的地点；没有主营业地的，其住所地为合同成立的地点。当事人另有约定的，按照其约定。"第四百九十三条规定："当事人采用合同书形式订立合同的，最后签名、盖章或者按指印的地点为合同成立的地点，但是当事人另有约定的除外。"这一规定既遵守"到达主义"原则，又明确说明不同合同订立方式下合同成立地点的确定方法，具有极强的实践指导价值。

8.4.3 电子签名的法律效力

电子合同依赖电子签名存在，电子签名是电子合同实现的技术方式，电子合同是电子签名的载体，两者存在着密切的关系。

1. 电子签名的定义

《电子签名法》第二条规定了电子签名的定义："本法所称电子签名，是指数据电文中以电子形式所含、所附用于识别签名人身份并表明签名人认可其中内容的数据。"同时进一步界定："本法所称数据电文，是指以电子、光学、磁或者类似手段生成、发送、接收或者储存的信息。"

联合国国际贸易法委员会《电子签名示范法》第二条也对电子签名进行了类似规定，电子签名系指在数据电文中，以电子形式所含、所附或在逻辑上与数据电文有联系的数据，它可用于鉴别与数据电文相关的签名和表明签名人认可数据电文所含信息。

一方面，电子签名与传统签名相比具有共同特征，如签字方不能否认，他人不能伪造，能够检验真伪等。另一方面，电子签名也有自己独有的特征：①电子签名必须借助计算机系统的解密程序进行鉴别，只有通过显示器等电子设备才能显示出来；②电子签名不需要签名者亲自出现在交易现场；③电子签名存在多种形态，如基于公钥密码技术的数字签名技术。

2. 电子签名的效力

《电子签名法》第十四条对可靠电子签名的效力进行了规定："可靠的电子签名与手写签名或者盖章具有同等的法律效力。"

《电子签名法》第十三条对可靠的电子签名进行了明确规定：①电子签名制作数据用于电子签名时，属于电子签名人专有；②签署时电子签名制作数据仅由电子签名人控制；③签署后对电子签名的任何改动能够被发现；④签署后对数据电文内容和形式的任何改动能够被发现。当事人也可以选择使用符合其约定的可靠条件的电子签名。符合上述条件的，均被视为可靠的电子签名。

总之，确认电子签名法律效力问题的关键还是各国的法律规定。《美国统一商法典》对"签名"的概念采用了扩大解释方法，该法典规定：签名包括当事人意图认证一份书面材料时所作的或所使用的任何符号。这样一来，电子签名便被包含在该规定中。德国在其

1997年6月的《德国多媒体法》中也确认了数字签名的法律效力。《联合国海上货物运输公约》第十四条规定："提单上的签名可以用手写、印摹、打孔、盖章、符号或者在不违反提单签发地所在国的法律规定的前提下，用任何其他机械的或者电子的方法。"

8.4.4 电子合同的履行

电子合同的履行是债权人全面地、适当地完成其合同义务，债权人的合同债权得到完全实现，如交付约定的标的物，完成约定的工作并交付工作成果，提供约定的服务。

1. 电子合同履行方式

电子合同履行主要包括线上履行和线下履行两种方式。交易中一方可以根据情况选择线上履行或者线下履行，也可以一部分采用线上履行方式，另一部分采用线下履行方式。采用何种履行方式一般是根据商品或者服务的性质及双方约定而定的，如电子支付、电子认证、音乐下载、电子图书下载、在线维修等一般采用线上履行（在线交付）的方式。

从电子商务实践来看，快递配送、O2O 服务、现场维修服务等一般采用线下履行的方式，而软件、数据产品的交付和服务已经从线下履行转为以线上履行为主。

2. 电子合同的交付时间

（1）电子合同当事人约定交付时间的，从其约定。这是《民法典——合同编》的一般规则，体现的是私法自治、合同自由原则。

（2）根据《电子商务法》的规定，合同标的物为商品并采用快递物流方式交付的，交付时间为收货人的签收时间。其中，收货人可以是买方也可以是买方指定的第三方或者合同约定的接收交付的其他主体。值得注意的是，快递物流服务提供者为电子商务提供快递物流服务时，应履行提示、查验义务，收货人也享有验收的权利。

（3）合同标的是服务而非商品等，交付时间为生成电子凭证或者实物凭证中载明的时间，或者前述凭证没有载明时间或者载明的时间与服务时间提供不一致的，实际提供服务的时间为交付时间。

（4）依据《电子商务法》的规定，电子商务合同约定采用在线传输方式交付标的物的交付时间为合同标的进入对方当事人指定的特定系统并且能够检索的时间为准。进入对方当事人指定的特定系统的交付时间与《民法典》《电子签名法》所规定的数据电文接收到达与生效时间相同。但是增加了对方当事人能够检索识别这样的规定，这更有利于在线传输方式交付时间的判断。

（5）电子合同交付方式约定不明确的，可以参照《关于审理买卖合同纠纷案件适用法律问题的解释》第五条：标的物为无需以有形载体交付的电子信息产品，当事人对交付方式约定不明确，且依照合同法第六十一条的规定仍不能确定的，买受人收到约定的电子信息产品或者权利凭证即为交付。

3. 电子合同风险分担

电子合同履行过程中，关于风险的分担问题。因为电子商务多数商品交易都涉及跨地域的问题，标的物的线下交付都需要物流快递的完成，这些标的物在运输途中就面临因为各种原因毁损、灭失的风险。《民法典》规定，标的物毁损、灭失的风险，在标的物交付之前由出卖人承担，交付之后由买受人承担，但法律另有规定或者当事人另有约定的除外。可见，风险负担和转移以标的物是否交付为标准。在电子商务交易活动中，由于商品的交付都需要快递，因此该问题转化为风险自卖家发货时转移还是自买家收货时转移。合同标的物为商品并采用快递物流方式交付的，交付时间为收货人的签收时间，因此，电子商务经营者应当承担自消费者交付商品过程中直至签收前全部的责任与风险。

另外，《电子商务法》明确了风险转移规则，该法指出电子商务经营者应当按照承诺或者与消费者约定的方式、时限向消费者交付商品或者服务，并承担商品运输中的风险和责任。但是，消费者另行选择快递物流服务提供者的除外。

8.5 电子商务中的知识产权保护问题

知识产权保护是电子商务行业发展亟须解决的问题，知识产权保护问题甚至可以说是电子商务产业发展面临的最大挑战，不解决好网络交易中的侵害知识产权问题，电子商务产业的发展将永远蒙着一层"阴影"。

知识产权保护规则是指保护知识产权、防止仿冒商品的规则。因商业模式不同，各类平台规则对于知识产权保护的关注点也不同。概括来说，网络零售平台、众筹平台主要规定站内商户、众筹项目发起人侵犯第三人知识产权的问题。团购平台和生活服务平台主要规定用户发布在平台上的信息的著作权归属问题。此外，还有平台本身的知识产权保护问题。总体来看，知识产权主要包括著作权、商标权、专利权等，知识产权保护法的目的在于平衡冲突双方，即公众与个人的利益。公众利益是指公众共享发明、艺术、音乐、文学作品等知识产品，个人利益是指创造者本人对其作品在一定时期内拥有的独占权，并据此获得报酬。随着互联网和电子商务技术的不断发展，双方的利益平衡受到了新的挑战，网络知识产权的法律保护问题也越来越受到关注。本节从著作权、商标权、专利权等领域探讨知识产权的保护问题。

8.5.1 著作权保护

1. 著作权的概念

著作权是自然人、法人或其他组织对文学、艺术和科学作品依法享有的财产权利和精神权利的总称。在我国，一般认为著作权包括人身权和财产权两部分。其中的人身权又称精神权利，指作者享有的与其人身密不可分的权利。而著作财产权来自对文学艺术作品的商业性利用的利益，是作者及其他著作权人对作品依法享有的使用和获取报酬的权利。

根据《著作权法》第二条第一款，在我国，著作权自作品创作完成时自动取得，不论是否发表，也无需特别注册。

2. 著作权的对象

著作权保护的是具有独创性的作品。《中华人民共和国著作权法实施条例》第二条规定：“著作权法所称作品，是指文学、艺术和科学领域内具有独创性并能以某种有形形式复制的智力成果。”

著作权意义上的作品有以下三个特点。

（1）具有独创性的智力成果。因此节目单、课程表、日历等具有一定内容的成果，尽管也需要花费一定的智力劳动，但任何人经过一定的训练都会给出同样的结果，不具有独创性，不受著作权法保护。

（2）作品应是思想、情感的有形表达。著作权保护的是思想的表达而不是思想本身，因此思想、原则、概念、创意等无形的智力成果不是著作权保护的对象，也不存在“无形的作品”。在电子商务中，商业模式、商业创意不属于知识产权保护的对象。

（3）作品应属于文学、艺术和科学领域。因此产品设计和技术发明，虽然也具有审美价值，但由于其偏重实用价值或辨识价值，因此不是著作权意义上的作品，但可能通过专利加以保护。

3. 著作权的内容：人身权和财产权

《著作权法》第十条规定：著作权包括人身权和财产权。人身权包括作者对其作品的发表权、署名权、修改权和保护作品完整权。著作财产权则包括复制权、发行权、出租权、展览权、表演权、放映权、广播权、信息网络传播权、摄制权、改编权、翻译权、汇编权以及应当由著作权人享有的其他权利。

其中，信息网络传播权是与电子商务最直接相关的著作权。根据《著作权法》第十条，信息网络传播权是指以有线或者无线方式向公众提供作品，使公众可以在其个人选定的时间和地点获得作品的权利。信息网络传播的主要特点是它依用户的请求而发生，其播放时间和地点由用户确定，因而在市场效果上，消费者也就可能不再去购买作者的图书或 DVD 等音像载体，也可能不去电影院欣赏电影或购买在线播放许可，从而使作者的作品市场（包括许可市场）受到持续的消极影响。换句话说，信息网络传播权这种可以保证消费者“想看就看”的权利，是提供音视频节目、文化产品的电子商务平台的基础。

4. 著作权侵权行为和责任

1）著作权侵权行为类型

《著作权法》列举了十一类侵犯著作权的侵权行为，按照侵犯的权利，可以分为侵犯著作权人身权和侵犯著作权财产权两类。《著作权法》也规定了利用互联网侵犯著作权的行为。

2）著作权的限制

与其他权利类似，著作权也不是绝对的。著作权的限制包括“合理使用”和“法定许可”。其中，“合理使用”指“自然人、法人或其他组织根据法律规定，可以不经著作权人许可，使用他人已经发表的作品，不必向著作权人支付报酬的制度”。“法定许可”指“自然人、法人或其他组织根据法律规定，可以不经著作权人许可，使用其版权作品的作品，但应当按照规定支付报酬的制度"。信息网络传播权人可以通过事先声明，避免自己的作品被合理使用或法定许可使用。

5. 电子商务中的著作权保护

电子商务领域侵犯著作权的一个突出的问题是利用技术手段进行侵权，即技术侵权。《信息网络传播权保护条例》特别禁止了破坏、避开技术保护措施，侵犯信息网络传播权的行为。

《著作权法》第四十八条第七项规定，删除权利管理电子信息属于侵犯著作权的行为。日常生活常见的权利管理信息有书籍、刊物的版权页面，权利管理电子信息有网站给上传的图片自动打上的水印等。值得注意的是，目前我国《著作权法》和《信息网络传播权保护条例》都只保护电子形式的权利管理信息。

平台用户利用网站提供的存储空间存储侵权信息或传输侵权信息，对于平台是否也要承担间接侵权责任的问题，在《信息网络传播权保护条例》中做了规定。在《信息网络传播权保护条例》中，一共有三条规则体现了电子商务平台负担的特殊义务，分别适用于自动接入服务、临时复制和存储空间服务三种情况。首先，自动接入服务一般指那些只提供链接的网站或平台，如在搜索引擎上搜索歌曲，进入搜索结果页面下载。按照《信息网络传播权保护条例》第二十条的规定，只要满足规定的两个条件，当这些链接中出现侵权结果时，平台不需要承担间接侵权责任。其次，关于临时复制是否构成著作权意义上的复制，有复制肯定说和复制否定说两种说法。《信息网络传播权保护条例》指出临时复制只要满足了一定的条件就不属于复制。比如，目前市面上的各音乐网站或移动互联网 APP 提供的付费下载服务，即免费用户只能在线欣赏，只要音乐网站或 APP 的运营人采取了适当的技术手段，避免用户提取在线欣赏时的缓存，即可免于承担侵权责任。最后，《信息网络传播权保护条例》对于存储空间服务的免责情况进行了规定，免责的关键是信息存储空间提供者有没有能力和义务主动识别在其提供的空间中存储的信息是否包含侵权信息。

8.5.2　商标权保护

1. 商标权的概念和范围

商标权又称商标专用权，是指"商标所有权人在法律规定的有效期内，对其经商标管理机关核准注册的商标所享有的独占地、排他地使用和处分的权利"。

根据《中华人民共和国商标法》（以下简称《商标法》），商标重要的特征是能够与其他商品相区别，商品标记需要具有可视性的以及符合法定条件的要素才能注册为商标，商标是依附于商品或者服务存在的，商标标记具有排他性。制定《商标法》，一方面保护市场中消费者的利益，确保其付款后能得到符合期待的货真价实的商品和服务，另一方面，保护商标所有者免于商标剽窃和盗用。

在电子商务中，除商标之外，还有几类重要的商业标记，如域名、网店名称等。域名侵权经最高人民法院认定明确属于商标权侵权。网店名称类似传统商业中的商号，同商标一样也具有识别性和独特性。商号和商标可以相互转化，商号通过商标注册可以成为商标。在我国，商号保护的法律依据主要是《企业名称登记管理规定》，其中规定了商号侵权的情形。一般认为，商标一经登记就在全国范围内受到保护，而除驰名商号外，商号仅在注册登记的区域内受到保护。网店名称的情况与此类似，虽然不是商标，但同样具有独特性和可识别性，应当受到保护。目前淘宝网已经通过交易规则明确"入驻品牌相同或相似类目下，不得发布与该品牌文字、图形等要素或其各要素组合后的整体结构构成相同或近似的品牌信息"。如果同名网店处于不同电子商务平台，可以通过《反不正当竞争法》中禁止商业混淆的规则维护店名权益。

2. 商标权侵权行为

《商标法》第五十七条规定：有下列行为之一的，均属侵犯注册商标专用权：①未经商标注册人的许可，在同一种商品上使用与其注册商标相同的商标的；②未经商标注册人的许可，在同一种商品上使用与其注册商标近似的商标，或者在类似商品上使用与其注册商标相同或者近似的商标，容易导致混淆的；③销售侵犯注册商标专用权的商品的；④伪造、擅自制造他人注册商标标识或者销售伪造、擅自制造的注册商标标识的；⑤未经商标注册人同意，更换其注册商标并将该更换商标的商品又投入市场的；⑥故意为侵犯他人商标专用权行为提供便利条件，帮助他人实施侵犯商标专用权行为的；⑦给他人的注册商标专用权造成其他损害的。

侵权人根据侵权程度的不同，可能承担民事责任、行政责任或刑事责任。而为侵权商品提供网络商品交易平台的电子商务平台属于第六项规定的"提供便利条件"（《商标法实施条例》第七十五条）。因此电子商务平台经营者同样可能因站内商户侵犯商标权承担民事责任、行政责任和刑事责任。

3. 电子商务中的商标权保护

1）将他人商标注册为域名

域名侵权是电子商务领域所特有的侵权形式。目前来看，常见的域名侵权包括"利用相似域名混淆他人域名"和"将他人的注册商标注册为域名"两类，前一种纠纷目前主要依据《反不正当竞争法》进行规制。而后一类侵权行为，根据《最高人民法院关于审理商标民事纠纷案件适用法律若干问题的解释》的规定："将与他人注册商标相同或者相近似的文字作为企业的字号在相同或者类似商品上突出使用，容易使相关公众产生误认的；复制、摹仿、翻译他人注册的驰名商标或其主要部分在不相同或者不相类似商品上作为商标使用，误导公众，致使该驰名商标注册人的利益可能受到损害的；将与他人注册商标相同或者相近似的文字注册为域名，并且通过该域名进行相关商品交易的电子商务，容易使相关公众产生误认的"，属于《商标法》第五十二条第（五）项规定的给他人注册商标专用权造成其他损害的行为，应当承担侵权责任。

2）将他人商标注册为搜索关键词

将他人的注册商标注册为搜索关键词的行为是电子商务领域中另一种特殊的商标

侵权行为。这里的搜索关键词是指搜索引擎和电子商务平台的搜索关键词,用户输入这一关键词,就可以得到相关的搜索结果。因此出现了一种新的侵权行为,是将他人的商标注册为自己网页的搜索关键词,当消费者搜索该商标时,就链接到自己的网页,以此分享商标的知名度。

8.5.3 专利权保护

1. 专利权的概念、范围

专利是指专利权人在法定期限内对其发明创造成果所享有的专有权利,是国家专利管理机关依照法律规定和法定程序,授予专利申请人对某项发明创造享有在法定期限内的独占实施权。相对于著作权和商标权,专利权的专有性更强,地域性特征更加突出,获得权利的条件更加严格。

根据《中华人民共和国专利法》第二条做出的规定和定义,专利可以分为:①发明专利,即对产品、方法或者其改进所提出的新的技术方案;②实用新型专利,即指对产品的形状、构造或者其结合所提出的适于实用的新的技术方案;③外观设计专利,即对产品的整体或者局部的形状、图案或者其结合以及色彩与形状、图案的结合所做出的富有美感并适于工业应用的新设计。

一般认为专利必须具有新颖性、创造性和实用性,由于专利需要经过专门的政府管理部门公开和审核才能授予,电子商务对专利的概念和特征的影响不大,最主要的影响在于随着电子商务的发展,某些原先不能被授予专利的事物也开始被纳入到授予专利的范围,最典型的就是计算机软件和商业方法。

2. 专利权内容

专利权的内容包括:①实施独占权,对发明的实施独占权利是专利权人最主要的权利,其他权利均由此派生。②实施许可权,是指专利权人享有许可他人实施专利的权利。③转让权,是指专利权人可以根据自己的意志依法将专利的所有权转让给他人的权利,专利申请权和专利权均可转让。但向外国自然人、法人或其他组织转让的,应当按照法律法规办理手续。专利转让后,原专利人不再享有专利权或专利申请权。④标记权,是指专利权人享有在其专利产品或者该产品的包装上标注专利标记和专利号的权利。其意义在于提高发明创造的知名度,并在一定程度上防止假冒产品。⑤专利权丧失的情况有两种:一是没有按照规定缴纳年费;二是专利权人以书面声明放弃权利。

3. 专利侵权行为

专利侵权行为包括:①未经许可实施他人专利行为。这类专利侵权行为必须满足两个条件:未经权利人许可和以生产经营为目的。②假冒他人专利行为。通过假冒或引起混淆的方法,使公众误认为其生产或销售的产品使用了他人的专利。这类专利侵权行为指侵害了专利权人的标记权。③冒充专利。如以非专利产品冒充专利产品、以非专利方法冒充专利方法,这种行为扰乱了专利管理秩序,利用公众"专利商品属于高新技术产品"的心理谋取不正当利益,一般应承担行政责任。

除法律明确规定之外，在理论上和实践中还存在两种侵权行为：①过失假冒，即指行为人本意是冒充专利，随意杜撰一个专利号，而碰巧与某人获得的某项专利的专利号相同。②反向假冒，即指行为人将合法取得的他人专利产品，注上自己的专利号予以出售，这种行为虽不构成"假冒他人专利"，但事实上侵害了合法专利权人的标记权，仍是一种侵权行为。

4. 电子商务中的专利权保护

电子商务领域的专利侵权，主要存在的侵权行为是网上销售假冒的专利产品。目前，我国针对电子商务领域的专利权保护法律法规，专利权保护仍以"通知—删除"规则为基础。

国家知识产权局发布的《电子商务领域专利执法维权专项行动工作方案》（以下简称《方案》）中有针对电子商务专利权保护的特殊安排。按照《方案》要求，国家知识产权局、地方知识产权局和各维权中心进行了合理分工，在全国形成责任明确、重点突出、协调联动的工作网络。在工作方式上，根据侵权行为的明显程度，有不同的处理。明显的侵权行为，应当快速删除或屏蔽产品链接；较为复杂的侵权行为，应参照侵权判定咨询意见书，尽快删除或屏蔽侵权产品链接；复杂的专利侵权行为，根据调解书或处理决定，及时删除或屏蔽侵权产品链接、关闭网店。

8.6 电子商务争议解决

8.6.1 电子商务争议解决概述

1. 争议解决机制的定义

发展至今，电子商务平台多数已发展出平台自己的争议解决机制，以在平台内部解决电子商务交易中的纠纷。广义的争议解决机制指相关当事人投诉或质询的机制；狭义的争议解决机制是指允许当事人直接在平台上提起类似诉讼的维权程序，由平台对争议进行裁判，并自动在平台上执行有关裁决的机制。但也存在电子商务平台的争议解决机制并不能有效解决的电子商务交易纠纷，以及因电子商务交易而利益受损的第三人提起的纠纷问题。《电子商务法》第六十条规定：电子商务争议可以通过协商和解，请求消费者组织、行业协会或者其他依法成立的调解组织调解，向有关部门投诉，提请仲裁，或者提起诉讼等方式解决。

《电子商务法》第四章"电子商务争议解决"列示了电子商务争议解决的法律规范，内容包括：①规定了电子商务平台有建立投诉、举报机制的义务；②鼓励电子商务平台建立争议解决机制和质量担保机制；③规定了电子商务平台的先行赔付义务和证据协助义务。

2. 电子商务争议解决机制的分类

根据争议解决机制是在线上还是线下进行来划分：①全线上机制。全部程序均在线上完成，完全没有线下部分，如淘宝的大众评审机制。②部分线上机制。只有部分程序在线上进行，但没有完全取代线下审理或调解的机制，最终的裁判结果也可能在线下执行，如线上仲裁、线上法庭、互联网法院，目前较为普遍。③全线下机制。完全没有线上成分的传统诉讼、仲裁或调解机制。

根据争议解决机制与电子商务平台的关系，线上争议解决机制又可分为：①依附于电子商务平台的争议解决机制，如淘宝的大众评审机制。②不依附于任何电子商务平台的独立网上争议解决平台，如中国国际经济贸易仲裁委员会的网上仲裁系统、众信网的网上调解平台，以及浙江法院的电子商务网上法庭、互联网法院等。

8.6.2　境内电子商务争议解决机制

随着互联网技术和电子商务的发展，和解、调解、仲裁和诉讼等传统的争议解决机制都相应地出现了线上争议解决机制，以解决不同种类的线上交易纠纷。随着电子商务平台的不断发展，除了这四种常见的争议解决机制，平台经营者还会建设以平台为基础的争议解决机制。

目前，我国电子商务争议解决机制中有代表性的模式如淘宝判定中心、众信网、中国国际经济贸易仲裁委员会、网上法庭和互联网法院。

1. 淘宝判定中心的运作模式

淘宝网上未能解决的网购争议可提交予淘宝判定中心进行线上调处。收到网购争议处理申请后，淘宝判定中心有 48 小时判定争议。已注册并符合大众评审条件的用户会以系统随机分配案件，根据双方提交的证据、判断事实，进行讨论、投票。任何一方得到 16 名评审的支持，便成为有效判定，超过 50%支持的一方获胜。支持率 = 判定支持率 = 一方支持人数/判定参与人数。系统按照评审结果自动完成对违规或交易争议的纠正和处理。如于 48 小时内任何一方未能得到 16 名评审支持，淘宝网便会以人工介入方式处理争议。

《淘宝网大众评审公约（试行）》第四条规定，买家和卖家在淘宝判定中心成为大众评审的资格各有异同，相同的要求都包括会员注册时间须满一年、芝麻信用分大于等于 600 分、信用等级大于一定级别等。不同之处在于：对于买家还要求 90 天内要求淘宝介入的交易低于三笔，而对于卖家则要求争议退款率低于行业平均值且未违反过《淘宝规则》等。此外，为避免注册"小号"扰乱评审秩序，无论买家或卖家要成为大众评审，还必须已经在淘宝进行了相当数额的交易，并且获得了一定数量的好评。

2. 众信网的运作模式

众信网在线上争议解决业务上，主要提供两类服务：①单纯的法律咨询服务，线上争议解决平台会由认证的律师回复法律咨询问题。②作为中介机构参与调解。在该项服务下，众信网扮演的是一个类似于人民调解委员会的角色，为双方主持在线调解，制作调解书，并由网站监督调解协议的履行情况。

3. 中国国际经济贸易仲裁委员会网上争议解决程序的运作模式

中国国际经济贸易仲裁委员会的网上争议解决程序对于文书的送达，有与传统程序不同的规定。中国国际经济贸易仲裁委员会《网上仲裁规则》第十三条规定："通过网络以电子方式发送的，收件人指定特定系统接受数据电文的，以数据电文进入该特定系统的时间为准；未指定特定系统的，以数据电文进入收件人任何系统的首次时间为准。"争议类别的涵盖范围十分广泛。中国国际经济贸易仲裁委员会《网上仲裁规则》第一条第二款规定"适用于解决电子商务争议，也可适用于解决当事人约定适用本规则的其他经济贸易争议"。

中国国际经济贸易仲裁委员会的网上仲裁中心有特定的"案件分流"方式，具体分为三种程序，核心区别在于仲裁庭的审限不同：①普通程序：适用任何争议，仲裁庭 4 个月内作出裁决；②简易程序：适用争议金额 10 万~100 万元或其他经双方同意的争议，仲裁庭 2 个月内作出裁决；③快速程序：适用 10 万元以下的争议或其他经双方同意的争议，仲裁庭 15 日内作出裁决。

4. 网上法庭和互联网法院的纠纷处理过程

互联网法院和网上法庭，在诉讼程序上具有相似性，都以《中华人民共和国民事诉讼法》规定的诉讼程序为基础，以网络服务平台为依托，把诉讼的各环节都搬上网络，起诉、立案、举证、开庭、裁判都可在线上完成，使电子商务争议可以更加快捷地得到处理，提高审判效率，节约司法资源。

8.6.3　跨境电子商务争议解决机制

跨境电子商务不断发展，但各种跨境纠纷层出不穷。跨境纠纷判决难以跨境执行，维权成本高昂。因此建立高效、公正的跨境线上争议解决机制成为维护消费者信心，促进跨境电子商务发展的重要因素。我国电子商务行业，需要慎重对待现有的跨境电子商务争议解决机制，一方面要顺应其发展，以利于我国的跨境电子商务；另一方面也要力争在其中占据主导地位，保护我国商家、消费者的正当权益。

同时，借鉴美国、欧洲等域外的线上争议解决机制和跨境线上争议解决机制，可以为我国的线上争议解决发展提供榜样和模板。如美国早期的私人性质的线上调解中心 iCourthouse、SideTaker 等，线上模拟陪审员模式 eJury、Virtual Jury 等，独立的线上争议解决平台 Modria。

欧盟为鼓励成员国公民通过线上方式解决欧盟内部的跨境线上纠纷，通过了两条全欧适用的颇具前瞻性的线上争议解决法案《欧盟消费者争议的替代争议解决指令》（2013/11/EU）和《欧盟消费者争议线上争议解决指令》（524/2013），并且设立了一个统一的线上争议解决网站。

考虑到传统司法程序并不能有效解决跨境电子商务争议，从 2000 年开始，联合国国际贸易法委员会便决定对跨境电子商务交易争议解决进行规则制定，通过制定《跨境电子商务交易网上争议解决——程序规则》提供方便快捷、成本低廉、安全而可预测的争议解决程序，协助推动中小微企业通过电子商务和移动电子商务进入国际市场等。

跨境电子商务的复杂性使得制定统一的纠纷解决机制异常困难。自 2010 年 6 月联合国国际贸易法委员会成立工作组以来，线上争议解决程序规则草案已先后历经至少九个不同版本。最新草案明确表明，其中的规定不必作为线上争议解决程序规则，不取代或优先于法律适用，而且明确排除讨论线上争议解决平台所作裁决在成员国之间是否具有执行力的问题，故其性质上与以往的方案有着根本性的差别，只能属于指引性文件的范畴。

案例：杭州刀豆网络科技有限公司诉长沙百赞网络科技有限公司、深圳市腾讯计算机系统有限公司侵害作品信息网络传播权纠纷案。

微信小程序是一种不需要下载安装即可使用的应用程序。深圳市腾讯计算机系统有限公司（以下简称腾讯公司）"微信公众平台"官网提供的《微信小程序接入指南》将小程序的"产品定位及功能介绍"表述为："是一种全新的连接用户与服务的方式，它可以在微信内被便捷地获取和传播，同时具有出色的使用体验。"

杭州刀豆网络科技有限公司（以下简称刀豆公司）经许可取得《武志红的心理学课》的复制权、发行权、信息网络传播权及维权权利。该公司发现长沙百赞网络科技有限公司（以下简称百赞公司）运营的三个微信小程序中均有"武志红心理学"收听栏目，经比对，其中"命运""自我的稳定性与灵活度"音频内容与权利作品一致。该公司遂以其著作权受到侵害为由向一审法院提起诉讼，请求法院判令：百赞公司、腾讯公司立即停止侵权，即百赞公司立即删除在被诉三个微信小程序上的涉案作品，腾讯公司立即删除被诉三个微信小程序；百赞公司、腾讯公司赔偿刀豆公司经济损失以及合理费用共计 50000 元。

刀豆公司在提起本案诉讼前，未就百赞公司的被诉侵权行为向腾讯公司通知或投诉。一审审理过程中，被诉三个小程序已下架。

判决结果：

一审法院判决：百赞公司赔偿经济损失（含合理开支）15000 元。刀豆公司不服，提起上诉，二审法院认为虽然微信小程序是一种新型网络服务提供者，但仍应受到"通知—删除"规则的规制。刀豆公司要求腾讯公司删除小程序的措施明显超出了必要限度，但仍应综合考量相关网络服务的性质、形式、种类，侵权行为的表现形式、特点、严重程度等具体因素，以技术上能够实现，合理且不超必要限度为宜，以实现各方的利益平衡。

本案中，因腾讯公司并未收到刀豆公司发出的侵权并要求采取必要措施的通知，故其对百赞公司的被控侵权行为并非明知、不存在过错，不需要承担帮助侵权的责任。因此二审法院驳回上诉，维持原判。

案件的典型意义：本案涉及微信小程序服务提供者的知识产权法律责任，被称为"微信小程序"第一案，也是《电子商务法》施行电子商务平台责任纠纷案件。在数字经济日新月异的时代，新型的网络服务提供者层出不穷，"通知—删除"规则是否适用于各类新型网络服务提供者更是焦点问题。该案正确界定了微信小程序的法律定位，准确定位了不能定点删除具体内容的新型网络服务提供者所需要采取的必要措施，既促进了权利人在数字时代发挥创新、创造能力推出优质的数字作品，拉动数字产业发展，又为新型网络服务提供者提供了切实可行的平台数字治理模式，还提升了网络用户的数字版权意识，追求权利人、网络服务提供者、网络用户之间在数字领域的利益平衡，对数字环境下新出现的各类新型网络服务平台责任案件具有参考和借鉴意义。

资料来源：浙江法院网 知之案例 杭州刀豆网络科技有限公司与长沙百赞网络科技有限公司、深圳市腾讯计算机系统有限公司侵害作品信息网络传播权纠纷案 http://www.zjsfgkw.cn/art/2020/4/1/art_80_20190.html

课后练习题

（一）选择题

1. 可以保证消费者在电子商务活动中的合法权益不受侵犯的是（　　）。

A. 电子支付数据

B. 计算机信息系统安全保护条例

C. 电子商务法（草案）

D. 知识产权法

2. 《中华人民共和国电子商务法》正式生效时间为（　　）。

A. 2018 年 11 月 11 日　　　　　　B. 2004 年 1 月 1 日

C. 2019 年 1 月 1 日　　　　　　　D. 2018 年 1 月 1 日

3. 根据《中华人民共和国电子商务法》的规定，微商属于（　　）。

A. 电子商务平台经营者　　　　　　B. 平台内经营者

C. 其他电子商务经营者　　　　　　D. 不属于电子商务经营者

4. 没有尽到电子商务经营者一般义务的活动是（　　）。

A. 履行对消费者个人信息保护义务

B. 不履行对消费者人身、财产安全保障和环境保护义务

C. 履行对消费者诚信义务

D. 履行商务数据信息提供的义务

5. 下列描述正确的是（　　）。

A. 第三方支付企业不属于电子商务经营者

B. 电子发票和纸质发票不具备同等法律效力

C. 电子商务经营者应当保障消费者的知情权和选择权

D. 电子商务经营者提供服务无须出具纸质发票或电子发票等单据

6. 有关电子签名的说法错误的是（　　）

A. 电子签名属于签名人专有

B. 电子签名签署时仅有签名人控制

C. 电子签名签署后任何变动都能够被发现

D. 我国电子签名法采用契约式立法模式

7. 电子数据具有易改动性，导致电子合同具有（　　）的特性。

A. 网上运作　　　B. 电子合同生效　　　C. 易受攻击　　　D. 电子签名

8. 网上订飞机票时，发现订单中会自动默认勾选上酒店消费选项，这属于（　　）的问题。

A. 捆绑搭售　　　B. 消费者人身权益　　　C. 合同方面　　　D. 押金退还

9. 知识产权侵犯的典型情形包括著作权侵犯、专利侵权及（　　）。

A. 商标权侵犯　　　B. 知情权侵犯　　　C. 隐私权侵犯　　　D. 以上都不是

（二）复习与思考题

1. 电子商务法的基本原则是什么？简述其核心内容。

2. 电子商务消费者的基本权益有哪些？

3. 电子商务经营者的义务有哪些？

4. 试述加强电子商务法律服务与保障体系建设的必要性。

第9章 电子商务发展业态专题

9.1 跨境电子商务

在经济全球化趋势下，伴随着世界经济的发展，国际人均购买力不断增强，同时网络普及率提升，物流水平进步，网络支付环境也得到了长足的改善，这些因素都有力地促进了跨境电子商务的发展。国民消费的升级和与之带来的用户对于产品质量和产品种类要求的提高，推动了跨境电子商务市场发展，与此同时，《电子商务法》的出台为行业提供规范发展环境。在用户需求提升和规范化加强的背景下，跨境电子商务交易规模持续扩大。

9.1.1 跨境电子商务概述

1. 跨境电子商务的概念

跨境电子商务（cross-border e-commerce），简称跨境电商，是指分属不同关境的交易主体，通过电子商务手段达成交易，进行支付结算，并通过跨境物流送达商品，完成交易的一种国际商业活动。

通过跨境电商定义可以了解到：①买卖双方分属不同关境。关境的全称是海关境域，是指实施同一海关法规和关税制度的境域，是一个国家或地区行使海关主权的执法空间。一般情况下，关境等于国境，但又不是绝对的。鉴于此，买卖双方分属不同关境，可以通俗地理解为商品销售是要"过海关"的。②跨境交易的完成需要通过跨境物流送达，商品过海关需要通过跨境物流递送才能最终达成交易，因此它属于一种国际商业活动。

跨境电子商务在推动内外贸易协调发展，实现国内外市场一体化，支持传统产业转型等方面作用日益突出。具体表现为：①跨境电商基于互联网平台，大幅降低了买卖双方的信息沟通成本，在线上直接匹配交易主体，减少商品流通环节、提高商品流通效率、增加贸易发生机会；②企业通过跨境电商可以直接获取境外市场信息和反馈，提高对境外市场的灵敏度，有利于精准营销和个性化定制等服务；③跨境电商有助于企业打造品牌，推动中国制造走向中国创造、中国品牌。企业通过跨境电商的方式可以在国内做品牌、客户运营，而后在线上直接面向欧美等终端消费者，叠加中国优质的供应链，竞争优势较强。

2. 跨境电商的发展阶段

自 1999 年阿里巴巴实现用互联网连接中国供应商与海外买家后，中国对外出口贸易就实现了互联网化。在此之后，跨境电商的发展共经历了三个阶段，实现了从信息服务，到在线交易、全产业链服务的跨境电商产业转型。

1）跨境电商 1.0 阶段（1999～2003 年）

跨境电商 1.0 阶段的主要商业模式是网上展示、线下交易的外贸信息服务模式。在跨境电商 1.0 阶段，第三方平台主要的功能是为企业信息以及产品提供网络展示平台，并不在网络上涉及任何交易环节。此时的盈利模式主要是向进行信息展示的企业收取会员费（如年服务费）。跨境电商 1.0 阶段发展过程中，也逐渐衍生出竞价推广、咨询服务等为供应商提供一条龙的信息流增值服务。代表企业有阿里巴巴国际站、环球资源网。

2）跨境电商 2.0 阶段（2004～2012 年）

2004 年，随着敦煌网的上线，跨境电商 2.0 阶段来临。与跨境电商 1.0 阶段相比较，跨境电商 2.0 阶段更能体现电子商务的本质，借助电子商务平台，通过服务、资源整合有效打通上下游供应链。在跨境电商 2.0 阶段，第三方平台实现了营收的多元化，同时实现后向收费模式，将"会员收费"改以收取"交易佣金"为主，即按成交效果来收取百分点佣金。同时还通过平台上营销推广、支付服务、物流服务等获得增值收益。代表企业如敦煌网、速卖通。

3）跨境电商 3.0 阶段（2013 年至今）

2013 年称为跨境电商重要转型年，跨境电商全产业链都出现了商业模式的变化。随着跨境电商的转型，跨境电商 3.0"大时代"到来。首先，跨境电商 3.0 阶段具有大型工厂上线、B 类买家成规模、中大额订单比例提升、大型服务商加入和移动用户量爆发五方面特征。其次，跨境电商 3.0 阶段服务全面升级，平台承载能力更强，全产业链服务在线化。

在跨境电商 3.0 阶段，用户群体由草根创业向工厂、外贸公司转变，且具有极强的生产设计管理能力。平台销售产品由网商、二手货源向一手货源好产品转变。跨境电商 3.0 阶段的主要卖家群体正处于从传统外贸业务向跨境电商业务艰难转型期，生产模式由大生产线向柔性制造转变，对代运营和产业链配套服务需求较高。此外，跨境电商 3.0 阶段的主要平台模式也由 C2C、B2C 向 B2B、M2B 模式转变，批发商买家的中大额交易成为平台主要订单。

3. 跨境电子商务与国内电子商务的区别

1）业务环节差异

国内电子商务是国内贸易，而跨境电子商务实际上是国际贸易，因其具有国际元素，区别于一般的电子商务。国内电子商务发生在国内，以快递方式将货物直接送达消费者，路途近、到货速度快，货物损坏概率低。跨境电子商务业务环节更加复杂，需要经过海关通关、检验检疫、外汇结算、出口退税、进口征税等环节。在货物运输上，跨境电商通过邮政小包、快递方式出境，货物从售出到国外消费者手中的时间更长，因路途遥远、货物容易损坏，且各国邮政派送的能力相对有限，急剧增长的邮包量也容易引起贸易摩擦。

2）交易主体差异

国内电子商务交易主体一般在国内，国内企业对企业、国内企业对个人或者国内个人对个人。而跨境电子商务交易的主体跨越不同国家关境，可能是国内企业对境外企业、国内企业对境外个人或者国内个人对境外个人。交易主体遍及全球，有不同的消费习惯、文化心理、生活习俗，这要求跨境电商对国际化的流量引入、广告推广营销、国外当地品牌认知等有更深入的了解，需要对国外贸易、互联网、分销体系、消费者行为有很深的了解。要有"当地化/本地化"思维，远远超出日常国内的电商思维。

3）交易风险差异

国内生产企业知识产权意识比较薄弱，再加上 B2C 电子商务市场上的产品多为不需要高科技和大规模生产的日用消费品，个别企业缺乏产品定位，什么热卖就上什么产品，少部分低附加值、无品牌、质量不高的商品和假货仿品充斥跨境电子商务市场，侵犯知识产权等现象时有发生。在商业环境和法律体系较为完善的国家，很容易引起知识产权纠纷，后续的司法诉讼和赔偿十分麻烦。而国内电子商务行为发生在同一个国家，交易双方对商标、品牌等知识产权的认识比较一致，侵权引起的纠纷较少，即使产生纠纷，处理时间较短、处理方式也较为简单。

4）适用规则差异

跨境电商比一般国内电子商务所需要适应的规则更多、更细、更复杂。跨境电商经营借助的平台除了国内的平台，还可能有国外的平台，国内的 B2B 以及 B2C 平台已经很多，各个平台均有不同的操作规则，海外各国的平台及其规则更是令人眼花缭乱。跨境电商需要熟悉不同海内外平台的操作规则，具有针对不同需求和业务模式进行多平台运营的技能。

国内电子商务只需遵循一般的电子商务规则，但是跨境电商则要以国际通用的系列贸易协定为基础，或者是双边的贸易协定为基础。跨境电商需要有很强的政策、规则敏感性，要及时了解国际贸易体系、规则，进出口管制、关税细则、政策的变化，对进出口形势也要有更深入的了解和分析能力。

4. 跨境电商交易流程

跨境电商虽然是不同关境主体之间的交易活动，但作为电子商务的一部分，它同样具有电子商务的属性。首先，消费者需要通过跨境电子商务平台浏览商品；其次，进行价格等信息的沟通；最后，涉及支付环节及物流环节。但是与国内电子商务相比，其涉及的交易主体更多，环节更加复杂。

如图 9-1 所示，从跨境电商的出口流程看，生产商或制造商将生产的商品在跨境电商企业的平台上上线展示，在商品被选购、下单并完成支付后，跨境电商企业将商品交付给物流企业进行投递，经过两次（出口国和进口国）海关通关检验后，最终送达消费者或企业手中，也有的跨境电商企业直接与第三方综合服务平台合作，让第三方综合服务平台代办物流、通关、商检等一系列环节，从而完成整个跨境电商交易的过程。进口跨境电商的流程除了与出口流程的方向相反外，其他内容基本相同。

5. 跨境电商的模式分类

1）按商业模式分类

按商业模式，跨境电子商务可以分为跨境网络零售和跨境 B2B 贸易两种模式。跨境网络零售按照交易主体又包括 B2C 和 C2C 两种模式。

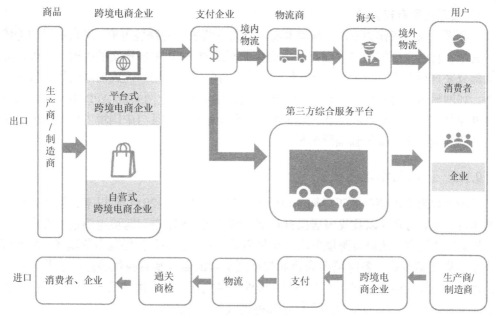

图 9-1　跨境电商进出口流程

资料来源：艾瑞咨询：2014 年中国跨境电商行业研究报告

　　跨境 B2C 是指分属不同关境的企业直接面向消费者个人开展在线商品展示、宣传、销售产品和服务，通过电子商务平台达成交易，进行支付结算，并通过跨境物流送达商品，完成交易的一种国际商业活动。其特点是以销售个人消费品为主，进行小批量、多批次交易，订单比较分散。在我国，物流方式主要采用邮政物流、商业快递、海外仓等方式，其报关主体是邮政或快递公司。代表企业有速卖通、亚马逊等。

　　跨境 C2C 是指分属不同关境的个人卖方对个人买方开展的在线销售产品和服务，由卖家通过第三方电商服务平台发布产品和服务价格等相关信息，个人买方进行筛选，最终通过跨境电商服务平台达成商品在线交易，进行支付结算，并通过跨境物流将商品送达到消费者手中的商品交易行为。其特点是用户较多，进行的一般是小额交易。代表平台有淘宝全球购、海蜜等。

　　跨境 B2B 贸易是指分属不同关境的商业企业之间，通过电子商务手段使商品展示、信息交流、业务洽谈和交易环节信息化，通过电子化方式支付和结算，并通过跨境物流送达商品，完成商品交易活动的国际商业行为。跨境 B2B 已经纳入海关的一般贸易统计，其特点是大批量、小批次交易，订单相对比较集中。代表企业有阿里巴巴国际站、环球资源网。

　　2）按进出口方向分类

　　按进出口方向，跨境电商可以划分为出口跨境电商和进口跨境电商。

　　其中，进口跨境电商是指海外卖家将商品直销给境内的买家，一般是境内消费者访问境外商家的购物网站选择商品，然后下单，由境外卖家发国际快递给境内消费者。出口跨境电商是指境内卖家将商品直销给境外买家，一般是境外买家访问境内商家的网店，然后下单购买，由境内的商家发国际快递给境外买家。

3）按平台所有权分类

按照平台所有权作为基准，跨境电商可分为自营主导的跨境电商、平台主导的跨境电商。其中，自营主导的跨境电商是指电商企业网站或 APP 中所售卖的中国关境外商品，绝大部分来自该企业自行采购、自行销售，并且与中国境内用户达成商品销售协议的商业行为，如网易考拉海外购。平台主导的跨境电商中电商企业网站或 APP 中所售卖的中国关境外商品，有较大比例来自第三方卖家的采购及销售，并且与中国境内用户达成商品销售协议的商业行为，如天猫国际商城。

9.1.2 进口跨境电商模式

我国进口跨境电商起源于早期的海外个人代购和海淘，2014 年以来，伴随着利好政策的出台、资本的介入以及我国居民日益增长的消费需求，进口跨境电商进入发展的快车道，各类主体涌现。从进口跨境电商的交付模式上看，主要分为保税备货模式、海外直供模式和集货直邮模式。各跨境电商企业根据消费者的需求及自身优势进行了差异化的创新，具有代表性的创新模式主要有四类：海外直供模式、海外优选模式、全球买手模式及线上线下融合模式。下面将详细介绍这几种模式的具体流程。

1. 海外直供模式

海外直供模式为典型的平台型 B2C 模式，图 9-2 为海外直供模式流程。该模式中，跨境电商平台将海外供应商与国内消费者直接联系起来，国内消费者在平台下单成功后，商家通过直邮发货或者保税仓发货。平台制定适合进口跨境电商交易的规则和消费流程，打造良好的用户体验，主要盈利模式在于商家的入驻费用和交易佣金。海外直供模式建立在买卖双方的聚集程度上，对于该类模式，平台的流量和服务要求较高。因此，海外直供模式对于供应商一般要求具有海外零售资质和授权，并且需要提供相应的本地售后服务。海外直供模式为消费者提供了丰富的商品选择及便捷高效的购物体验，加之平台背书，用户的信任度较高，商品一般采用海外直供的方式送达国内消费者手中。对于品牌端的管控及供应链的缩短是海外直供模式发展的主要趋势。代表企业有天猫国际、京东全球购、苏宁海外购、亚马逊海外购等。

2. 海外优选模式

海外优选模式主要以自营型 B2C 为主，图 9-3 为海外优选模式流程，平台直接参与到货源的组织、物流仓储及销售过程。由于优选模式对产品端及供应链的控制较好，商品规模化采购，一般采取保税备货的模式，物流时效性较高，用户体验相对更好。该模式的主要盈利点为销售产品所产生的利润以及相关的营销等增值服务，随着用户体验的不断提高，会员服务费成为优选模式的又一盈利点。优选模式要求电商企业对于市场消费需求的把控比较突出，在选品方面对企业提出了较高的要求，也限制了产品的丰富程度。同时，采购需占用企业大量的资金，有效地提高动销率是优选模式企业优化的方向。因此该模式的企业通常会采用限时特卖或直邮闪购等运营方式，以丰富品类及缓解供应链压力。

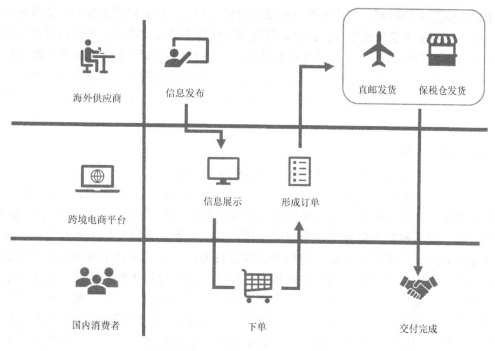

图 9-2　海外直供模式流程

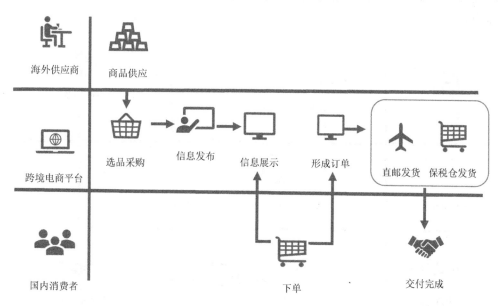

图 9-3　海外优选模式流程

　　在海外优选模式中，比较有特点的是带有社群属性的小红书平台。小红书起源于论坛社区，主要以社交型 C2C 及 B2C 为主。社群模式通过用户原创分享的海外购物经验，聚集了具有相同兴趣爱好的人群。一方面解决了用户买什么、什么值得买的问题；另一方面基于对社群用户行为数据及产品信息的分析，精准选品，并提供便捷的购物体验，解决了用户在哪里买的问题。与其他进口跨境电商模式相比，社群模式黏性高、竞争壁垒显著，商品也区别于综合型平台，其内容完全基于社群中的用户产生，是以需求为驱动的自下而上的一种创新模式。海外优选模式的主要盈利模式来源于销售商品所得到的利润，主要运营点在于提升用户的转化率。随着移动社交电商的兴起，这种达人经济、意见领袖的模式受到年轻消费者的喜爱。代表企业有网易考拉、小红书、蜜芽、什么值得买等。

3. 全球买手模式

图 9-4 为全球买手模式流程。全球买手模式通过海外买手入驻平台开店，建立起海外买手与国内消费者的联系进而达成交易，一般通过直邮方式发货，是典型的平台型 C2C 模式。其盈利模式一般为提供转运物流服务等，以及平台本身的一些增值服务，平台入驻一般不收取任何费用。全球买手模式在品类上主要以长尾非标品为主，兼有个性化的商品。买手模式所覆盖的行业及商品较为广泛，买手对于海外市场的敏感度较高，产品迭代速度较快，消费黏性较高，存在一定的价格优势，满足了在进口消费中个性化、细致化、多样化的需求。商品交付一般以个人行邮为主，整个模式中比较依赖买手，服务体验参差不齐，信任度及品牌授权等法律风险问题或将限制其规模和发展。全球买手模式在初期发展迅猛，但随着海关政策的进一步完善，该模式的合规问题也日益凸显，合规合法成为全球买手模式创新的关键。代表企业有洋码头、淘宝全球购等。

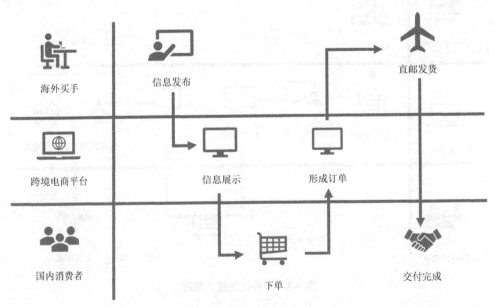

图 9-4 全球买手模式流程

4. 线上线下融合模式

线上线下融合模式为创新的 O2O 模式，图 9-5 为线上线下融合模式流程。通过线上线下融合的方式，将进口商品在线下进行展示，以扫码购买方式向线上导流。主要业务模式有保税备货模式及一般贸易模式,通过线下体验店与移动应用在系统层面打通,为消费者提供所见即所得的流畅体验。线上线下融合模式源于国内电商的 O2O 模式,应用在进口跨境电商中,在一定程度上可以缩短交易流程。线下实体展示能够增强消费者对商品的信任度,同时能够触及具有跨境商品需求却无电商消费习惯的人群。线上线下融合模式目前看来多数处于创新探索阶段,盈利模式各企业也略有不同,线下体验店成本较高,一般不作为盈利点,而是通过向线上导流,最终实现线上盈利。移动电商的快速发展,使得线上线下融合成为现实,随着人工智能、虚拟现实、增强现实等新兴技术的进一步发展,线上线下融合模式也将为传统零售业注入新的活力。目前国内很多进口跨境电商平台都在布局 O2O 线下体验店,不断探索提升用户体验。代表企业有京东全球购、天猫国际、网易考拉、聚美优品、五洲会等。

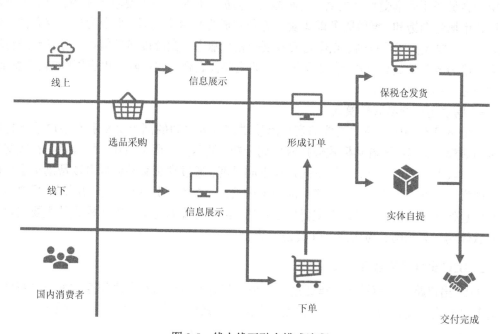

图 9-5　线上线下融合模式流程

9.1.3　出口跨境电商模式

1. B2B 出口跨境电商模式

出口跨境电商 B2B 服务是指出口企业与进口企业之间通过第三方跨境电子商务平台进行信息发布或信息搜索进而完成交易的服务。根据跨境电子商务平台盈利方式,可分为信息服务平台和交易服务平台。

1)B2B 出口跨境电商主要特征

(1)企业需求推动在线交易实现。从跨境 B2B 的整体链条来看,早期大多数出口跨境电商企业是以提供信息服务为中心的。随着网络经济发展和电子商务的应用深入,"信息+广告"服务的模式已经满足不了 B2B 类企业供需双方的要求,跨境电子商务企业不仅需要信息服务,更需要利用信息技术完成在线交易。

（2）更加依赖完善的信用保障体系。对于 B2B 企业而言，不良的供应商带来的不是金钱损失，而是整个品牌信誉的下降，甚至是市场地位的丧失。对于跨境 B2B 企业，B2B 类的海外客户更为重视供应商的信用。

（3）充分利用大数据创造价值。跨境 B2B 平台介入交易后，交易数据将形成一个巨大的数据库，所有的数据库将呈现出来，让后期的搜索和匹配变得更加高效。大数据的价值将对跨境 B2B 产生越来越重要的作用，而基于交易数据库、记录和行为能够创建至关重要的信用体系，保障每一单的交易安全。

2）跨境电商信息服务模式

跨境电商信息服务模式主要是第三方跨境电子商务平台提供信息发布或信息搜索完成交易撮合的服务，其主要盈利模式包括会员服务和增值服务。会员服务即卖方每年缴纳一定的会员费用后享受平台提供的各种服务，会员费是平台的主要收入来源，目前该种盈利模式市场趋向饱和。增值服务即买卖双方免费成为平台会员后，平台为买卖双方提供增值服务，主要包括竞价排名、点击付费及展位推广服务，竞价排名是信息服务平台进行增值服务最为成熟的盈利模式。信息服务平台的主要代表企业包括阿里巴巴国际站、生意宝、环球资源、焦点科技等。

3）跨境电商交易服务模式

跨境电商交易服务模式指能够实现跨境供需双方之间的网上交易和在线电子支付的一种商业模式，其主要盈利模式包括收取佣金费、展示费等服务费用。佣金费是在成交以后按比例收取一定的佣金，根据不同行业不同量度，通过真实交易数据可以帮助买家准确地了解卖家状况。展示费是上传产品时收取的费用，在不区分展位大小的同时，只要展示产品信息便收取费用，直接线上支付展示费用。出口跨境电商交易服务模式的主要代表企业有敦煌网、大龙网、易唐网、外贸公社等。

2. B2C 出口跨境电商模式

B2C 出口跨境电商模式，指通过出口企业与海外最终消费者之间通过第三方跨境电子商务平台完成交易的商业模式。根据平台运营方式可分为开放平台与自营平台。

1）开放平台

出口电商 B2C 开放平台为出口企业提供跨境交易平台、支付、安全、管理等共享资源。开放平台开放的内容涉及出口电商的各个环节，除了开放买家和卖家数据，还包括开放商品、店铺、交易、物流、评价、仓储、营销推广等各环节和流程的业务，实现应用和平台系统化对接，并围绕平台建立自身开发者生态系统。开放平台更多地作为管理运营平台商存在，通过整合平台服务资源同时共享数据，为买卖双方服务。出口电商 B2C 开放平台主要代表企业包括 eBay、亚马逊、速卖通、Wish 等。

2）自营平台

自营平台对其经营的产品进行统一生产或采购、产品展示、在线交易，并通过物流配送将产品投放到最终消费者群体。自营平台通过量身定做符合自我品牌诉求和消费者需要的采购标准，来引入、管理和销售各类品牌的商品，以可靠品牌为支撑点凸显出自身品牌的可靠性。自营平台在商品的引入、分类、展示、交易、物流配送、售后保障等整个交易流程各个重点环节管理均发力布局,通过互联网信息技术系统管理、建设大型仓储物流体系实现对全交易流程的实时管理。出口电商 B2C 自营平台代表企业包括兰亭集势、环球易购、大龙网。

3. 出口跨境电商供应服务商模式

出口电商服务商支撑着出口电商的各个环节,在整个出口电商产业链中有着举足轻重的作用,主要集中在信息技术服务、供应链服务、营销服务、支付服务以及物流服务,未来出口电商服务商将趋于服务整合商发展。

出口电商营销是指出口电子商务平台或网站借助互联网、计算机通信技术和数字交互式媒体来实现营销目标的一种营销方式。营销内容包括搜索引擎营销和社会化营销,其中,搜索引擎营销主要为 SEM 和 SEO 营销。出口电商服务商代表企业有谷歌、脸书、一达通、飞书互动、思亿欧、卓志供应链等。

9.1.4　跨境物流与跨境支付

1. 跨境物流

在跨境电商交易中,物流是非常重要的环节。物流是连接关境两侧买卖双方的通道。物流成本过高、配送速度慢、服务水平低等已成为发展跨境电子商务进程中亟待解决的问题。不同于国内物流,跨境物流距离远、时间长、成本高,不仅如此,中间还涉及目的国清关(办理出关手续)等相关问题。

1)跨境物流模式

目前市场上存在着跨境电商物流的几个标准模式:邮政包裹模式、国际快递模式、国内快递模式、专线物流模式、海外仓储模式。

(1)邮政包裹模式。目前跨境电商物流还是以邮政的发货渠道为主,邮政虽然网络覆盖广,但也很复杂。同时,由于邮政一般是国营,有国家税收补贴,所以价格相对便宜。这种物流模式一般以私人包裹方式出境,不便于海关统计,也无法享受正常的出口退税,同时,其物流速度相对较慢,丢包率高。从中国通过"e 邮宝"发往美国的包裹,一般需要 10 天左右才可以到达。因此,在具体选择邮政包裹进行发货时,需要综合考虑出货口岸、时效、价格及稳定性等因素。除了中国邮政,中国卖家使用的其他邮政还包括香港邮政、新加坡邮政等。

(2)国际快递模式。国际快递主要由美国联邦快递(Fedex)、联合包裹速递服务公司(united parcel service,UPS)、中外运敦豪国际航空快件有限公司(DHL)、TNT(Thomas National Transport)四大巨头包揽。这种模式是指在两个或两个以上国家(或地区)之间所进行的快递、物流业务。国际商业快递对信息的提供、收集与管理有较高的要求,它主要以自身强大的信息系统和遍布世界各地的本地化服务为支撑。国际快递具有速度快、服务好、丢包率低,尤其是发往欧美发达国家比较方便等优势,但优质的服务往往伴随着昂贵的价格,一般跨境电商卖家只有在客户时效性要求很强的情况下才使用国际商业快递来派送商品。

(3)国内快递模式。随着跨境电商火热程度的上升,国内快递也开始加快国际业务的布局。国内快递主要指 EMS、顺丰和"四通一达"[①]。在跨境物流方面，"四通一达"中申通和圆通布局较早，但由于并非专注跨境业务，覆盖的海外市场也比较有限。美国申通在 2014 年 3 月才上线，圆通也是 2014 年 4 月才与 CJ 大韩通运合作。顺丰的国际化业务则要成熟些，目前已经开通到美国、澳大利亚、韩国、日本、新加坡、马来西亚、泰国、越南等国家的快递服务，发往亚洲国家的快件一般 2~3 天可以送达。此外，由于依托着邮政渠道，EMS 的国际业务相对成熟，可以直达全球 60 多个国家。相比其他跨境物流模式，国内快递费用低于四大国际快递巨头，EMS 在中国境内的出关能力较强。但由于绝大多数国内快递企业并非专业于跨境业务，相对缺乏经验，对市场的把握能力有待提高，覆盖的海外市场也比较有限。

（4）专线物流模式。跨境专线物流一般是通过航空包舱方式运输到国外，再通过合作公司进行目的国的派送。专线物流的优势在于其能够集中大批量到某一特定国家或地区的货物，通过规模效应降低成本，价格一般比商业快递低。在时效性上，专线物流稍慢于商业快递，但比邮政包裹快很多。目前，业内使用较多的专线物流产品是美国专线、欧美专线、澳洲专线、俄罗斯专线等。也有不少物流公司推出了中东专线、南美专线、南非专线等。

（5）海外仓储模式。海外仓储服务指由网络外贸交易平台、物流服务商独立或共同为卖家在销售目的地提供的货物仓储、分拣、包装和派送的一站式控制与管理服务。海外仓储包括头程运输、仓储管理和本地配送三个部分。①头程运输指跨境电商卖家通过海运、空运、陆运或者联运将商品运送至海外仓库。②仓储管理指跨境电商卖家通过物流信息系统，远程操作海外仓储货物，实时管理库存。③本地配送指海外仓储中心根据订单信息，通过当地邮政或快递将商品配送给客户。

选择海外仓储模式的好处在于，仓储置于海外不仅有利于海外市场价格的调配，同时还能降低物流成本。拥有自己的海外仓库，能从买家所在国发货，从而缩短订单周期，完善客户体验，提升重复购买率。结合国外仓库当地的物流特点，还可以确保货物安全、准确、及时地到达终端买家手中。但这种模式的缺点体现在不是任何产品都适合使用海外仓，最好是库存周转快的热销单品，否则容易压货。同时，对卖家在供应链管理、库存管控、动销管理等方面提出了更高的要求。

2）通关与报关

通关，一般指清关，是指进出口或转运货物出入一国关境时，依照各项法律法规和规定应当履行的手续。清关只有在履行各项义务，办理海关申报、查验、征税、放行等手续后，货物才能放行，货主或申报人才能提货。同样，载运进出口货物的各种运输工具进出境或转运，也均需向海关申报，办理海关手续，得到海关的许可。货物在结关期间，不论是进口、出口或转运，都是处在海关监管之下，不准自由流通的。

跨境电商企业可以通过通关服务平台实现通关一次申报，同时海关、税务、检验检疫、外汇、市场监管等部门也可以通过通关服务平台获得跨境电商的商品信息，并对商品交易实现全流程监管。

跨境电商企业进出口货物报关工作的全部程序一般分为申报、查验、放行三个阶段。

---

① 指的是申通、圆通、中通、百世汇通及韵达速递五家快递公司。

（1）进出口货物的申报。进出口货物的收发货人或者他们的代理人，在货物进出口时，应在海关规定的期限内，按海关规定的格式填写进出口货物报关单，随附有关的货运、商业单据，同时提供批准货物进出口的证件，向海关申报。

（2）进出口货物的查验。进出口货物，除海关总署特准免验的，都应接受海关查验。查验的目的是核对报关单证所报内容与实际到货是否相符，有无错报、漏报、瞒报、伪报等情况，审查货物的进出口是否合法。海关查验货物，应在海关规定的时间和场所进行。如有特殊理由，事先报经海关同意，海关可以派人员在规定的时间和场所以外查询。

（3）进出口货物的放行。海关对进出口货物的报关，经过审核报关单据、查验实际货物，并依法办理了征收货物税费手续或减免税手续后，在有关单据上签盖放行章，货物的所有人或其代理人才能提取或装运货物。此时，海关对进出口货物的监管才算结束。另外，进出口货物因各种原因需海关特殊处理的，可向海关申请担保放行。海关对担保的范围和方式均有明确的规定。

2. 跨境支付

跨境支付是指两个或两个以上国家或地区之间因国际贸易、国际投资及其他方面所发生的国际债权债务，借助一定的结算工具和支付系统实现资金跨国和跨地区转移的行为。跨境支付也是跨境电商经营活动的主要环节。在跨境电子商务发展的刺激下，跨境支付不断创新，不再局限于货到付款方式，包括银行转账、第三方支付等非现金支付方式得到推广。

1）跨境电子商务支付企业类型

现有的从事跨境支付业务的组织可以分为以下几类。

（1）传统银行业拓宽产品类型，涉足跨境支付市场，如网银在线、跨境转账业务等。

（2）专业信用卡机构涉足跨境支付业务，如 VISA 信用卡、MasterCard 信用卡、American Express 卡。

（3）专业第三方支付企业从事的跨境支付业务，如 PayPal、支付宝、财付通、Yandex Dengi、Qiwi Wallet 等。

（4）社交媒体新增跨境支付，如微信支付、QQ 钱包、脸书与推特的跨境支付业务。

（5）手机企业开发跨境支付业务，如苹果的 Apple Pay、三星的 Samsung Pay、小米支付等。

（6）电子商务平台辐射跨境支付业务，如 Amazon Wallet、京东钱包、Snapdeal 等。

（7）互联网企业从事跨境支付业务，如 Google Wallet、网易宝等。

（8）物流企业附带货到付款业务，如国际快递企业、国内快递公司等。

2）跨境电商支付方式

目前来看，常见的跨境电商支付方式包括 PayPal、银行转账、支票、西联汇款及信用卡等。不同的跨境支付方式有不同的优缺点，决定了其不同的使用范围。如表 9-1 所示，不同的跨境支付方式在交易时间、手续费、合作门槛、风险等方面各有不同。从事跨境电子商务活动的交易主体，需要结合自身特点选择适合的跨境支付方式。

表 9-1 几种跨境支付方式的对比

类别	交易时间	手续费	合作门槛	风险
PayPal	实时	2.4%~3.9%（同时收取提现手续费等其他费用）	低	盗号风险
银行转账	2~5天	30美元以上	低	账户信息盗用风险
支票	40~60天	电信费+手续费	低	被冒领、欺诈风险
西联汇款	约10分钟	每笔20美元以上	低	被冒领风险、已被eBay等网站停用
信用卡	实时	2.2%~3.0%	高	拒付风险

资料来源：艾瑞咨询

3）跨境电子商务支付业务模式

中国第三方支付机构针对跨境电商所提供的跨境支付，主要包括购付汇和收结汇两类业务。其中，购付汇主要是指中国消费者通过跨境电子商务平台购买货品时，第三方支付机构为消费者提供的购汇及跨境付汇业务。购付汇主要针对进口跨境电子商务平台，具体流程如图9-6所示。当境内买家在跨境电子商务平台下单后，选择中国第三方支付机构进行支付，如支付宝、财付通等。订单信息在发到境外卖家的同时，也会发到第三方支付机构，第三方支付机构会通过买家所使用的本机构的合作银行，将商品货款以购付汇模式支付给卖家。卖家收到第三方支付机构的支付信息后，通过跨境物流将商品运至买家手中。

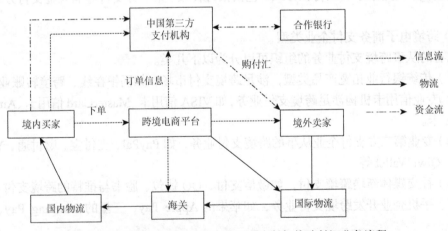

图 9-6 进口跨境电子商务平台第三方支付机构购付汇业务流程

收结汇是第三方支付机构帮助境内卖家收取外汇并兑换人民币、结算人民币，主要针对出口跨境电子商务平台的业务，具体流程如图9-7所示。境外买家通过跨境电子商务平台下单后，订单信息会同时发至境内卖家及海外第三方支付机构。买家通过支付公司、信用卡组织、银行、电汇公司等将商品货款支付给海外第三方支付机构，如PayPal等。海外第三方支付机构通过与中国合作的第三方支付机构，以收结汇模式，将商品货款支付给境内买家，再通过跨境物流将商品送至买家手中，从而完成跨境电子商务交易活动。

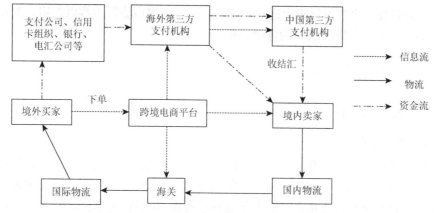

图 9-7　出口跨境电子商务平台第三方支付机构收结汇业务流程

9.1.5　中国跨境电商市场面临的挑战

以电子世界贸易平台（Electronic World Trade Platform，eWTP）为典型代表，我国电子商务的全球化步伐也日益紧密。在拓展国际市场、海外并购等方面发力，也为跨境电子商务的健康发展营造了切实有效的政策和商业环境。与此同时，跨境电商领域也涌现出敦煌网、执御、连连支付等优秀的跨境电子商务平台，不仅为我国的进出口贸易提供了新动能，也成为引领全球跨境电子商务发展的重要力量。

随着跨境电商的快速发展，我国政府治理也与时俱进。2018 年 2 月，中国海关参与制定的《世界海关组织跨境电商标准框架》，作为世界海关跨境电商监管与服务的首个指导性文件，为跨境电商可持续发展贡献了"中国智慧"。同时，我国积极尝试跨境贸易综合试验区、自贸区、保税仓等跨境电商新模式的新服务体系建设，也是具有引领性的政策保障探索。

以跨境电商为代表的新业态、新模式正成为中国外贸增长的新动能。尽管当前中国跨境电商规模已稳居世界第一，但从发展阶段来看，中国跨境电商仍处于起步阶段，还需进一步完善政策、制度和模式才能更好地担负起推动中国外贸高质量发展的重任。其目前存在的问题主要包括以下几类。

（1）人才瓶颈。跨境电商行业发展迅猛，对人才的需求激增。但市场上现有的人才远远无法满足企业的用人需求及要求，高校培养出来的人才与企业所需的人才之间不能完全匹配，人才的缺失是制约跨境电商行业发展的重要阻力。

（2）物流瓶颈。中国中小企业跨境电商发展虽然迅猛，但物流体系没能跟上发展，跨境物流配送时间长，加之境外物流难以追踪，这都严重影响了客户的购物体验。此外，中小企业跨境交易多以小批量、多批次的外贸订单为主，这就需要更为快捷的航空运输，直接导致物流成本上升，增加了企业和消费者的负担。

（3）跨境电商的监管问题和产品质量安全保证。跨境电商作为一种新兴的快速发展的外贸模式，在发展过程中，政府与监管主体都在不断调整自身的角色与定位，但还存在一定程度的知识产权保护力度不足、灰色通关、商品质量参差不齐等问题。跨境电商监管的复杂性，以及相关法律法规的缺乏，或对商品质量的监管措施力度不够，导致假货问题频繁出现，而且在一个虚拟环境中进行的交易，一些违规违法行为难以判定，大大损害了消费者权益，也影响了跨境电商的健康发展。

9.2 农村电子商务

9.2.1 农村电子商务发展概述

1. 农村电子商务的概念

农村电子商务是指利用互联网、计算机、多媒体等现代信息技术，为从事涉农领域的生产经营主体提供在网上完成产品或服务的销售、购买和电子支付等业务交易的过程。农村电子商务通过网络平台连接各种服务于农村的资源，拓展农村信息服务业务、服务领域，使之兼而成为遍布县、镇、村的三农信息服务平台。农村电子商务不仅为农村地区产品开拓了更广大的市场，也为工业品进入农村地区提供了更快捷的通道。

作为双向市场，农村商务市场涵盖了农村的农产品供给市场与消费市场。农村的消费市场指的是基于农村范围中各种产品消费关系的整体。农民群体的消费主要有：①包括农业、机械、化肥等的生产过程需要的农资产品；②包括食品、衣服以及日用品等在内的生活所需品。也就是说，农村消费市场主要为农民群体买东西提供平台。农产品的供给市场指的是农民对于农业活动中获得的农产品进行出售的平台。一般而言，农产品指的是农作物、水果、生猪、渔业产品、畜牧业产品等初级产品。农村供给市场满足了消费者对农产品的需求，也为农民买卖东西提供了交易场所。可见，农村电子商务包括农村电子商务消费及农产品供给商务两个方面，即农村生产、生活必需物资下乡的农产品下行电商和农产品通过电子商务平台面向城市销售的农产品上行电商。

自古以来，农村的发展都是国家经济发展、社会稳定的基础保障。近些年，随着智能手机在农村的普及以及互联网在农村的渗透不断加深，城乡信息鸿沟逐渐缩小，农村电子商务的发展步伐不断加快，淘宝村、淘宝镇等如雨后春笋般层出不穷，为农村的经济发展带来了新动力。农村在电子商务及互联网的推动下，成为大大小小的节点，进入全国甚至全球的生产链条和生活体系。农村电子商务的发展促进了农产品进城，城市消费品下乡，提高了农村经济发展水平，带动了当地产业发展，进而改善了城乡二元结构，缩小了城乡差距。农村电子商务的发展提高了当地农民收入，反过来，农民收入的提高又使他们有更强的消费能力，这样相互促进，形成良性循环，推动农村电子商务加速发展。

2. 农村电子商务的发展历程

在20世纪90年代末国家启动"金农工程"的基础上，郑州商品交易所成立了集诚现货网（现名为中华粮网），它的运行开启了我国农业农村电子商务的序幕。近几年，淘宝、腾讯、京东、百度、国美、苏宁等行业巨头纷纷布局农村电子商务，农村电子商务规模持续增长，已成为电子商务的新引擎。农村电子商务已经从早年的信息服务阶段发展到在线交易阶段后快速进入了全生态体系的电商服务阶段，其具体发展过程包括了萌芽期、探索期、发展期和成熟期四个阶段。

1）萌芽期（1998～2005 年）

1998 年，棉花、粮食等大宗农产品的网上交易开启了我国农村电子商务的先河。农民借助政府主导的农产品交易平台或者市场化的公共电子商务交易网进入了农产品电子商务时代。部分县域借助农产品外销的上行电子商务而成功致富，同时有效促进了区域协调发展，促使了农村电子商务迅猛发展。

2）探索期（2006～2012 年）

从 2006 年开始，地域土特产、生鲜农产品开始探索网上交易，进行品牌化运营，如沙集模式、义乌模式以及顺丰优选、佗佗工社等生鲜农产品电子商务纷纷涌现。这个阶段的农村电子商务主要借助第三方平台，以销售地域土特产为主，充分利用了农村各种特色优势资源，不仅提高了收入，还解决了就业和创业问题，带动了农村创业者致富，对发展地方经济提供了新思路。

3）发展期（2013～2014 年）

从 2013 年开始，随着大中城市电商市场增速的放缓，各大电商巨头纷纷将目光转向增长潜力巨大但商业生态落后的农村市场，淘宝下乡带来的网络购物渗透农村市场，开启了真正意义的农村电商时代。特别是随着 4G 网络及移动终端的快速发展，各互联网零售企业快速开展工业品、消费品下乡的服务模式，B2B、C2C、C2B 等农村电商商业模式出现。2014 年，淘宝依托阿里巴巴旗下的菜鸟网的物流体系启动千县万村计划，京东启动了京东帮＋服务店的模式建立线下的服务配送安装等服务体系。苏宁把原来散布在各地的 200 多家家电维修售后服务店进行改编成为农村消费者提供代客下单、维修服务、退换货及最后一公里配送服务的中心。因此，此阶段的核心特点就是以县镇两级中心为核心的集物流、安装、服务为一体服务体系建设，以推动工业品下乡落地能力建设。该阶段的核心业务已不仅仅停留于线上交易，更重要的变化是开始瞄准农村电商乃至农村流通体系的物流配送，冷链、追溯、营销等服务环节的深层痛点，即围绕农村线上线下结合、上行下行贯通的本地化服务体系发力，从前端的交易沿着产业链深层深处开始延展。

4）成熟期（2015 年至今）

从 2015 年起，阿里巴巴、京东等电商巨头已开始大规模下乡进村，特别是在 2017 年拼多多出现后，争夺农村市场的格局生变，也带动了一批新的农村电商如贝店、云集等的快速崛起。此外，在微博和微信等社交工具的推动下，农产品 O2O 模式也快速发展起来。京东、阿里巴巴等纷纷调整思路，宅急送、我买网、本来生活、美味七七等诸多电子商务平台纷纷渠道下沉，采取 PC 互联网、微店、旅游展览、地面服务站为一体的本地生态圈农村电商 O2O 新模式开始拓展农村电商市场。依托电商服务平台，在开展产品销售、代客订单、物流配送等基础服务的同时开展农村电商人才培训及创业培育、农村金融、支付服务等业务；另一方面帮助农民进行产品的包装策划，打造农特产品牌，提高农副产品的附加价值，对接旅行社，通过农村观光旅游的方式推广农产品等贯通城乡的全方位的农村电商生态服务体系，直击农村电商的痛点，逐渐打造出基于移动互联网逻辑下的社群化、本地化生态圈。

9.2.2 农村电子商务发展模式

1. 基于电子商务平台参与方的模式选择

根据参与交易的主体，电子商务通常可分为 B2B、B2C、C2C 等模式，农村电子商务也有这几种模式划分，但考虑到农村电子商务的主要参与主体离不开农民，因此，将电子商务的卖方统一用 F（farmer）来表示。此外，我国农业以分散经营、家庭作业为主，而且农村互联网应用水平较低，因此，在农户与农产品加工、流通企业之间加入农村经纪人、农村合作社或第三方机构等中介组织，以实现分散的农户生产与农企或市场的对接，成为我国农村电子商务发展的一种值得推广的模式。在此，将农村经纪人、农村合作社或第三方机构等中介组织统一用 M（medium）来表示，综上，根据交易方身份以及是否有中介参与两个维度，我国农村电子商务的模式可以划分为四种：F2B、F2C、F2M2B、F2M2C，如表 9-2 所示。

表 9-2　基于电子商务参与方的模式划分

	对企业	对消费者
无经纪人	F2B	F2C
有经纪人	F2M2B	F2M2C

1）F2B 与 F2M2B

F2B，F 即从事农业生产的农户，包括一些种植或养殖大户或农场主，B 为农产品销售、流通或加工企业，农户通过网络平台直接面向农产品销售、流通或加工企业进行销售沟通或交易。F2M2B，M 代表农业协会、农村合作社等形式的中介组织，这个组织向农户提供产销服务，同时可承担电子商务中介，如产品供求信息发布、产品质量控制以及部分物流服务等功能。

2）F2C 与 F2M2C

F2C，即农户直接面向消费者进行网上销售。目前，主要的发展模式为借助第三方交易平台，如淘宝平台，将具有一定特色的农产品进行网上销售。这类模式已经在我国多个地方发展起来了，并以一些知名淘宝村为典型代表。这些淘宝村的发展依赖大学生返乡创业的带动，同时也依赖地方电商协会提供的配套服务与支持。F2M2C 模式与 F2M2B 模式类似，但不同的是，F2M2B 模式中，销售对象为批发商与农产品加工企业，以大批量的初级农产品为主。而 F2M2C 模式的销售对象为分散的消费者，销售产品为容易储运的特色产品。中介 M 帮助没有条件上网或缺乏电子商务技能的农户发布供给信息，进行产品质量检测，并进行物流服务等，也可以是一些个体经纪人收购农户的产品在 C2C 平台上销售。

2. 基于不同产品类型的电子商务模式选择

当前，在新农村与农业产业化、工业化发展战略指导下，农村一批农业龙头企业不断发展，这些农业企业主要从事农产品加工，产品与工业产品一样，容易实现电子商务，而且农业企业有物质条件和能力从事电子商务活动。这里主要讨论农户生产的初级农产品以及手工艺品是否适合开展电子商务以及应采取的模式。根据产品的附加值以及储运难易程度两个维度，农村地区的主要产品可以划分为四个象限，如图 9-8 所示。

象限Ⅰ：高附加值易储运产品。这类产品附加值相对较高，具有一定的竞争力，并且适合储运，容易实施电子商务。这类产品中，工业原料农作物适合在 B2B 网站上进行出售与交易，其他如坚果及干货类、有机大米等粮食、特色手工艺品等如果批量大，可以在阿里巴巴等 B2B 类电子商务网站上进行出售与交易，批量小，则可以在淘宝类 C2C 平台上进行出售。

象限Ⅱ：低附加值易储运产品，如普通粮食（谷物、大豆、薯类等）。从全国范围来看，产品的差异化不大，各地的生产成本与售价没有大的差异，而且粮食作为一种必需的消费品，消费量基本稳定，所以基本都是就近采购入仓或就近销售，即便远距离采购，也是作为使产品差异化的补充。因此如果产品质量较好，并形成一定的品牌，可以考虑在电子商务平台销售，或者将这类产品作为酒、糕点等原料直接向农产品企业供应，以减少中间环节，增加利润。

象限Ⅲ：低附加值不易储运产品，如蔬菜、水果等普通生鲜农产品。在传统销售渠道下，批量大的，一般都是菜商贩往批发市场，再经农贸市场出售给消费者，中间环节多，农户利润薄；批量小的，农户自己直接到附近市场上销售，销售效率低。这类产品由于附加值低、储运成本高，不适合开展异地的直接对消费者的电子商务，但可以采用农超对接以及同城直采与配送的电子商务模式。

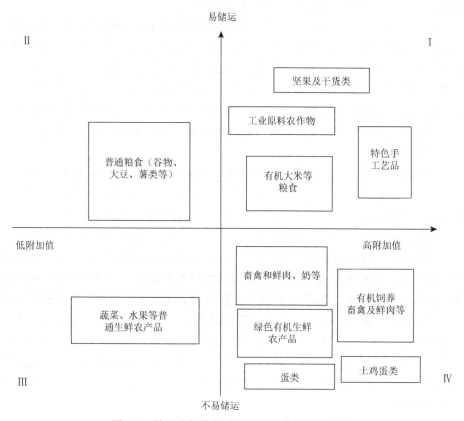

图 9-8　基于附加值与储运特征的农村产品划分

象限Ⅳ：高附加值但不易储运的农特产。如果是大批量的，可以在 B2B 平台上发布供给信息，通过市场化、规模化的冷链物流实现异地销售，提高收入。此外，无论批量大小，都可以采用直采与同城配送的电子商务模式；对于可以采取一定加工与包装后适合长途运输的产品，也可以在阿里巴巴或淘宝等电子商务平台上销售。

9.2.3　我国农村电子商务的发展现状及特点

1. 我国农村电子商务发展现状

（1）农村电子商务政策体系基本形成。我国政府高度重视农村电子商务发展，近几年相关政策密集出台，政策支持力度持续加大。2014～2019 年，连续六年的中央一号文件均明确提出发展农村电子商务。按照中央一号文件的总体部署，国务院、商务部等部委围绕农产品电子商务、电子商务扶贫、农商协作、物流配送等农村电子商务的重要领域，提出一系列促进农村电子商务发展的政策措施，基本完成了我国农村电子商务的顶层设计和配套政策部署，农村电子商务政策体系日趋完善。

（2）基础设施明显改善。在积极推进乡村振兴和网络强国的战略中，农村电子商务基础设施持续得到改善。政府和相关企业纷纷加大对农村电子商务基础设施建设的投入，农村地区的宽带网络、快递物流的覆盖率均有明显提升。随着智能手机的普及以及农民手机应用培训工作的广泛开展，农村电子商务发展前景广阔。

（3）农村电子商务服务体系。农村电子商务的核心是农产品电子商务，农产品上行的复杂化加大了服务的难度。只有建立适应农村实际需要的服务支撑体系，才能保证农村电子商务在当地的可靠运作和持续发展。此外，农业系统的益农信息社、邮政系统的村邮站、供销系统的供销e家的服务网点都延伸到了乡村，阿里巴巴、京东等大型平台类电子商务以及赶街网、乐村淘等专业农村电子商务不断加密乡村网点。这些网点集网络销售、信息服务、便民服务、物流服务、农村金融服务等功能于一身，逐步打造成了线上线下相结合的一站式服务平台。

（4）精准扶贫是农村电子商务的重要主题。农村电子商务作为精准扶贫的重要载体，对推进乡村振兴、推动农业产业转型升级、促进农村商贸流通跨越式发展、带动农民就业和增收发挥了重要作用。电子商务已成为精准扶贫、精准脱贫的重要抓手。近年来，越来越多的农民通过电子商务实现了脱贫致富。尤其是迅速兴起的各类"淘宝村""电商村"，充分展示了相对落后地区借助互联网实现跨越式发展的巨大潜力。近几年，随着互联网经济的发展，农村电子商务在扶贫减困过程中屡创奇迹。部分地区的农民借助互联网工具，在市场的推动下，爆发出了惊人的创新力和生产力，他们迅速对接并融入现代生产和生活方式。如浙江省丽水市委市政府将农村电子商务作为农民致富的"新三宝"之一，结合省级农村电子商务创新发展示范区建设，大力推进农村电子商务发展，为丽水市连续七年取得全省农民收入增幅第一做出了积极贡献，期间涌现出了"北山模式""县长公益众筹卖大米""遂昌金竹电商助力精准扶贫""农家乐来料加工电子商务显神通"等一系列典型案例。

2. 我国农村电子商务发展的特点

近年来，农村电子商务持续呈现出快速增长的态势，农村市场需求旺盛，我国中央和地方政府纷纷出台政策给予扶持，各大电子商务企业不断布局，涉农电子商务的融资总额也快速增长，这些都为农村电子商务发展提供了强有力的支撑。我国农村电子商务发展呈现出以下几个特点。

（1）农村实物型行业发展特色鲜明。全国农村实物型网络零售排名前三的行业分别是服装鞋帽、家装家饰、3C数码。以江浙为代表的农村地区依托较强的县域产业基础，形成家装家饰与家具用品产业优势；食品保健是中西部农村的支柱行业，其中特色农产品、食品再加工、中药材保健品是其优势产业。

（2）农产品电子商务品类分化明显。全国农产品网络零售行业销量较高的包括水果、茶饮、草药养生、粮油、坚果、畜禽、水产、蔬菜、花卉植物等，其中，水果标准化发展水平相对较高，电子商务发展较快。茶饮和草药养生行业产品具有价值密度高、不易变质、物流成本低等特点，发展较早，是近几年网销较好的两大类农产品；坚果类农产品虽然发展较快，但市场体量较小，排名中游。其他农产品受物流成本和技术条件等因素影响较大，更多地依赖传统线下市场，粮油行业总体价值密度不高，物流成本较大；畜禽、水产、蔬菜行业受制于冷链仓储物流技术和成本等瓶颈，在农产品份额中基数较小，占比较少；花卉植物行业（尤其价值较高的）不适合常规快递物流运输方式。

（3）电子商务成为国家乡村振兴的新模式。电子商务如今已经成为一种日臻成熟且可以复制的新模式。全国各地已经探索出了多种方式，有的立足山区，有的扎根边疆，有的探索农旅结合，有的尝试消费引领，为更多地区的致富提供了宝贵的经验。

（4）生态化的发展方式。产业园的聚集，快递公司、摄影摄像、图片处理、网店装修代运营、策划运营、培训公司、金融服务机构、政府支持机构各种组织的出现，构筑了农村电子商务发展的生态系统。越来越多的区域出现了生态化发展方式，与电子商务相关的服务机构聚集在一起，共生共赢、协同发展，形成了完整的生态圈。

9.2.4 农村电子商务发展策略

近几年，农村电子商务得到快速发展，交易规模和覆盖面积不断扩大，为农村的产业协调发展、农业转型升级、释放农村消费潜力提供了广阔的空间。随着互联网基因逐步渗透至农村的各个角落，其未来发展策略表现为以下几个方面。

（1）商品化发展策略。发展农村电子商务的前提是商品化，必须跨过农产品商品化这道坎，把非标性的农产品转化为标准化商品，给商品贴上"QS/SC"标识（食品生产许可证），才能提升产品的附加值，延长农产品的销售周期，突破农产品季节性和周期性的限制，提升市场的占有率，真正让"农产品上行"成为一种现实和可能。

（2）品牌化发展策略。电子商务的发展让区域农产品迎来了品牌化的黄金时期，商品化和品牌化促使农村电子商务必须加强品控管理，完善品控体系，"三品一标"（无公害、绿色、有机和地理标志的统称）的农产品可以率先借助互联网这一最便捷和最具传播力的工具，低成本高效快速地树立起自己的"互联网品牌"。

（3）融合化发展策略。农村电子商务可以解构、重组传统农业的生产关系，所以发展农村电子商务，实现农产品上行，必须推进电子商务与农业深度融合，推动电子商务与农村一二三产业深度融合发展，加快农产品的电子商务化进程，加快传统企业电子商务化的进程，提升农产品电子商务交易比例，进而促进农业发展方式的转变。

（4）本土化发展策略。首先，加强"本土化"的顶层设计。顶层设计一定"顶天立地"。"顶天"是指规划要有高度、有视野，与国家电子商务和省市电子商务发展规划一脉相承；"立地"是指要接地气，一定有可操作性。同时，规划不是一成不变的，根据电子商务的发展做动态化调整。其次，加强本土企业的电商化和本土化电子商务平台的培育，注重本土化电子商务的教育培训。最后，做好本土化电子商务还须电子商务支撑体系不断完善。

在本土化的问题中，从微观角度看，需要理清外来电子商务和本地"店商"之间的关系，本地化要求外来电子商务能够很好地融入，并且能够帮助本地原有的"店商"实现信息化转型，两者之间的关系应该不是单纯的竞争，而是相互融合、共同进化；从宏观角度看，外来的电子商务平台应该能够促进农村原有的传统商贸体系，提高其流通效率，助益当地经济发展。值得注意的是，没有政府补贴资金的推动，农村电子商务终究还是要回归"商务"的本质，只有通过"本土化"发展策略，将一系列的外在推动力转化成农村电子商务的内生发展力，农村电子商务才会持续发展。

9.3　移动电子商务

电子商务正经历一轮新的变革，以往用于连接互联网的台式计算机和浏览器已经逐渐被智能手机、平板电脑和移动应用程序等所取代。随着移动通信技术的快速发展，移动终端设备的广泛普及，移动用户的上网体验不断改善，很多用户开始使用移动设备购买商品及服务，移动商务已经被各行各业广泛应用。

目前移动电子商务已经占据了大部分电子商务市场，智能手机的发展也给我国移动端电子商务的发展带来了巨大的推动力，使其广受消费者欢迎，大部分的消费者喜欢通过移动端来进行消费，从而巩固了移动电子商务在电子商务行业的作用与地位。移动电子商务呈现出蒸蒸日上的局面，企业开始越来越关注移动电子商务，相继推出越来越多的移动端商城网站，之前已经有个人计算机端商城的企业也陆续推出移动版的商城。移动电子商务不仅为商家创造了更多的商业机会，也为自身的发展创造出了更多的商业机会。

9.3.1　移动电子商务概述

1. 移动电子商务的概念

移动电子商务是利用手机、PDA等无线终端设备与互联网有机结合的电子商务活动。移动电子商务的技术主要基于移动终端设备、移动电话网络、无线局域网、原有固定网络等，实现了将各种业务流程从有线向无线的转移。

移动终端（mobile terminal，MT），专指在移动通信设备中，终止来自或送至网络的无线传输,并将终端设备的能力适配到无线传输的部分。广义上讲,移动终端是指可以在移动中使用的计算机设备,如移动智能终端、车载智能终端、智能电视和可穿戴设备等。

2. 移动电子商务的特点

移动电子商务的出现并没有太长的时间,但是其迅速占领市场并形成引领商务形式的潮流,是因为其固有的优点,具体表现为以下几点。

(1)移动性。移动电子商务意味着当用户执行如浏览网站、网络购物、下载歌曲等电子商务活动时,不再需要守候在计算机前等待网页的打开,而仅需要一部手机即可。移动电子商务依托新技术而生,使得人们可以在即使没有物理连接的时候,也可以随时随地访问互联网。例如,当人们产生对某种商品的购买欲时,可能会因为没有时间去实体店购买,或想在购买前了解更多的相关信息,进而借助手机上网来实现。移动商务所具备的这种"无处不在"的通信形式,是一种通过数据信息和资源扩大实体空间的能力。

(2)实时性。移动商务在实时性上表现很突出。用户可以通过移动终端随时随地访问互联网,从而建立起实时的连接。例如,外出期间,遇到需要紧急处理的邮件、文档等工作,可以通过手机上网移动办公,这种在移动状态下满足其即时产生的需求,获得视听信息、图文信息、定制信息和相关服务,是线路依赖的商务活动所无法比拟的。

(3)连通性。毫无疑问,手机上网用户借由移动聊天可以使得有相同位置的用户群共享某种服务和公共信息,商家可以充分利用这种途径促销商品,也可以考虑利用这种连通性对有特别需求的用户群体进行定制营销,以提高营销收益。

(4)便携性。手机作为人们的第二个身份,随身携带,通信和享受信息服务不受时间和空间的限制。这种便携特点不仅可以实时帮助用户处理急需完成的工作,也可以随时在网店中找寻自己喜爱的物品等。

(5)定位性。移动商务的主要内容之一就是根据用户的位置来提供服务,移动通信技术可以方便地对使用者进行定位。基于位置的服务凸显了移动的优势,如远程医疗服务、汽车导航服务、无线旅游服务等。需要说明的是,基于位置的服务是移动商务的重要特点,它不是传统互联网应用的简单包装。

(6)可识别性。在传统电子商务环境下,用户可以通过固定的网络接入访问互联网资源,但却很难确认其真实身份。而手机可以通过嵌入的 ID 号来甄别身份,提高了私密性和安全性。手机一般由一个人单独使用,用户的个人配置能内置在手机中,拥有唯一的标识,因此用户的身份不但容易分辨,而且容易收集和处理,同时也可以通过 GPS 精确地识别用户。

(7)个性化。手机的另一个特点就是用户完全可以按照自己的爱好和习惯进行个性化设置。手机比个人计算机有更强的渗透力,所以生产者可生产更多针对不同用户群体的产品,以满足用户多样性的需求。实际上,手机号码就是移动商务主体的商业符号,这是以往任何通信方式都不具备的一种更紧密的对应关系,针对这一特点,一对一的营销可能会取得更好的效果。

(8)多维交互性。从早期的手机按键操作,到后来的指纹识别、面部识别、语音识别，用户与移动设备之间的交互模式变得越来越多元化。随着物联网技术的快速发展，将会有更多类型智能化的终端接入移动网络，如智能手表、增强现实、虚拟现实等可穿戴设备，将支持用户通过手动操作、眼动操作、体感操作甚至很多我们还想象不到的操作方式与移动载体进行更多维的交互。

（9）用户基础广泛性。由于起源不同，个人计算机端电子商务与移动电子商务的用户群是完全不同的。例如，早期的个人计算机端电子商务用户，往往受过高等教育，能够熟练使用计算机操作。因此，电子商务是随着互联网慢慢渗透到社会生活各领域才逐渐大众化的。相比之下，移动电子商务的成功主要基于消费者的潜在人群众多，且覆盖范围相当广泛的优势。使用手机上网的人无明显的收入、学历等差异，均可方便地使用移动互联网资源，用户基础相当广泛。

3. 移动电子商务与传统电子商务的区别

移动电子商务是指通过使用手机、PDA 及掌上电脑等无线终端设备进行的电子商务。移动电子商务是在电子商务的基础上发展起来的，与电子商务有一定联系的，然而，移动电子商务绝不是电子商务在移动互联网上的简单扩展。两者的区别如表 9-3 所示。

表 9-3　移动电子商务与传统电子商务的区别

比较维度	移动电子商务	传统电子商务
终端设备	手机、PDA 等	计算机
通信网络	无线网络	有线网络
使用地点	任意地点	室内为主
价值体现	即时连网、定位能力	海量存储、传输快、廉价通信
安全性	较高	一般

（1）终端设备不同。传统电子商务的主要设备是计算机与互联网的连接运用，移动电子商务是以手机、PDA 以及笔记本电脑等移动终端结合的无线通信技术的运用。

（2）通信网络不同。移动电子商务使用的是无线网络，如 3G、4G、5G 网络或者 Wi-Fi 无线局域网，而传统电子商务更多的是通过物理连接使用有线网络。

（3）使用地点不同。移动电子商务的特点体现在移动接入，任意时间、任意地点都可以上网，而传统电子商务不能够实现在任何地方进行网上购物。

（4）价值体现不同。移动电子商务主要是提供随时随地即时连网及定位能力，而传统电子商务具有海量存储、传输快及廉价通信等特点。

（5）安全性不同。移动电子商务 SIM 卡身份的唯一性也比传统电子商务身份鉴别更安全可靠。

9.3.2　移动电子商务的商业模式

移动电子商务的商业模式是商务主体使用移动终端，为客户提供新的商务体验和增值服务的商业模式。移动电子商务是与商务活动参与主体最贴近的，最具有动态化特征的一种商务模式。这种崭新的商务模式无论是在理论上还是实践中都对过去传统的商业模式提出了挑战,对已有的或正在运行的多种电子商务模式提出了扩展的空间及延伸的可能,更提供了信息主体在移动状态中进行更广泛信息资源和商务资源整合的现实可能性。

1. 移动电子商务商业模式类型

移动电子商务是借助移动技术,通过移动网络向用户提供内容和服务,并从中获得利润的商务活动。而商务活动中不同的参与者、服务内容和利润来源的组合就形成了不同的商业模式。

在移动电子商务中,主要的参与者包括内容和应用服务提供商、门户和接入服务提供商、无线网络运营商、支持性服务提供商,以及终端平台和应用程序提供商;提供的主要服务包括新闻信息、定位服务、移动购物、娱乐等;可能的利润来源包括通信费、佣金、交易费等,当然还有各种广告费、提名费。这些参与者、服务内容和利润来源通过各种形式组合在一起就形成了移动电子商务的商业模式,其中具有代表性的商业模式有通信模式、信息服务模式、广告模式及销售模式。

1) 通信模式

移动通信是移动终端用户的基本需求,也是移动电子商务中最早出现、最普遍的服务。无线网络运营商为用户提供移动通信服务,用户缴纳使用费,就形成了无线网络运营商通过语音或短信服务获取利润的商务模式。如图 9-9 所示的移动商务通信模式中,主要的参与者就是无线网络运营商和移动用户,主要的服务是语音和短信服务,主要的利润来源就是用户缴纳的使用费。

图 9-9 移动商务通信模式

2) 信息服务模式

移动电子商务中另一种比较常见的服务是信息服务,包括各种实时信息服务(如新闻、天气、股票信息等)、各种基于位置的信息服务(如移动用户附近酒店信息、娱乐场所信息等),及各种紧急信息服务等有价值的信息服务。

如图 9-10 所示的移动商务信息服务模式中,主要的参与者是内容提供商、无线网络运营商和移动用户;主要的服务是信息服务;主要的利润来源是用户缴纳的服务预订费。

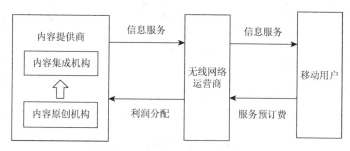

图 9-10 移动商务信息服务模式

3）广告模式

广告无论是在有线网络还是无线网络环境下都是内容提供商赚取高额利润的有效途径。移动设备的屏幕小，与有线网络相比就需要目的性更强的广告。例如，用户找饭店的时候，将与其查询内容相关性最高的广告发给他，将其所在地附近饭店的优惠券也同时发给他。当然，很多服务的提供过程是需要收集用户偏好信息的。根据用户的偏好，推送相关的广告信息，用户就更容易接受所推销的产品。这种商业模式涉及广告客户、内容提供商、无线网络运营商和移动用户。当然，其中还涉及一些中间商，如无线广告代理商、内容集成商、移动门户网站和无线网络接入商等。移动商务广告模式如图 9-11 所示。

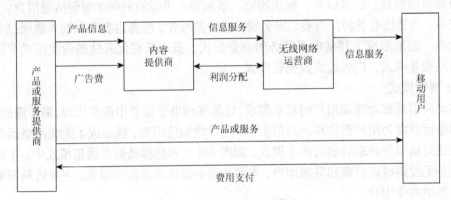

图 9-11　移动商务广告模式

4）销售模式

自互联网诞生以来，人们就将其视为销售渠道之一，通过建立网上商店等形式降低销售成本。同样，无线网络也具有类似功能，并已经开始成为产品和服务的另一种销售渠道。同时，无线网络技术和终端设备的特性决定这种销售模式具有不同于有线网络销售方式的特性。通过移动网络，企业建立起销售渠道，借助提供信息和销售，赚取信息服务费和佣金。在交易过程中，也会有第三方服务支付平台的提供，用户通过支付平台完成资金转移，第三方平台通过收取佣金，完成支付渠道的搭建。移动商务销售模式如图 9-12 所示。

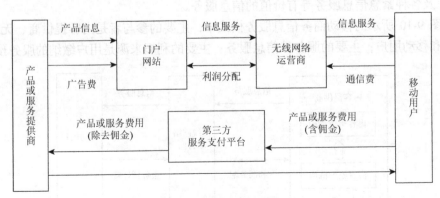

图 9-12　移动商务销售模式

综上，无论何种移动商务商业模式，一切商业模式的设计都将围绕着客户这个最终的目标，以提升客户价值为目标导向，并可以考虑根据客户类别的不同，增加提升客户价值方法的灵活性。

2. 移动电子商务商业模式的特点

1）移动电子商务具有相对清晰的盈利模式

从实现基础来讲，移动电子商务实现的必备要件是移动通信终端，如手机是一种大众最常用的沟通工具，其随时、随地、随身的特征赋予了移动电子商务特有的优势。借由移动终端，移动电子商务能够方便快捷地实现信息的快速传递，实现与营销主体之间的互动和多维沟通。

手机的普及性、移动性、个性化不仅使移动电子商务具有了广泛的用户基数，而且手机的身份确认特性，又使这个群体应用模式相比传统电子商务模式，在身份确认和计费等方面具有相对高的确定性与可追溯性。

移动电子商务运营中，信息消费主体的身份明确性和移动消费收费模式的可控性，就带来了一种价值链的闭合性特征，决定了移动电子商务会有一个相对清晰的盈利模式。因此，移动电子商务的增值价值和增值能力有着巨大的市场吸引力。

2）移动电子商务商业模式具有高增值的特征

在移动电子商务中，通过扩展商业模式去提升移动增值业务的创新空间很大。特别是短信广告、短信炒股等简易移动电子商务模式十分容易构建。依托这种简单的移动电子商务商业模式，就可以在很短时间很容易找到获利空间。因此，目前利用短信衍生应用去进行商务扩展的比例就非常高，但这容易造成两个错觉，其一是移动电子商务歪曲化，其二是移动电子商务低谷化。

3）移动电子商务模式具有管理的便捷性

移动电子商务的动态性特征为商务运营和管理带来了革命性的变化，这种特征不仅会在商业模式的构建中体现和反映出来，而且会给商务运营和管理带来革命性的变化，会缩短商务流程，加快资金周转，加快物流速度和进程，从而极大降低管理费用和管理成本。

4）移动电子商务模式具有深度营销、精准营销的特征

移动电子商务模式的核心特征决定了其具有提供深度营销、精准营销的可能性。此外，现代市场营销就是朝着精准营销的方向发展的，精准营销的基础是能够在商家与用户之间进行准确的一对一的联系和沟通，而移动电子商务的发展为我们提供了这样的基础和可能。

9.3.3　移动电子商务的服务模式

如图 9-13 所示，根据主导服务主体的不同，移动电子商务可以分为四类，分别是电信运营商主导的移动电子商务、传统电子商务提供商主导的移动电子商务、软/硬件提供商主导的移动电子商务和新兴移动电子商务提供商主导的移动电子商务。

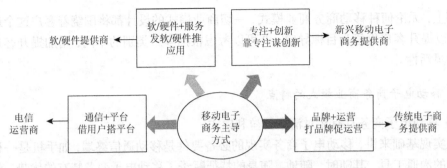

图 9-13 移动电子商务服务模式类型

（1）电信运营商主导的移动电子商务。在由电信运营商主导的"通信＋平台"的移动电子商务服务模式中，电信运营商在产业链中处于信息传递的核心位置，作为移动电子商务的网络提供者和支撑者，其拥有规模庞大的潜在用户基数，凭借用户信息通道的巨大优势，电信运营商搭建移动电子商务平台水到渠成，代表平台如中国移动旗下的广东移动商城。

（2）传统电子商务提供商主导的移动电子商务。在由传统电子商务提供商主导的"品牌＋运营"的移动电子商务服务模式中，传统电子商务提供商依靠其在个人计算机端电子商务运营、管理经验的积累，以及商品渠道、物流仓储的实力储备，尤其是多年以来在广大网民中形成的品牌形象，仅凭手机作为一个全新的用户接入通道，就能为自身带来源源不断的客户和订单。目前，在市场上已经运营成熟的平台有手机淘宝和京东等。

（3）软/硬件提供商主导的移动电子商务。移动电子商务活动中，商家资源是决定服务模式能否为市场认可的一个重要因素，由软件提供商主导的"软件＋服务"的移动电子商务服务模式，由设备供应商主导的"设备＋服务"的移动电子商务服务模式，注重软/硬件在移动电子商务活动中的重要作用，软件方面以用友软件旗下的移动商街为代表，设备提供商以苹果公司的 APP Store 为代表。

（4）新兴移动电子商务提供商主导的移动电子商务。在移动电子商务发展的过程中，移动互联网本身诞生了一批专注于移动电子商务的新兴商务平台，这些移动电子商务平台主导的模式以"专注＋创新"为主要特色。移动电子商务服务模式本身具有区别于传统电子商务的特点，新兴的移动电子商务提供商摆脱了传统电子商务发展的僵硬思路，专注于对移动电子商务专有服务模式的创新，如拼多多。

四种移动电子商务服务主导方式中，传统电子商务提供商将引领移动电子商务的发展。对于电信运营商而言，主导移动电子商务所必需的专业化团队并不能在短期内建立起来，移动电子商务的行业利润和电信运营商主业利润相比要小很多，因此也并不能找到电信运营商积极开展相关业务的现实依据。对于软件提供商而言，传统电子商务所具备的品牌优势是其在短期内无法获取的，即使依托自身软件服务方面的优势，品牌建设和用户认可也需要一段长期的培养过程。新兴移动电子商务提供商在市场切入的初期即具有较强的创新服务意识，这构成促进其发展的一个重要优势，但在商品渠道，尤其是开展电子商务最为关键的物流、配送方面，使其在中短期内还无法与传统电子商务提供商进行抗衡。传统电子商务提供商在经过多轮的融资之后才搭建了自身较为完善的运营体系,新兴移动电子商务提供商开展相关经营活动,还需要资本的持续关注和自身实力的长期积累。

综上,在移动电子商务发展的初期,传统电子商务提供商主导的移动电子商务具有其他三类主导方式无法比拟的业务优势,因此,传统电子商务提供商将对促进移动电子商务的发展发挥重要引领作用。

9.3.4　移动电子商务的商业应用

1. 移动电子商务商业应用分类

1）以商务为核心的分类

以商务为核心进行划分,移动电子商务的应用包括三个层次,即核心交易层、包装服务层和交易支持层,各层次大致的关系和作用如下:①核心交易是商家向最终用户提供的核心服务,即狭义的移动电子商务,如购买电影票或在手机上玩交互性的收费游戏等。②包装服务是提供商业活动的环境,包括广告、营销、内容整合和搜索服务等辅助核心交易活动的服务。③交易支持是支持交易活动所必需的业务流程,如安全认证、支付和物流配送等。

2）按应用对象分类

移动电子商务的应用市场可以分为两大部分,即个人应用和企业应用。个人应用是指以个人为对象接入到互联网,以获得所需的各种服务为目的,如获得定位服务、娱乐服务和即时通信服务等。企业应用则主要体现在信息数据服务、营销服务和广告服务等与企业管理相关的方面。图 9-14 所示为移动电子商务的常用应用市场分类。

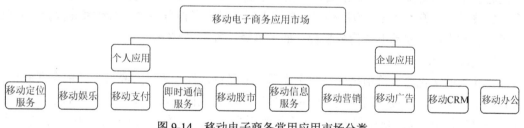

图 9-14　移动电子商务常用应用市场分类

2. 移动电子商务的具体应用

随着移动电子商务的不断发展,其在各行各业的应用也更加普遍深入,涉及移动娱乐、移动办公、移动餐饮、移动购物、移动教育、移动金融、移动订票和移动医疗等领域,这也反映出移动电子商务具有非常广泛的应用前景。下面将选取部分代表性应用进行介绍。

1）移动购物

移动购物是移动电子商务发展到一定程度时衍生出来的一个分支,移动购物已经融入人们的日常生活中。借助移动电子商务,用户能够通过移动通信设备进行网上购物,如订购鲜花、礼物、食品或快餐等。用户利用智能手机等移动终端设备可以进行快速搜索、价格比较、使用购物车、订货等活动,还可以查看他们的订单状态。传统购物也可通过移动电子商务得到改进，如用户可以使用支付宝或微信支付等具有安全支付功能的移动设备，在商店里或自动售货机上购物。

2）移动金融

移动设备具有即时性，因此可以适用于股票交易等应用。在互联网金融时代，支付宝有余额宝、微信有理财通、百度有百度钱包、京东有京东钱包，可以看出电商和理财已经融为一体，人们在进行移动购物的同时，还可以利用手中的余钱进行投资理财活动。

在移动支付方面，随着智能手机和 4G 网络的发展，以支付宝、微信支付为代表的移动支付开始兴起，并且在短时间内迅速普及到线下。

移动银行是以手机、PAD 等移动终端设备作为银行业务平台中的客户端，通过移动互联网连接至银行，来完成某些银行业务，用户可以在移动银行中查询账户余额、支付账单，也可以进行转账等业务。

3）移动医疗

随着生活水平的提高，人们关注身心健康的意识越来越强。随着用户习惯的逐渐养成，以及医疗政策措施的放宽，移动医疗健康应用的渗透率得到了提高。移动医疗的出现，将逐渐解决当前医院配置不均衡、医疗服务流程不合理、医疗服务乱象等问题。移动医疗电子商务可以分为六类，分别为移动医疗预约挂号类，如就医宝；移动医疗问诊类，如 39 就医助手；移动医疗药品电商类，如 1 药网；移动医疗知识搜索类，如用药助手等；移动医疗医生端类，如好大夫在线等；移动医疗健康类，如大姨妈等。

4）移动餐饮

民以食为天，中国餐饮业一直是最受消费者欢迎的行业，但是随着业内竞争的加剧，房租和人力成本的提高也给餐饮行业带来了极大的生存压力。不过在移动互联网时代，这些问题有了新的解决方案。目前餐饮移动电子商务平台主要有三类：外卖移动电子商务平台，如饿了么、美团外卖、百度外卖；在线点餐移动电子商务平台，如到家美食会、大众点评；生鲜半成品移动电子商务平台，如爱鲜锋、青年菜君等。

5）移动娱乐

在新兴的文化产业价值链中，数字娱乐产业是创新性最强、对高科技的依存度最高、对日常生活渗透最直接、对相关产业带动最广、增长最快、发展潜力最大的部分。如今，通过手机预订电影票、玩手机游戏、用手机观看视频已经成为人们工作生活中的重要组成部分。目前移动娱乐电子商务平台主要有以下三类：电影票移动电子商务平台，如猫眼电影、淘票票；视频移动电子商务平台，如优酷、腾讯视频、爱奇艺、芒果 TV；游戏移动电子商务平台，如梦幻西游、天天酷跑等。

6）移动教育

随着互联网发展带来的产业升级，传统行业的局限性开始被逐渐放大。当传统教育面临房租人工成本高涨、用户满意度差等压力的时候，在线教育的发展迎来了新的契机。互联网教育不仅打破了时间与空间的壁垒，其多样化的教学模式与评估模式更能打动用户，满足用户个性化需求，而移动端教育产品的发展使得在线教育迈上了一个新台阶。目前，教育类移动电子商务平台主要有两类：K12 教育移动电子商务平台，如学而思教育；职业学历教育移动电子商务平台，如网易公开课、腾讯课堂等。

9.3.5　我国移动电子商务的发展现状及趋势

1. 移动电子商务的发展现状

（1）传统电子商务企业成为移动电子商务的主导。以手机淘宝、京东等为代表的传统电子商务移植到移动电子商务，其主要目标是拓展移动互联网的流量资源，平台、商家和供应链的本质并没有太多变化。移动电子商务未发展之前，用户已经形成了自己的购物习惯，在进行移动购物时更多地选择传统电子商务网站，这些在传统电子商务领域中取得领先优势的巨头在移动电子商务时代继续保持领先。

（2）无线网络标准的缺陷。WAP 无线传输层安全协议仅仅加密由 WAP 设备到 WAP 网关的数据，数据通过 SSL 传送至网关上有短暂的时间处于明文状态，这些缺陷往往容易造成数据被拦截和窃取，给移动电子商务的应用带来很大的安全隐患。随着移动智能终端的普及，移动互联网电子商务应用软件和网站已成为黑客攻击的首选。

（3）移动终端的安全管理问题。移动终端因其可以随身携带，数据信息查找便捷等特点使很多用户将比较机密的个人资料或商业信息存储在移动设备当中，如重要通讯录、银行账号甚至密码等，但是由于移动终端便携性，没有第三方物理保护措施，所以很容易损坏或者丢失。很多用户没有备份重要信息和设置安全密码保护的习惯，一旦遭窃往往造成严重的后果。

（4）消费者的信任与观念问题。网络上不断爆出来的信息泄露问题、资金被盗取事件，致使许多客户对使用移动电子商务存在戒心。对部分消费者来说，即使移动电子商务确实存在着诸多优势，哪怕它存在一种影响消费者利益的问题，一些消费者也不会贸然尝试，消费者对移动电子商务存在的观念偏差与移动商务优势之间存在张力，这种张力也会影响到移动电子商务的发展。

（5）政策法规未充分考虑移动电子商务的特殊性。面对国内移动安全领域诸多的问题，我国政府和相关主管部门也相继出台了相关法律法规，但是电子商务产业自身存在的较多的特殊性和快速发展的特点等，导致政策法规的实用性存在问题，某些政策措施不能充分估计移动电子商务的特殊性，不利于移动电子商务的长远发展。如垃圾短信使得人们对移动电子商务心生厌恶，目前还没有相关的法律法规来规范短信广告，运营商也只是在技术层面上来限制垃圾短信的群发。在移动游戏领域也出现了相应的隐私和法律问题。

面对上述问题，移动电子商务的安全保障不单单是依靠技术创新和增强管理就能解决的，更需要技术、管理、法律等方面多管齐下共同解决。

2. 移动电子商务的发展趋势

（1）社交分享成为移动电子商务时代的新营销方式。与传统电子商务企业通过平台聚集所有商家和流量的中心化模式不同，去中心化的电子商务模式是以微信、微博、抖音等移动社交平台为依托，通过自媒体的粉丝经济模式的分享传播来获取用户，消费者的购买需求会在人们碎片化的社交场景中被随时激发。

（2）大数据将成为移动电子商务的核心驱动引擎。随着互联网计算处理技术的不断成熟，大数据开始应用于各行各业。移动电子商务流量红利消失，大数据将成为新的利益推动点，通过大数据可以精准匹配供求信息、个性化推荐、用户偏好预测、优化页面，进而提高运营效率。

（3）移动电子商务发展将主要依赖品牌和服务。手机终端、网络环境等硬件和技术条件是决定移动电子商务发展水平的重要因素，但随着技术水平的快速提高，产业的发展会逐渐由技术驱动型转变为服务驱动型，移动电子商务的发展也将更加依赖品牌和服务。品牌和服务价值的凸显会渐渐地削弱硬件和技术的推动作用，服务模式的创新和服务质量的提升会使移动电子商务品牌变得更为用户所熟知，同时也将成为移动电子商务发展的重要趋势。

（4）全渠道的线上线下融合发展。移动电子商务时代，消费者的需求和网购发展环境均有较大改变，用户希望随时随地精准购买到所需的商品和服务。此外，由于商品供大于求，单一渠道发展的增量空间有限，线上和线下均在布局全渠道发展，线下消费体验和线上购物便利的双向需求将带动线下和线上购物期望值的融合，未来线上线下融合将是新零售时代移动电子商务发展的重要趋势。

9.4　社交电子商务

9.4.1　社交电子商务概述

经历了 20 多年的高速发展，传统主流电子商务平台用户增速持续放缓，但平台上的商家仍在持续增加，无论对于电子商务平台还是商家，竞争压力都在不断变大。移动互联网时代，以微信为代表的社交 APP 全面普及，成为移动端主要的流量入口之一。这些社交平台占据了用户的大量时间，用户使用频次高、黏性强，流量价值极其丰富，为电子商务降低引流成本提供了良好的解决方案。一方面，社交媒体自带传播效应，可以促进零售商品购买信息、使用体验等高效自发地在强社交关系群中传递，对用户来说如果信息由熟人提供，其信息可信度会更高，购买的转化率也会更高；另一方面，社交媒体覆盖人群更为全面，能够较好地进行用户群体补充。对社交媒体的有效利用为电子商务的进一步发展带来了新的发展契机。依托社交流量平台以及熟人网络之间的裂变式传播，部分社交电子商务企业迅速崛起。

社交电子商务是基于人际关系网络，利用互联网社交工具，从事商品交易或服务提供的经营活动，涵盖信息展示、支付结算以及快递物流等电子商务全过程，是新型电子商务的重要表现形式之一。

1. 社交电子商务高速发展的原因

1）移动互联网的普及与用户消费习惯的改变

移动互联改变了人们的生活形态，智能手机、移动支付渗透到了人们生活的方方面面，无论是城市还是乡村，移动交易已经成为主流。截至 2020 年 6 月，我国手机网络购物用户规模达 7.47 亿人，较 2020 年 3 月增长了 3947 万人，占手机网民人数的 80.1%。手机网络支付用户规模达 8.02 亿人，较 2020 年 3 月增长 3664 万人，占手机网民人数的 86.0%。

根据马斯洛需求层次理论，随着消费者收入的提升，消费者在解决温饱问题后，开始追求精神上的满足。零售业在消费升级背景下，也不再只是交换提供效用工具的通道，而更加具备娱乐性和社交性。

2）基于强关系的裂变营销有助于降低获客成本

强关系是源自社会学的一个概念，最有可能产生于家庭成员、同事、同学之间，强关系在生活和工作中有较多的互动机会，人与人之间有较强的情感维系，而这种情感往往以信任为基础。社交电子商务背靠微信、QQ 等强社交软件，"好东西就要一起分享"是成员之间信息分享的情感基础，通过强社交关系的相互分享，传统的"需求产生—主动搜索—比对购买"转变成为"需求激发—直接购买"，基于对分享者的情感信任，购买者的需求被激发之后很容易越过"搜索—比对"环节，直达购买环节。整个消费决策过程中，流量不存在统一的入口，每一个个体都成为流量来源，完全打破流量被控制被贩卖的瓶颈，使企业的营销获客成本大大降低。

3）社群聚集有助于提升转化率

社交电子商务属于 C2B 模式，社群聚集是其基本特征。自古便有"物以类聚，人以群分"之说，社群是社交平台上具有共性特征的网络个体聚集而成的，如共同兴趣偏好或相似的教育背景等，群内话题比较一致。将购物行为融合到社交场景当中，很容易通过社群的分享、互动刺激彼此间的潜在甚至即兴需求，进而催生消费行为。在碎片化的移动网络时代，社交电子商务使每个人都成为流量的入口，同时也是流量的分发渠道，能提供更高的转化率。

4）《电子商务法》提供法律保障

2016 年底，商务部、中央网信办、发展改革委三部门联合发布的《电子商务"十三五"发展规划》明确提出要"鼓励社交网络发挥内容、创意及用户关系优势，建立链接电子商务的运营模式，支持健康规范的微商发展模式"，为未来社交电子商务的发展制定了一条康庄大道。《电子商务法》的颁布实施也为社交电子商务提供了法律依据，有利于促进行业的整体规范。

5）创业和就业需求转化为社交电子商务的生产力

在微信互联网时代，借助社交电子商务，创业的门槛与成本均降到了历史最低点，创业者成功的可能性大大提升。响应国家"大众创业、万众创新"的号召，社交电子商务为创业者提供了更低成本的入门机会及完整赋能支持，大量的创业和就业需求直接转化为社交电子商务的生产力。

2. 社交电子商务与传统电子商务的区别

相比于传统电子商务，社交电子商务在流量、运营、渠道、用户及获客成本等方面具有显著优势，两者的区别具体体现在以下方面。

（1）传统电子商务以商品为中心，商家与消费者之间的纽带是商品，只有商品售出后，商家才知晓消费者的具体信息；社交电子商务以人为中心，首先需要建立人与人之间的社交关系，然后再进行商品的推广销售。

（2）传统电子商务更依赖搜索流量，获取流量的成本较高；社交电子商务的流量更依赖用户社交裂变实现增长，降低了获客成本。

（3）传统电子商务中平台和品牌的资质与信誉是关键；社交电子商务可以借助熟人之间的信任关系来提高转化率。

（4）传统电子商务创业的门槛越来越高，运营团队需要具有美工、文案、客服、仓库等专职人员；社交电子商务参与门槛较低，仅仅依靠社交软件就能销售产品。

（5）传统电子商务的用户资源属于漏斗型，即从展现、点击、访问、咨询，直到生成订单过程中客户数量会逐层缩减；而社交电子商务的用户资源属于发散型，能让用户有限的人脉变成无限的资源。

（6）传统电子商务中，在商品供给极大丰富的情况下，搜索排名对用户选择几乎产生决定性影响。在马太效应下，流量不断向头部商品汇聚，中小长尾商户则容易淹没在海量的商品大潮之中。社交电子商务中，在他人推荐下，用户对商品的信任过程会减少对品牌的依赖，产品够好性价比够高就容易通过口碑传播，给了长尾商品更广阔的发展空间，中小企业会获得更平等的机会。

（7）传统电子商务是面对点，其所面向的是大众群体，消费群体不稳定，随时可以选择其他的商家；而社交电子商务是点对点，通过社交与消费者之间建立信任关系，消费者的忠诚度相对较高。

总体来看，传统电子商务中消费者在购物前通常已有基本的购物目标，在电子商务平台对购物目标进行搜索，多渠道查询对比之后，再从众多货架式陈列的商品中进行选择，浏览过程中长尾商品很难进入消费者视线，购物完成后消费者对使用体验的分享多以评价为主，主动传播的意愿不强。而社交电子商务模式下，消费者在社交分享和内容的驱动下，从注意到兴趣，更容易产生冲动型的消费，属于非计划性购买需求，消费者在价格或佣金驱使下更容易进行主动传播。

3. 社交电子商务发展阶段

作为一种新模式，社交电子商务经过一段时间的摸索，已经开始全面崛起成为支撑电子商务行业发展的中坚力量。总体而言，社交电子商务的发展大致经历了四个发展阶段：雏形期、探索期、加速期和稳定期。

1）雏形期（2011～2014年）

2011年微博兴起，粉丝经营形式诞生，以个人代购为主要形式的社交化经营方式开始兴起。2013年7月微信推出微信支付平台形成销售闭环，支付工具的便捷使得微商在微信平台的数量猛增。2014年，以微信朋友圈卖面膜为代表，微商迅速崛起，但微商模式的层层代理机制、频频刷屏方式，引起了用户的强烈不满，微商行业有待全面监管规范。

2）探索期（2015～2016年）

2015年微商进入新拐点，以央视曝光毒面膜事件为代表，微商产品质量和安全问题引起热议，行业诚信问题再次被提到重要位置，由此行业发展放缓，面临重新洗牌。2016年行业进入冷静期，微商进入品牌化、规模化发展，其中有大量微商从业人员凭借其强大的分销能力进入社交分销平台。2016年年底，国家多部委支持社交电子商务的发展，鼓励健康规范的微商发展，传统企业开始大规模进入。

3）加速期（2017～2018 年）

2018 年腾讯发布小程序，社交流量系统化对外开放，由此涌现出更多、更大规模社交电子商务创新模式，2018 年 7 月拼多多上市，刷新了中国互联网企业最快上市纪录。社交电子商务走进电子商务主战场，引起投资领域关注。2018 年社交电子商务领域立法更进一步，商务部针对《社交电商经营规范》公开征求意见。

4）稳定期（2019 年至今）

2019 年《电子商务法》正式实施，电子商务行业监管日趋严格，一些头部平台为上市合规化考虑，开始主动调整运营模式，行业进入规范成熟期，社交电子商务迎来规范化发展。

4. 社交电子商务分类

社交电子商务的本质是社交流量与电子商务交易的结合，通过社交平台聚集流量，再通过电子商务模式将流量变现。按照流量获取方式和运营模式的不同，社交电子商务可以分为 B2C 和供应商对渠道商对客户（supplier to business to customer，S2b2C）两种模式。B2C 模式包括拼购类社交电商和内容类社交电商两种；S2b2C 模式包括会员制社交电商和社区拼团类社交电商两种。在这些社交电商模式中，拼购类、会员制和社区团购均以强社交关系下的熟人网络为基础，通过价格优惠、分销奖励等方式引导用户进行自主传播。内容类社交电商则起源于弱社交关系下的社交社区，优质内容与商品形成协同后吸引用户购买。

1）B2C 类社交电商

B2C 类社交电商主要为商户和消费者打通渠道，平台作为引流服务中间商，为中小商户提供去中心化流量。在这种模式下，商户开店需要资金投入，主要负责商品的仓储、物流、商品的宣传推广及售后服务。B2C 类社交电子商务平台流量的质量主要体现在粉丝的黏性和真实性上。同时，清晰明确的客户定位对于 B2C 类社交电子商务平台也至关重要，因为社交电商的发展一般是先有流量再有电子商务的交易过程，而流量本身的产生是有用户群体倾向的，因此，B2C 类社交电子商务平台也要对应这部分群体倾向进行产品定位。此外，平台如何保证商家所提供产品的性价比具有竞争优势，给予用户更好的体验，也是决定 B2C 类社交电商发展前景的一个重要方面。

2）S2b2C 类社交电商

不同于 B2C 类社交电子商务平台，S2b2C 类社交电子商务平台除了为商户提供流量来源，还需要提供商品存储、物流、宣传培训等服务，这是一种集合供货商赋能于渠道商并共同服务于消费者的电子商务模式。其中，S 是指供应链端的架构，b 代表渠道商（店主），C 是消费者。在这个链条中，b 店主是平台连接 C 端消费者的关键节点，店主的数量决定了平台能覆盖的消费群体的边界，店主一方面搭建了向消费者销售商品的通路，另一方面也是平台沟通、了解用户需求的桥梁。店主除了在期初支付一定的会员费之外，基本可以实现零成本开店。

S2b2C 类社交电商与 B2C 类社交电商本质上都是依托社交来进行线上销售的，因此客户定位、流量的"质量"和"数量"、产品质量对其来说同样重要。此外，过于冗杂的供应链和物流配送任务使得店主的专业化分工程度不足，影响电子商务运营效率，因此平台应当注重创造一条高效、高质的供应链，为商家和用户带来良好的交易体验。最后，由于 S2b2C 类社交电子商务平台需要具备全套的服务流程，因此，质量把控问题更加严峻，售后服务压力更大，做好产品品控是减少售后问题、决定平台高度的一个较为重要的因素。

9.4.2 社交电子商务的典型模式

1. 拼购类社交电商

1）拼购类社交电商的定义与内涵

拼购类社交电商是通过聚集两人及以上用户，以社交分享的方式组团，用户组团成功后可以以比单人购买时更低的价格购买商品。拼团的发起人和参与者大多数是通过社交媒体工具分享并完成交易的。

不同于传统电子商务提供搜索框让消费者自行寻找需要的商品进行购买，拼购类电子商务通过反向推荐，将海量的流量导向有限的商品中，打造爆款商品，通过规模化带动生产侧成本降低，价格优势明显，这对于商品价格敏感度更高的三线及以下城市用户吸引力巨大。拼购类社交电子商务通过低价激发消费者分享积极性，让消费者自行传播，平台投入一次引流成本吸引主动用户开团，主动用户为尽快达成订单会将其分享到自己的社交圈直至订单达成，拼团信息在用户社交圈传播的过程中，其他人也可以重新开团，这样传播次数和订单数量就会呈现指数级增长。典型的平台如拼多多、京东拼购、苏宁拼团、淘宝特价版等。

2）拼购类社交电商的特点

（1）商品信息通过低价等诱惑，利用社交流量传播，拉新、用户留存效率高。拼购类社交电商是基于社交关系的低价团购和分享导向型的电子商务模式，其市场定位是以低线城市价格敏感性消费者为主，凭借低价拼团模式以及丰富的游戏式购物体验，在用户社交圈传播，它同时满足了消费者社交、休闲和购物的需求，留存效率大大提高。

（2）直接面向终端消费者，有效控制成本，生产厂商实现薄利多销。拼购类社交电子商务平台的入驻商家以工厂店和一手经销商为主，这些商家通常 SKU 数量较少但离生产端非常近。通过缩短供应链，降低中间成本，消费者能在平台以更低的价格购买到想要的商品。同时，对商家来说，虽然价格低，但订单量巨大，可以实现薄利多销。

（3）拼团型电商促进低价市场和下沉市场的拓展。传统电子商务平台巨头品牌化升级，经营门槛高，一些中小商户开始寻找新的出路，而在一些低端市场和低价市场还存在众多尚未被满足的消费需求，供需双方的错配为拼购类社交电子商务的发展留出空间。拼购类社交电子商务平台门槛低、营销效果好的特点为其积累了大量的中小商户。

3）拼购类社交电商的问题和挑战

（1）行业竞争激烈，低价获客优势逐步丧失。社交电子商务行业爆发式增长抢占了部分传统电子商务的资源，电子商务行业巨头开始集体发力，纷纷推出针对下沉市场低价商品的平台，如淘宝特价版、京东拼购、苏宁拼购等，这导致行业竞争进一步加剧，社交电子商务较低的获客成本优势逐渐丧失。

（2）平台货币化率提升空间有限。拼购类社交电子商务收取商户交易佣金的能力明显低于传统电子商务，而在广告费用的支出方面也明显低于传统电子商务。在低价定位下，平台的客单价非常低，商户的毛利率处于很低的水平，若提升平台货币化率势必会损害商家基础，若维持当前的低价策略和商户结构，那么平台货币化率就很难得到大幅提升。

（3）摆脱低价劣质标签，加强品控与服务是关键。拼购类社交电子商务聚集了大量中小商户，以低价产品吸引社交流量，但低价商品容易导致假冒伪劣商品出现，容易给用户留下"低价、劣质"的标签，影响平台美誉度，其在与传统电子商务平台竞争中就会处于不利境地。为了扭转形象，实现拼购类社交电子商务的可持续发展，平台要加强品控与服务，实现平台的品牌化升级，同时，平台在转型升级的过程中，如何平衡消费者、商家与平台自身的利益将成为拼购类企业长期发展的巨大挑战。

2. 会员制社交电商

1）会员制社交电商的定义与内涵

移动互联网和社交应用的发展为社交分销提供了基础，个人代购和早期微商野蛮式生长培育了一批具有强大带货与分销能力的人群。在微商行业经历了大起大落之后，大批微商从业者进入会员制社交电子商务平台成为小 b 店主并快速转化为生产力，会员制社交电商迎来爆发式增长并逐渐走向规范化。

会员制社交电商是指在社交的基础上，以 S2b2C 的模式连接供应商与 C 端消费者实现商品流通的商业模式。分销平台上游连接商品供应方，为小 b 端会员整合并提供供应链、物流、信息技术系统、培训、售后等一系列服务，再依托小 b 店主的社交能力和信任价值向 C 端消费者传播商品信息，并完成商品的销售及用户维护工作。这种模式中，店主加入平台的动机有两个：其一是自己在平台购买商品时能够获得价格优惠；其二是通过拉新和销售获得奖励。常见的平台如云集、贝店、爱库存等。

根据商品属性不同，会员制社交电子商务平台可以分为常规分销和库存分销两大类。常规分销平台一般将流量聚焦在少量爆款上以获得更高的上游溢价能力以及更低的物流成本。库存分销销售的商品则以品牌尾货为主，两类电商在商品层面均主打高性价比。

会员制社交电商是个人微商模式的一种升级版。不同于个人微商模式，会员制社交电商模式下，店主通过缴纳会员费或完成任务等方式成为会员，但其不介入供应链，仅承担获客与用户运营的职责，由平台提供标准化的全产业链服务，店主利用社交关系分享和推荐就可以获得收入。

2）会员制社交电商的特点

（1）平台统一提供货、仓、配及售后服务，店主不介入供应链，商品从厂商直接发送到消费者手中，省去了中间环节，实现成本降低的同时，也提高了效率。

（2）会员制社交电子商务平台通过有吸引力的晋升和奖励机制，设置分销佣金，将部分利润空间给到用户，让用户成为小 b 端分销节点，进行拉新和商品推广，从而形成裂变式传播，这种方式能有效降低平台的获客及用户维护成本。

（3）采用推介和预售方式销售商品，可以让厂商更容易收集消费者的需求并进行定制化生产，这在一定程度上降低了厂商的库存，同时挖掘出消费者潜在需求，为消费者提供匹配的精选商品，也可以使消费者受益。

（4）小 b 会员是连接平台和消费者的纽带，会员的黏度及忠诚度会在很大程度上影响平台的收益和持续发展。因此，各大平台纷纷通过建立分成拉新体系、商品销售返佣、会员成长制度等自发式的推广机制，来增加会员规模及会员黏度。

3）会员制社交电商的问题和挑战

（1）为了激励小 b 端，会员制社交电子商务平台往往设立了多层级奖励机制，存在众多法律风险，早期的会员制社交电子商务平台因拉人头、门槛费、团队计酬等特征与传销较为类似，在发展过程中引发了较大争议，云集微店、达人店、花生日记等多家会员制社交电子商务平台甚至受到高额的处罚。因此，会员制社交电商应加大对合规性的重视程度，调整平台在门槛进入和激励机制方面的一些政策措施，摆脱与传销的关系，做到合规合法经营。

（2）小 b 端会员的拉新裂变能力在发展到一定阶段之后会遇到瓶颈，上升空间受限，此时平台应当扩大产品品类，通过提供优质的供应链服务，采用精细化运营方式来提升企业的业务增长能力，以此来激励小 b 端会员持续的分销热情。同时，高额的分销渠道费用会分摊到产品售价中，这会在一定程度上降低消费者的购买欲望，因此如何平衡扩展品类、维系小 b 端会员权益及实现稳定的毛利率之间的关系是会员制社交电商必将面临的挑战。

3. 内容类社交电商

1）内容类社交电商的定义与内涵

内容类社交电商是指通过图文帖子、直播、短视频等丰富的形式，购物攻略、分享导购等多样的内容吸引用户，将内容转化为购买力，实现电商与内容产业链的协同化发展，从而提升营销效果的一种电商模式。用户在观看这些内容时可以直接在平台内或通过链接跳转到电子商务平台进行购买，一些用户在购买商品后还会再将自己的使用体验制作成内容再分享到平台上供其他用户参考，最终形成"发现—购买—分享—发现"的完整闭环。内容与电商的结合，为特色商品和用户之间建立了一个黏性极强的深度链接，影响了用户的价值决策体系，能有效地提升用户的黏性与转化率。

从供给端来看，内容类社交电商的出现实际上是内容方和电商方共同推动的一种互补选择。一方面，传统电商在经历多年发展后，增速渐缓，亟需找到新的流量来源，内容作为介质，在提升电商用户黏性和消费者体验上作用明显；另一方面，蓬勃发展的社交内容平台也要经历从流量到利润的过渡，众多平台开始积极寻求通过电子商务交易的方式对其拥有的社交流量实现多元化的商业变现。

2）内容类社交电商分类

内容类社交电子商务平台可以分为商品驱动型、内容驱动型和商品＋内容驱动型。商品驱动型本质是电子商务平台将内容作为介质来提升用户黏性，内容的运营方式多是平台方连接分散的内容创作者及 MCN（multi-channel network）内容机构（MCN 是一种多频道网络的产品形态，将专业生产内容联合起来，在资本的有力支持下，保障内容的持续输出，从而最终实现商业的稳定变现），典型平台如淘宝、京东等。内容驱动型平台中内容的运营方式多为自建内容团队,作为 MCN 机构产出并进行内容分发,典型平台如抖音电商、快手电商、美图美妆等。商品 + 内容驱动型的平台内容运营方式多为平台自建内容制作团队 + 连接外部网络红人及 MCN 内容机构,典型平台如蘑菇街、小红书等。

3)内容类社交电商的问题和挑战

(1)对于商品驱动型平台,其供应链能力非常强大,但平台缺乏优质内容,而且内容分发渠道相对受限。

(2)对于内容驱动型平台,其内容生产资源及平台流量更丰富,但因缺乏强大的电商供应链能力,产品种类不够丰富且服务质量也难以保证,输出内容过于商业化易引起用户反感,而且也会透支产品品牌的信用。

(3)对于商品 + 内容驱动型的平台,其需要兼顾内容生产与产品供应链,运营难度较大。

4. 社区团购

1)社区团购的定义与内涵

社区团购起步较晚,2018 年以来微信小程序商业化功能的陆续推出,为社区拼团企业快速利用微信小程序完善自身平台用户体验提供了基础。而后,美团、阿里巴巴、京东等电子商务巨头纷纷涉足社区团购。从模式上看,社区团购属于 S2b2C 的一种,它融合了拼团和会员制分销的特点,围绕线下生活社区以社群作为主要的交易场景,以熟人社交关系为纽带,平台通过团长抵达社区用户。

社区团购模式下,涉及三方参与包括平台、团长及社区用户。其中,平台主要提供产品、物流仓储及售后服务;团长是与平台和社区用户进行直接对接的关键环节,其核心作用体现在社群运营、商品推广、订单收集、货品分发等方面;社区用户加入社群后一般通过微信小程序等工具下单,平台会将产品统一配送至团长处,消费者上门自取或由团长进行最后一公里的配送。目前市面上社区团购企业的团长来源主要有两类:一类是社区业主;另一类为社区便利店等线下店主。团长的收益来源包括交易佣金和推荐奖励。典型平台如美团优选、兴盛优先、邻邻壹。

2)社区团购模式的特点

(1)商品源头直接采购,缩短中间环节流通层级,送货上门或社区自提方式,物流配送成本低。一般团长承担最后一公里的配送/自提,极大地节约了物流配送和终端运营成本。

(2)精准定位社区流量,依靠平台巨大的流量红利,获客成本极低。社区团购一般围绕线下生活社区,以微信等社交工具为交易场景,通过社区团长来进行商品的推广和销售,依托信任关系,通过熟人经济大大降低了引流成本。

(3)社区团购平台多以生鲜引流,切入社区居民的日常生活消费中。因生鲜电商与社区居家消费场景贴合,属于高频高复购,是天生的流量产品,便于培养用户习惯。

(4)不同于传统电子商务平台,社区团购一般采取上新的模式,每天更新产品而不是长期售卖某一产品,其一般采用"预告 + 限时"的方式培养饥饿感,提升用户黏性与复购率。

（5）社区拼团进行预售，集采集销，提升上游议价能力的同时以几乎零库存的方式降低损耗，使平台可以在商品价格上给予用户更多的让利空间。

（6）社区团购企业本地化特征明显，市场比较分散，规模化能力成为竞争关键。

（7）社区团购通过团长触达社区用户，多平台百团大战，团长管理招募难，忠诚度难以有效保证。

3）社区团购的问题和挑战

（1）社区团购选择高频刚需生鲜产品为主，标准快消品为辅，总经营利润不高，盈利有难度。

（2）社区团购模式下，无论团长还是用户的转移成本都较低，忠诚度难以有效保证。因此，社区团购模式为了扩大市场份额，获取更多的分销节点，一般采取提升团长佣金的策略，这种不断烧钱的方式需要持续的资金投入来维持，这样就很难实现平台的长期稳定运营。

（3）低价优质商品是吸引用户的关键，用户的订单是团长收入的主要来源之一，因此提升社区团购模式的供应链管理和精细化运营能力是实现平台良性发展的唯一途径。

9.4.3　社交电子商务发展趋势

整体来看，一方面，社交电商的消费群体包含了传统电商原有的消费者，当原有的传统消费模式不能完全满足消费者需求时，社交电商提供了更多的消费场景供消费者选择；另一方面，社交电商的消费群体又能覆盖到传统电商未能触及的以微信生态群为主的其他消费者群体。所以在拥有巨大社交流量的前提下，社交电商具有非常可观的发展前景。

1）政策监管不断完善，推动行业规范化发展

社交电商作为融合性产品和服务，迎来了开放和发展的良好机遇，国家也加强了对相关行业的法律制度建设和政策措施支持，通过打造有利于社交电商规范健康发展的市场环境和法治环境，推动社交电商的健康发展。2015年，《工商总局关于加强网络市场监管的意见》首次将社交电商纳入监管，2016年的《"十三五"国家战略性新兴产业发展规划》《电子商务"十三五"发展规划》均提倡鼓励发展社交电商，2017年首部微商行业法规《微商行业规范》发布征求意见稿，2018年7月，商务部公布《微商行业规范》，明确了社交电商与传销、非法集资等行为的界限。2019年1月，电子商务领域首部综合性法律《电子商务法》正式实施。上述法律法规的制定和颁布为社交电商的规范经营和创新发展提供了参考依据，同时也有助于打破公众的偏见和顾虑，为社交电商行业树立正面形象。

2）创新完善社交电商生态体系

社交电商的发展带动了新的服务产业的出现与发展。从培训服务、SaaS到财税解决方案，一系列服务商的出现为品牌商和中小商户进行社交电商运营提供了便捷的工具。未来随着社交电商规模的日益扩大，将有越来越多专业化的服务提供商加入社交电商服务大军，逐步形成围绕社交电商的服务生态体系。

3）用户增长的边际效应降低

随着社交流量和电商交易集成的不断深入，社交电商实现了爆炸性增长，这使得产业链各参与方看到了社交带来的潜在消费和巨大利益，电子商务平台、品牌方、商户纷纷开

始尝试借助社交网络进行引流的商业模式以降低获客成本，解决用户增长的瓶颈，提升用户黏性和忠诚度。拼团、会员分销、社区拼购和内容都逐渐成为电商营销的一种常规手段，而且随着信息技术的不断发展，会有越来越多创新的商业模式涌入社交电商，竞争的加剧使社交平台的流量红利逐渐被耗尽，从而使社交流量投入带来用户增长的边际效应逐步降低。

4) 精细化运营与供应链能力仍是核心

首先，社交电商本质上是电商营销模式与销售渠道的一种创新，凭借社交网络进行引流的商业模式虽然能让社交电商在中短期内得到快速发展，但这种模式的创新并非难以复制，模式本身无法形成竞争壁垒；其次，社交电商流量来源相对碎片化且受制于社交平台，各社交平台的政策调整或规则变化可能会对社交电商的发展产生致命打击；最后，社交渠道的流量来得快去得也快，消费者在平台产生了交易流水并不代表着消费者和平台产生了黏性，后续如何将这些流量沉淀下来并激发消费者的购买行为将对平台的精细化运营能力提出严峻挑战。

对于终端用户而言，无论采用何种营销方式，高性价比的商品和快速高效的配送服务是用户对平台产生黏性、愿意持续购买的关键因素。为了提升用户体验，以流量起步的社交电商平台最终将形成两种不同的发展路径：其一，仍以流量运营为核心，与电商巨头进行协作，这种发展路径下企业作为电子商务平台的导流入口，但其对商品没有把控力，盈利空间相对受限；其二，全面提升供应链管理能力，增强企业自身的商品履约能力，这种发展路径下需要企业进行大量的投入，并且发展到一定规模后还要面对来自电子商务巨头的竞争压力。

9.5 新零售

9.5.1 新零售概述

1. 新零售的提出

新零售概念源于中国，2016 年 10 月，阿里巴巴集团董事局主席马云在阿里云栖大会上首次提出"线上＋线下＋物流"深度融合的新零售理念，引发社会广泛关注，并迅速成为行业发展的焦点，各大商业巨头纷纷发力新零售，投入巨大的资源对其进行探索，形成了零售物种大爆发的态势。如阿里巴巴、京东、苏宁易购、国美在线、当当等网络零售企业纷纷布局线下，而基本战略除了与传统实体零售企业进行战略合作外，还以开设实体店的方式布局线下，一些具有互联网基因的科技型企业，如小米也走到线下。毫无疑问，以阿里巴巴、京东为代表的电商企业争相在新零售领域布局，其背后隐藏的逻辑是电商空间在逐渐收窄，线下零售有很大潜力，巨大的经济利益驱使企业纷纷转向发展新零售业态。此外，新零售对城市转型升级发展也产生了影响。据北京大学光华管理学院、阿里研究院等机构的研究数据，截至 2018 年 7 月，国内形成了 70 个左右的新零售商圈，覆盖京津冀、长三角、珠三角等主要城市群，新零售商圈在销售额、客流量、转化率等零售核心指标方面均具有明显优势。

　　虽然新零售已成为现象，但目前对其概念的讨论和解读也呈现百家争鸣、百家齐放的格局，并未形成较为一致的观点，甚至不乏反对之声。如京东集团原董事局主席刘强东认为："零售无所谓新旧，零售业态的变革改变不了成本、效率和体验的本质，却最终要回归到运营成本、供应链效率和消费者体验上来。"著名物流专家王继祥认为："零售只有好坏之分，并无新旧之别，零售新业态更重要的是内涵和本质的界定。"

　　此外，不同的零售变革主导企业采用不同的概念界定时下零售业态的变革，如京东集团称为"无界零售"，腾讯集团和苏宁云商称为"智慧零售"，国美称为"共享零售"，尽管不同称谓的侧重点有所不同，但均是对当前零售业变革的描述。下面列举一些针对新零售概念的代表性观点。

　　小米科技董事长雷军指出，新零售是重新回归零售和技术应用的初心和本质，其本质是高效、关注效率革命，通过线上线下融合让线下做到线上同样的效率。

　　亿欧公司创始人黄渊普指出，新零售是更加全面地通过线上线下融合，利用先进的技术，收集C端消费者的需求，去反推整个生产，以达到C2B完全无库存销售。

　　商务部流通产业促进中心对新零售进行了泛化的界定：新零售是以消费者为核心，以提升效率、降低成本为目的，以技术创新为驱动，要素全面革新进化的商品交易方式，它保持了交易的内核，并导入了主体新角色、产出新内容、活动新关系、经营新理念、组织新形态等多维创新特点。

　　2017年3月，《C时代新零售——阿里研究院新零售研究报告》对新零售也做出了明确的定义，即新零售是以消费者体验为中心的数据驱动泛零售形态，它的核心在于重构"人—货—场"三者的关系，从而产生全新的商业业态，其核心价值是最大限度地提升流通效率。其中，新零售的基本特征包括三个方面：①以心为本，围绕消费需求，重构"人—货—场"，实现"以消费者体验为中心"；②零售二重性，从物理化和数据化二维角度思考新零售；③零售物种大爆发，形成多元零售新形态，向人人零售迈进。

　　随着时间的推移、实践的付出、经验的积累，业界对新零售的剖析更加细致。从实践层面来讲，新零售是在新模式为主、新技术为辅的双重驱动下，完成了对"人—货—场"三要素关系的重塑，而其中最重要的是对于连接人与货的"场"，即零售消费场景的重新定义和探索。其中，新模式主要是指，对零售场景在空间上（体量更小）和时间上（周期更短）的拆解与前置（离用户更近），以更好地满足消费者碎片化、即时化和不断变化的需求，催生了无人货架（办公室）、无人便利店（社区）、车载便利柜（专车）、自助售货设备（特定公共场所）、快闪店（人流集散时空）等新的零售业态。新技术主要是指，服务于特定零售场景需求的技术手段，其"新"主要在于技术的实际应用层面，如人工智能（图像识别和分析）、传感器、射频识别、室内探测和定位、大数据、物联网等，将并不新奇的技术进行组合应用，为新模式提供与之相适应的解决方案。

　　综合以上说法，虽然当前对于新零售的概念还存在很多不一致的观点，但零售业在新技术、新模式、新思路的驱动下迎来了巨大变革，已经成为业内的广泛共识，而且新零售的代号已被叫响，所以本书采用"新零售"的名称。新零售之"新"在于顺势下的"变化"，其背后是整个零售市场在新技术和新思维的冲击下所发生的新变化，其代表的是当下零售业态"颠覆式变革"和"赋能性重构"的程度。时至今日，新零售还处于不断演化和迭代之中，新零售作为一个探索中的事物，其确切释义及其理论体系的研究也将随着实践的发展不断丰富和完善。

2. 新零售的内涵

纵观世界零售业态的演变，大致经历了五种变革，即百货商店、大型集市、购物中心、线上购物、新零售，其中前四种业态模式较为具体，而新零售则体现为诸多模式的融合、升级和变种，是一种泛化的零售态势。

新零售不同于任何以往零售业态变迁历程，它并非单一零售业态的产生发展，而是关系零售资源重构、零售业态重塑变革，逆向牵引供应链变革的综合零售业态。它既含加法又有减法，从加法来看，表现为阿里的盒马鲜生、永辉的超级物种、京东的7Fresh、苏宁的苏鲜生等零售物种大爆发，丰富既有零售业态；从减法来看，线上线下与物流乃至与生产制造环节的深度融合已模糊了既有零售业态的边界，使得超级市场、百货店、便利店等业态的差异性逐渐弱化，将各零售业态的协同效应做到了极致。

无论何种零售业态，整体来看，新零售保留了零售业的本质，依然充当了商业中介，其根本目的是更有效率地解决供需矛盾，实现双方交易，为消费者提供更高质量、更有竞争力的服务。同时，新零售又加入了多维的创新元素，呈现出与传统零售不同的"五新"特征。新零售的"新"体现在对交易活动中利益关系、零售产出、经营形态、商业关系及经营理念等多方面的变革。

1）零售主体的新角色

新零售下，零售商从传统的交易中介职能转变为交易的组织者和服务者。传统零售活动中，零售商是以终端商业中介或平台的角色出现的，而新零售情境下，零售主体在商品交易活动中的角色发生了变化，它成为整条产业链中商品交易活动和商务关系的组织者与服务者。组织商品交易的顺利完成只是零售主体的部分角色，零售主体的组织者角色更在于其直接接触终端消费者，了解消费者的需求，为消费者提供满足需求的商品和一系列商业服务的组合，并充分利用自身在终端掌握的大数据资源，运用大数据分析与处理方法，为商业活动的参与者提供一体化的服务。可以说，成为供应链活动的组织者和服务者是新零售赋予零售商的新角色。

2）零售产出的新内容

"商品＋服务"的组合共同构成了零售产出。新零售下，零售商的产出具有新的内容，如建立持续互动"零售商—消费者"关系，强化多场景购物体验，提供消费数据服务等。具体体现为：①传统零售活动只是简单的"商品—货币"关系，新零售活动更加关注消费者体验，是持续互动的"零售商—消费者"关系。②新零售环境下，借助大数据分析技术支撑的线上、线上全渠道融合，强化了消费者全渠道、多场景的购物体验，为零售产出的分销服务增加了新的内容，如品类服务、交付服务等。③传统零售产出更多的是针对下游消费者，而新零售的零售产出则针对完整商品交流流程的全部参与者，如为供应商提供消费者需求画像，帮助供应商更好地实现按需定制和提供更加精准的市场营销服务。

3）零售组织的新形态

传统零售一般从生产制造出发，而新零售中出现了以消费需求为导向的复合型、集合型、满足即时购买需求的经营形态。零售商通过大数据分析更加清晰地了解消费者的需求痛点，并以此为核心对构成零售业态的各要素再次进行调整，从而形成了新的零售组织经营形态。如苏宁起家于实体零售，但是又加入了互联网因素，原则上是更具线上线下协同的优势，其不断利用互联网技术改造和拓展零售业务，目前推出了苏宁云店、苏宁超市店、苏宁母婴店、苏宁小店等多样化的零售业态。综上，新零售以更加精准、全面的消费者需求信息为基础进行零售经营要素的调整，形成了多样性、多内容、多触达点和多维度的具有复合型商业特点的新型零售经营形态。

4）零售活动的新关系

新零售活动中的商业关系是供需一体化的社群关系。传统零售环境下，零售活动涉及的各商业主体之间是简单的"商品—货币"交易关系，零售商与供应商之间存在着利益的冲突，双方是对立、博弈的上下游关系，而在新零售活动中，商业关系从简单的"商品—货币"关系转变为其背后的人与人之间的关系，供给与需求被重新打通，各主体之间深度互动，形成了以信任为基础的供需一体化的社群关系。

5）零售经营的新理念

传统零售活动经营的关键在于快速扩张实现规模化竞争，"经济原则"和"效率原则"是零售经营理念的核心内容。而在新零售环境下，消费者逐渐掌握市场主动权，新零售重构商业主体的价值排序，为消费者创造价值成为零售经营的出发点。新零售下，商业主体的价值排序实现了重构，满足消费者需求成为全部商业活动的价值起点，为消费者创造价值的"人本原则"成为新零售经营理念的基础。

3. 新零售的运营流程

图 9-15 为传统零售企业的运营流程。传统零售系统中以商品为核心，整个流程管理从采购到生产、销售主要围绕商品的库存进行管理。与传统零售相比，新零售以消费者为核心，零售企业由商品销售者转变为交易组织者和服务者。以大数据、云计算、人工智能等技术创新手段，整合线上线下渠道，实现"人—货—场"三者之间的科学匹配。同时，实体门店作为与消费者直接接触的中心，融入了智能化的技术，使得消费者在实体门店能够完美体验产品和服务。此外，个性化需求被纳入新零售界面中，C2B 和客户对制造商（customer to manufacturer，C2M）成为新的需求方向。传统零售中，线上线下的产品和信息一般都是分开的，是两套不同的系统和模式，而在新零售运营流程中，线上线下实现了紧密结合，信息流、资金流、服务流、物流、数据流实现了统一，要素之间的交换和流动都是双向进行的。

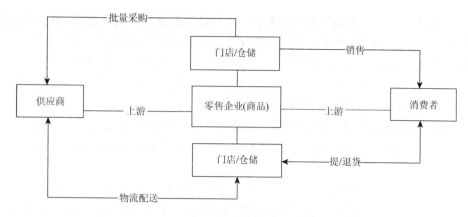

图 9-15 传统零售企业的运营流程

图 9-16 为新零售企业的运营流程。从具体运营流程看，一方面，零售企业以大数据分析为依托，分析消费者的历史交易数据、消费行为数据、网页浏览数据等，这些数据既包括线上数据，也包括线下数据，线上线下数据通用共享，将用户行为数据串联起来，生成用户的全息画像，并通过网站、APP、小程序、社交电商等方式向消费者提供热门或精选推荐，指引消费者网上下单或门店体验；另一方面，因为所有信息都是双向互通的，商家可以根据消费诉求量身定做或概念设计等提供个性化商品或服务，所有产品和服务从生产到销售的各个环节都可以通过信息流追根溯源。就供应商而言，由于是按需采购和定制化生产，结合优化的生产技术能实现柔性生产，可以使周转更加灵活，产品品质大幅提升。生产完成后，消费者可以自主选择采用门店提货或者采用新物流配送的方式获取所需商品。

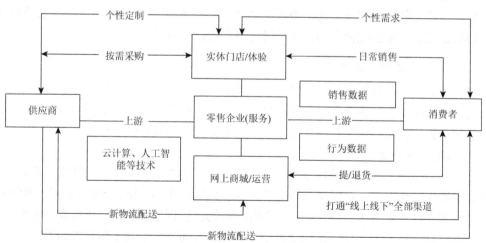

图 9-16 新零售企业的运营流程（杨坚争等，2018）

4. 新零售的特点

结合行业实践者、专家学者对新零售概念的理解，对新零售的特点进一步探讨，有助于我们准确地理解新零售的基本理念。新零售强调全渠道、数字化以及消费者体验这三个维度的交互融合。

（1）"线上＋线下＋物流"的深度融合，目的是为消费者提供全渠道、全面化的服务。新零售的线下布局与传统的线下零售截然不同，新零售时代，网络零售企业对线下布局实质上是打通线上线下，使两者深度融合，打造全渠道购物体验，且线下布局的实体更加突出展示互联网、大数据、高新技术等特征。需要注意的是，新零售所影响的不单单是零售渠道的变革，它要求将网络零售时代倡导的电商与物流的协同升级为线上线下与物流的深度融合，提升数据挖掘能力、云端统筹能力及线下店铺和物流体系的协同反应能力。对于消费者来说，全渠道的服务，使得购物场景多元化，可以极大地降低消费者的搜寻成本和时间成本。

（2）数字化是新零售最核心的特点，也是全渠道和更灵活供应链的实现基础。数字化的实质是将信息转化为数据，从而实现对实体元素的合理、高效的统筹安排、管理和分配。新零售以数字化为基础，实现商品数字化、卖场数字化、会员数字化、供应链数字化、组织管理数字化等的创新。数字化借助数据技术驱动，数据技术贯穿零售始终，线下场景作为数据节点，依托物联网、虚拟现实、增强现实、人工智能等智能技术使得企业可以收集到更多数据，并采用"数据＋算力＋算法"的智能集成技术，打通线上线下，实现"人—货—场"的重构。同时，物流作为新零售进行数字化的重点，未来的物流信息可以通过区块链技术来进行溯源。综上，数据技术的驱动，一方面能够基于整体视角和多资源协同而匹配零售资源，另一方面能够实现单人单品定制式精准对接供需，降低错位或者无效的供给，帮助高效地管理渠道、供应链、商品以及消费者，优化零售效率。

（3）以消费为核心的零售本质的凸显，努力为消费者提供高效满意乃至超过预期的服务。新零售更加凸显零售业高效满足消费者需求的商业本质，以消费者体验为中心，结合消费者画像，通过对消费者潜在需求进行深度挖掘，从而释放消费能力，满足消费者购物、娱乐、社交的综合需求，为消费者提供"最佳的体验"，如当前诸多商家依托到家模式、即时物流、精准匹配消费诉求等手段为消费者创造良好的体验。

5. 新零售产生和发展的原因

新零售的产生和发展是时代变迁的要求，其产生原因和发展动力体现在多方面，其中政府的规制为新零售的快速持续发展提供了有效的落地环境，行业困境与发展诉求是新零售发展的前提，技术升级为其提供发动机，消费升级则为其增强牵引力。

1）政府规制方面

近年来，中国正处于经济转型升级的关键时期，消费驱动型经济发展模式日益明显，同时，零售业也经历了一系列冲击和变革，实体零售遭遇了前所未有的关店潮，网络零售的流量红利正在逐渐消失，这些引起了国家层面的关注。国家相关部门围绕实体零售转型、线上线下融合发展等出台了一系列政策措施，直接或间接地推动了新零售的发展。

国务院办公厅先后印发了《关于推进线上线下互动加快商贸流通创新转型发展升级的意见》（国办发〔2015〕72号）、《关于推动实体零售创新转型的意见》（国办发〔2016〕78号），虽然主要针对实体零售、商贸流通的创新转型发展，但其中促进线上线下融合、创新经营机制、促进公平竞争等成为支持新零售发展的重要保障。2019年1月实施的《电子商务法》提出"促进线上线下融合发展"。同时，新零售发展问题还在《政府工作报告》

中屡次被提及，2017 年《政府工作报告》提出"推进实体店销售和网购融合发展"，2018 年《政府工作报告》要求"增强消费对经济发展的基础性作用，推进消费升级，发展消费新业态和新模式"。2019 年《政府工作报告》再次提出"发展消费新业态新模式，促进线上线下消费融合发展"，2019 年 8 月，国务院办公厅印发《关于加快发展流通促进商业消费的意见》，从顺应消费变革和消费升级的趋势、引导电子商务培育新消费、拓宽生态产品线上线下销售渠道到调整电子商务零售提出了指导意见。上述一系列针对性强、含金量高的政策措施为新零售的发展提供了政策导向。

2）行业发展方面

一方面，百货商场、便利店等实体零售发展还存在诸多痛点，零售基础设施不健全，行业集中度相对较低，总体上流通成本高、流通效率低；但实体零售可以享受购物的娱乐、社交等派生价值，同时场景化特征也更明显。另一方面，从电子商务网络零售的产生发展来看，其依托互联网技术推动了两类革新：其一，流通渠道的短链化和店铺租金节约降低了流通费用；其二，突破时空限制的零售属性不但满足消费者多样化、个性化需求，且使得消费者的碎片化时间得以利用，同时也降低了交易成本。但网络零售存在物流短板效应、场景化缺失等问题，在品质消费升级趋势下，购物逐渐由"功能性诉求"向"体验式需求"转变，同时凝结在购物过程的娱乐、社交等诉求也不断增强，而网络零售难以承载多元化的购物综合体验诉求。综上，实体零售和网络零售的弱点决定了任何单一业态都无法满足更高层次的服务需求，两者的优点又奠定了两者融合的基础，网络零售的短链化与虚拟化带来的成本和服务优势弥补了传统零售的缺点，加之行业的规模经济性特征培育了阿里巴巴、京东等行业主导者，实体零售关店潮愈演愈烈，纯电商流量红利也逐渐消失，线上线下同时面临增长压力。在网络零售消费体验劣势逐渐显现、其"天花板"效应日益明显时，电子商务企业既有诉求又有机会，也有能力拓展线下空间、整合线下资源，开启新零售的探索之路。

3）技术驱动方面

新技术时代赋予零售变革以技术支撑。云（大数据、云计算、区块链等）、网（互联网、物联网等）、端（个人计算机客户端、移动终端、传感器、智能穿戴等）构建起软硬件结合、以数据驱动为核心的"互联网＋"新社会基础设施，智慧物流、互联网金融、人工智能等纷纷赋能零售。具体体现为：①零售作为流通行业，信息技术在物流基础设施搭建过程中的应用显得至关重要；②信息技术的应用也使得零售业的数据采集入口更加多样化，利用数据可以实现商业的数据化运营管理；③新技术在零售场景的应用，可以增强消费者体验或者帮助消费者节约时间；④技术与零售的结合，衍生出了新的业态，如无人便利店、新型自动售货机、无人货架等。总之，新技术的应用不但改进优化了零售企业的运营及物流系统，同时可以帮助商家精准描绘消费者画像，使得消费者的体验得到增强。

4）消费升级方面

进入 21 世纪，居民消费购买力日益攀升，消费主体个性化需求特征明显。从宏观经济的角度来看，用户的消费结构正处于迭代升级的黄金阶段，开始向高端化、个性化、小众化、服务化的消费模式转变。消费主体、消费方式、消费结构、消费观念等出现了颠覆式变化，消费规模持续扩大、消费方式更趋多元化、消费结构日益优化。消费需求的这些变化代表着市场的变化，自然也是新零售要跟随的趋势。从消费方式来看，互联网原驻民对网络零售具有高度的依赖性，同时对实体零售有着场景化、休闲化的消费需求，消费群体的认知更加全方位，购物路径也呈现全渠道的特点；在消费结构上，新中产在休闲娱乐方面的消费占比最高。同时，居家物业、衣服饰品、教育医疗等也都是消费的重点领域，单一的消费方式已经难以满足日益提升的消费诉求，线上线下协同成为必然趋势；从消费理念来看，用户的从众心理逐渐淡化、对品牌的忠诚度降低，强调享受即时服务，习惯移动网络购物，更加追求商品的时尚性、独特性和安全性，注重产品和服务的个性化体验。综上，消费的变化日益放大了网络零售和实体零售的劣势，催生了新零售业态的发展机遇，网络零售和实体零售只有深度融合才能更好地迎合消费升级趋势的挑战。

9.5.2 新零售运营模式

1. 线下实体店内在变革的运营模式

新零售的初级模式就是对线下实体店进行内在变革，这是现阶段被提及次数最多的新零售方式。

1）跨界运营

在商超里融合餐饮的元素，这在一些发达国家出现的情况最多，有的超市里面会加一个餐桌，还有的在扶梯附近安置休息椅，就是为了让消费者在商超停留的时间更久，除了能够带动常规的购物，还能够促进周边的消费，增强了消费者的购物体验。有些便利店里为了满足消费者的需求，会将早餐店、果蔬店进行结合，这种混合经营是城市化过程的重要产物之一，也使人们的生活更加便捷。跨界运营在新零售提出之前就已经出现，通过大数据和信息技术就能够对商品的信息及时更新，这让跨界运营成为一种趋势。例如，2017年永辉超市推出的"超级物种"旗舰店，以生鲜作为主要引流产品，通过餐饮服务的叠加，有效提升了消费者的复购率。

2）极致的资源整合

零售商天生就是一个平台型企业，连接着产业上下游合作伙伴。零售商通过打造产业路由器，借助产业链大数据和人工智能算法，将碎片的需求与上游闲置的碎片资产智能配对，尤其产业链条两侧均是弱势群体的时候，零售企业平台的汇聚效应就会产生。同时，打破原来要求全国每一个店进行均一化和标准化管理的模式，通过大数据和人工智能算法，按每个店所在地区和商圈的消费者需求，进行个性化的供需配对和个性化推荐。如7-11是新零售全球的标杆，基本没有自己的门店，没有自己的物流，没有自己的工厂，但打造了史上最强大的产业路由器，将日本本土的1.9万多家夫妻店和就近的170多个美食工厂，150多个配送中心直接连接起来，形成了独特的产品和品牌。

3）模式变革

传统的商超，一般是赚取进货和出货的差价来盈利的。新零售颠覆传统的商超模式，采用创新的商业模式作为主要收入来源，如付费会员模式。不同于传统零售商，Costco采用付费会员模式，降低了对于赚取产品差价的需求。Costco不断思索如何主动降低差价，让利给用户，将用户忠诚度视为最重要指标，它通过付费会员费带来更多收入，扩大规模后能够以更低成本采购，降低差价，并通过商品严选等流程，形成一个能自我循环的正反馈。目前，国内很多零售商也在纷纷探索付费会员制经营模式，如盒马会员、阿里 88VIP、苏宁会员等。

2. 线上导流与线下开店的运营模式

线上导流与线下开店相结合的模式在新零售商业模式当中属于中级的模式，从实际的情况来看，这种模式是对初级模式的一个衍变和升级，如在多品类经营、对商品概念的延伸方面。

1）多品类经营

利用互联网线上的流量红利，将线上用户导入到线下的门店中，然后在门店中以多品类产品来吸引消费者，达到多品类同时销售的目标，它不但增强了消费者的用户体验，而且顺利地提升了线上用户的购买力。如小米之家是目前线上导流、线下多品类经营的典范之一，它将线上服务的消费者吸引到线下的小米之家门店中，然后在门店中展示小米品牌的多品类产品，其产品包括智能可穿戴设备、净水器、空气净化器、平衡车、插线板等，通过设置合适的品类组合，来促进用户消费。

2）概念延伸

以线上流量引入到线下，并将概念延伸到其他品类，拓展品牌的 IP。在互联网时代，品牌 IP 的价值，受到前所未有的重视。如三只松鼠这个品牌主打的是零售，但除了卖产品外，它也制造内容，而内容本身也是三只松鼠另一种形式的产品。这也是三只松鼠这个 IP 的最大优势，其多样性不仅体现在它是一个农产品企业，一家互联网企业，它还是一个文化产业，一家动漫企业。三只松鼠利用自带的 IP 品牌，持续地制造内容及开发周边产品，如开发了陶瓷杯、资料夹、抱枕等，布局了投食店、动画片、电影等。三只松鼠成名之后，其极致体验成为众多企业学习和临摹的对象。

3. 线上线下一体化的运营模式

新零售的最终目标，就是实现线上线下一体化，而这个目标如果要最终实现，需要的是大数据的支持。

1）大数据选品与推荐

线下实体店依托大数据进行产品销售，在每个环节引入互联网思维下零售的新方法，借助大数据的影响力和科技手段来降低成本，提升效率。如亚马逊是挖掘大数据提供个性化服务的先驱，其个性推荐的算法包含多种因素，向用户推荐商品前要分析购买历史、浏览历史、朋友影响、特定商品趋势、社会媒体上流行产品的广告、购买历史相似的用户所购买的商品等。而为了向用户提供更好的服务，亚马逊一直在不断改进推荐算法，正是背靠大数据，亚马逊实体店展示了线下书店经营的新思路，实体书店根据网上书店的客户评分、预购量等因素来选出在实体店中展示的书籍。除了书籍，书店里还有亚马逊提供的电子设备，如 Kindle 电子书、Echo 语音助手、Fire TV 等供消费者现场体验。这种基于大数据、有针对性的备货模式是亚马逊实体书店的核心竞争优势。

2）物流配送模式

为了提升服务质量，充分显现新零售的优势，很多新零售企业加入了物流方面的竞争，这种配送模式以全国社区超市或便利店为基础，依托互联网整合社区实体店资源，采取网络与实体相结合的社区新零售模式，建立一个涵盖社区电商服务、城镇化微物流和社区便民服务的综合性平台。这种模式，一方面，通过对渠道资源的整合和产品升级，推动渠道扁平化发展，构建基于 B 端和 C 端的社区电商服务，将传统的社区超市改造升级成为现代社区商务服务的平台。另一方面，通过最大化挖掘社区实体店的资源价值，利用互联网的平台和技术优势，拓展和提升社区服务能力与盈利能力，延伸价值服务，成为社区居民便民服务的入口。目前，阿里巴巴的零售通和京东的新路通比较具有代表性。

3）用户画像

通过大数据分析，实体门店能够实现为消费者画像，了解当地目标消费者的喜好和消费习惯，从而有针对性地实现产品的快速上新、更换以及调整，在 SKU 有限的情况下，更好地满足消费者的需求。例如，银泰百货是阿里巴巴新零售的重要实验场所，在银泰百货下沙工厂店，阿里大数据描绘出了周围 5 公里的消费者画像，据此确定门店装修风格、品类等，下沙银泰借力阿里及其成熟的互联网技术，全线接入喵街系统，通过阿里系数据监控商品价格趋势，了解客户群体偏好，把商品和客户精确匹配。消费者在实体店中结束购物后不需要排队结账，只需要扫描商品的二维码，用支付宝完成支付，当然消费者可以直接在商场提货回家，也可以选择快递配送方式实现所购商品直接从原产地送货到家。此外，阿里天猫与银泰共同打造的新品牌 ONMINE 零食馆实现了线上线下数据的共享，一旦品牌调价，实体门店商品即可同步。

9.5.3　新零售与 O2O 模式的区别

根据有关 O2O 概念及特点的介绍，我们发现 O2O 与新零售都强调线上与线下的结合，所以很多人会将新零售和 O2O 两者的概念混淆。而实际上，新零售和 O2O 是有区别的，两者的关系可以用简单数学公式表示：即"新零售＝O2O＋C2M＋C2B＋大数据＋新物流"。下面从多个维度对两者进行比较，具体如表 9-4 所示，对两者在表现形式、有无实体店铺、有无网上商城、渠道形式、渠道选择、驱动核心、关系、价格、品质、内容、有无体验、物流速度、库存程度、智能化程度、定制化程度、生产理念、消费方式等进行了比对。

表 9-4　O2O 与新零售的对比

比较项目	O2O	新零售
表现形式	团购、餐饮、旅游等	无人超市、超市＋餐饮＋物流、数字化社区便利店等
实体店铺	有	有
网上商城	有	有
渠道形式	线上线下	线上线下
渠道选择	多渠道、跨渠道	全渠道

续表

比较项目	O2O	新零售
驱动核心	电商经营者	大数据
关系	商品货币交易关系	供需一体化信任关系
价格	低	低
品质	中	高
内容	单一	多样
体验	有	有
物流速度	中	快
库存程度	高	低
智能化程度	中	高
定制化程度	低	高
生产理念	B2C	C2B/C2M
消费方式	经线上的营销、宣传、推广，将客流引到线下去消费体验，实现交易	网站个性化推送商品，线下场景体验、新物流配送

总体来看，新零售不同于 O2O，但 O2O 是新零售的基础和重要表现形式，是新零售的必备条件之一，新零售不仅是线上线下渠道的融合，更加强调全渠道的融通，是 O2O 模式的进化，它更强调零售业务的全渠道连接和数字化运营，通过商品、会员、服务、数据、分销、区域的共融互通，来为消费者提供卓越的无缝体验。

（1）会员通。新零售的到来，让我们对会员运作有了更深入的理解，会员价值需要更多的挖掘。会员通，是指线上线下账号融合，打通会员交易的各种数据，连接会员交易的各种信息，对接会员的各项服务，推动线上线下会员信息的互通共用，让消费者体验到线下和线上完全一致的无缝式会员权益与服务，甚至通过数据分析提供更加有针对性的服务，以此提升消费者对品牌的黏着度和忠诚度。以目前的新零售系统而言，会员互通仍是核心所在，更是推动新零售实现的催化剂。

（2）数据通。数据通的实现需要多方面的共同推进，其不仅依赖系统内数据中心、会员数据管理等技术模块的落地实现，更加依赖线下实体店的场景对接、活动核销对接和用户数据同步等。数据通是新零售运作的"情报站"，海量的数据汇总是新零售发展的巨大推动力之一，也是新零售快速推进的信息汇聚地。用户在新零售系统中沉淀下来的交易数据、互动数据等对于企业进行社群管理、粉丝维护等都是至关重要的，是目前新零售推行中的重点难点。

（3）服务通。服务通是指线上终端和线下终端的互联互通，其实现了服务信息的相互连通，也推动了服务价值的相互连通。随着国内商业的发展，企业多数已经从单纯的商品销售过渡到"商品＋服务"并重的时代，服务的通达包括线上与线下在售前、售中和售后的服务通，涵盖售前门店与线上导购的融合，售中围绕消费者合理需求提供优质服务的融合，售后线上线下皆可办理的退换货服务的融合。

（4）商品通。商品通是指线下零售和线上零售的高度融合。新零售的发展，在于其强大的商品销售能力，在于其适时的产品库存同步、SKU 上架同步等，无论是传统零售的升级换代，还是新零售的快速发展，都需要强化商品的分销同步、促销同步、库存同步等，这样线上线下的商品销售才能并驾齐驱。

（5）分销通。分销通就是让用户承担一定的分销功能，既让用户有产品消费的愉悦感，又可以获得一定的积分奖励和佣金利益，分销通的承载是新零售的"分销倍增"机制，其让用户乐于去传播，也乐于去分销。新零售的分销通强调的是意见领袖、分享达人、淘宝客等群体的影响力，其影响力可以提升销售额，可以提升用户的价值。如何组建强分销力的分销团队及如何扩大意见领袖的影响力等，是新零售推进中需要考虑的战略性课题。

（6）区域通。区域通就是要立足于区域深度服务，强化区域的扶植，亮化区域的服务，精耕区域以发挥用户挖掘、服务互通、终端互连等价值。随着新零售事业的推进，区域终端必会越开越多，区域服务也必会越来越重，基于区域运作的会员服务、数据服务、终端体验等都需要区域这一层面进行协调对接，区域通的价值在于强化区域间的互联互通，让各区域终端能相互配合创造更多场景价值。

总体来看，O2O 是新零售的基础与核心，我们可以从众多企业以 O2O 为核心的新零售战略布局中更好地理解新零售的实践动向。

9.5.4 新零售的发展趋势

新零售的本质是一场进化革命，它给零售业态乃至所有参与其中的相关业态都带来了不可思议的变化。新消费升级、大数据赋能、人工智能技术的应用等都将使新零售最终达到降低成本、提高效率、提升消费者体验的目的，让用户最终以更便利的方式购买到高质量的产品，享受到高质量的服务。未来新零售的发展方向主要体现在以下几方面。

1）规模化

新零售具有规模运营特征，主要反映在两个方面：其一，数据技术驱动是新零售的核心，新零售为数据开发提供了更多的场景和范围，线上线下海量资源的整合分析及利用是确保零售效率和服务水平的关键；其二，电子商务具有典型的规模经济性特征，物流具有典型的网络经济性特征，两者具有规模运营的天然属性，线上线下与物流协同的体系构建必须依托规模化的运营组织。同时，平台建设串联实体零售企业更需要规模化的运营。

2）无界化

无界化是新零售的基本趋势。随着物联网、人工智能、增强现实/虚拟现实等新一代信息技术应用以及消费升级，消费和零售场景开始变得多元化、碎片化、即时化，购物不再局限于电商网站、实体商店等特定零售场所，通过网络社交、媒体、影视作品、智能家居、无人商店，甚至平面广告、实物标签等，都可以随时、随地、随心地触发并达成消费交易，零售将进入无处不在、无时不有的状态，即无界零售。

无界零售包括场景无限、货物无边、人企无间。场景无限意味着零售场景将消除时间和空间的边界，代表了去中心化趋势；货物无边意味着"商品+服务+数据+内容"的组合，在其中产业边界将逐渐模糊；人企无间意味着供需合一、人企互动、协同共创。当前，从线上渗透到线下，从网购扩展到金融，从零售延伸到制造，以及商品交易和服务交易的相互渗透等，其目标都是希望吸引、服务更多的用户，其实质是跨越不同的场景和边界。而从跨界到无界，是一个从量变到质变的过程，改变的不仅是零售的形态，还包括零售的业务逻辑、能力要素和价值实现方式，可以说，从形式到内容、从主体到对象、从业务到场景、从企业到个人都将发生重大变化。

3）智慧化

新零售具有天然的智慧零售属性。突飞猛进的大数据、云计算、人工智能等新一代技术是新零售发展的重要依托，未来基于位置的服务（LBS）、消费者对企业（C2B）、供应链平台对小商户（S2B）等主流模式均离不开智慧化发展趋势。在不同区域、不同人群、不同地点场景下（如社区、景点、公路、沙滩等）实现千人千面的"感知用户诉求、智能生产、智能下单选品、智能运输、机器补货、智能售卖"等更全面智慧的零售商业链条，包含了生产、运输、运营、销售等全部商业链路，用户会有比现阶段更大地接近内心所需所想的商品，以及更极致、更便捷的消费场景提供更好的服务体验。

4）云端化

零售资源都将"云化"，零售的主体、载体、客体将数字化并在云端进行整合，形成三位一体的云平台，在云平台经过云端的计算可以实现消费的按需分配。未来新零售将打造以"用户"为中心的商业逻辑，形成"IP＋用户＋商品"的社会化链接，基于消费者的情感数据，实现产品 IP 化。在产品 IP 化的背景下，终端不再是商品的销售渠道，而是消费体验和数据上传的端口。新零售将遍布传感器与交互设施的端口，端口将消费者全方位的数据上传至云端，通过数字化技术打通线上与线下，虚拟与现实的各个碎片化端口和各个消费环节，实现深度融合。

新零售环境下，对商家而言，用户将是一个个数字化的集合体，数据是最重要的生产和设计的"基因"，对消费者进行全息画像，并且可以无限逼近最真实的形象。产销将实现一体化，基于数据可以为用户提供其最期望的定制化体验，商品都是数据赋能的超级IP，换句话说，商家在生产的同时就已经创造了消费者，并通过价值传递的零售渠道，持续激发新的消费欲望，相当于克隆出了一个个真实的消费者。

课后练习题

（一）选择题

1. 与传统电子商务相比，社交电子商务以（　　）为中心。
　　A. 企业　　　　　　B. 商品　　　　　　C. 人　　　　　　D. 物流
2. 跨境电商模式中交易规模增长最迅速的是（　　）模式。
　　A. 跨境 B2B　　　B. 跨境 B2C　　　C. 跨境 C2C　　　D. 跨境 O2O
3. 阿里巴巴国际站属于（　　）类型的跨境电商网站。
　　A. B2C　　　　　　B. B2B　　　　　　C. C2C　　　　　　D. B2B2C
4. 新零售的本质是（　　）。
　　A. 渠道一体化　　　　　　　　　　　B. 对"人—货—场"三者关系的重构
　　C. 经营数字化　　　　　　　　　　　D. 以消费者体验为中心

5. 移动商务与传统电子商务相比，说法正确的是（   ）。

  A. 移动商务不便于实现身份鉴别

  B. 移动商务可以实现基于位置的服务

  C. 移动商务可以完全取代传统电子商务

  D. 传统电子商务具有随时随地的特点

6. 跨境电商与国内电商的主要区别不包括（   ）的差异。

  A. 业务环节   B. 交易风险   C. 交易主体   D. 交易金额

7. 网易考拉的进口跨境电商模式为（   ）。

  A. 海外直供模式   B. 海外优选模式

  C. 全球买手模式   D. 线上线下融合模式

8. 根据交易方身份及是否有中介参与，可以将农村电商的模式分为四种，其中不包括（   ）类型。

  A. F2C   B. F2B   C. F2M   D. F2M2B

9. （   ）起源于弱社交关系下的社交社区，优质内容与商品形成协同后才会吸引用户购买。

  A. 拼购类社交电商   B. 会员制社交电商

  C. 内容类社交电商   D. 社区团购

（二）复习与思考题

1. 跨境电商的基本概念是什么？其与传统国际贸易的区别是什么？

2. 农村电子商务的模式有哪些？

3. 社交电商与传统电商的区别是什么？

4. 移动电子商务的概念、特点及服务模式类型是什么？

5. 新零售的基本内涵及特点是什么？

6. 简述新零售的几种典型运营模式。

7. 简述社交电商的典型模式及各种典型模式的特点。

参 考 文 献

［美］埃弗雷姆·特班，［美］戴维·金，［韩］李在奎，等. 2014. 电子商务管理与社交网络视角. 原书第 7 版. 时启亮，陈育君，占丽，译. 北京：机械工业出版社.

白东蕊，岳云康，成保梅，等. 2019. 电子商务概论. 4 版. 北京：人民邮电出版社.

陈德人. 2020. 电子商务概论与案例分析. 2 版. 北京：人民邮电出版社.

陈德人，徐林海，桂海进. 2014. 电子商务实务. 2 版. 北京：高等教育出版社.

董晓华. 2017. 电子商务概论. 2 版. 重庆：重庆大学出版社.

冯科，宋敏. 2016. 互联网金融理论与实务. 北京：清华大学出版社.

胡娟. 2016. 第三方支付技术与监督. 北京：北京邮电大学出版社.

肯尼斯·C. 劳顿，卡罗尔·圭尔乔·特拉弗. 2018. 电子商务：商务·技术·社会. 第 11 版. 袁勤俭，张一涵，李之昊，等译. 北京：清华大学出版社.

李建军，郭晔，方意，等. 2018. 互联网金融. 北京：高等教育出版社.

李琪，彭丽芳，王丽芳. 2017. 电子商务概论. 北京：清华大学出版社.

李蔚田，孙学军. 2015. 网络金融与电子支付. 2 版. 北京：北京大学出版社.

凌斌，雷逸舟. 2019. 电子商务法. 北京：中国人民大学出版社.

刘贵容，王哲，张俊杰. 2016. 电子商务概论. 2 版. 北京：科学出版社.

刘宏，王浩，刘新飞，等. 2010. 电子商务概论. 北京：清华大学出版社，北京交通大学出版社.

邵兵家，杨霖华，何俊辉. 2011. 电子商务概论. 3 版. 北京：高等教育出版社.

史浩. 2016. 互联网金融支付. 北京：中国金融出版社.

孙军，张英奎. 2015. 电子商务概论. 2 版. 北京：机械工业出版社.

仝新顺. 2017. 电子商务概论. 2 版. 北京：清华大学出版社.

仝新顺，王初建，于博. 2010. 电子商务概论. 北京：清华大学出版社.

吴应良，祁明，欧阳峰. 2015. 电子商务概论. 3 版. 广州：华南理工大学出版社.

许应楠. 2018. 电子商务基础与实务. 北京：高等教育出版社.

杨坚争. 2018. 电子商务企业模式创新典型案例分析. 北京：中国商务出版社.

杨坚争，齐鹏程，王婷婷. 2018. 新零售背景下我国传统零售企业转型升级研究. 当代经济管理，40（9）：24-31.

杨立钒，杨坚争. 2014. 电子商务概论. 上海：立信会计出版社.

杨兴凯. 2017. 电子商务概论. 2 版. 大连：东北财经大学出版社.

杨兴凯. 2018. 跨境电子商务. 大连：东北财经大学出版社.

曾子明. 2013. 电子商务安全. 北京：科学出版社.

张润彤. 2014. 电子商务概论. 3 版. 北京：科学出版社.

张润彤. 2018. 电子商务. 3 版. 北京：科学出版社.

张夏恒. 2017. 跨境电子商务生态系统研究. 北京：经济科学出版社.

张夏恒. 2017. 跨境电子商务支付表征、模式与影响因素. 企业经济，（7）：53-58.

张玉嵩. 2018. 电子商务概论. 2版. 北京：北京师范大学出版社.

郑月锋，周雪. 2015. 电子商务. 北京：机械工业出版社.

朱小良. 2017. 电子商务与新零售研究. 北京：中国人民大学出版社.